普通高等教育“十一五”国家级规划教材

空间数据分析教程

王劲峰　廖一兰　刘　鑫　编著

科学出版社

北　京

内 容 简 介

面对大量的地理空间数据，空间数据分析成为分析挖掘这些数据、信息、知识的有效手段。本书包括空间数据可视化与探索分析、空间统计学、空间智能计算、空间运筹和时空分析，以及空间分析软件包等内容。本书涉及的各种方法和模型均附有真实案例和数据，以及软件操作截屏图，读者可以重复这一过程，输入自己的数据迅速得到分析结果。阅读本书只需概率统计的基本知识。

本书可作为地学和社会科学等专业本科生、研究生的教材，同时也可供地理信息科学及相关专业师生阅读参考。

图书在版编目(CIP)数据

空间数据分析教程/王劲峰，廖一兰，刘鑫编著. —北京：科学出版社，2010.2

普通高等教育“十一五”国家级规划教材

ISBN 978-7-03-026605-7

Ⅰ.①空… Ⅱ.①王… ②廖… ③刘… Ⅲ.①地理信息系统-高等学校-教材 Ⅳ.①P208

中国版本图书馆 CIP 数据核字(2010)第 017455 号

责任编辑：杨 红 刘希胜 / 责任校对：赵桂芬
责任印制：徐晓晨 / 封面设计：耕者设计工作室

科 学 出 版 社 出版
北京东黄城根北街 16 号
邮政编码：100717
http://www.sciencep.com

北京虎彩文化传播有限公司 印刷

科学出版社发行 各地新华书店经销

*

2010 年 2 月第 一 版 开本：B5(720×1000)
2018 年 11 月第五次印刷 印张：19 1/2
字数：390 000

定价：59.00 元

(如有印装质量问题，我社负责调换)

前　言

有空间坐标或相对位置的数据通称为空间数据，如发病率在各社区、乡村的分布，气象台站监测的气温、降水、辐射，大气污染分布，土壤重金属含量在区域各抽样点的数值，全国各省、直辖市、自治区的 GDP，区域社会经济调查（抽查或普查）数据，城市各路段的瞬时交通流量，遥感影像各像元的光谱值等。

统计学是数据描述、总结、推断、预测分析的基本方法，大多数情况下要求样本互相独立、样本大、多次重复。空间数据通常具有互相不独立性、空间异质性、不可重复性。将经典统计学理论直接运用于空间数据，其结论将是有偏和非最优的。经过地理学家和数学家近 50 年的研究发展，现已形成了空间数据特有的分析理论。

拙著《空间分析》（王劲峰等，2006）一经出版，各书店和售书网站很快告罄；国内外的几位地理信息科学著名学者给予了很好的评价；作者还被告知该书被剑桥大学地理系推荐为参考书；作者的欣慰还特别来自于该书读者的评价，鞭策作者放下手头繁重的科研工作，撰写一本普及地理信息科学知识的关于空间分析的读本。

一部成功的著作，不仅会被初学者视为深入浅出的入门教材，而且也会被该领域学者引用。其成功的秘诀可能在于用简单的语言描述深刻复杂的问题本质，而不是用较多的数学公式作为主要语言。实际上，文字和数学是描述一个对象的两种工具。对于复杂的问题，纯粹用语言描述经常难以表达复杂的关系，显得力不从心；而纯粹用数学描述，不易被大多数读者理解。真实世界的终极本质可能是简单的和相互联系的，时间 C、质量 M 和能量 E 分别处于三个互相垂直维度上的核心变量，竟然能够被 $E=MC^2$ 如此简单的数学方程联系起来，反映了发现者深刻的洞察力，也揭示了"越本质，越简单"这一真理，在某种意义上，"越复杂，越肤浅"。科学家的任务应当是将复杂留给自己，将简单奉献给他人。是否反映了问题的本质，读者是否容易理解和可重复，是作者每一句话、每一个公式的最佳表达方式的唯一标准。这是作者在写作本书过程中始终铭记的。

本书是在 2006 年已经出版的《空间分析》的基础上重写的，对原书进行了大量简化，删略了一些过泛的内容，添加了一些在空间数据分析中被证明是强有力的最新成果。每个理论和模型均配有公开免费下载软件的操作案例，运用真实典型案例，step by step 的软件操作步骤截屏图。这对读者学习和迅速使用空间数据分析理论是十分方便的。本书被遴选为普通高等教育"十一五"国家级规划教材，供地学、环境和社会科学领域的本科生、研究生自学，并供授课老师和研究人员参考。

2006 年版的《空间分析》侧重理论性，而本书侧重实用性。

我们在空间数据分析领域的研究和实践得到了 OAD Scholarship、Marie Curie Fellowship、国家留学基金、中国科学院高访基金、中国科学院、国家自然科学基金、“973”计划、“863”计划、国家科技支撑、科技部国际重大合作项目、国家重大科技专项的支持。感谢陈述彭、丁德文、程国栋、何建邦、周成虎、闾国年、刘高焕、黎夏、史文中、隋殿志、梁怡、宋长青、冷疏影、刘纪远、陈军、刘昌明、陆大道、郑度、李小文、孙九林、毛汉英、高晓路、应龙根、赵作权、李满春、秦其明、侯杨方、龚建华、王志峰、王道辰等先生对我们的长期指导和支持。感谢我们的长期指导者、支持者与合作者：Robert Haining（空间统计学）、Manfred Fischer（空间计量经济学）、George Christakos（空间随机场）、Tony McMichael（空间流行病学）、Niels Becker（生物统计学）、Katie Glass（生物数学）、Ben Reis（计算流行病学）、郑晓瑛（人口学）、杨维中（流行病学）、曾光（流行病学）、李新（遥感）、庄大方（地理信息科学）、钟耳顺（地理信息科学）、葛咏（不确定性）、关元秀（生态建模）、李连发（抽样）、柏延臣（不确定性）、王智勇（技术扩散）、朱彩英（遥感反演）、武继磊（空间统计）、孙英君（随机模拟）、何绍福（生态经济）、韩卫国（地学计算）、刘旭华（土地动力学，参与撰写第19 章）、孟斌（空间统计，参与撰写第 8 章和第 21 章）、李新虎（空间统计）、王海起（交通优化）、李三平（不确定性）、赵艳荣（流行病学）、王磊（流行病学）、孙腾达（交通模拟）、赵永（CGE 模型）、迟文学（空间统计）、林华亮（流行病学）、冯小磊（空间抽样）、高一鸽（时空数据可视化）、曹志冬（空间统计建模）、郭瑶琴（弹性网络）、申思（空间认知地图）、徐一土（软件系统）、姜成晟（空间抽样）、常超一（空间流行病）、王娇娇（城市交通预报，参与撰写第 15 章）、胡茂桂（超分辨率模型）、白鹤翔（粗糙集，参与撰写第 15 章）、姜新利（软件系统）、吴凡（登革热评估）、马爱华（空间抽样）、李小洲（参与撰写第 25 章）、郭燕莎（空间抽样）、胡艺（健康与地质）、刘铁军（模拟）等。

支持和指导我们的领导、朋友和家人没有一一列出，在此表示衷心的感谢。

王劲峰

2009 年 10 月 20 日

目　　录

引　　论

0.1 举　　例

出生缺陷，是婴儿死亡和残疾的主要原因，是指任何功能或结构异常，在出生或其后表现出来的事件。出生缺陷是由出生前的某些因子作用引起的，包括遗传性和获得性的。但是与遗传和(或)环境关联的风险因子很难精确地分离开来。空间统计以其独特的切入点对此实现突破。以下以中国山西和顺县出生缺陷的环境与遗传因子识别为例演示(Wu et al.,2004)。

和顺县地处山西省境东陲，太行之巅，东西长 75km，南北宽 30km，总面积 $2250km^2$，326 个行政村，总人口 14 万(图 0.1(a))，其中农业人口 11.8 万；地势高

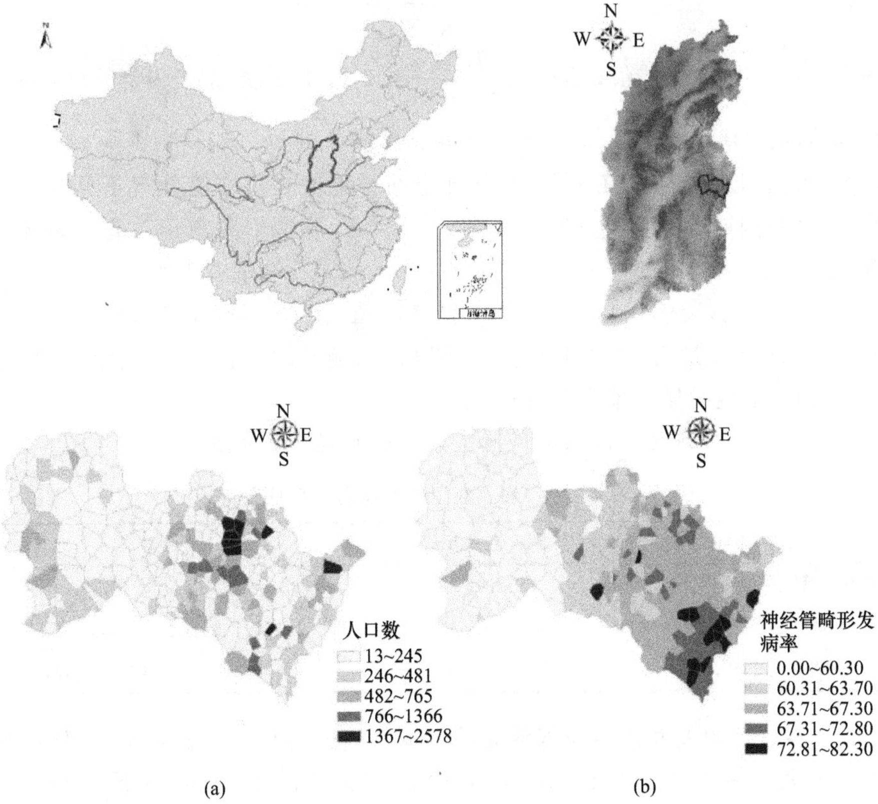

图 0.1　和顺县人口(a)、和顺县神经管畸形发病率(b)

峻，以山地、丘陵居多，一般海拔在 1300m 以上；属温带大陆性气候。春季干燥多风，夏季温暖多雨，秋季凉爽，阴雨较多，冬季漫长而寒冷。年平均气温 6.3℃，1 月平均气温零下 10℃左右，年降水 593mm，霜冻期为 9 月中旬至次年 5 月中旬，无霜期 124 天；为全国重点产煤县之一，全县经济以农业为基础，主要种植玉米、谷子、山药及莜麦、荞麦等杂粮；煤炭工业是主导，煤炭、化工、建材、冶金四大行业是主体，有县属焦化厂等工厂。

获得各村($i=1,2,\cdots,N;N=326$)4 年的神经管畸形累计发病人数，并计算发病率(图 0.1(b))，记为 y_i，使用局域 Getis G* 统计 $G_i^*(d)$ 探测发病热点并与怀疑可能的致病因子空间格局比较，推断研究区的神经管畸形发病原因，提出防控措施。

$$G_i^*(d)=\frac{\sum_{i=1}^{N}w_{ij}(d)y_i-\bar{y}\sum_{j=1}^{N}w_{ij}(d)}{S(i)\sqrt{\left\{N\sum_{j=1}^{N}w_{ij}^2(d)-\left[\sum_{j=1}^{N}w_{ij}(d)\right]^2\right\}/(N-1)}} \tag{0.1}$$

式中，$\bar{y}_i=\frac{\sum_{j=1,j\neq i}^{N}y_j}{N}$ 为均值；$S(i)=\sqrt{\frac{\sum_{j=1,j\neq i}^{N}y_j^2}{N}-(\bar{y}_i)^2}$ 为方差；d 为空间权重矩阵的距离阈值，当村落 j 与村落 i 的距离小于距离阈值 d 时，$w_{ij}(d)=1$，否则 $w_{ij}(d)=0$。$G_i^*(d)$近似于正态分布。在零假设下，即空间对象的属性取值分布不具有空间相关性，$G_i^*(d)$的期望和方差分别为 0 和 1。这一性质常用来衡量空间对象属性的空间相关性，成为空间事物和现象的热点(hotspots)探测的有效手段。

将和顺县 y_i，N 输入 $G_i^*(d)$，不断调整 d 值，在 0～30km，以 1km 为步长，发现在 $d<7$km 时，$G_i^*(d)$为空间聚集状(图 0.2)，随 d 增加，空间格局渐变，当 d 达到 22km 时，出现明显的条带状(图 0.3)。

这种空间尺度现象提示我们应寻找其解释如表 0.1 所示。

表 0.1　和顺县典型距离尺度及其意义

统计项	距离值 d/km	实际意义
偏僻村落距最近村落距离	5.848	日常人际交往距离
乡镇中心相距距离	6.165～9.309	研究区人群社会经济日活动半径
土壤类型分辨距离	19.5～30	土壤、地质状况类型变异尺度

(1) 在该区的人群社会经济活动的基本范围内(约 6.84km)，生活习俗、经济状况以及通婚圈范围等对出生缺陷产生影响，从而使得在这种尺度下，神经管畸形出生缺陷的空间分布热点呈现聚团分布状态。

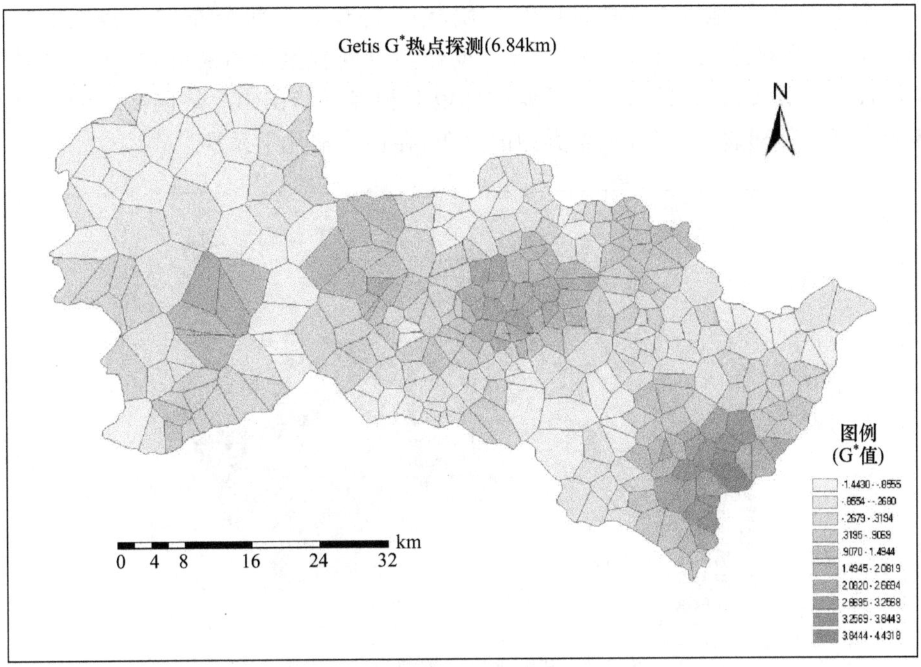

图 0.2　社会活动半径距离尺度下聚团形热点区域分布(6.84km)

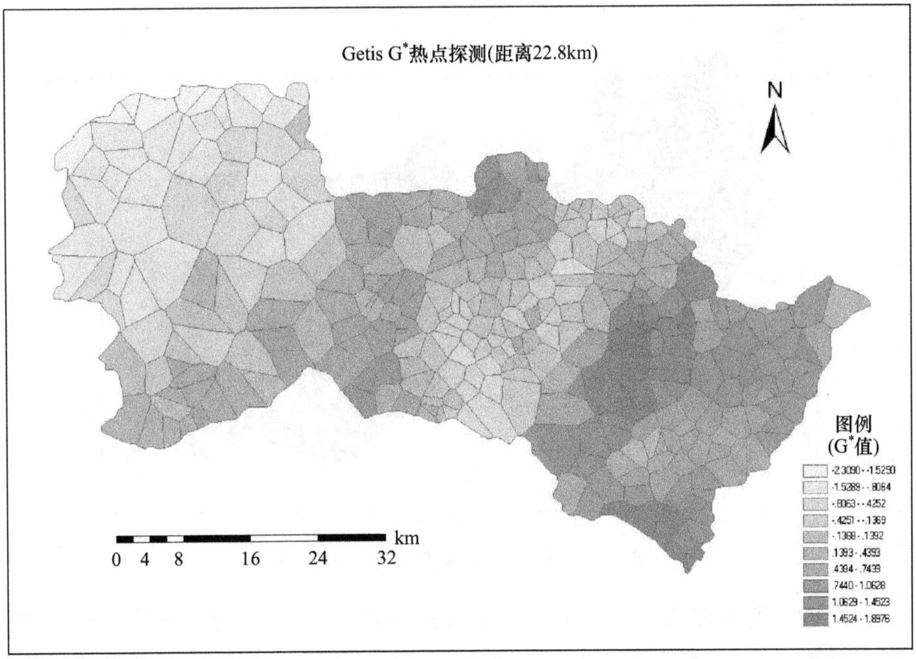

图 0.3　地质、土壤变异距离尺度下条带形热点区域分布(22.8km)

(2) 该区的地质、土壤等自然环境状况具有条带状分布的特点(图 0.4、图 0.5),故当热点探测采取土壤变异尺度作为空间权重距离阈值时,其结果呈现条带状热点分布,这种结果表明了地质环境对神经类型的出生缺陷有影响。自然环境中可能伴随岩石类型、土壤类型的分布,存在异常化学元素。

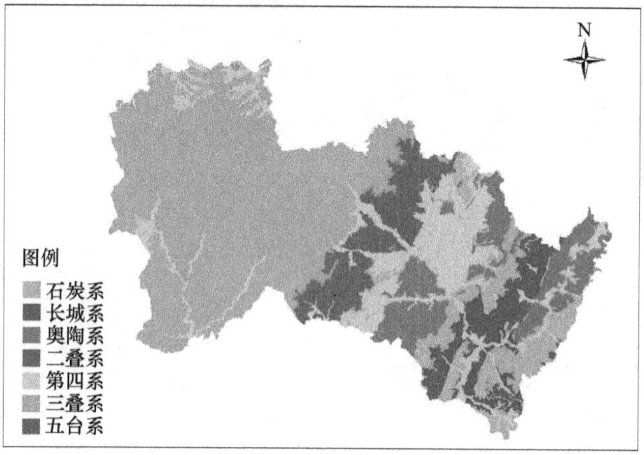

图 0.4　和顺县岩性类型分布示意图

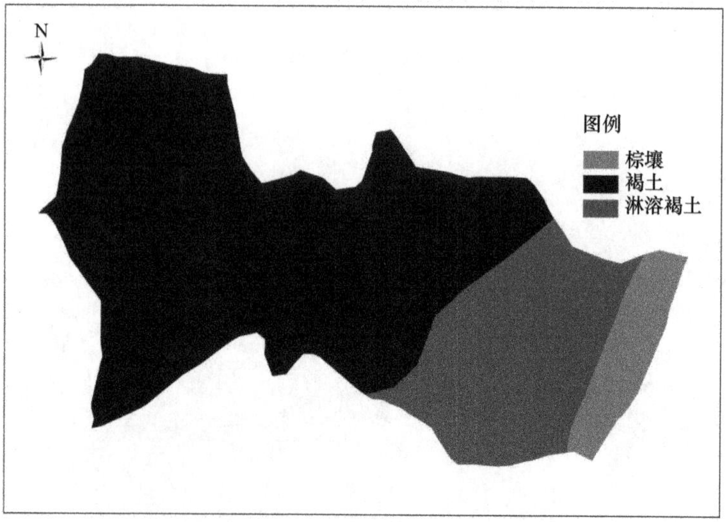

图 0.5　和顺县土壤类型分布示意图

进一步运用地理探测器(Wang et al.,2009a),可以发现健康风险多种影响因素的交互作用:方式和程度。生理代谢组学测试(Zhang et al.,2008)验证了地理探测器的发现。

0.2　空间分析理论体系

从分析方法的角度，空间过程或数据分为三类：连续数据，如温度分布等，钻孔或土壤采样可通过空间插值生成连续数据；多边形数据，无论是规则还是不规则的遥感图像像元，如统计单元内的社会经济数据；点数据，其空间位置是重要的，不涉及属性值，如禽流感暴发点的空间分布等。每类数据可以用同样的空间数据分析方法。空间过程的一般形式(Cressie，1991)为

$$\{Z(s):s\in D\} \tag{0.2}$$

式中，D 为域或"研究区"，$D\subset\Re^d$（实数空间），d 为维数。假设 $Z(s)$ 在某一点 s 上是一个随机变量，$z(s)$ 是其观察值。下面具体地介绍空间数据。

连续数据(continuous data)，亦称地统计数据(geostatistical data)，这里 D 为 $\Re^d$ 的一个连续固定子集，如一个国家内在一些地点上抽取的臭氧样品、一个野外场地内抽取的雪深样本、一系列气象台站的温度值、不同点测量的高度值、土壤样品中的氮浓度、湖水样品中的污染浓度等。

多边形数据(polygon data)，也称为面数据(areal data)、格数据(lattice data)，这里 D 是 $\Re^d$ 的一个可数但是固定的子集，如用节点表示的格网。举例，一个县里的疾病患者数目、一个大的连续地点的动物计数、果园内每颗树上的蔬果数目、一个道路系统上每个道路段的机动车事故数目、每段河流的鱼数等。

点数据(point data)，这里 D 是 $\Re^d$ 的一个随机子集。假如 $Z(s)$ 是点 $s\in D$ 上的随机向量，则它就是标注点过程，如果 $Z(s)\equiv 1$，即一个退化随机变量，那么，仅 D 是随机的，称为空间点过程。举例，森林中树木的位置、天空中恒星的位置、一个区域内闪电攻击的位置、肺癌患者的居住位置、动物的出生位置等。

1854 年，John Snow 通过对伦敦霍乱暴发病例的空间分析发现了传染源，从而控制了疫情的继续传播，成为空间数据分析和流行病学两个学科领域的共同起源。空间连续数据分析的理论研究起源于地质学的钻孔数据空间插值(Matheron，1963；Issaks and Srivastava，1989；Christakos，2005)；空间多边形数据(或称格数据)分析方法起源于社会经济统计单元数据回归(Cliff and Ord，1981；Anselin，1988；Haining，1990，2003；应龙根和宁越敏，2005)和计量地理学(Fotheringham et al.，2000；张超，1984；秦耀辰，1994；徐建华，2002；朱长青，2006)；点数据分析起源于生态学样方分析(Diggle，1983)。另外，空间点状或连续数据之间的空间关系是通过点间距离或半变异函数来表达的；格数据的空间关系通过多边形之间的连接矩阵来实现和表达。因此两种类型的数学模型不同。

实际上，空间数据类型可以互相转换，反映不同的问题。例如，上节神经管畸形发病率在326个行政村的空间分布，属多边形数据；若以发生和未发生神经管畸形制图，则形成点数据；若将326个行政村神经管畸形发病率用等值线表达，则生成连续数据；连续数据栅格化生成（规则）多边形数据，等等。Fotheringham 等(2000)将连续数据分析的核心内容 Kriging 模型和多边形数据分析的核心内容 SAR/MA/CAR 回归模型统一到一个建模体系内。不确定性始终贯穿于空间数据及其转换之中（柏延臣和王劲峰，2003；葛咏和王劲峰，2003；史文中，2005）。

近年，随着数据从单纯的空间数据到时空数据的积累，科学研究从以发现规律和科学预报为目的，发展到科学调控的理念升华、学科交叉与方法互鉴，时空数据分析（Christakos，2000）、时空运筹（Wang et al.，2002a，2008；Wang and Li，2008；郑新奇，2004），数据智能计算（Fischer and Leung，2001；Li et al.，2008；黎夏等，2007），得到了发展，成为新的增长点。遥感是地学计算有广阔前景的一个应用领域（周成虎等，2009）；随着空间数据获取的方便性大为增加，在拥有共同起源150年之后，近年，健康领域对空间分析理论技术需求大量增加（McMichael，2001；Wang et al.，2006；Lai et al.，2009；谭见安，2004），而健康领域丰富的时空病例数据、明确的研究对象、可验证的研究结果，为空间分析理论研究提供了理想的实践领域。

0.3 本书结构

依据上节讨论的空间数据分析的理论体系，本书内容包括当今主流的空间数据可视化与探索分析、空间统计学、空间智能计算、空间运筹和时空分析以及空间分析软件包，共22章。每章大体遵循问题的提出、原理、案例、软件操作和数学模型的体例，达到学以致用的目的。

表0.2是空间分析的理论体系框架以及各章在该体系中的位置和具体内容。空间分析的研究目标包括：空间数据的可视化和探索分析、参数获取、格局识别、空间预报、空间运筹、时空分析等内容；空间分析的研究对象包括点数据和格数据，这些数据属性包括位置和数值；分析方法包括统计方法和智能计算类方法。

表0.2 本书结构

研究内容	输入	统计方法		智能计算
		点数据	格数据	点数据、格数据
可视化和探索分析	第1章 GIS简介；第2章 地图分析；第3章 探索性空间分析			

续表

<table>
<tr><th rowspan="2">研究目标</th><th rowspan="2">属性</th><th colspan="2">统计方法</th><th>智能计算</th></tr>
<tr><th>点数据</th><th>格数据</th><th>点数据、格数据</th></tr>
<tr><td>参数获取</td><td>数值</td><td colspan="2">第 4 章 空间相关性和异质性;第 5 章 空间抽样</td><td rowspan="6">第 10 章 决策树;第 11 章 贝叶斯网络;第 12 章 人工神经网络;第 13 章 粗糙集;第 14 章 支持向量机;第 15 章 粒子群优化算法;第 16 章 期望最大化算法</td></tr>
<tr><td rowspan="2">格局识别</td><td>位置</td><td>第 6 章 点格局识别</td><td></td></tr>
<tr><td>数值</td><td></td><td>第 8 章 格数据统计</td></tr>
<tr><td>空间预报</td><td>数值</td><td>第 7 章 点数据插值</td><td>第 9 章 格数据回归</td></tr>
<tr><td>空间运筹</td><td>数值</td><td colspan="2">第 17 章 空间运筹</td></tr>
<tr><td>时空分析</td><td>数值</td><td colspan="2">第 18 章 BME 模型;第 19 章 演化树预报模型</td><td>第 20 章 Meta 建模</td></tr>
<tr><td>软件介绍</td><td>数值</td><td colspan="2">第 21 章 空间统计学软件包</td><td>第 22 章 空间智能计算软件包</td></tr>
</table>

第1章 GIS 简 介

生活中，我们常常会面临这样的问题：采用哪条路线会使到达目的地的距离最短？如何在综合考虑到达超市、学校、公司、游乐场等设施的方便程度后，挑选一处合适的住宅？在过去的一年里，某县的土地利用情况发生了怎样的变化？城市规划中如何才能合理地布置地下管线？对于某一类疾病的患病人口，在空间上呈现怎样的分布？在一次伴随有大风的森林火灾中，火势将如何发展？

对于上述问题以及其他更多的类似问题，都与地理环境及其地理过程密切相关。地理信息系统领域的人都很清楚，要回答上述问题，就需要访问具有多维（x、y、z 空间坐标，t 时间坐标，属性）的、大容量的地理信息（Longley et al.，1999）。

地理信息系统（geographical information system，GIS）是一种信息查询、分析和决策支持系统，其特点是存储和处理的信息是经过地理编码的，地理位置及与该位置有关的地物属性信息成为信息检索的重要部分。在地理信息系统中，现实世界被表达成一系列的地理要素和地理现象，这些地理特征至少由空间位置参考信息和非位置信息两个部分组成（邬伦等，2001）。

从 20 世纪 60 年代至今，GIS 已迅速发展成为一个独特的研究领域，并应用于区域规划、土地管理、水利水资源管理、旅游管理、城市管理、交通、卫生、农业、军事等领域，形成一个全球性的重要行业。

1.1 举 例

GIS 是用来管理、分析空间数据的信息系统，几乎所有使用空间数据的部门都可以应用 GIS，以提高管理水平。本节简要介绍地理信息系统在一些具体领域的应用。

1. 环境保护

随着经济的发展，环境污染直接影响了人们的生活质量，环境质量问题也得到了越来越多的重视。在环境保护建设中，GIS 作为信息工具平台和信息服务平台，能够把各种环境信息同地理位置和有关视图结合起来提供给环保工作者。其最大的特点在于把环境中的各种信息与反映地理位置的图形信息有机结合在一起（图 1.1），并根据需要对这些信息进行相关和综合分析。GIS 技术被充分利用到环境领域中，在提高环境保护工作效率的同时，也影响着环境保护工作方式的转变。

图 1.1 GIS 在环境中的应用示例

2. 应急减灾

GIS 是评估潜在危险的强大工具,评估灾害可能在哪里发生,它们可能造成什么样的影响、伤害和损失等。GIS 把事发位置信息、追踪路径、传感器、视频以及其他与 GIS 数据相关的动态数据(影像、高程、街道、重点基础设施等)与交通、医院、气象结合起来,能够为决策者提供有力的支持。当危机出现时,GIS 会为应急行动计划的制订、毁坏情况的评估以及灾害信息的共享提供相关信息和帮助(图 1.2)。GIS 支持应急管理的所有阶段,包括灾情缓解、预防和准备、快速反应以及恢复重建。

3. 交通运输

GIS 在交通方面的应用得到了广泛的重视,并形成了专门的交通地理信息系统 GIS-T(GIS-transportation)。它是 GIS 在勘测设计、规划、管理等交通领域中的具体应用。GIS-T 通过地理信息系统与多种交通信息分析和处理技术的集成,可以为交通规划、交通控制、交通基础设施管理、物流管理、货物运输管理提供操作平台,如运输企业可以借助路径选择功能,对营运线路进行优化选择,并根据专用地图的统计分析功能,分析客货流量变化情况(图 1.3),制订行车计划。运输管理

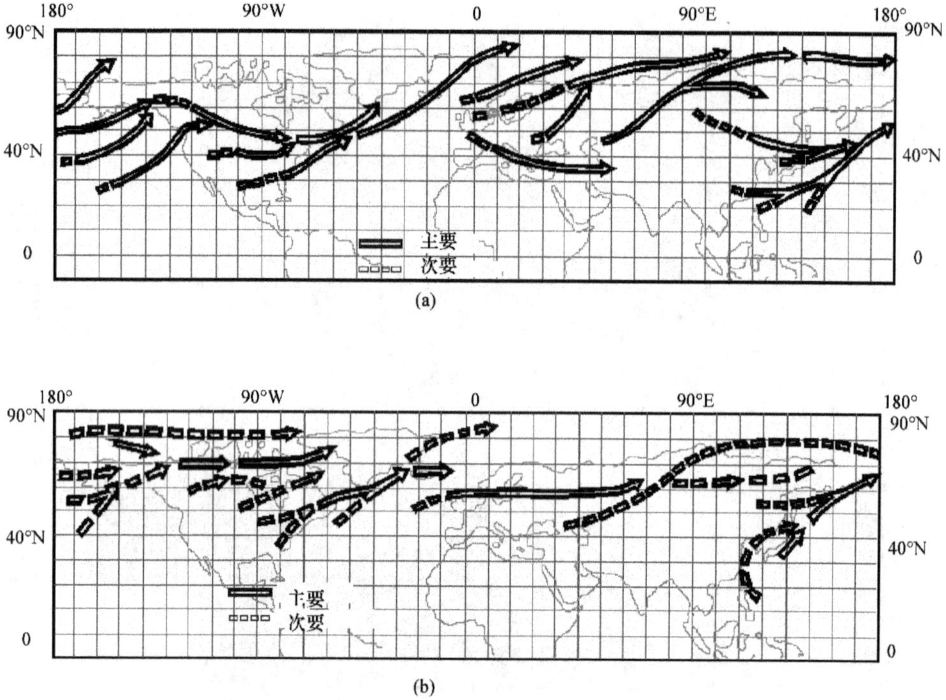

图 1.2 飓风 Ivan 轨迹跟踪及波浪高度预测

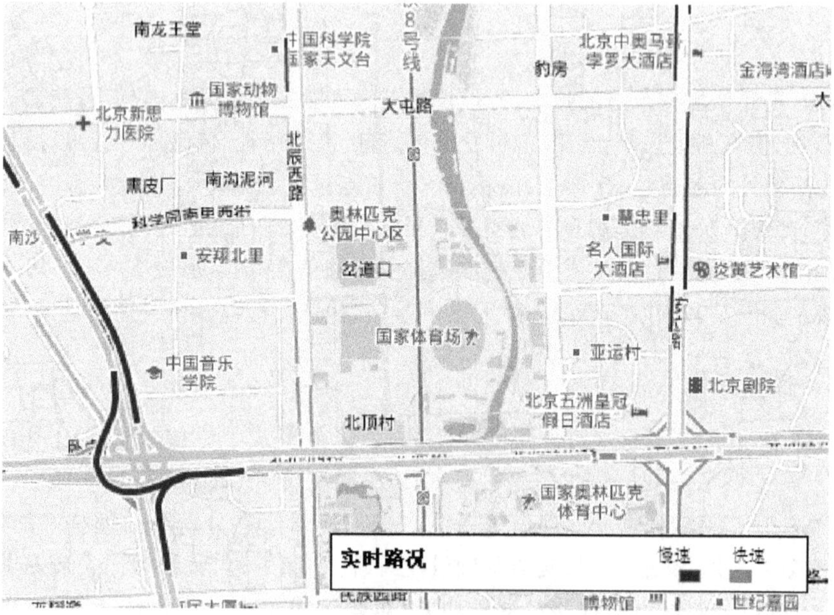

图 1.3 北京市某时刻道路流量状况

部门还可以利用它对危险品等特种货物运输进行路线选择和实时监控。

4. 国土资源管理

国土资源包括土地资源、矿产资源及海洋资源，这些资源都分布在一定地理空间环境中，和地理位置密切相关。在国土资源管理中，经常需要对这些资源进行空间定位、面积测算、类型调查以及权属确认等。国土资源的这些特点，决定了国土资源信息天然就是一种地理信息（图 1.4）。地理信息系统最早应用在资源环境管理中，目前已经广泛应用于资源环境（如森林、矿产、水利、农业、牧业等）管理，自然资源（如林业、地质矿藏、水资源等）调查，自然灾害（如水灾、旱灾、虫灾、震灾等）监测、预报、评估，环境保护（如水土流失、荒漠化等的治理）等方面（陆守一等，2001）。

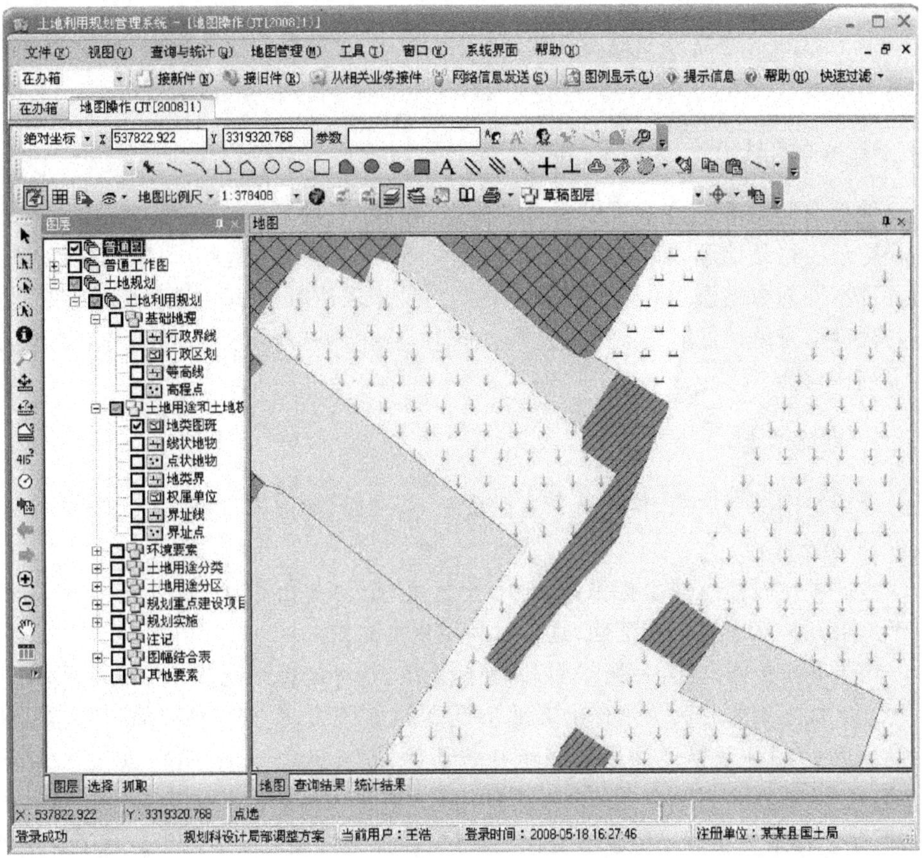

图 1.4 土地利用规划管理信息系统

5. 公共卫生

公共卫生是一个涉及微观结构和宏观系统的多分支科学，且大量数据具有空间分布特点。传染病的发生与流行、地方病的分布及病因、许多疾病的地方高发性特点以及医药卫生机构的分布等都与空间信息密切相关。同时，健康和疾病受到各种生活方式和环境因素的影响，这些具有定位特点的影响因素，为健康与环境的流行病学研究提供了有价值的线索。医学数据资料的这种空间相关特点成为 GIS 应用的前提。GIS 在公共卫生中的应用包括疾病监测及流行病学研究、环境健康研究、卫生服务利用与决策、公共卫生突发事件的应急处理等。

1.2 GIS 原 理

一个 GIS 的建立涉及地理表达、空间参考、空间数据模型三个概念，这里简介其基本概念及内容。

1. 地理表达

地理空间的表达方法可以概括为矢量、栅格、三角形不规则网、Voronoi 等几类。地理表达是地理数据组织、存储、分析的基础。以此为基础，可以构造地理空间各种不同的数据模型和数据结构。在构建地理表达时，必须对表达内容、展示细节的程度以及跨越的时间段进行选择。同时，众多的选择也为 GIS 工作者提供了许多创作机会。

2. 空间参考

介绍空间参考之前，首先简介坐标系统、基准面、椭圆体、投影 4 个概念。

1）坐标系统

有 3 种比较流行的坐标系统：地心坐标系统、球坐标系统、笛卡儿坐标系统。由于笛卡儿坐标系统的广泛性，这里对其做重点介绍。

笛卡儿坐标系统是一种“平面”的坐标系统，这种坐标系统是二维的，这里的平面两个字加上引号是因为地球的表面不是真的是平面，而是一种球面。在实践中用得最多的一种就是通用横轴墨卡托投影系统（universal transverse mercator, UTM）。但是具体到地球上某个地方的时候，测量人员一般不会直接采用这种投影，而是一种成为本地平面投影坐标系统，这涉及本地基准面等概念。有了笛卡儿坐标系统，人们可以非常方便地在地图上进行长度、角度和面积等各种量算。

2）基准面和椭圆体

借助现在的卫星监测技术，我们已经知道地球其实是一个不规则的球状体。

为了应用的方便,我们通常的做法是采用椭圆体去逼近实际的地球的形状。椭圆体主要通过它的长半轴和扁率来描述。

有了这个椭圆体,我们就可以引出一系列的概念来帮助描述地球的形状。椭圆体的中心和方位构成了所谓的基准面,即利用特定椭球体对特定地区地球表面的逼近而形成所谓的基准面。通过在椭圆体上的一系列点,我们可以定义地球的中心。如果在地球的表面建立一系列的控制点,但是由于大陆漂移的存在,这些一开始定义的控制点每年都会变化。已经流行的基准面种类非常多,有些是用来进行全球范围内的测量,有些是用来进行地球上局部地区的测量。

比较常见的基准面有:World Geodetic System 1984(WGS84),主要用于全球范围内的测量和定位;European Datum1953(ED50),主要用于欧洲地区;North American Datum 1983(NAD83),主要用于北美地区;而中国主要有北京 54 和西安 80 两种基准面。其中最为有名的就是 WGS84,GPS 系统就是采用了这种基准面,它比较好地逼近了整个地球范围。

3) 投影

需要投影的理由很简单,我们看到的地图或者在计算机屏幕看到的地图都是平面的或者说是二维的,但是地球却不是平的。所以必须想出一种办法让地球表面上的点跟平面上的点一一对应起来,而这种变换的结果就是把地球表面的点对应到笛卡儿坐标系统中。投影的方式主要有 3 种,如图 1.5 所示。每一种投影都会有不同程度的变形,要么是长度变形,要么是角度变形,要么是面积变形。

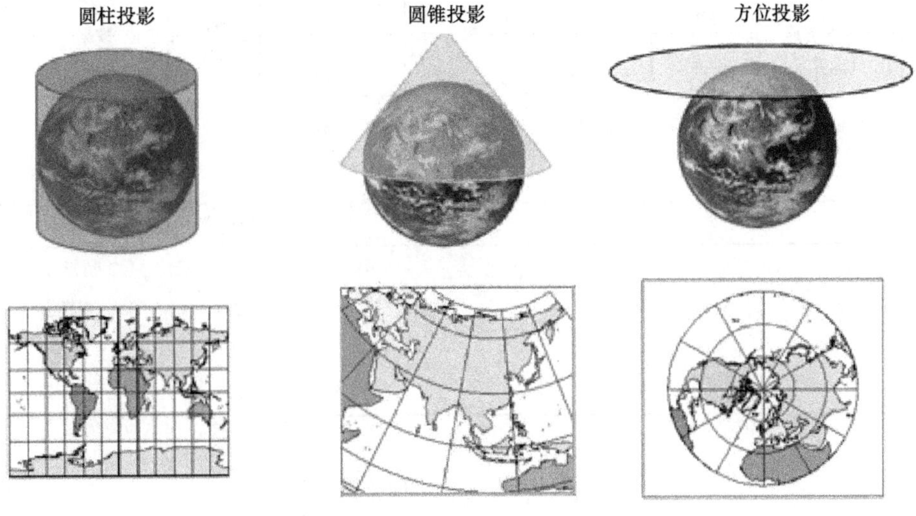

图 1.5　3 种地图投影方式

空间参考总的来说就是上面几个概念的综合，就是从比较概括的角度来说明如何把地球上的点最终转换到平面上去。空间参考首先需要一个椭圆体，由这个椭圆体派生出一个基准面，在基准面的基础上选择不同的坐标系统，把球面上的点转换到平面上去。

3. 空间数据模型

在计算机中，现实世界是以各种符号形式来表达和记录的，必须经过对现实世界的数据描述。

在地理信息系统中，有关空间目标实体的描述数据可分为 3 种类型：空间特征数据、时间属性数据和专题属性数据。对于绝大部分地理信息系统的应用来说，时间和专题属性数据结合在一起共同作为属性特征数据，而空间特征数据和属性特征数据统称为空间数据。空间数据通过观察或量测获得，或是通过进一步的计算获取。

空间数据可根据它们的收集方式、存储方式、说明内容、使用目标等，用不同的数据模型进行组织。地理信息系统中最常用的数据组织方式为矢量模型和栅格模型。在矢量模型中，用点、线、面表达世界，在栅格模型中用空间单元(cell)或像元(pixel)来表达。图 1.6(a)表达了这一从真实世界到计算机存储的“空间表达”过程。而 GIS 中所存储的属性表(图 1.6(b))是空间数据分析的具体操作对象。

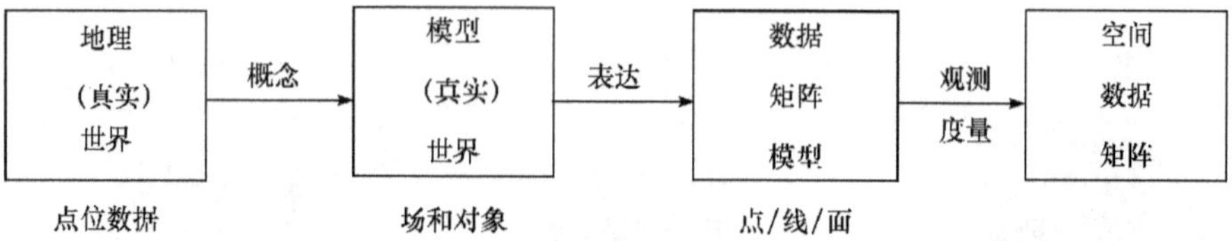

(a)

k 个变量的观测数据				位　置	
$z_1(1)$	$z_2(1)$	…	$z_k(1)$	$s(1)$	情形 1
$z_1(2)$	$z_3(2)$	…	$z_k(2)$	$s(2)$	情形 2
⋮	⋮		⋮	⋮	⋮
$z_1(n)$	$z_3(n)$	…	$z_k(n)$	$s(n)$	情形 n

(b)

图 1.6　空间表达(a)和空间数据矩阵(b)

空间数据是对现实世界中空间特征和过程的抽象表达。由于现实世界的复杂性和模糊性，以及人类认识和表达能力的局限性，这种抽象表达只能是一定程度的接近真值，因此，数据质量发生问题是不可避免的。同时，对空间数据的处理也会导致一定的质量问题。

1.3　ArcGIS 软件使用步骤

1. ArcGIS 简介

ArcGIS 是目前世界上使用最广泛的 GIS 软件，是由美国 ESRI 公司(Environmental Systems Research Institute Inc.)研发的。该公司 1969 年成立于美国加利福尼亚州的 Redlands 市，从事 GIS 工具软件的开发和 GIS 数据生产，其创始人是原哈佛大学空间分析实验室的 Jack DangerMond。ArcGIS 系列是 ESRI 公司一个全面的、完善的、可伸缩的 GIS 软件平台，针对不同用途，可分为如下几部分(图 1.7)。

图 1.7　ArcGIS 框架

(1) 桌面 GIS。桌面 GIS(Desktop GIS)软件产品是用来编辑、设计、共享、管理和发布地理信息的。ArcGIS 桌面可伸缩的产品结构，从 ArcReader，向上扩展到 ArcView、ArcEditor 和 ArcInfo。目前 ArcInfo 被公认为是功能最强大的 GIS 产品。通过一系列的可选软件扩展模块，ArcGIS Desktop 产品的能力还可以进一步扩展。

(2) 服务器 GIS。服务器 GIS(Server GIS)包括 ArcGIS Server、ArcGIS Explorer、ArcGIS Image Server 和 ArcIMS，其用于创建和管理基于服务的 GIS 应

用程序，在大型机构和互联网上众多用户之间共享地理信息。

(3) 移动 GIS。移动 GIS(Mobile GIS)如 ArcPad，支持 GPS 的无线移动设备，越来越多地应用在野外数据采集和信息访问中。ArcGIS Mobile 和 ArcGIS Desktop 可以运行在便携式电脑或平板电脑上，用户可以在野外进行数据采集、分析乃至制定决策。

(4) 开发 GIS。开发 GIS(Developers GIS)包括 EDN(开发者网络)和 ArcGIS Engine。ArcGIS Engine 是一个完整的嵌入式 GIS 组件库和工具包，开发者能用它创建一个新的或扩展原有的可定制的桌面应用程序。

(5) Geodatabase 技术。以上所有的软件都可以使用 Geodatabase 技术，为 ArcGIS 提供核心的地理数据模型和数据管理框架。

2. ArcMap 操作简介

ArcMap 是 ArcGIS Desktop 中一个主要的应用程序，具有基于地图的所有功能，包括制图、地图分析和编辑。本练习通过使用 ArcGIS 自带数据来简单介绍 ArcMap 的基本操作。

第一步，首先点击图标，打开 ArcMap。

第二步，进入系统后，会弹出启动对话框，对话框中提供多种启动 ArcMap 任务的方式，本练习选择打开一张现有地图(图 1.8)。

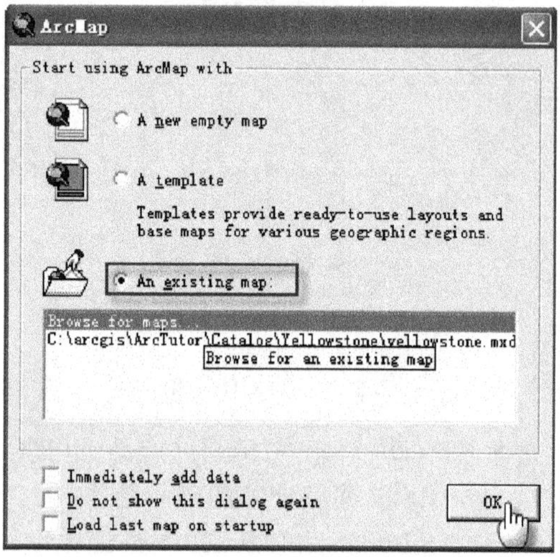

图 1.8　打开一张现有地图

第三步，打开 ArcMap 提供数据 Map 文件夹中的 airport 文件(该数据的默认安装路径为 C:\ArcGIS\ArcTutor\Map)(图 1.9、图 1.10)。

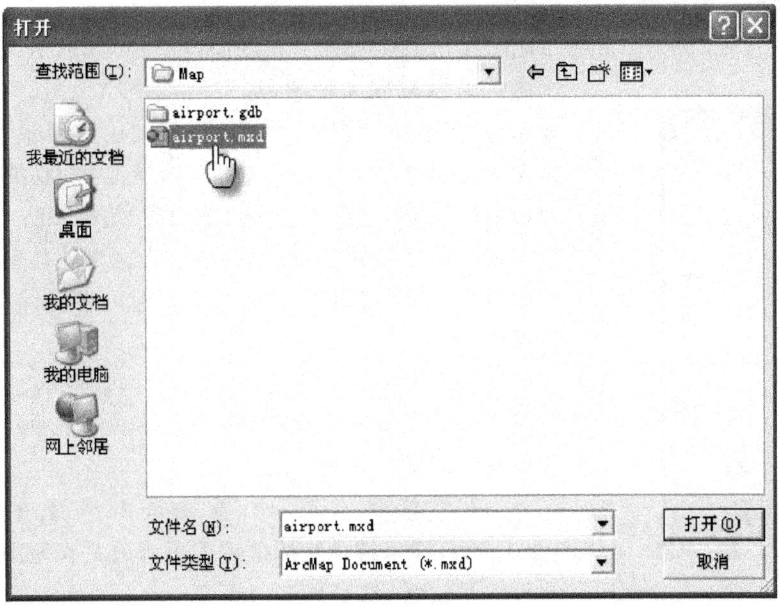

图 1.9　打开地图文件 airport.mxd

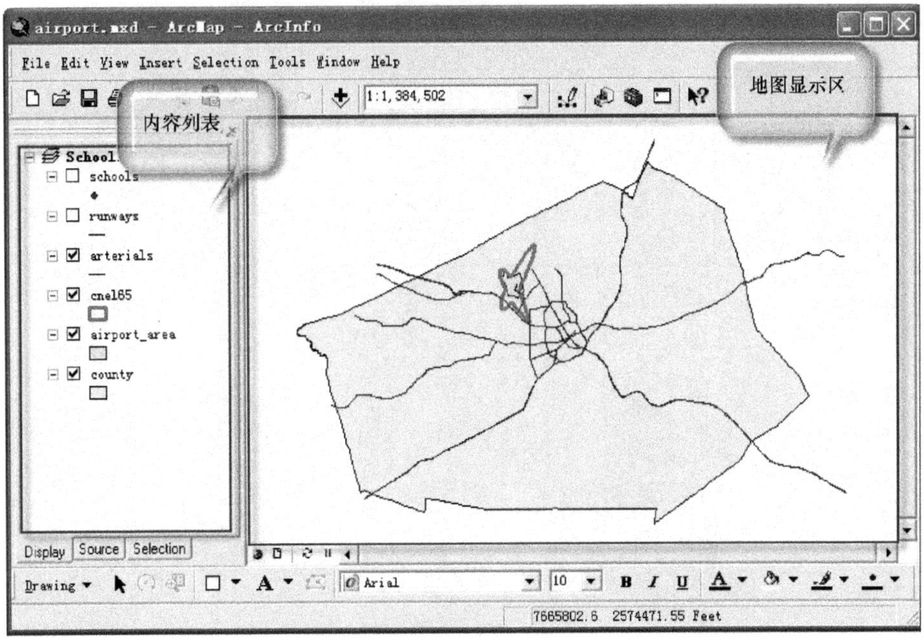

图 1.10　ArcMap 主界面

第四步,浏览地图:

(1) ArcMap 中,主要的地图操作工具如图 1.11 所示(从左到右,从上到下依次为选定区域放大地图、选定区域缩小地图、定点放大地图、定点缩小地图、平移地图、将地图放至最大范围、到上一个地图、到下一个地图、选择地物、取消地物选择、选择、查询、搜索、定位、测量距离、超链接)。

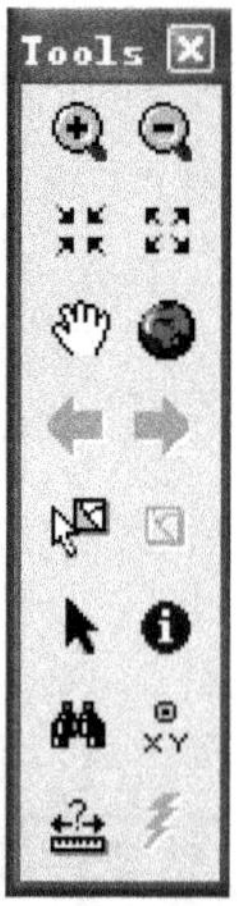

图 1.11　基本操作工具

(2) 点击按钮,然后在欲放大区域按住鼠标左键拖画矩形,即可将该区域放大。同理可进行缩小、平移等操作(图 1.12)。

(3) 显示一个图层(图 1.13)。内容列表选项可控制图层的显示与否。通过勾选 schools 和 runways 来加载学校和机场跑道两个图层。

(4) 变换显示符号。首先点击欲修改的符号(图 1.14),弹出符号对话框后即可修改其在地图中显示的形状和颜色(图 1.15)。

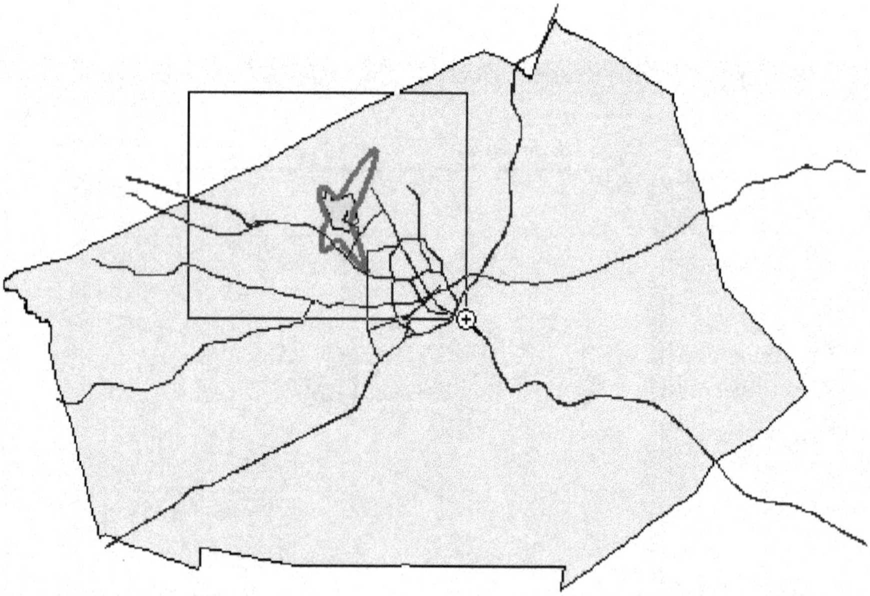

图 1.12　区域放大

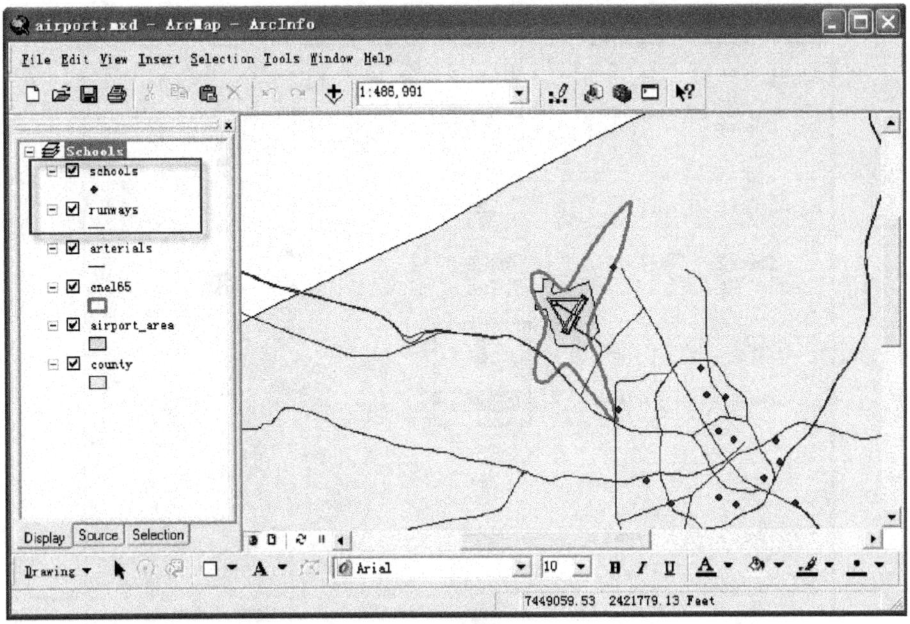

图 1.13　图层加载

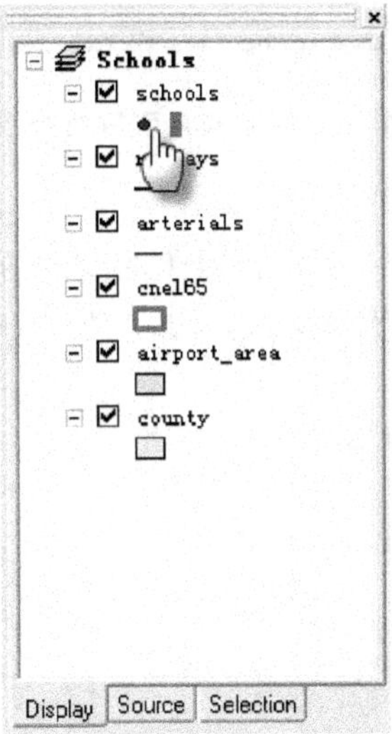

图 1.14　点击欲修改的符号

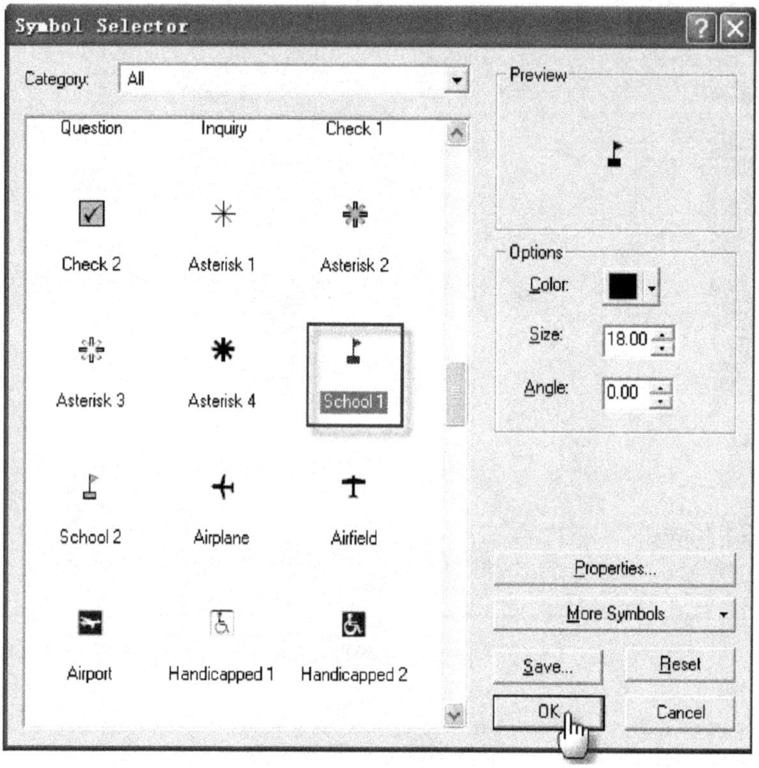

图 1.15　选择修改后的符号

第五步,属性查询:

(1) cne165 为噪声区,有一所学校看上去好像在该区域内,首先点击放大按钮,在学校周围拖画矩形以放大该区域,发现学校位于该噪声区内(图 1.16)。

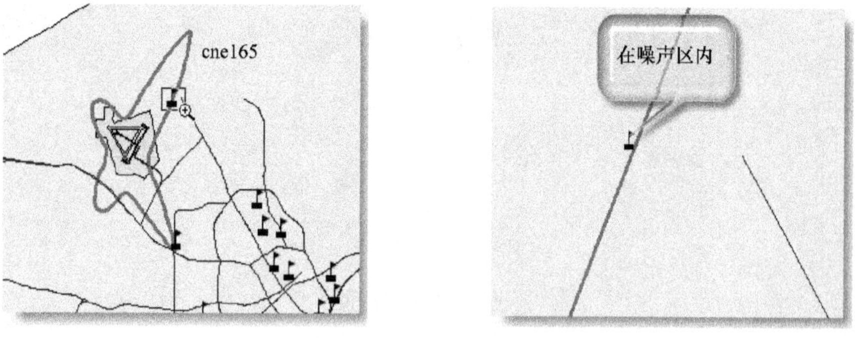

图 1.16　放大发现学校位于噪声区

(2) 首先点击查询属性按钮,然后通过点选该学校查询其属性信息(图 1.17)。该学校名为 Northwestern Prep。

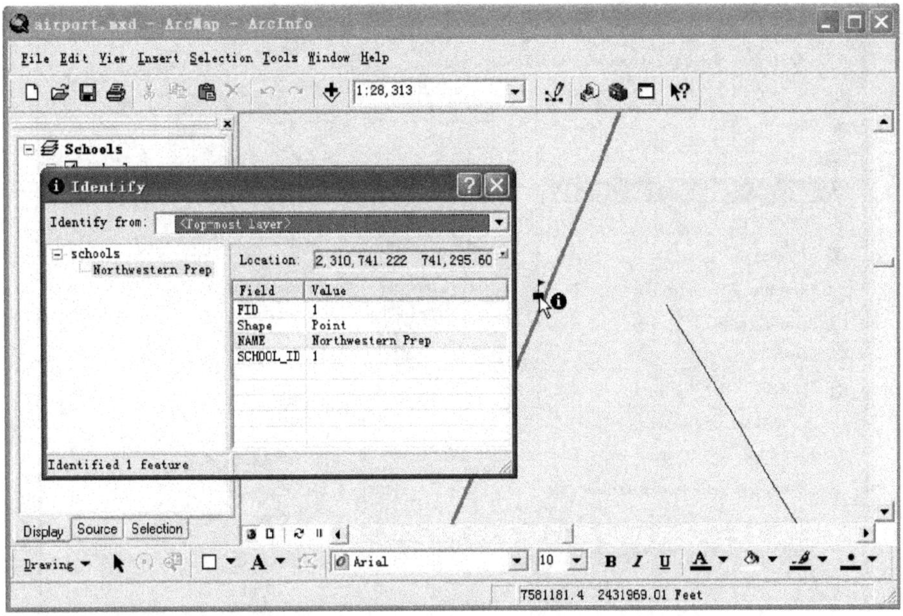

图 1.17　查询该学校属性信息

(3) 添加图形。通过点击按钮回到上一视图(图 1.18);再点击 A 按钮之后,在学校附近点击鼠标左键,并修改文字框中内容为学校名 Northwestern Prep。

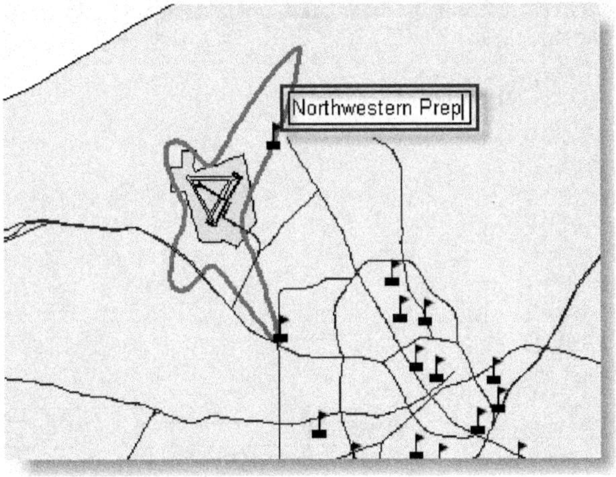

图 1.18　添加学校名

第六步,保存地图:

首先点击 Save As,然后在文件名对话框中键入 Northwestern Prep_ex. mxd,点击 Save 按钮后即可保存该地图(图 1.19、图 1.20)。

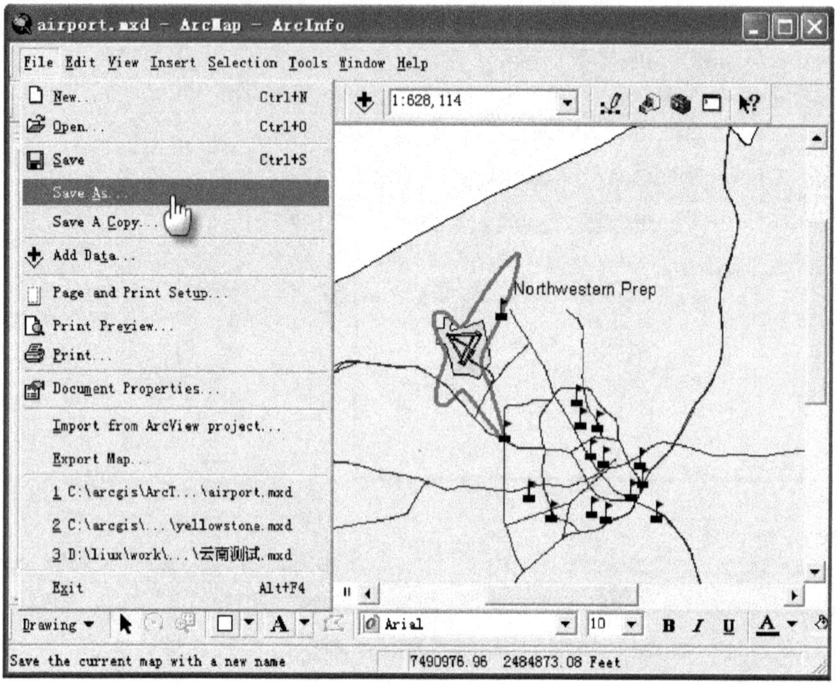

图 1.19　点击 Save As

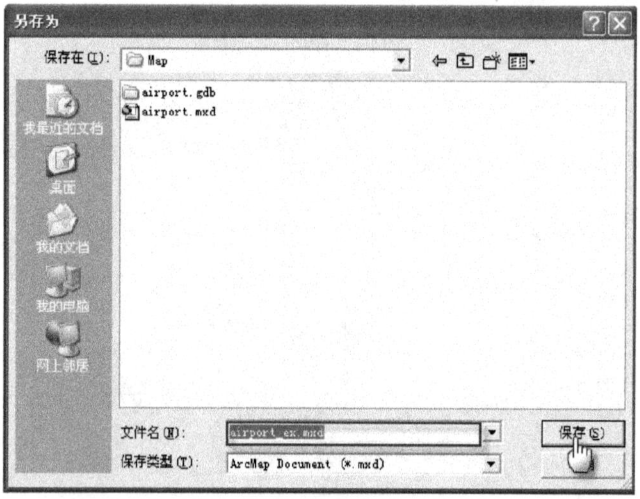

图 1.20　键入文件名并保存

第2章 地图分析

空间数据或图案可以通过意念地图、图形分析、图谱分析，得到新的信息。意念地图(mental map)通过空间变换，将真实对象在欧几里得空间上的分布绘制成人们意念感知的地图。图形分析(geometric analysis)是基于空间数据的几何形状度量或几何操作进行推断的方法，常用的有缓冲区(buffer)、叠加(overlay)、临近度(proximity)等操作，几何重心、几何形状等度量，两图案比对等算法。图谱(summary mapping)分析试图通过非数据分析的办法，通过对大量图案的观察、归纳和物理机制推断，将杂乱的信息去粗取精、去伪存真、高度抽象和浓缩，得到抽象和简化但反映地学过程本质的地图。

2.1 意念地图

意念地图或认知地图是外界环境在人们头脑中的表征，往往与现实基于欧几里得距离绘制的地图不一致，意念地图对人们认识真实世界、合理地进行区域规划具有重要意义。

假设希望在地图上表达人口数据的某些属性。例如，希望显示选举投票、疾病发生，汽车、电视或使用中的电话数目，按年龄、收入或其他统计学、医学或人口学感兴趣的变量表示人口数目。在这种情形下典型的做法是选择感兴趣区域的标准投影，用颜色代码或类似的表达将这些数据绘制在图上。但是这样的地图可能会引起高度误解。例如，绘制疾病发生，将不可避免地显示出城市高发而农村低发，仅仅是因为更多的人住在城市。解决这一问题的有效办法是绘制比率测度而不是原始的发生数目；我们绘制人均病例数的某种度量，用足够小的单元得到好的空间分辨率，而用足够大的单元得到可靠的采样量。但是，这种做法仍存在问题，因为它放弃了所有关于哪里发生了最多的病例的信息。千分之一的发病率在上海和西藏的意味完全不同。

希望数据的表达既可以反映人口密度变化，又能保留每个区域有多少病例的信息。起初这两个目标似乎是不可协调的，但情况并非如此。在一般的面积保持或近似面积保持的投影中，如 Mercator 或 Robinson 投影，它们确实是不可协调的。但是，如果将地图上的面积不正比于地表面积，而是正比于人口数目，问题就迎刃而解。画在这种投影上的病例数据将在不同地点具有同样的密度和人均发生率，而与人口总量无关，因为原始发生率和面积都将按人口总量缩放。

但是,每个病例或一组病例仍然可以逐一表达,因此眼睛可以清楚地看到哪里病例最多。这种类型的投影是值-面积(value-by-area)地图、等密度地图或比较统计地图(cartograms)。Gastner 和 Newman (2004)改进了比较统计地图的制作方法,图 2.1 是用这种新方法制作的 GDP、人口、土地、饮用水的世界意象地图。

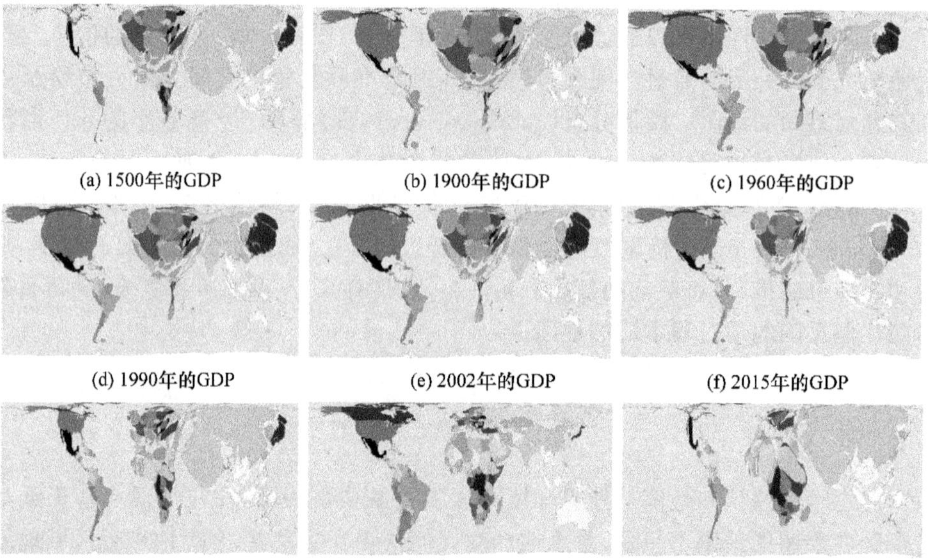

(a) 1500年的GDP　(b) 1900年的GDP　(c) 1960年的GDP

(d) 1990年的GDP　(e) 2002年的GDP　(f) 2015年的GDP

(g) 2000年的人口　(h) 土地　(i) 2004年的不卫生饮水

图 2.1　意念世界地图:GDP、人口、土地、饮用水(http://www.worldmapper.org/)

从图 2.1(a)~(f)可以清楚地看到 1500~2015 年世界各国 GDP 的变化对比;从图 2.1(g)~(i)看到某个国家的人口、土地、不卫生饮水占世界份额有较大差异,提示就全球格局而言,该国的突出特点和问题是什么?其各方面在世界的地位如何?

手绘草图是挖掘意念地图的另一种主要方法。薛露露等(2008)、申思等(2008)通过问卷调查,获得北京居民手绘草图样本。采用二维回归与标准偏差椭圆方法定量测度意念地图整体和局部的变形(图 2.2),得出北京居民的认知地图平均变形在 2~3km,整体变形以二环为界,内小外大,并呈西南-东北斜向拉伸、东西收缩的趋势,局部变形北部大于南部,个体的变形系数与对地标的熟悉程度负相关,男性小于女性,驾车者小于不驾车者,日常活动范围越广、出行频率越高、居住时间越久、距离锚点越近的被试认知变形越小。

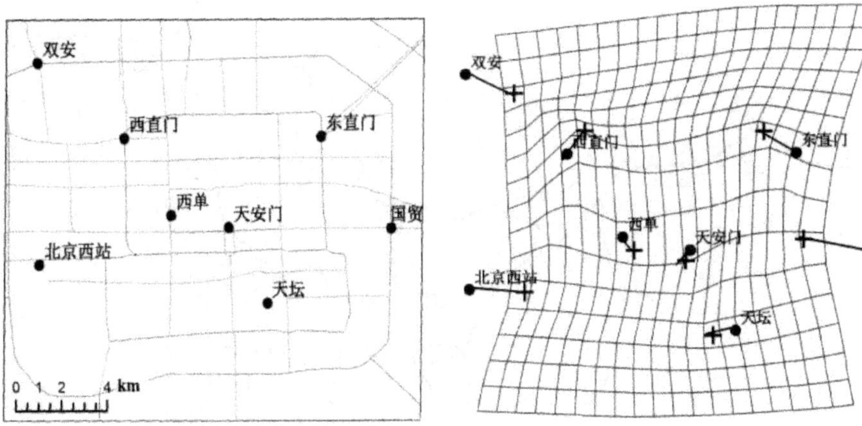

(a) 标准地图 (b) 意念地图

图 2.2 北京市交通意念地图(薛露露等,2008)

2.2 图 形 分 析

图形分析,在 ArcGIS 中称作空间分析,是 GIS 的主要功能之一,包括缓冲区、临近度、叠加、重心等分析。

1. 缓冲区

以事故现场为中心,以 20m 为半径画圆,其内为处理事故的警戒区;以河流为基线,向两侧各 50m 划界,作为景观规划带。总之,以点或线为基点或基线,以某距离为半径划界,形成缓冲区(buffer)。距离可以是欧几里得距离、时间、运费等。

陇海兰新铁路,是我国和东亚与欧洲货运的一条重要通道。缓冲区分析可以用于分析、模拟其吸引范围,为区域规划提供科学依据。将全国1∶400万铁路、公路、航运线路编码输入形成交通 GIS,含不同路线的运输成本,并定义为线段距离,将全国市县社会经济统计输入 GIS。以如图 2.3 所示的主要城市为中心,在交通 GIS 上同时出发按最短路径前进至与来自不同城市的货流相交停止,相交点连接形成各主要城市的货流吸引范围(图 2.3)。将各主要城市吸引范围图与全国市县社会经济统计 GIS 叠加,提取各城市吸引范围内的人口和社会经济总量,然后运用经济-交通流模型,可以计算各主要城市的客运、货运周转量(王劲峰,1993a)。随着经济、人口的变化,可以预测对应的欧亚新海大陆桥沿线各主要“港口”城市的客运、货运类型及周转量的变化。

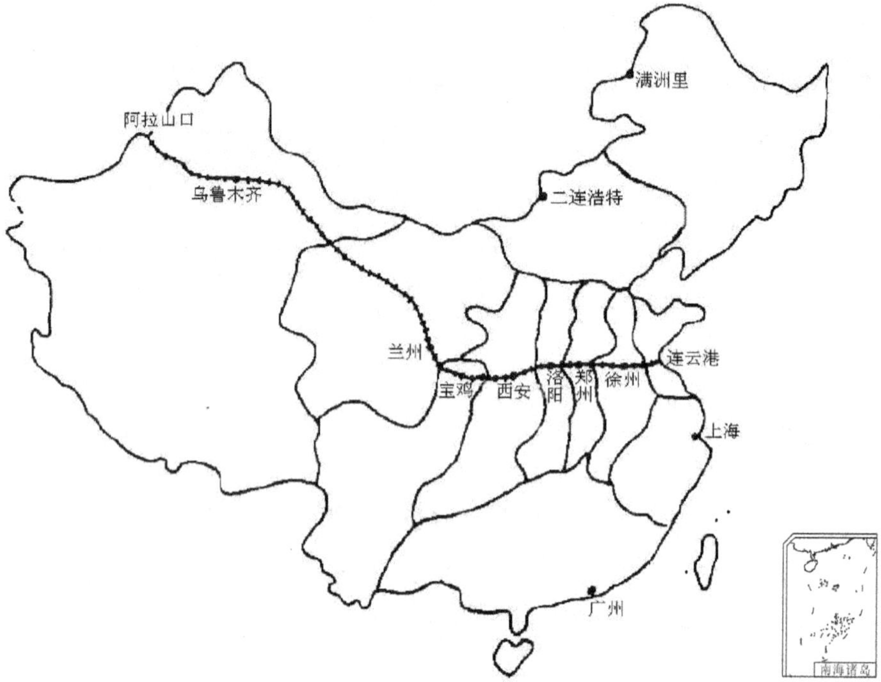

图 2.3　欧亚新海大陆桥吸引范围模拟示意图(王劲峰,1993a)

2. 叠加(overlay)

太阳能热发电厂的选址需要综合考虑几个因素(王劲峰等,2007):足够强和面积大的太阳能法向直射辐射分布、土地价格、水、距居住地和交通线远近等。将全国太阳能法向直射辐射图、土地价格图、水资源分布图、人口分布图、交通图等 GIS 图层统一投影、比例尺、格式等,进行叠加;根据太阳能热发电技术经济模型,输入叠加后图层的有关属性,计算不同厂址的净利润,画出利润等值线图,据此估算我国太阳能热发电的市场范围和利润。

地震、洪水、干旱按强度均分为 4 级:严重(S)、重(H)、中(M)、轻(L),分别制图;统一投影、比例尺和格式;叠加,获得灾害综合风险图(Wang et al.,1997),如图 2.4 所示。进一步计算不同灾害之间的空间关联性。表 2.1 中的数字表示中国洪水、干旱灾害不同级在空间上组合的面积比例,将正对角线和反对角线的数值分别相加、比较,可以判断两种灾害强度的空间关联性。主对角线越大、反对角线越小,反映两种灾害强度空间关联性越大,即严重的洪水区域也是严重的干旱区域,中等和轻微的洪水区域也是中等和轻微的干旱区域,表 2.1 反映了这个特点,洪水和干旱空间上关联(季节上分离),这是季风区特点;反之,主对角线越小，反对角线越大，反映两种灾害强度空间分布越趋于分离。可以对相似表进行统计显著性检验。

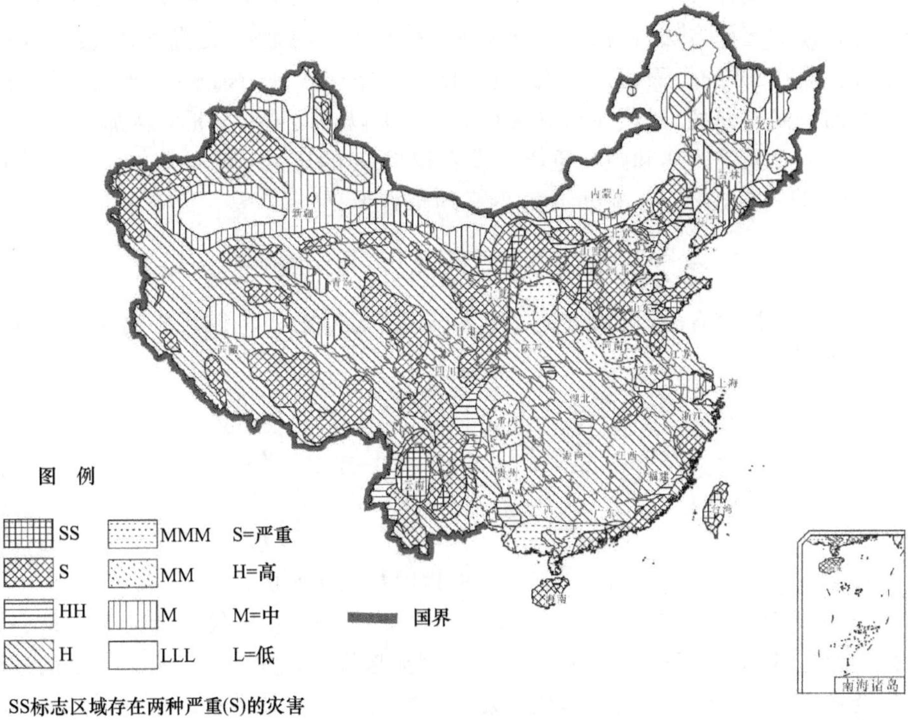

图 2.4　中国地震、洪水、干旱灾害综合区划(Wang et al.,1997)

表 2.1　中国洪水、干旱灾害图 4×4 和 2×2 相似表

		干旱					干旱	
		严重 S	重 H	中 M	轻 L		S+H	M+L
	严重 S	0.00	0.00	0.00	0.01	S+H	0.02	0.25
洪水	重 H	0.01	0.00	0.04	0.18	M+L	0.12	0.60
	中 M	0.03	0.00	0.06	0.15			
	轻 L	0.06	0.02	0.04	0.34			
面积比						面积比		
主对角线：0.40						主对角线：0.62		
反对角线：0.11						反对角线：0.37		

3. 空间分布统计

空间分布统计(statistics of spatial distribution)是研究空间分布的整体性或全局性特征的统计方法,包括研究对象在二维空间上的重心、范围、密集度、方位和形状(赵作权,2009)。而通常所说的空间统计(spatial statistics)的研究内容是空间分布的空间差异性、依赖性和空间回归。以下以空间重心分析为例加以介绍。

常用欧几里得距离和距平重心。设有权重 q_i 的离散点群($x_i, y_i, i=1,2,\cdots,N$)的距平重心为(x_0, y_0),则距中心的平均距离为

$$S=\sum_{i=1}^{N} q_i \sqrt{(x_i-x_0)^2+(y_i-y_0)^2}=\sum_{i=1}^{N} q_i r_i \tag{2.1}$$

式中,(x_0, y_0)为使 $S \to \min$ 的点位;r_i 为第 i 点距重心点的欧氏距离。可以通过迭代求解

$$x_i^{(k+1)}=\frac{\sum_{i=1}^{N} \frac{q_i x_i^{(k)}}{r_i^{(k)}}}{\sum_{i=1}^{N} \frac{q_i}{r_i^{(k)}}}, \quad y_i^{(k+1)}=\frac{\sum_{i=1}^{N} \frac{q_i y_i^{(k)}}{r_i^{(k)}}}{\sum_{i=1}^{N} \frac{q_i}{r_i^{(k)}}} \tag{2.2}$$

迭代直至 $|x_i^{(k+1)}-x_i^{(k)}|+|y_i^{(k+1)}-y_i^{(k)}|<$ 指定精度 ε 为止。

20 世纪 70 年代美国曾就 19 世纪中叶至 20 世纪 70 年代的全美人口重心转移做过计算(U. S. Census Bureau,2001),明显地标示出总体人口自东向西的迁移趋势及强度(km/a),这与美国地域开发自东向西展开的基本格局相符合。王劲峰(1993b)用重心分析法发现如图 2.5 所示的迁移趋势。产业产值重心转移是产业内部产品的组织结构、产业之间的投入产出关系、资源环境约束和国家经济政策、宏观布局战略作用在空间上的综合反映。例如,就农业重心的位置而言,我国主要产量带位于东部地区:三江平原、山东省、河北省、河南省和江苏省。1984 年以后,

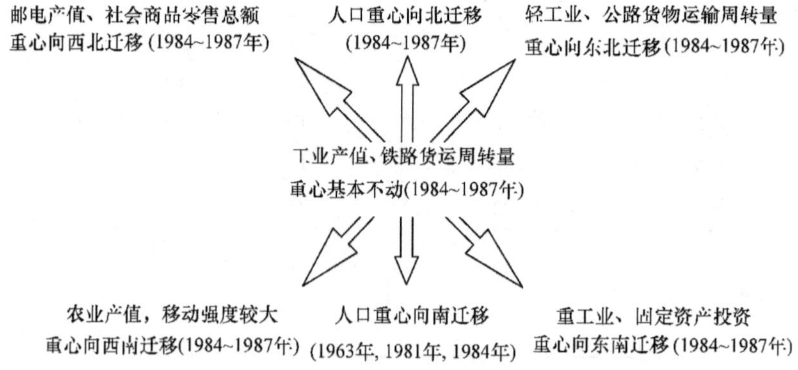

图 2.5 中国社会经济重心空间迁移(1984～1987 年)

农产品价格放开、国家鼓励农副产品发展，华南农副产品水热条件好、沿海加大开放，出口创汇为目的的外向型经济刺激了该地区农副产品发展，使得1984～1987年农业产值重心由华东地区向西南方向高强度移动。1984～1987年东南沿海对外开放，吸引了大量固定资产投资和重工业发展，使其重心向东南方向迁移。由于产业之间的互相关联，一个统计量的空间移动，经过一个时间延迟后必将带动另一个或几个统计量的空间移动(赵永和王劲峰，2008)。例如，固定资产投资与GDP空间重心移动方向应当是一致的，但存在3～5年的时间差；又如，如果纺织业产值重心与棉花产量重心移动的方向相背，必然导致运输距离和运输量的增加，增加纺织业成本。人口的空间迁移起因于经济和社会利益，受到并对生态环境造成压力和破坏，其空间走向值得监测和预测，并对此进行调控，实现人地和谐。

2.3 图谱分析

“谱”通常指规律、表面过程所遵循的内在顺序、千差万别中的不变主线，如化学元素周期表、基因图谱等。“地学图谱”由陈述彭(2001)提出，试图用东方人擅长的整体图形思维分析方式从复杂海量的空间信息中提取地学现象的规律和本质，将空间信息用图形思维的办法去除噪声，将反映地物本质规律的信息提炼出来，实现空间信息在空间上的高度浓缩和抽象表达，形成概念，如京剧脸谱。这有别于西方还原论和定量化的研究哲学，犹如中医和西医的关系，各有所长。陈述彭先生总结了几个地球信息图谱成功的案例：魏格纳的大陆漂移学说、柯本的气候区划、杜能的地理区位论、李四光的大地构造、竺可桢的自然区划、欧亚大陆桥旋律曲线(陈述彭，2001)等。图谱相对于地图，就像牛顿定律相对于结构力学，后者纷繁复杂，但归根结底都是由简单而本质的牛顿定理所控制的。

图谱的用途可归纳为揭示规律、形成概念、制作图例；图谱的物理载体是地图；表达为反映地学规律的几何图案；制作方法目前主要基于制作者丰富的地学知识、形象和抽象思维能力以及图形概括表达能力(陈述彭，2001)；正在探索用数字技术归纳总结制作典型图案图例以及统计规律的方法(叶庆华等，2004)。

1. 大地构造图谱

李四光根据野外地学填图和室内地质力学模拟实验，总结归纳出中国大地构造的一字形、山字形、歹字形几种图谱(图2.6)，这些图谱是多旋回构造运动的综合效应，控制了油气资源形成的空间格局。

2. 交通旋律图谱

东西方交往始于汉唐中世纪的丝绸之路。由于战乱，丝路几次中断，东西方探

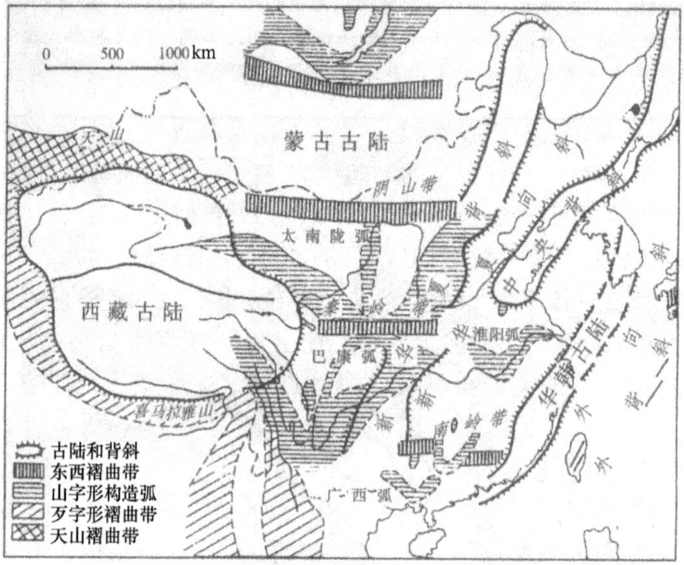

图 2.6　中国大地构造图谱(据李四光,见陈述彭,2001)

险家于是改弦更张,绕道北冰洋、东南亚航线迂回数千里,继而修建西伯利亚铁路,近年修通第二欧亚大陆桥,取道我国新疆和中亚各国,东达连云港和上海,西至阿姆斯特丹,路线越来越直,里程越来越短,就像一条波动的历史琴弦,经过长期的震荡,左右摆动之后,终于平静、准直了下来(陈述彭,2001)(图 2.7)。

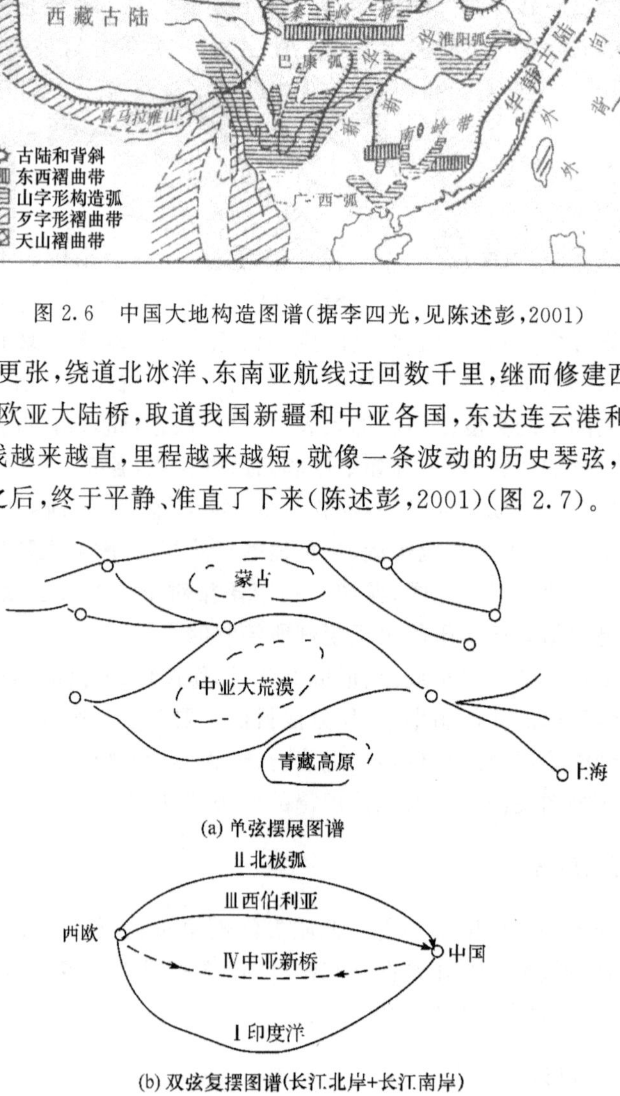

图 2.7　欧亚大陆桥旋律图谱(陈述彭,2001)

3. 城市体系图谱

叶大年和郝伟(2001)以矿物晶体学的知识背景将我国城市分布空间格局归纳为几种典型对称图谱,反映了自然环境约束与社会竞争机制造就城镇体系分布的机理。图 2.8 展示湖南、江西两省城镇体系相对于沿省界从北部的武汉向南经幕阜山至罗霄山的对称轴,从城镇分布、等级、交通线、直至社会经济规模的空间分布等呈现高度对称性。两省地质地貌上的对称性固然提供了先天的物质基础,在此基础上发展起来的社会经济空间分布的对称性则是后天人类攀比和竞争本能所造就的。按照此对称性,观察对称一方的发展,可以预见对称另一方的发展。

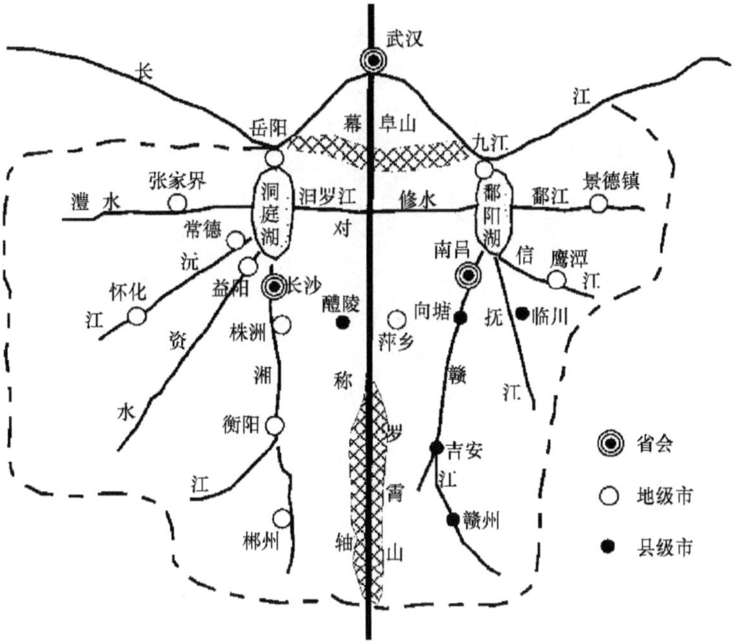

图 2.8　湖南和江西的轴对称图谱(叶大年和郝伟,2001)

4. 海岸带生态演化图谱

淤积海岸带生态系统受地下水位和盐度强烈影响,而地下水位和盐度随距海远近呈现规律的条带状分布(图 2.9)。例如,黄河三角洲(叶庆华等,2004)和江苏海岸带,其天然植物、养殖业、种植业的空间格局随着淤积和围海造田向海洋的延伸,呈现有规律的演替。自海岸线向陆地方向,呈带状依次分布。

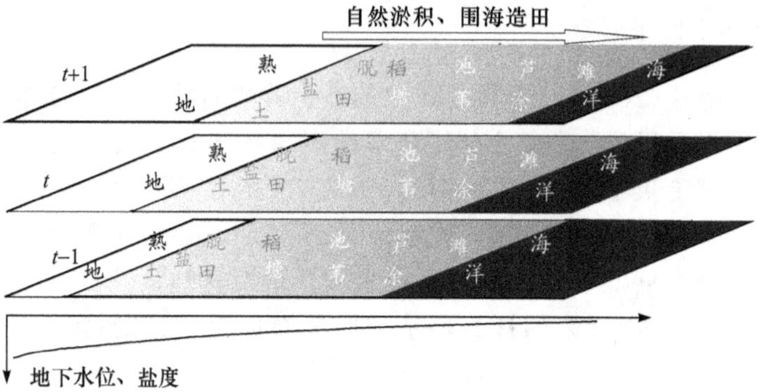

图 2.9　淤积海岸带与三角洲生态演替图谱

第3章　探索性空间分析

20世纪后半叶在西方统计界兴起的探索性数据分析技术，基于让数据说话的理念(Hoaglin et al.，1998；Hampson et al.，1999)，即尽可能不预先为数据结构设置模式，通过显示关键性数据和使用简单的指标来得出模式，利用归纳的方式提出假设，避免野值(outlier)或非典型观测值的误导。从20世纪90年代开始，探索性数据分析技术逐渐被地学工作者认可并引入地球信息科学(Haining，1990)。

探索性空间分析一般作为空间分析的先导，进行数据清洗、筛选变量、提示模型选择、检验假设等。实现手段是，利用一系列软件，描述和显示空间分布，识别非典型空间位置(空间表面)，发现空间关联模式，提出不同的空间结构及空间不稳定性的其他模式(Painho，1994)。空间数据挖掘是探索性空间分析的重要手段，它试图从空间数据中抽取隐含的空间模式和特征。目前常用的空间数据挖掘技术有空间数据数理统计、聚类分析和规则发现等。

可视化是数据探索性分析的首要步骤，包括经典统计软件如SPSS、SAS、Matlab中的散点图、直方图、叶茎图等；GIS软件方便了空间数据的可视化和操作，达到熟悉数据、清洗数据、提示变量和关系的目的。读者可以方便地使用这些软件进行空间数据可视化和初步的探索性分析，直接阅读和操作这些软件将比读书更加快捷和容易掌握这些技术，所以本书不予专门介绍。聚类和规则发现将在本书其他章节予以介绍。本章将重点介绍经典统计学运用于空间数据探索的几种方法：相关性分析、回归分析、主成分分析以及地理探测器。

3.1　线性相关性分析

1. 原理

在分析空间两个事物之间的关系时，分析人员常常要了解两者间的数量关系是否密切。说明两个样本量为 n 的变量 (x,y) 间关系密切程度的统计指标叫相关系数(coefficient of correlation)，用 r 表示。计算线性相关系数的基本公式是

$$r=\frac{\sum(x-\bar{x})(y-\bar{y})}{\sqrt{\sum(x-\bar{x})^2\sum(y-\bar{y})^2}} \tag{3.1}$$

式中，$\bar{x}$ 和 $\bar{y}$ 分别为数据变量 x 和 y 的均值，r 的值介于 -1 到 1 之间。若 $r>0$，表

示两个事物统计正线性相关，即“此高彼也高，此低彼也低”；若 $r<0$，表示两个事物统计负线性相关，即“此高彼却低，此低彼却高”；若 $r=0$，则表示两个事物之间没有统计线性相关性。当两个数据变量不处于正态分布时，还可以用等级相关系数(Spearman 相关系数)或 Kendall 相关系数等非参数方法来衡量两者之间的相关性。

线性相关系数的统计意义检验可以用 t 检验法。

$$t_r = r\sqrt{\frac{n-2}{1-r^2}} \tag{3.2}$$

如果 $t_r > t_{0.05}(n-2)$，则表明 $P<0.05$，说明线性相关系数有统计意义；如果 $t_r < t_{0.05}(n-2)$，则表明 $P>0.05$，说明线性相关系数无统计意义。其中 n 为样本量；r 为用户给定的置信水平，$t_{0.05}(n-2)$ 可查 t 统计表获得。

2. 案例

(1) 案例所用数据是山西省和顺县 1998～2003 年村级出生缺陷率数据(rate9803)及其一些相关环境要素数据：村到道路距离(roaddistance)、村到河流距离(riverdistance)、煤矿影响(neibmines)、断层缓冲区(faultagebuffer)、坡度(gradient)。

(2) 点击 SPSS 的 Analysis→Correlate→Bivariate 按键(图 3.1)，选择双变量相关分析功能进行相关性分析。在双变量相关分析对话框里，选择的出生缺陷率变量和出生缺陷相关环境因素变量名均显示在左边的窗口中，依次选择变量并点

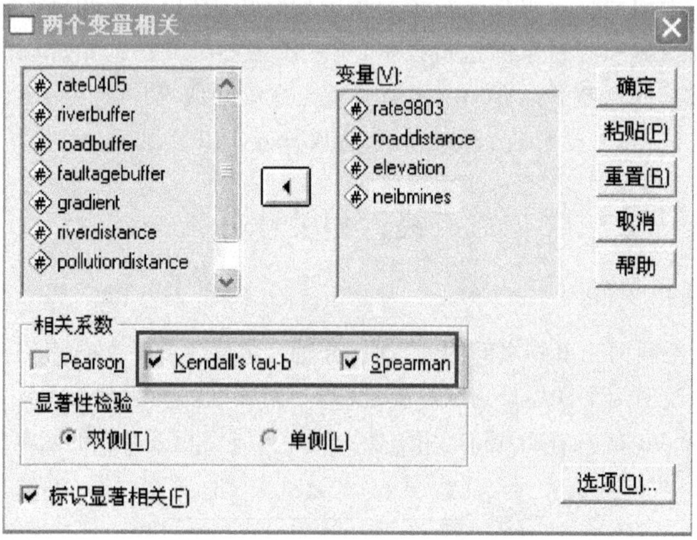

图 3.1 相关分析(Bivariate)对话框

击向右的箭头按钮，变量便进入变量(V)窗口。由于数据不符合正态分布，所以案例选择了 Kendall 相关系数和 Spearman 系数来分析出生缺陷与相关要素之间的相关性。

(3) 按“确定”按钮，得到图 3.2，可见煤矿影响与出生缺陷是显著正相关。

Correlations

			rate9803	roaddistance	elevation	neibmines
Kendall's tau_b	rate9803	Correlation Coefficient	1.000	−.061	−.084	.154**
		Sig.(2-tailed)	.	.152	.061	.001
		N	326	326	326	326
	roaddistance	Correlation Coefficient	−.061	1.000	.075	.073
		Sig.(2-tailed)	.152	.	.055	.079
		N	326	326	326	326
	elevation	Correlation Coefficient	−.084	.075	1.000	−.018
		Sig.(2-tailed)	.061	.055	.	.674
		N	326	326	326	326
	neibmines	Correlation Coefficient	.154**	.073	−.018	1.000
		Sig.(2-tailed)	.001	.079	.674	.
		N	326	326	326	326
Spearman's rho	rate9803	Correlation Coefficient	1.000	−.079	−.103	.178**
		Sig.(2-tailed)	.	.156	.063	.001
		N	326	326	326	326
	roaddistance	Correlation Coefficient	−.079	1.000	.106	.101
		Sig.(2-tailed)	.156	.	.055	.068
		N	326	326	326	326
	elevation	Correlation Coefficient	−.103	.106	1.000	−.022
		Sig.(2-tailed)	.063	.055	.	.687
		N	326	326	326	326
	neibrnines	Correlation Coefficient	.178**	.101	−.022	1.000
		Sig.(2-tailed)	.001	.068	.687	.
		N	326	326	326	326

**Correlation is significant at the 0.01 level(2-tailed).

图 3.2　相关分析结果

3.2　回归分析

1. *原理*

回归分析任务是要把客观事物或现象间的数量关系用函数形式表达出来，其核心是建立回归模型。回归模型的具体形式千差万别，本章描述的是最为常用的直线回归模型。

在进行直线回归分析时，通常是先将原始数据对 (x,y) 在直角坐标系上绘制散点图，然后通过数学方法求出能代表各数据点对分布趋势的回归直线及相应的直线方程。描述数据变量 (x,y) 回归关系的直线方程为

$$y=a+bx \tag{3.3}$$

式中，a，b 为直线方程中两个常数系数，通过实测数据点对，用最小二乘法拟合求得。类似地，解释变量可以是多个。b 值大小及其显著性标示了 x 对 y 的解释能力，也就是 x 对 y 影响的弹性系数。

2. 案例

（1）本案例采用数据与上节相关性分析所用数据相同，见 3.1 节 2(1)。

（2）点击 SPSS 的 Analysis→Regression→Linear 按键，选择 Linear Regression 功能进行回归分析。在线性回归（Linear Regression）对话框里，选择的出生缺陷数据及相关环境因素变量名均显示在左边的窗口中（图 3.3），选择出生缺陷率到因变量，依次选择环境因素变量到自变量窗口。“方法”一栏选择“Enter”。

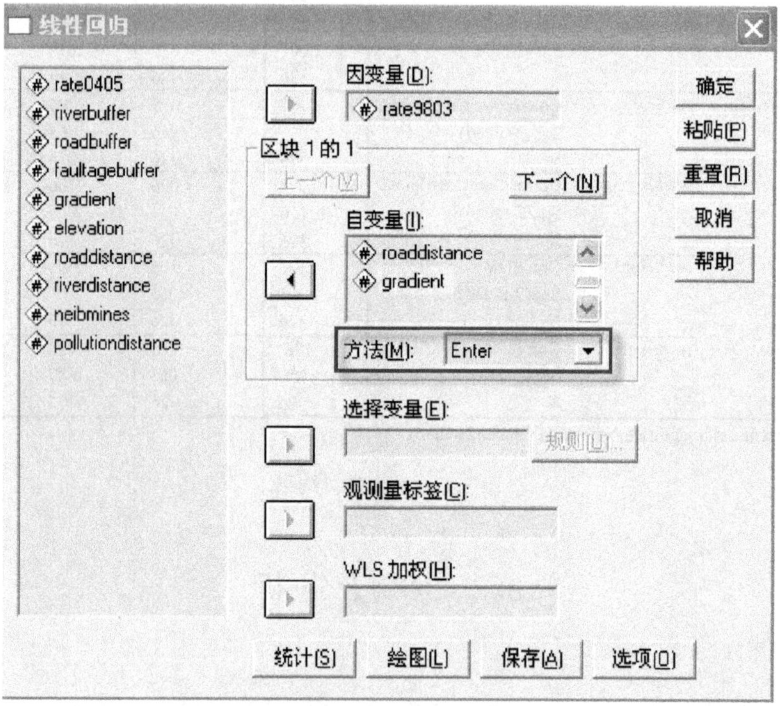

图 3.3　线性回归（Linear Regression）对话框

（3）按“确定”按钮，得到表 3.1 和表 3.2，可见出生缺陷和所选因素间无显著线性回归关系。

表 3.1 被剔除变量清单

Variables Entered[a]/Removed[b]

模型	变量进入	变量消去	方法
1	坡度 至公路距离 至煤矿距离 至污染源距离	进入	

a. 所有需要进入的变量；b. 被解释变量：rate9803。

表 3.2 最终回归方程的相关统计量参数列表

ANOVA[b]

模型		平方和	自由度	平方和均值	F值	显著性
1	回归	15770.301	4	3942.575	1.889	.112[a]
	残差	669985.8	321	2087.183		
	总计	685756.1	325[b]			

a. 解释变量：(常数)，坡度，至公路距离，至煤矿距离，至污染源距离；b. 被解释变量：rate9803。

3.3 主成分分析

1. 原理

主成分分析(principal components analysis)是利用降维的思想，在损失很少信息的前提下把多个变量($x_1,\cdots,x_m$)转化成几个综合变量(主成分)($Z_1,\cdots,Z_m$)，各个主成分之间互不相关：

$$\begin{cases} Z_1 = c_{11}x_1 + c_{12}x_2 + \cdots + c_{1m}x_m \\ Z_2 = c_{21}x_1 + c_{22}x_2 + \cdots + c_{2m}x_m \\ \vdots \quad\quad \vdots \quad\quad \vdots \quad\quad\quad \vdots \\ Z_m = c_{m1}x_1 + c_{m2}x_2 + \cdots + c_{mm}x_m \end{cases} \tag{3.4}$$

式中，x 为原始变量 X 的标准化变量(即每个原始变量减去样本均数再除以样本标准差)；c_{ij}，$i,j=1,\cdots,m$ 为线性组合系数，被称为因子负荷量，其大小及前面的正负号直接反映了主成分与相应变量之间关系的密切程度和方向。主成分所反映的是所有样本的总信息，信息量由 Z_1 到 Z_m 逐渐减少。第 i 个主成分的贡献率为 $\lambda_i/m\times100\%$；λ_i 为与第 i 个主成分对应的特征值，可以通过特征方程 $|R-\lambda I|=0$ 进行求解，其中 R 为标准化变量的协方差矩阵(即相关矩阵)，I 为与相关矩阵同阶的

单位矩阵。由此可得,前 P 个主成分的累计贡献率是 $\left(\sum_{i=1}^{P}\lambda_i/m\right)\times 100\%$。在应用时,一般取累计贡献率为 70%～85%或以上所对应的前 P 个主成分即可。有时,(Z_1,Z_2)就能解释$(x_1,\cdots,x_m)$方差的 70%～80%。

在研究复杂问题时,使用主成分分析方法,往往只需考虑少数几个主成分就行,并且不会损失太多信息。这样做更容易抓住主要矛盾,揭示事物内部变量之间的规律,同时简化问题,提高分析效率。

2. 案例

(1) 本案例采用的数据与 3.1 节的相关性分析所用数据相同。

(2) 点击 SPSS 的 Analysis→Data Reduction→Factor 按键,选择 Factor Analysis功能进行主成分分析。在因子分析(Factor Analysis)对话框里,选择的出生缺陷相关环境因素变量名均显示在左边的窗口中(图 3.4),依次选择变量并点向右的箭头按钮,变量便进入变量(V)窗口。

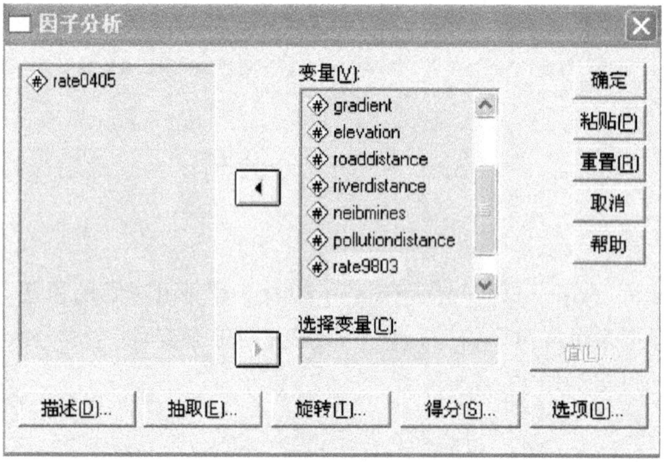

图 3.4　因子分析对话框

(3) 进行描述、抽取、旋转、得分等选项参数设置后,按"确定"按钮,便得到以下结果。Communality 表(表 3.3)给出主成分分析从每个原始变量中提取的信息量。"Extraction"字段数据表明了每个原始变量的贡献率。表 3.4 显示了各个主成分解释原始变量总方差的情况,SPSS 默认保留特征根大于 1 的主成分,这里显示保留了 3 个主成分,这 3 个主成分集中了原始变量 61.457%的信息量。表 3.5 显示的是最大贡献的前 3 个主成分是如何由原始变量组成的,由此发现,高程、距公路远近、坡度和距煤矿远近对和顺县出生缺陷统计贡献率较大。

表 3.3　Communality 表

	初始值	提取
河流缓冲带	1.000	.580
公路缓冲带	1.000	.569
断裂缓冲带	1.000	.601
坡度	1.000	.542
高程	1.000	.676
至煤矿距离	1.000	.681
至污染源距离	1.000	.652

表 3.4　方差解释

组分	初始特征值			提取平方负载之和		
	总计	方差比重/%	累积/%	总计	方差比重/%	累积/%
1	1.868	26.692	26.692	1.868	26.692	26.692
2	1.263	18.042	44.734	1.263	18.042	44.734
3	1.171	16.723	61.457	1.171	16.723	61.457
4	.857	12.241	73.698			
5	.756	10.803	84.501			
6	.660	9.422	93.923			
7	.425	6.077	100.000			

提取方法：主成分分析。

表 3.5　成分矩阵

	Component		
	1	2	3
河流缓冲带	.372	.297	.594
公路缓冲带	.628	.375	.182
断裂缓冲带	.534	−.546	.132
坡度	.049	.725	.118
高程	.713	−.312	.266
至煤矿距离	−.465	−.334	.595
至污染源距离	.568	−.040	−.573

提取方法：主成分分析。

3.4 层次分析

1. 原理

层次分析法(analytic hierarchy process,AHP)是美国运筹学家、匹兹堡大学教授 T. L. Saaty 于 1977 年提出的。它是一种实用的多准则决策方法,该方法以其定性与定量相结合处理各种决策因素的特点,以及系统、灵活、简洁的优点,迅速地在社会、经济等领域中得到广泛的应用。

层次分析法基本原理就是把所要研究的复杂问题看作一个大系统,通过对系统的多个因素的分析,划分出各因素间相互联系的有序层次;再请专家对每一层次的各因素进行较客观的判断后,相应给出相对重要性的定量表示;进而建立数学模型,计算出每一层次全部因素的相对重要性的权值,加以排序;最后根据排序结果规划决策和选择解决问题的措施(图 3.5)。

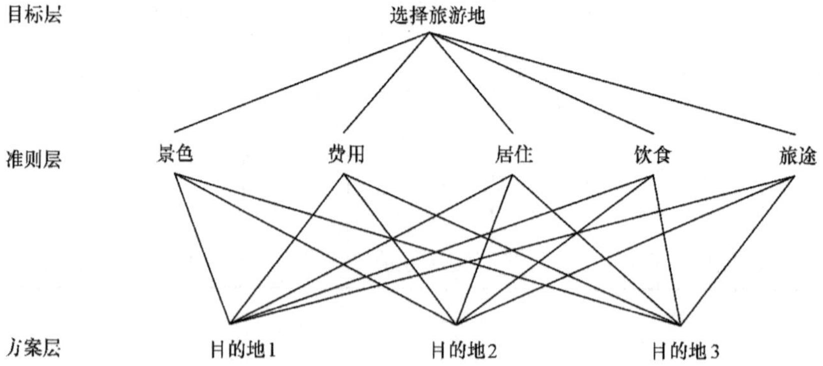

图 3.5 旅游地选择 AHP 结构模型

通常情况下,层次可分为三类:

(1) 最高层。只有一个元素,是问题的预定目标或理想结果,因此也称目标层。

(2) 中间层。这一层次包括要实现目标所涉及的中间环节中需要考虑的准则。该层可由若干层次组成,因而有准则和子准则之分,这一层也称准则层。

(3) 最底层。为实现目标可选的各种措施、决策方案等,也称措施层或方案层。

实施步骤是:建立递阶层次结构模型→构造各层次中的判断矩阵,并进行一致性检验→由判断矩阵计算被比较元素对于该准则相对权重→计算各层元素对系统目标的合成权重,并进行排序。

欲比较 n 个因子 $X=\{x_1,\cdots,x_n\}$ 对某因素 Z 的影响大小,Saaty 等提出可以

采取对因子进行两两比较建立成对比较矩阵的办法，即每次取两个因子 x_i 和 x_j，以 a_{ij} 表示 x_i 和 x_j 对 Z 的影响大小之比，全部比较结果用矩阵 $\mathbf{A}=(a_{ij})_{n\times n}$ 表示，称 $\mathbf{A}$ 为 $Z-X$ 之间的成对比较判断矩阵(简称判断矩阵)。容易看出，若 x_i 和 x_j 对 Z 的影响之比为 a_{ij}，则 x_j 和 x_i 对 Z 的影响之比应为 $a_{ji}=1/a_{ij}$，易见 $a_{ii}=1$，$i=1,\cdots,n$。

关于如何确定 a_{ij} 的值，Saaty 等建议引用数字 1～9 及其倒数作为标度。表 3.6列出了 1～9 标度的含义。

表 3.6　标度含义

标　度	含　义
1	表示两个因素相比，具有相同重要性
3	表示两个因素相比，前者比后者稍重要
5	表示两个因素相比，前者比后者明显重要
7	表示两个因素相比，前者比后者强烈重要
9	表示两个因素相比，前者比后者极端重要
2,4,6,8	表示上述相邻判断的中间值
倒数	若因素 i 与因素 j 的重要性之比为 a_{ij}，那么因素 j 与因素 i 重要性之比为 $a_{ji}=1/a_{ij}$

层次单排序是根据判断矩阵计算本层次中与上一层次某元素有联系的元素的重要次序的权重值，从数学角度分析是指计算判断矩阵的最大特征根和相应的特征向量。用方根法计算权重值 W_i，计算过程

(1) 按矩阵的行，求元素的几何均值

$$\overline{W}_i=\sqrt[n]{\prod_{j=1}^{n}a_{ij}} \tag{3.5}$$

(2) 规范化

$$W_i=\frac{\overline{W}_i}{\sum_{i=1}^{n}\overline{W}_i} \tag{3.6}$$

层次分析法要求判断矩阵具有大体的一致性，使计算的结果基本上合理。

2. 案例

本实验采用层次分析法对和顺县凤台、榆树湾、泊里 3 个村的人口进行预测，采用该 3 个村的河流缓冲区、道路缓冲区、分水线编号、土地覆盖、高度、医生数量、净收入、蔬菜数量、水果数量 (riverbuffer、roadbuffer、watershed-id、landcover、 elevation(m)、doctor、net-income、vegetable、fruit)及总人口数(total_popu)数据。

(1) 软件 yaahp 的下载地址为 http://www.jeffzhang.cn/download/yaahp-Setup_0.4.1.exe。使用 yaahp 软件时,必须首先安装 Microsoft .NET Framework 2.0,下载地址为 http://www.onlinedown.net/soft/38669.htm。

(2) 点击图标,进入 yaahp 系统(图 3.6)。

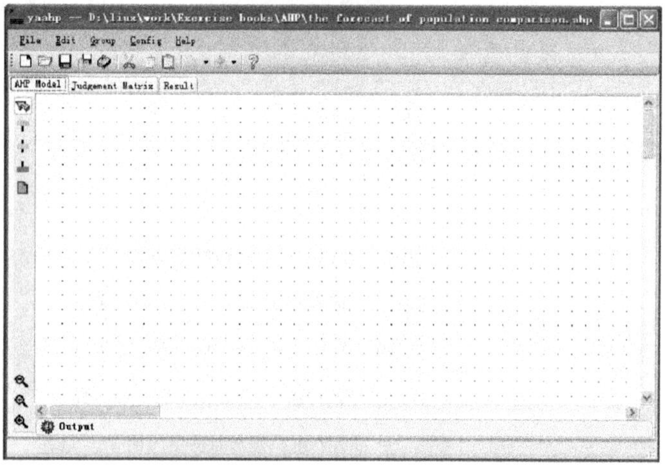

图 3.6　yaahp 主界面

(3) 构造层次模型中的目标层。首先点击左侧目标层按钮,然后再点击右侧面板,将目标层放置合适位置,并修改其名称(图 3.7、图 3.8)。

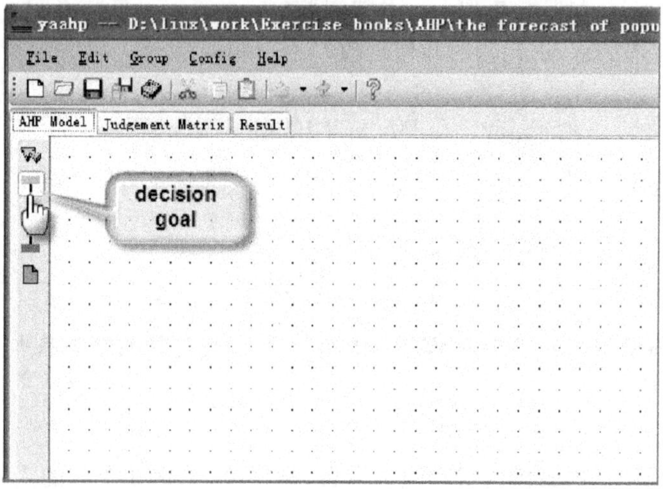

图 3.7　点击目标层按钮

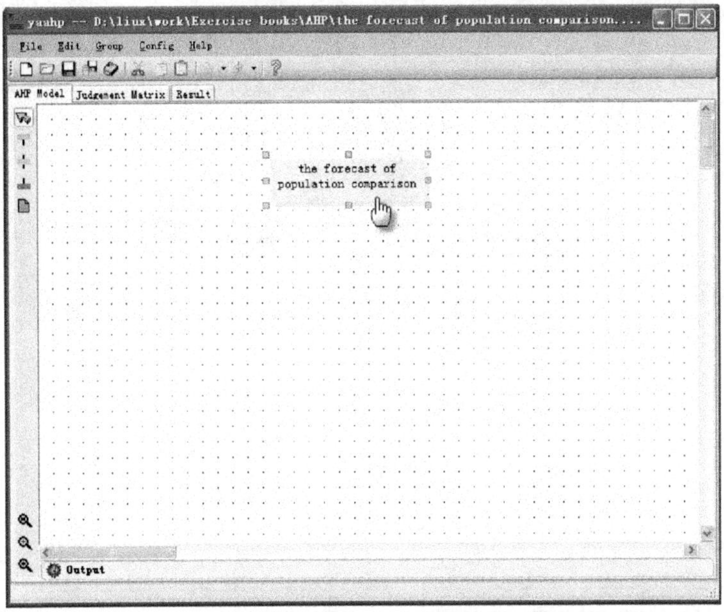

图 3.8　放置目标层并修改名称

(4) 按照同样方法构造层次模型中的准则层(图 3.9)。

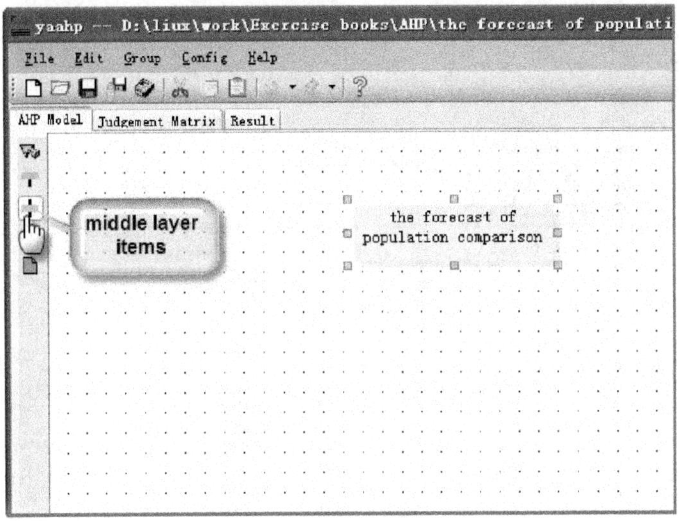

图 3.9　点击准则层按钮

① 影响人口数量的因素可分为两大类:社会经济和自然两大基本因素,首先构造该层(图 3.10~图 3.12)。

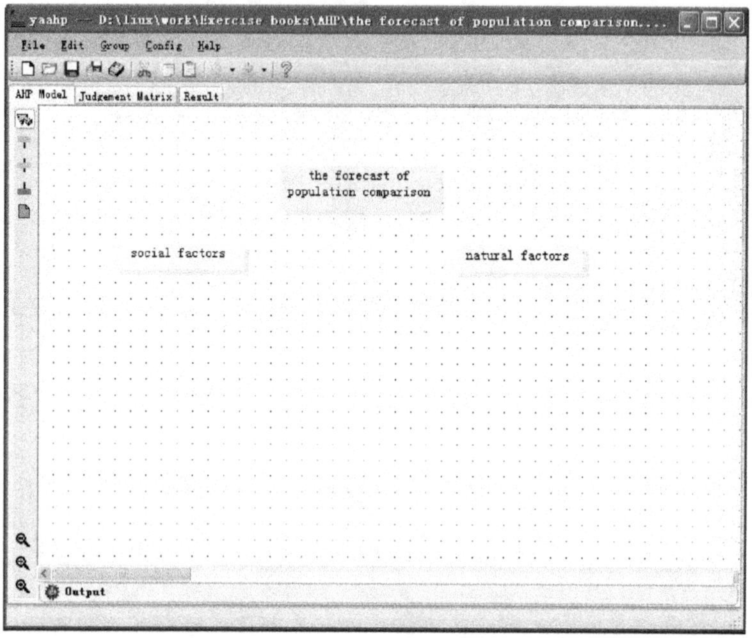

图 3.10 构造准则层中基本因素

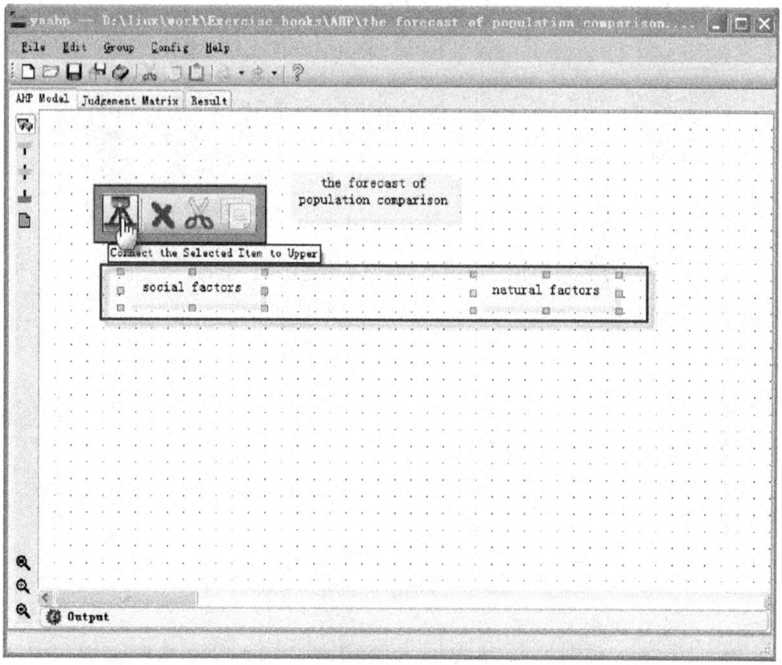

图 3.11 圈选基本因素并选择连接按钮

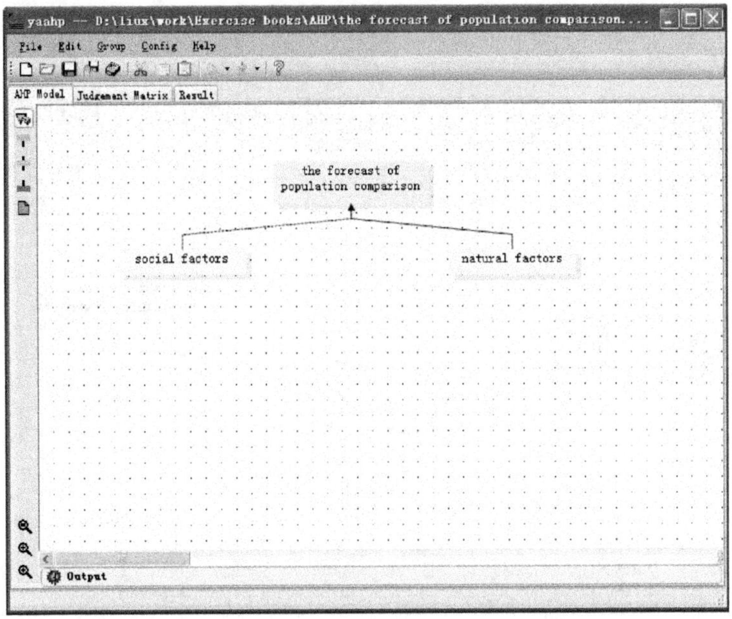

图 3.12　建立基本元素和目标层之间的联系

② 对于社会经济因素和自然因素，又可分别将其细分为医生数量、净收入、蔬菜数量、水果数量和河流缓冲区、道路缓冲区、分水线编号、土地覆盖、高度，按照同样方法建立其间关系，完成准则层的构造(图 3.13)。

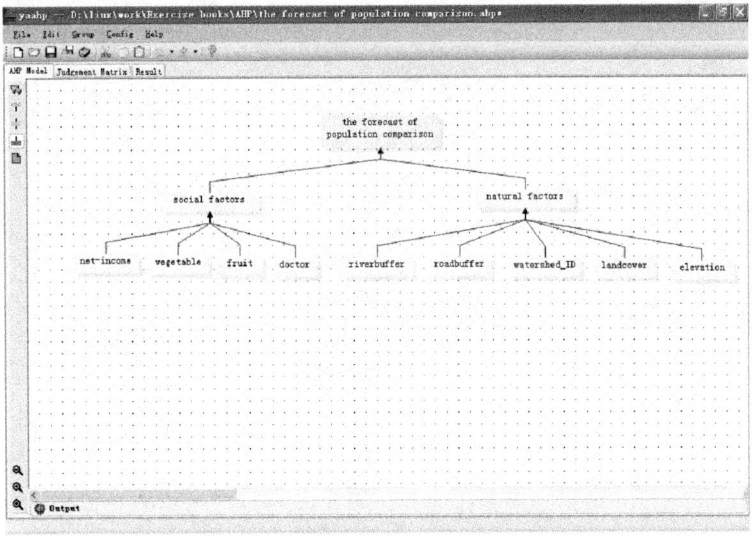

图 3.13　完成准则层构造

(5) 构造层次模型中的方案层。选取凤台、榆树湾、泊里 3 个村作为预测目标(图 3.14、图 3.15)。

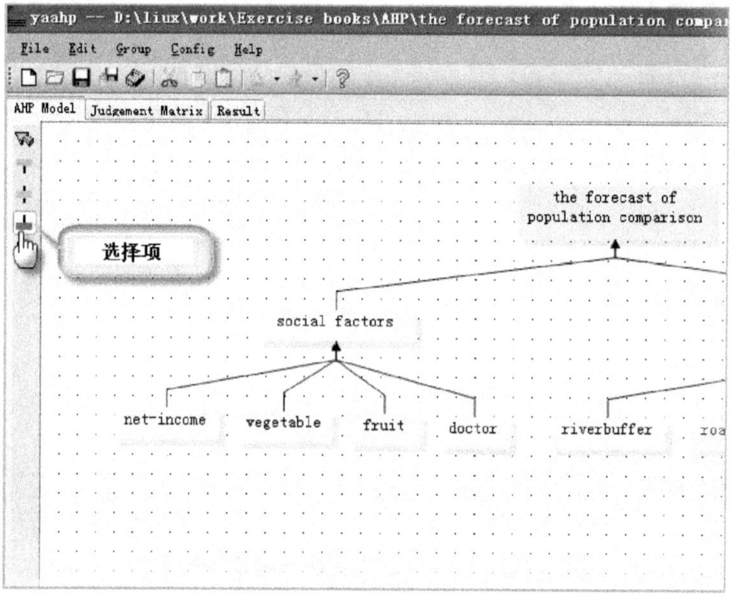

图 3.14 点选方案层按钮

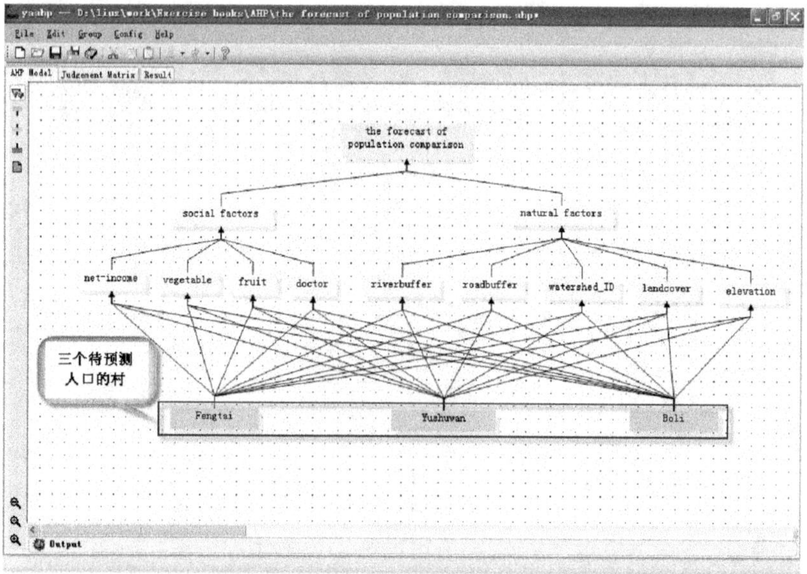

图 3.15 构建目标层

(6) 构造各层次的判断矩阵。首先点击进入判断矩阵页面(图 3.16)。

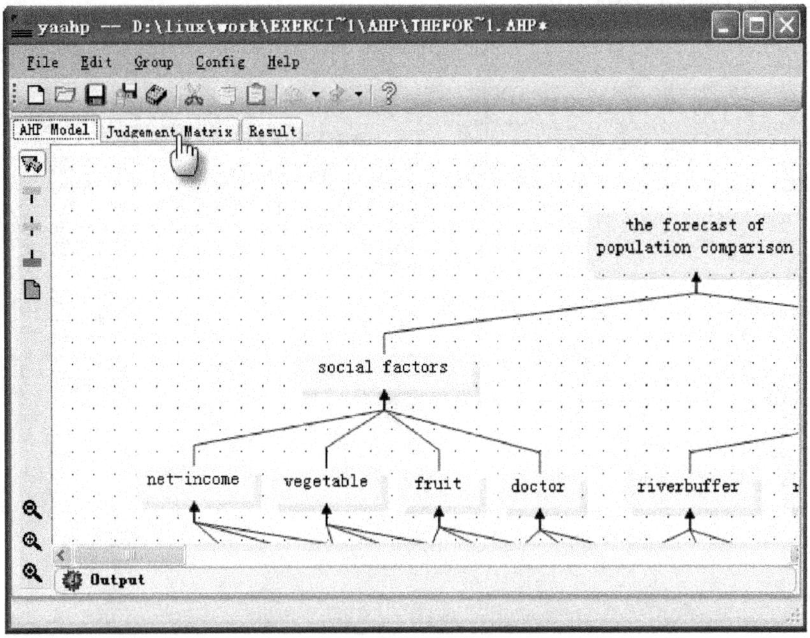

图 3.16　点击进入判断矩阵页面

(7) 进入判断矩阵页面后首先更改标度方法(图 3.17)。

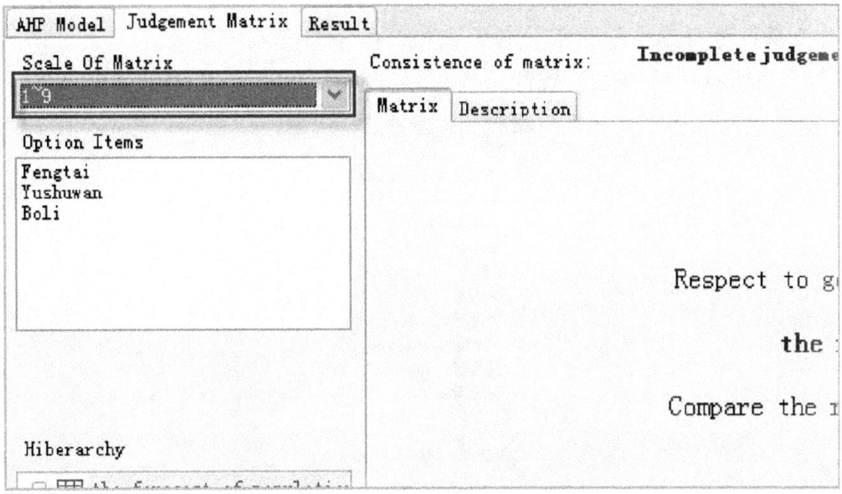

图 3.17　更改标度

(8) 建立人口比较预测判断矩阵。在保证一致性的前提下，对影响因素相对关系进行打分(图 3.18)。

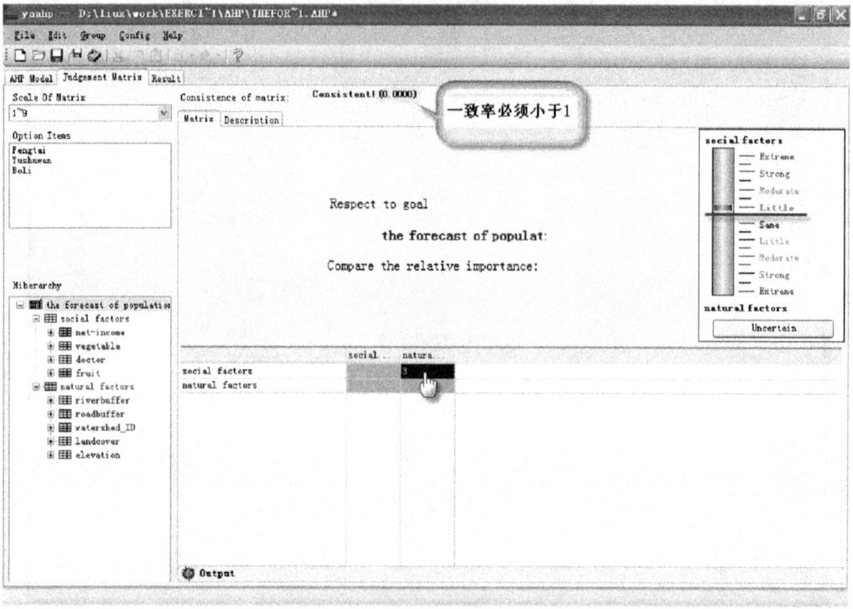

图 3.18　构造人口比较矩阵

(9) 按照同样方法分别构造社会因素、自然因素、医生数量、净收入、蔬菜数量、水果数量、河流缓冲区、道路缓冲区、分水线编号、土地覆盖、高度判断矩阵。具体相对关系打分可参考输出部分各因素相对关系打分及权重表。

(10) 当所有矩阵满足一致性条件时，点击结果输出界面(图 3.19、图 3.20)。

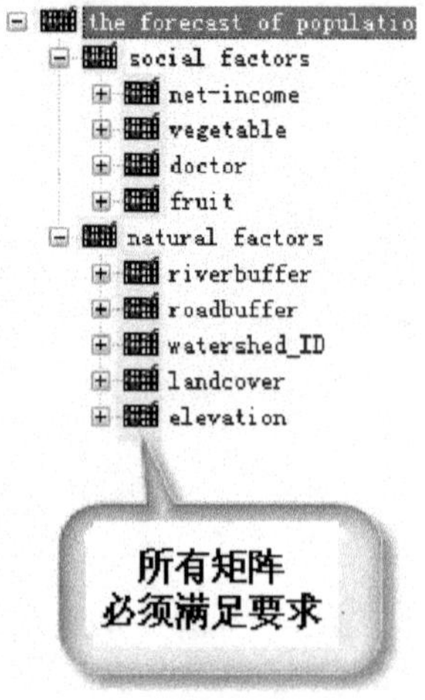

图 3.19　所有矩阵满足一致性条件

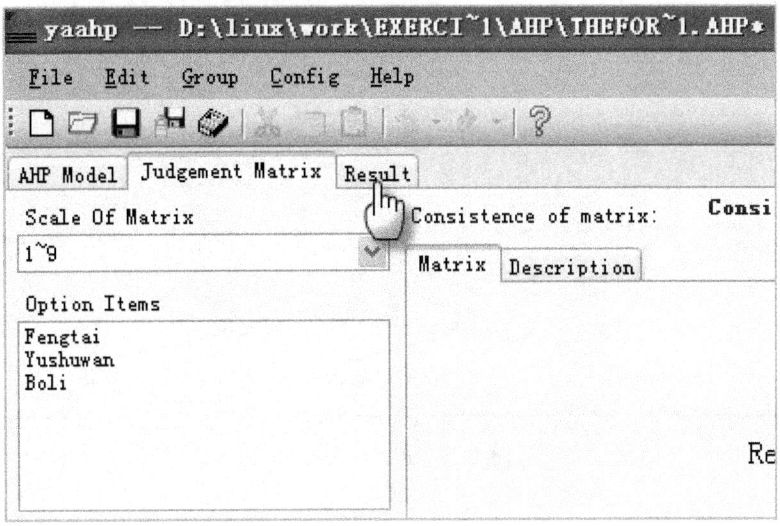

图 3.20　点击进入结果输出界面

(11) 查看结果输出并点击查看详细记录(图 3.21、图 3.22)。

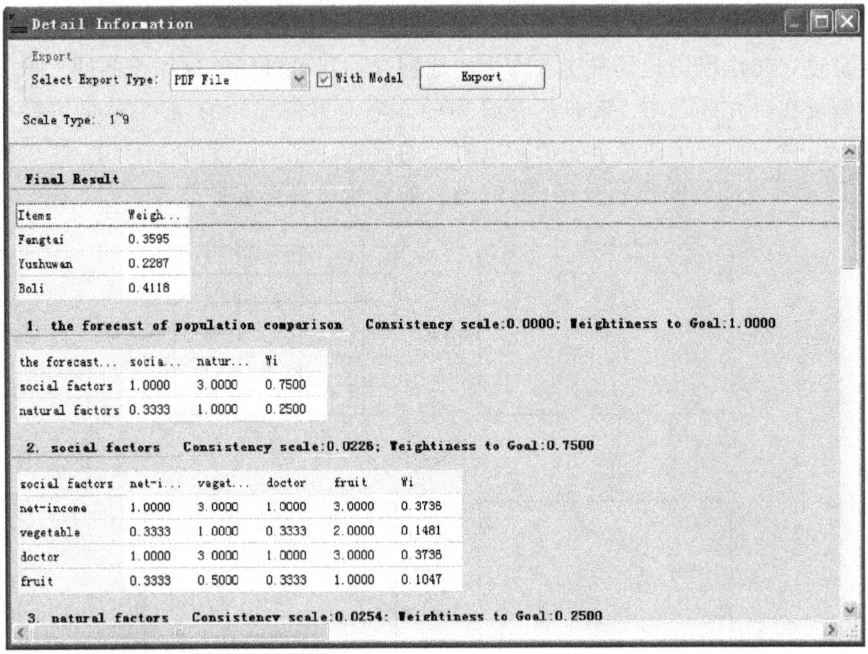

图 3.21　输出详细记录

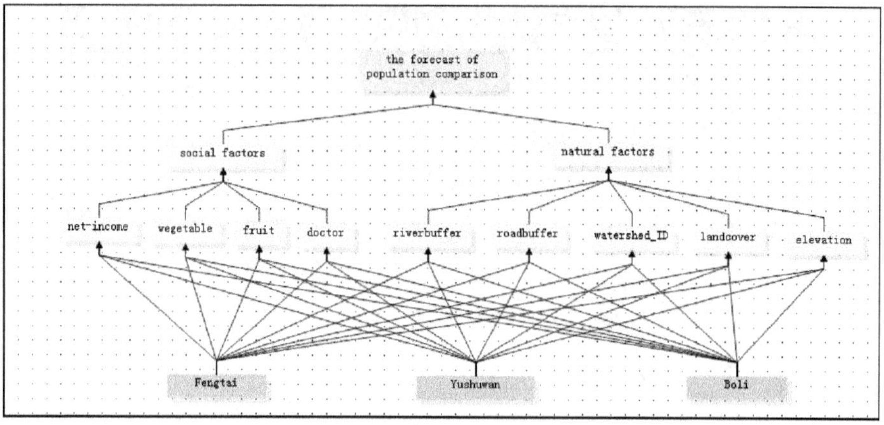

图 3.22　层次结构模型

3.5　地理探测器

1. 原理

风险在哪里？什么因素造成了风险？危险因素之间的相对重要性如何？危险因素是独立起作用还是具有交互作用？地理探测器可以回答这四个问题。

假设在研究区 A 中，疾病是以 B 中的方格为单位统计的，各方格的发病率记作 $b_1, b_2, \cdots, b_n$；C、D 是两个疑似影响疾病的因素，c_1、c_2、c_3 和 d_1、d_2、d_3 是 C 因素和 D 因素各自的空间类别分区(图 3.23)，如岩性和营养水平等。

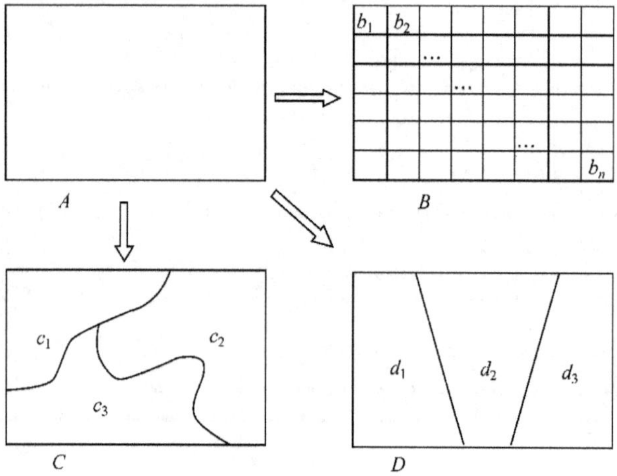

图 3.23　研究区的空间类别分区

地理探测器首先将疾病分布图层与疑似因素图层如 C 层作空间叠加(图 3.24),以此来计算疾病影响要素空间类别分区内疾病流行率的均值和方差。类别 c_1,c_2 和 c_3 中疾病流行率的平均值和方差分别用$\overline{y_{c_1}}$,$\overline{y_{c_2}}$,$\overline{y_{c_3}}$,和 Var_{c_1},Var_{c_2} 和 Var_{c_3} 表示。

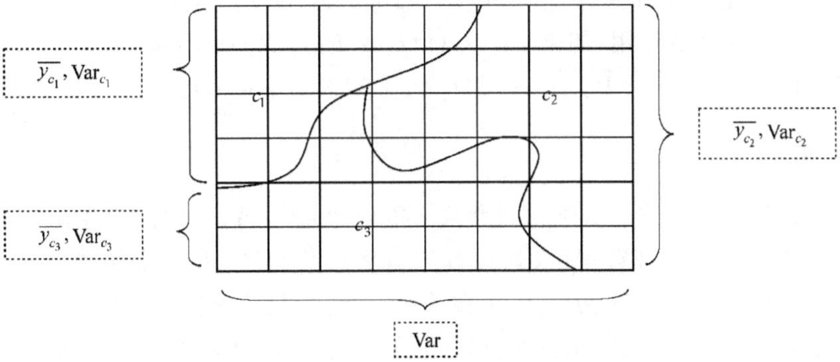

图 3.24　叠加后的图层及相应的参数

接着对要素的不同空间类别分区之间进行疾病流行率均值差异的显著性检验。若某种要素的类别分区之间的疾病流行率均值差异显著,且每个类别分区内部疾病流行率的变异性非常小,极端情况下等于零,这就意味着这种要素类别分区可以部分或全部解释疾病流行率空间变异。各要素对疾病流行率的解释力(以 C 因素为例)

$$P_{D,H}=1-\frac{(n_{c_1}\mathrm{Var}_{c_1}+n_{c_2}\mathrm{Var}_{c_2}+n_{c_3}\mathrm{Var}_{c_3})}{n\mathrm{Var}}=1-\frac{\sigma_{\mathrm{Ls}}^2}{\sigma_{\mathrm{Lp}}^2} \tag{3.7}$$

式中,D 为影响因子;H 为健康指标;$P_{D,H}$ 为 D 对 H 的解释力;$\frac{(n_{c_1}\mathrm{Var}_{c_1}+n_{c_2}\mathrm{Var}_{c_2}+n_{c_3}\mathrm{Var}_{c_3})}{n\mathrm{Var}}$为分区离散方差之和占研究区疾病流行率总体离散方差的比例。当按照某一种因素的类别分区,疾病流行率在各个不同类别分区内的变异性等于零时,则称这种分区为完美分区,此时 $P_{D,H}=1$。

地理探测器由四个探测器组成:风险探测器、因子探测器、生态探测器和交互作用探测器。风险探测器通过比较不同类别分区之间健康风险指标的平均值以搜索健康风险的区域,均值显著大的类别分区,健康风险就大。因子探测器调查危险因素,检验某种地理因素是否是形成健康风险空间分布格局的原因,具体做法是比较健康风险指标在不同类别分区上的总方差与健康指标在整个研究区上的总方差,这个比率越小,则该种因素对健康的影响越大。生态探测器比较各个要素间健康风险指标总方差的差异,来探究不同的地理要素在影响疾病的空间分布方面的作用是否有显著的差异。交互作用探测器可以识别危险因子 A 和 B 之间的交互作用:

(1) 协同作用，如果 $P_{D,H}(A\cap B)>P_{D,H}(A)$ 或 $P_{D,H}(B)$；
(2) 双协同作用，如果 $P_{D,H}(A\cap B)>P_{D,H}(A)$ 和 $P_{D,H}(B)$；
(3) 非线性协同作用，如果 $P_{D,H}(A\cap B)>P_{D,H}(A)+P_{D,H}(B)$；
(4) 拮抗作用，如果 $P_{D,H}(A\cap B)<P_{D,H}(A)+P_{D,H}(B)$；
(5) 单拮抗作用，如果 $P_{D,H}(A\cap B)<P_{D,H}(A)$ 或 $P_{D,H}(B)$；
(6) 非线性拮抗作用，如果 $P_{D,H}(A\cap B)<P_{D,H}(A)$ 和 $P_{D,H}(B)$；
(7) 相互独立，如果 $P_{D,H}(A\cap B)=P_{D,H}(A)+P_{D,H}(B)$。

2. 案例

(1) 案例所采用的是山西省和顺县 1999～2005 年每个村的出生缺陷数据以及同期相关的社会经济数据(人均粮食产量等级分布图、人均蔬菜产量等级分布图、人均 GDP 等级分布图、拥有医生数等级分布图、化肥施用量等级分布图)，另外还使用了自然要素数据(汇水流域分区图、岩层分布图、土壤类型分布图、断层分布图、河流缓冲区图、道路缓冲区图、高程图、坡度图)。案例的目标是评估潜在环境危险因素对和顺县出生缺陷的作用。

(2) 由于出生缺陷是小概率事件，为了减少发生率的估计偏差，使用了 Bayesian 调整方法(Haining,2003)对案例所采用的出生缺陷数据进行调整。接着将社会经济和自然环境图层数据与村的图层叠加相切，用面域加权的方法(Wang et al.,2009a)获得每个叠加相切后的小图斑上的相应要素数据值。

(3) 利用 SPSS 中的 Analysis→Description Statistics→Descriptive 功能得到各个要素不同类别分区上出生缺陷率的均值和标准差。接着用 Analysis→Compare Means→IndPDendent-Samples T Test 功能检验某种要素不同类别分区间出生缺陷率均值差异。值得提醒的是在使用此功能之前，首先要对均值数据进行正态分布检验，通过检验后才能用此功能进行下一步分析，最后用 Analysis→General Linear Models→Univariate 功能比较各个要素间总方差的差异。

(4) 汇总分析结果。风险探测器回答的是健康风险在什么地理位置的问题。表 3.7 按照出生缺陷发病率的大小排列了不同的汇水流域，同时比较了不同汇水流域之间出生缺陷发病率的差异。对于其他的地理环境因素对出生缺陷发病率的影响大小，也可做出类似分析。

表 3.7 和顺县 9 个汇水流域的出生缺陷发病率差异性的统计显著性

统计显著差异	2	4	7	9	3	8	1	5	6
2									
4	N								
7	Y	N							
9	Y	N	N						

续表

统计显著差异	2	4	7	9	3	8	1	5	6
3	Y	Y	Y	Y					
8	Y	Y	Y	Y	Y				
1	Y	Y	Y	Y	Y	Y			
5	Y	Y	Y	Y	Y	Y	Y		
6	Y	Y	Y	Y	Y	Y	Y	Y	

注:阿拉伯数字表示汇水流域的代码,Y 表示两个汇水流域之间的出生缺陷发生率在 95%的程度上差异显著,N 表示不显著。

危险因子探测器和生态探测器揭示了不同地理图层代表的环境因素对出生缺陷发生率影响的相对大小及其解释力:

汇水流域(47%)>岩层 (39%)>土壤 (24%)>断层 (19%)>河流缓冲区(13%)>高程(10%)>坡度 (9%)>道路缓冲区 (7%)。

根据上面的结果,可以得出以下结论:解释力排在最后的两个因素(坡度和道路缓冲区)之间的差异是不显著的,排在前 4 位的 4 个因素之间也没有显著差异。出生缺陷发生率在汇水流域内部的差异是最小的,而且在汇水流域的上游、中游和下游区神经管畸形发生率也是不显著的,这说明在汇水流域内部神经管畸形发生率的分布是相对均一的。相对于其他的自然因素,水作为介质可以使得各种化学物质和生物因素更均匀分布,而且相对封闭的汇水流域地貌单元在自然环境、人文因素,以及自然和人文相互作用方面,具有相对一致的特点。此外,出生缺陷发生率在不同的岩层类型、土壤类型及断层缓冲区内的差异也很小,这说明在研究区域,这些原生的自然环境在很大程度上影响着出生缺陷的发生。出生缺陷发生率在河流缓冲区、不同坡度高程等级、河流道路缓冲区内的差异相对较大,表明这些因素的空间分布对出生缺陷的影响相对小。使用风险探测器发现,石炭系和长城系岩层出露的地区,出生缺陷发生率显著高于其他地区,而第四系和三叠系岩层出露的地区,出生缺陷发生率显著低于其他地区。

危险因子探测器还探测了人工环境和社会经济因素对出生缺陷发生率的影响,人为因素对出生缺陷的影响如下:

人均粮食产量(17.5%)>人均蔬菜产量 (11.6%)>人均 GDP (11.3%)>医生数 (1.3%)>化肥使用量 (0.9%)。

这组结果表明营养水平比化学污染与出生缺陷发生的关系更加密切。此外,结合前面的分析,还可看出,在研究区,人为因素相对于自然因素来说,与出生缺陷的发生率的关系要弱得多。

交互作用探测器用来检验两种出生缺陷的危险因素是独立起作用的还是相互作用的,结果如表 3.8 所示。地质断层和坡度两种因素在影响出生缺陷发生率方面具有协同作用(断层∩坡度＝0.86＞0.28＝断层 (0.19)＋断层 (0.09))。断层产生的过程中,岩层的连续性遭受到破坏,沿断裂面发生明显的相对移动,一些地壳深层物质如放射性氡、重金属或硫化氢等气体有可能会释放出来,而坡度也可以理解为重力梯度,可以成为这些有害物质扩散的一种外在动力。岩层与汇水流域在影响出生缺陷发生率方面表现出拮抗作用(岩层∩汇水流域＝0.45＜0.86＝岩层 (0.39)＋汇水流域(0.47))。

表 3.8　两个自然因素交互作用影响出生缺陷发生率

$C=A\cap B$: $1-\sigma^2_{Ls}/\sigma^2_{Lp}$		$A+B$: $\sum_{L=A,B}(1-\sigma^2_{Ls}/\sigma^2_{Lp})$	比较	解释
土壤∩坡度	＝0.10 ＜0.33 ＝	土壤(0.24)＋坡度 (0.09)	$C<A$	坡度↘土壤
岩层∩坡度	＝0.39 ＜0.48 ＝	岩层 (0.39)＋坡度 (0.09)	$C=A$ and$C<A+B$	坡度↘岩层
岩层∩断层	＝0.45 ＜0.58 ＝	岩层 (0.39)＋断层(0.19)	$C>A,B$;$C<A+B$	岩层↑↑断层
岩层∩汇水流域	＝0.45 ＜0.86 ＝	岩层(0.39)＋汇水流域(0.47)	$C<B$	岩层↘汇水流域
岩层∩土壤	＝0.51 ＜0.63 ＝	岩层(0.39)＋土壤 (0.24)	$C>A,B$;$C<A+B$	岩层↑↑土壤
土壤∩高程	＝0.56 ＞0.34 ＝	土壤 (0.24)＋高程(0.10)	$C>A+B$	土壤⬆高程
断层∩高程	＝0.66 ＞0.29 ＝	断层 (0.19)＋高程(0.10)	$C>A+B$	断层⬆高程
断层∩汇水流域	＝0.71 ＞0.66 ＝	断层 (0.19)＋汇水流域(0.47)	$C>A+B$	断层⬆汇水流域
断层∩土壤	＝0.78 ＞0.43 ＝	断层(0.19)＋土壤(0.24)	$C>A+B$	断层⬆土壤
岩层∩高程	＝0.84 ＞0.49 ＝	岩层(0.39)＋高程(0.10)	$C>A+B$	岩层⬆高程
断层∩坡度	＝0.86 ＞0.28 ＝	断层(0.19)＋坡度 (0.09)	$C>A+B$	断层⬆坡度

注:A↘B 表示 A 减弱 B;A↗B 表示 A 增强 B;A↑↑B 表示 A 和 B 相互增强。A↓↓B 表示 A 和 B 相互减弱。A⇆B 表示 A 和 B 在导致疾病不是独立的;$A\sqcup B$ 表示 A 和 B 导致疾病方面是独立的;A⬆B表示 A 和 B 非线性增强;A⬇B 表示 A 和 B 非线性减弱;下同。

此外,自然因素和人文因素对出生缺陷发生率的交互作用按照解释力($P_{D,H}$)排序如下:

岩层∩水果产量 (51.6%)＞岩层∩化肥施用量 (45.5%)＞岩层∩水果产量(40.3%)＞岩层＋人均 GDP(39.3%);土壤∩水果(28.5%)＞土壤∩水果(28.1%)＞土壤∩化肥施用量(24.9%)＞土壤∩人均 GDP(24.7%)＞土壤∩医生数量(24.6%);断层∩水果产量(29.3%)＞断层∩水果产量(28.2%)＞断层∩医生数量 (24.2%)＞断层∩化肥施用量(24.1%)＞断层∩人均 GDP(23.3%)。

自然因素和人文因素在影响出生缺陷发生的交互作用如表 3.9 所示。可以看出,两种因素叠加之后的解释力 $P_{D,H}(D_1\cap D_2)$与两种因素单独的解释力之和

$P_{D,H}(D_1)+P_{D,H}(D_2)$相差并不大，这意味着人文因素对于自然因素影响出生缺陷发生率的空间分布特征方面，作用很小。

表 3.9　自然因素和人文因素在影响神经管畸形发生的交互作用

$C=A\cap B:1-\frac{\sigma_{L,z}^2}{\sigma_{L,p}^2}$					$A+B:\sum_{L=A,B}\left(1-\frac{\sigma_{L,z}^2}{\sigma_{L,p}^2}\right)$	结果	解释
岩层∩人均 GDP	=0.39	<	0.50	=	岩层 (0.39)+ 人均 GDP (0.113)	$C=A$; $C<A+B$	岩层↓↓人均 GDP
岩层∩蔬菜产量	=0.40	<	0.51	=	岩层 (0.39)+ 蔬菜产量 (0.116)	$C>A,B$; $C<A+B$	岩层↓↓蔬菜产量
岩层∩化肥用量	=0.45	>	0.40	=	岩层 (0.39)+ 化肥用量 (0.009)	$C>A+B$	岩层↑化肥用量
岩层∩水果产量	=0.52	<	0.56	=	岩层(0.39)+ 水果产量(0.175)	$C>A,B$; $C<A+B$	岩层↑↑水果产量

3. 小结

空间聚集探测检验（Moran，1950；Getis and Ord，1992；Anselin，1995；Kulldorf，1997）等用于探测属性 y 的空间分布聚集性；地理探测器（Wang et al.，2009a）用于探测属性 y 及其解释因子 x。表 3.10 对此进行了总结。

表 3.10　空间聚集检测与地理探测器比较

	空间聚集检验 (spatial cluster test)	地理探测器 (geographical detectors)
模型	Moran's I (Moran，1950) Getis G (Getis and Ord，1992) Lisa (Anselin，1995) Spatial Scan (Kulldorff，1997)	Geographical detector (Wang et al.，2009a)
变量	y	$y\sim x$
原理	实际观测样本值和假设空间随机样本值两种输入，统计指标的差别显著性检验。差别大到通过显著性检验，则实际观测存在空间聚集	病例空间分异与因子空间分异的两空间分布的一致性检验

第 4 章　空间相关性和异质性

地理学的一个基本概念是，临近的地理实体往往比相距遥远的实体具有更多的相似性。这种现象往往用“托布勒地理学第一定律”来表示。同时，万物世界空间分布的不均匀性造就了不同的国家、不同的气候带、不同的资源禀赋，称为地理空间异质性。

空间依赖性是地理空间内一个属性的协同变化：特征在近地点似乎是相关的，无论是正还是负的，如图 4.1(a)和图 4.1(b)所示；空间异质性是地理空间内一个属性的聚集性在更大的空间范围内呈现的空间分布差异性，如图 4.1(d)所示。空间正相关或空间聚集和空间分异是同一个空间现象在两个不同空间尺度上的表现，具有不同的用途。

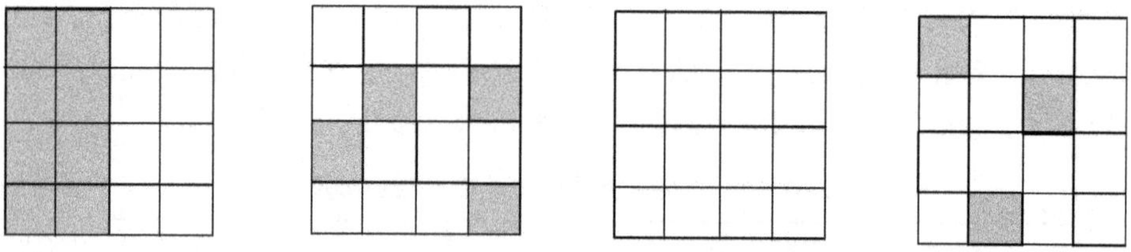

(a) 正相关Moran's I=1 强空间分异　(b) 负相关Moran's I= −1 无空间分异　(c) 正相关Moran's I=1 无空间分异　(d) 无相关Moran's I=0 弱空间分异

图 4.1　空间自相关和空间分异

空间相关性意味着样本数据是非独立的，因此，不应当直接使用经典统计学来分析空间数据，否则结果会是有偏或非最优的。空间异质性意味着样本数据非同质和非等概率，需使用分层统计的办法(stratified statistics)。

4.1　空间相关性

1. 现象

长江三角洲、珠江三角洲等地区经济高度发达，企业表现出高度的空间聚集性和相关性；冬季，鸟禽在繁殖环境的喜好方面具有明显的空间自相关性；疾病具有发生、扩散、流行的特点，比如 Wang 等(2006)对 2003 年 SARS 在北京传播的所有 11 108 位密切接触者的空间分布进行分析，发现在小的空间尺度上呈现空间随机分布，在大的空间尺度(格局)上呈现聚集状并与北京市的主要环线干道有较高的视觉空间相关性(图 4.2)。

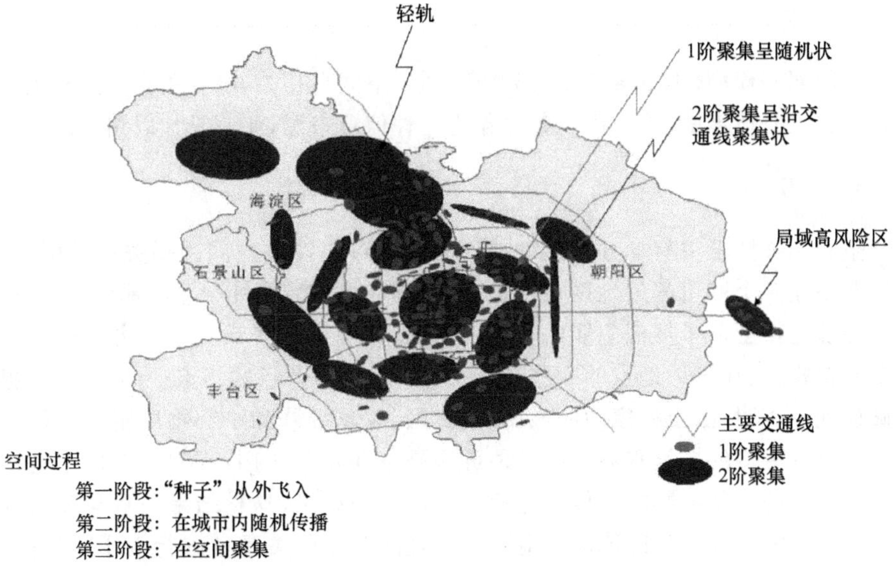

图 4.2　空间聚集和自相关:2003 年北京 SARS 空间传播(Wang et al. ,2006)

空间自相关是指变量通过空间邻近与自己相关：

(1) 在空间分布的一个变量,如果呈现出任何系统的模式,它被认为是空间自相关的；

(2) 如果附近或周边地区更一样,这是正的空间自相关:相似的值趋向于彼此毗邻;局域地理差异变得抑制;区域变异的统计度量趋于显著；

(3) 负的自相关描述周边地区呈现不同的模式:不相似的值趋于互相毗邻;局域地理差异变得显著;区域变异的统计度量趋于不显著；

(4) 自由格局呈现出无空间相关。

2. 负面后果

大多数统计学是基于样本观测值互相独立假设的。假如样本是从附近获取的,可能存在着空间自相关,会违反这一假设。非空间独立性导致许多经典统计和推断直接运用于空间数据是不恰当的;同时,空间自相关也造成了信息冗余,经典抽样效率降低。

相关系数或普通最小二乘回归(OLS)估计假设观测是随机选择的。但是,假如观测是空间聚集的,那么由相关系数或 OLS 得到的估计将是有偏和过度精确的。他们是有偏的,因为该地区的高浓度事件对模型估计将产生更大的影响,他们对精度估计过高,因为事件往往很集中,造成实际独立样本数比预期的少,造成参数估计不稳定、显著性检验不可靠。

3. 正面后果

空间回归模型(本书第 7 章、第 9 章)抓住空间自相关,没有受到空间相关性的损害。这也是适当的:将空间依赖看作为一种信息来源,而不是加以纠正。

4. 成因

空间相关性至少有 5 种可能的成因。一种可能性是空间因果关系。例如,物质犯罪率在一个城市邻近地区往往是由于类似的因素,如社会经济地位,为维持治安或环境建设创造了类似犯罪的机会,这些特征吸引或排斥犯罪。另一种可能性是空间自相关:在某一地点的一些东西直接影响附近地点的特点。例如,个人犯罪的破窗理论表明,由于秩序的明显崩溃、贫困、缺乏维修和小额物质犯罪往往滋生在临近位置更多的这类犯罪。第三种可能是空间相互作用:空间相互作用是指一个地方发生的现象会影响其他与之相关的位置的结果,这种结果一般与距离方向有关;人员、货物或信息的流动创造了位置之间明显的关系;"旅行犯罪"理论认为犯罪活动的发生是由于在其日常活动中犯罪居所、聚会或其他关键地点的可接近性。第四,扩散现象。扩散现象一般都是从扩散源开始向周围逐渐扩散,离扩散源较近的地方受到的影响比较大,如传染病和污染物的空间扩散。第五,空间依赖性可来源于各种测量误差,包括空间过程与政区边界的不一致、空间单元的整合以及空间外延和空间溢出的存在等。此外,研究对象的空间组织与空间结构也会产生一系列空间互动和空间依赖的复杂分布(Krugman,1991)。

5. 度量

空间自相关度量指标的目标在于在地图上度量空间自相关的强度,用此指标检验空间分布的独立或随机性假设:通过比较指标的经验数值和随机分布假设条件下的理论数值,用理论标准偏差 $Z(I)$值度量。常用的空间自相关的度量指标有 Moran's I(Moran,1950)(−1,1);Geary's C(Geary,1954)(0,2);Ripley's K(Ripley,1977);Join Count Analysis(Krishna-Iyer,1950;Haggett,1976);G-Statistics(Getis and Ord,1992)和 Local G-Statistics(Ord and Getis,1995);Semi-variogram(Matheron,1963)。空间聚集性往往对应空间正相关,因此,空间聚集性扫描探测的 Kulldorff(1997)的 Spatial Scan 也可用于空间正相关的检验。

在有空间自相关的情况下,发展出一系列模型如空间流模型、空间分布模型、空间结构模型、空间过程模型,它们都直接或间接地包含了空间依赖性考量。

以上各种指标和模型需要用到空间邻近的度量,可以是一般空间权重矩阵、空间位滞算符或两点之间的距离。如表 4.1 中地块之间的邻近关系。

表 4.1　GIS 属性表

	土壤类型	作物生产	降雨
地块1			
地块2			
地块3			
地块4			

空间自相关
(spatial autocorrelation)

相关(correlation)

以上内容分别适合于一种或几种数据类型和不同类型研究问题，在本书随后的章节里会先后给予详细介绍。

4.2　空间异质性

1. 现象

城市不同功能区域在人口和收入水平方面的差异，发达与欠发达地区在科技发展水平上的差异等；从青藏高原景观到澳大利亚沙漠和上海或北京城市的复杂性；又如，植物或动物多物种(生物)(图 4.3)、地形构造(地质)或环境特征(如降水、温度、风)空间分布不均匀；有时这类非均质现象反映在模型误差中，如变量缺失或功能性的建模失误，从而导致模型输出的空间非均质性。

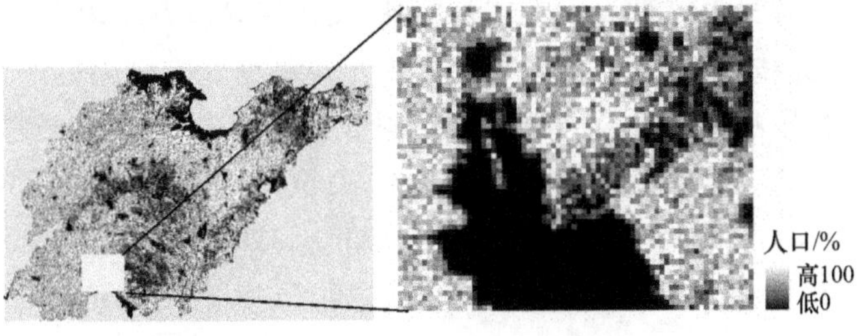

(a) 山东耕地面积成数　　(b) 实验区耕地面积成数

图 4.3　空间异质性：2000 年山东耕地面积成数分布(Wang et al.，2009a)

地球表面呈现出难以置信的多样性，几乎无处可合理地描述为空间均匀分布。这些概念被称为空间异质性，一个接近的用词是“分片分布”。

2. 负面后果

几乎每一个地点都会表现出相对于其他位置某种程度的独特性，这影响了空间依赖关系以及空间过程的统一表达。空间异质性意味着为全系统所估计的总体参数并不能恰当地描述任何一个给定点的过程。

3. 正面后果

各种类型生境如不同的地貌、土壤类型和气候为大量物种提供避所。

空间异质性被认识和充分利用，可以提高空间抽样调查效率，即用较少的样本获得精度较高的总体估计，用较少的样本获得统计单元较可靠的属性值(Wang et al.，2009c)；有助于探索地学过程的成因和影响因素(Wang et al.，2009a)。

4. 成因

宇宙从一个质量无穷大、体积无穷小的质点，发生大爆炸，逐步演化为开放的复杂巨系统，从同质状态不断分异。地球系统演化不断分异，呈现出愈加纷繁复杂的自然景观；人类演化变异，从人类个体到社会经济，分异和分工愈加精细，在空间上表现出空间异质性。

5. 度量

离散方差反映总体各单元与平均状况的差异程度。当样本单元小时，离散方差大反映图案的空间随机性大；当样本单元尺度大时，离散方差大反映空间异质性强。空间异质性的另外一种表示方式是区划，使区内离散方差最小，区际离散方差最大，可用分类算法，在遥感软件中常见。

空间异质性影响到几乎任何类型的空间分析。许多技术，如三明治空间抽样模型(Wang et al.，2002b)、空间抽样最优决策(Trinity)理论(Wang et al.，2009c)、局域 Getis G 统计(Ord and Getis，1995)、局域 Moran's I 统计(Anselin，1995)、地理加权回归(Fotheringham et al.，2000)均是针对异质性的空间分析理论。

空间非均质性的各种影响可以通过时空数据的回归方程来表达(应龙根和宁越敏，2005)

$$y_{it}=f_{it}(x_{it},\beta_{it},\varepsilon_{it}) \tag{4.1}$$

式中，i 为待观测的空间单元，t 为时间点，f_{it} 为特定时空函数用以表达因变量 y_{it} 与一组自变量 x_{it}、参数项 β_{it} 和误差项 ε_{it} 的关系。当然，由于参数项多于变量的原因，这一方程是无法求解的。但通过限制参数项来简化模型，可以使上述方程在实际工作中进行经验的估计和假设检验。

4.3　校正和运用

1）对于空间相关性

校正：

（1）数据变换，如抽稀可以减少样点之间的空间依赖性，从而可以使用经典的数据统计方法；其代价是离散方差增加、置信区间增加；

（2）空间回归模型（Anselin，1988），将空间自相关用模型结构进行吸纳，使残差趋向白噪声，从而使模型及参数的各统计指标回归正常。

2）对于空间异质性

校正：

（1）分区地学过程和参数在小区域内较均匀，从而使模型参数区域化，反映区域特点；

（2）局域模型构建，如局域 Getis G（Getis，1995），GWR（Fotheringham et al.，2000）。

相对于空间相关性，空间异质性研究较少。

关于空间相关性和空间异质性的运用见前两节的正面后果。

在分析空间数据时，必须对其空间相关性和空间异质性进行判断，或对其校正后使用的经典的统计学方法进行分析，或选择合适的空间统计指标或空间分析模型对其进行利用从而挖掘更多的信息。

第5章 空间抽样

收集数据是科学研究的起点，有穷尽枚举法和抽样调查两种方法。抽样调查相对于穷尽枚举法的优点在于：①减少费用，如果数据的代表性被全部数据集中的一小部分所保证，那么样本估值费用将比完全调查要少；②提高速度，对小样本的收集和总结较完全样本集收集为快；③提高精度，当样本量少时，可以选择数据质量更好的样本，并更加集中精力于少量样本采集处理以提高样本质量，基于高质量的小样本量估计有可能较大样本估计精度更高。一个好的或效率高的抽样调查方案是指用较少的样本量获取精度较高的统计估计值。

经典抽样方法(Cochran，1977)已经广泛运用于工程、社会经济调查、土壤调查、生态研究、土地利用和流行病学调查，其理论前提是样本互相独立。但是，空间分布的研究对象通常具有空间相关性，用经典抽样法调查空间分布对象时效率较低，也就是给定总体估值精度要求，需要更多的样本量；同时，样本的离散方差(dispersion variance)发生畸变、超总体均值样本估值方差(variance of superpopulation mean estimated by sample mean)被低估(Haining，1988)、可观测总体均值样本估值方差(variance of observable population mean estimated by sample mean)被高估(Ripley，1981)。因此，在调查具有空间分布的对象，以及用空间样本数据对总体进行统计推断时，应当采用考虑空间相关性的空间抽样理论和方法(Atkinson，1991；Foody，2002；Griffith et al.，1994；Haining，2003；Rodriguez-Iturbe and Mejia.，1974；Stehman，2003；王劲峰等，2009)。

空间抽样及统计推断按五步骤完成：第一步，确定抽样目的。可以是研究区域，即总体(population)的均值(mean)或总值(total)；或未抽样点值(values at unsampled sites)，即空间插值(spatial interpolation)；极值；秩；或其他地学特征值。不同目的决定了不同的样本估值公式及估值误差度量公式。第二步，选择布样方式。可以是简单随机布样(random sampling)、(空间等间隔)系统布样(systematic sampling)或(空间)分层(即地学中的分区)布样(stratified sampling)。简单随机布样较易实施，但样本容易居于几偶，如果研究对象呈现出空间聚集性，将导致样本估值易受某些局域控制，没有反映总体；系统布样较易实施，但如果研究对象呈现有规律的空间分布时，等间距的系统布样容易造成估值偏移(bias)；分层布样要求在布样之前，根据先验知识对研究区划分为相对均匀的若干子区域，然后在各子区域内实施简单随机或系统布样，效率较高，区划的准确性影响分层抽样效率。第三步，计算样本量和估值精度的关系曲线，或者根据给定的样本量计算估值精度，或根据估值精度要求计算所需要的样本量。前三步均在室内进行。第四步，根据第三步室内设计的抽样方案，实施野外抽样、取值。第五步，根据第四步获取的样本值，计算总体估计值、估值方差、置信区间等，抽样及统计推断完成。

从调查区域A中抽取 n 个样本单元，用于估计区域属性均值或总量，或空间插值制图等不同目的，对应不同的抽样或监测网的误差评价指标。

1. 估计可观测区域均值(observable population mean)和超总体均值(superpopulation mean)

用样本均值 $(1/n)\sum_i^n y_i$ 估计可观测总体均值 $(1/A)\int_A y(s)\mathrm{d}s$ 时产生的误差可用区域均值方差

$$v(n)=E\left[\frac{1}{n}\sum_i^n y_i-\frac{1}{A}\int_A y(s)\mathrm{d}s\right] \tag{5.1}$$

来度量。这里 E 为数学期望，n 为样本单元数目，y_i 为第 i 个样本单元的属性值，$i\in A$，为空间离散可数的点位；$(1/A)\int_A y(s)\mathrm{d}s$ 是区域 A 可观测的总体均值，$s\in A$，为空间连续无穷点位。总体均值一般由 n 个样本单元的数学平均值 $(1/n)\sum_{i=1}^n y_i$ 来估计。这一内容形成抽样理论(Cochran，1977；Haining，2003；王劲峰等，2009)。当实施简单随机布样时，上式成为 $v(n)=(1-r)\sigma_p^2/n$，这里 σ_p^2 是离散方差，r 是空间相关性。理论上，这里的区域均值 $(1/A)\int_A y(s)\mathrm{d}s$ 通过穷尽所有点位 s 的值 $y(s)$，是可观测到的(observable)，估值的方差 $v(n)$ 来源于样本点 (n) 没有穷尽全体 (A)，以及样本点空间分布的随机性(random)，而区域各点的值被认为是固定不变的(fixed)。以此为目的的抽样被称作基于设计的抽样(design based sampling)(Brus and Gruijter，1997；Haining，2003)，即样本估值的不确定性来源于对样本单元空间分布的设计。实际上，可观察到的总体(obser vable population)只是空间过程的总体或称超总体(superpopulation)的一次实现(one realization)，如要估计空间过程的总体 $E[(1/A)\int_A y(s)\mathrm{d}s]$，即超总体，则估值的方差 $v(n)$ 来源于样本点 (n) 没有穷尽全体 (A)，以及样本点值的随机性(random)，即使样本覆盖全区域，其样本均值 $\lim_{n\to\infty}(1/n)\sum_i^n y_i$ 虽然等于可观测总体均值 $(1/A)\int_A y(s)\mathrm{d}s$，但不等于超总体均值 $E[(1/A)\int_A y(s)\mathrm{d}s]$。当实施简单随机布样时，样本均值对超总体均值的估计方差为 $v(n)=(1+r)\sigma_p^2/n$，这里 σ_p^2 是离散方差，r 是空间相关性，此时，样本点位被认为是固定不变的(fixed)。以估计超总体均值为目的的抽样被称作基于模型的抽样(model based sampling)(Brus and Gruijter, 1997;Haining,2003)。

在资源抽样调查中,当前和当地的总体值是调查目标,较多采用基于设计的抽样理论,用于估计可观测的总体;当抽样调查的目的是研究致病因子或空间过程时,需要掌握规律性,或多次实现的平均状况,即超总体参数,此时较多使用基于模型的空间抽样理论。当不涉及空间分布对象抽样时,没有一次性实现的问题,所以没有超总体概念,此时基于设计的抽样和基于模型的抽样完全一致。

2. 空间插值和绘制地图(interpolation and mapping)

区域插值误差 $v_j(n)$ 可用以下公式

$$v_j(n) = E\sum_{i \neq j}^{n}(w_i y_i - y_j)^2 \tag{5.2}$$

来度量。这里 n 是样本量,E 是数学期望,i,j 为空间点位,y_i 是第 i 点的样本值,w_i 为权重。未抽样点 y_j 的属性值用其他抽样点的加权平均 $\sum_{i \neq j}^{n} w_i y_i$ 来估计,使 $v_j(n)$ 最小化的 $\{w_i\}$ 为权重。这一内容形成 Kriging 理论(Issaks and Srivatava, 1989;Christakos,2005)。给定样本量,使 $v_j(n) \to \min$ 的 w_i 值,同时样点布局也是可变的。具体可以用搜索算法,如模拟退火法、粒子群算法、基因算法、蚂蚁算法等,达到最优的样点布局。

3. 估计区域特征值

除以上一些区域特征值(features of population)或参数外,离散方差、空间相关性、半变异函数、区域极值、秩、直方图等也可以通过抽样估计来获得。其误差研究较少(Christakos,2005)。

以下以估计区域可观测均值(observable population mean)为目标,也就是基于设计的抽样,介绍几种主要方法。

5.1 空间简单随机抽样

空间简单随机抽样的均值和方差分别为(Ripley,1981)

$$\bar{y} = (1/n)\sum_{i=1}^{n} y_i$$

$$v(n) = E\left[\frac{1}{n}\sum_{i}^{n} y_i - \frac{1}{A}\int_A y(s)\,\mathrm{d}s\right] = \frac{1}{n}\{\sigma_p^2 - E[C(X,Y)]\} = \frac{\sigma_p^2}{n} - \frac{E[C(X,Y)]}{n} \tag{5.3}$$

式中，σ_p^2 为离散方差，X，Y 为在区域 A 中服从均匀分布的随机变量，$C(X,Y)$ 为变量 X，Y 的协方差，y_i 为样本点 i 的观测值，$y(s)$ 为研究区任何一点 s 的属性值，E 为数学期望。从上式可知，空间抽样均值方差比传统的抽样均值方差(σ_p^2/n)小，减少的量是 $(1/n)E[C(X,Y)]$。据此，给定用户期望抽样方差 v_0，样本量 n 计算公式

$$\begin{aligned} n &= (1/v_0)\{\sigma_p^2 - E[C(X,Y)]\} \\ &= n_{\text{Classic}}(1-r) \end{aligned} \tag{5.4}$$

式中，n_{Classic} 为传统简单随机抽样根据用户期望抽样调查估计方差计算的样本量，r 为空间相关系数。在简单随机抽样模型中计算样本量的方法，都可以用到空间简单随机模型，但是算出来的样本量 n_{Classic} 根据上式调整为新的样本量 n。

5.2　空间系统抽样

在系统抽样中，首先确定抽样间隔，然后在第一个间隔内随机选择一个样本，后续的样本就在第一个选择的样本基础上加上抽样间隔得到。例如，在总体单元数为 N 的条件下每个单元按照 1，2，…，N 编号，系统抽样的间隔是 20，第一个随机样本是 16，那么第二个样本是 36，第三个样本是 56，直到每个系统间隔内都有一个样本。这种抽样方法是在一维空间中抽样。

空间系统抽样是将样本点平均分布到二维区域 A 中。在空间系统抽样中，根据抽样样本量和抽样区域的几何形状，计算抽样间隔，间隔大小要尽量满足样本量能够均匀分布在二维空间中。在空间布样时，首先在区域中随机选择一个样本，然后根据样本间隔，在 X 轴和 Y 轴两个方向上，按照抽样间隔选择样本点，如图 5.1 所示。

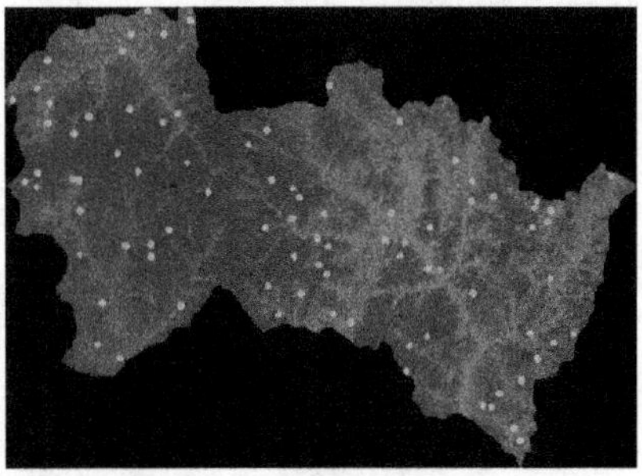

图 5.1　系统抽样分布图

空间系统抽样的样本量计算公式可以与空间简单随机抽样一样，首先根据经典简单随机抽样模型的样本量 n_{Classic}，被 $(1-r)$ 相乘，得到新的样本量 n。通过样本量 n 和抽样区域 A 的面积和形状计算样本布设采用的抽样间隔。按照抽样间隔，以抽样区域 A 中随机选择的样点为中心，在 X 轴和 Y 轴两个方向上布设样点，在布设的新样点周围，都按照抽样间隔放置样本，直到所有样本布设完毕。

空间系统抽样统计推断时，样本均值是总体均值的无偏估计。其计算公式如下：

$$\bar{y} = \frac{1}{n_{样本}} \sum_{i=1}^{n_{样本}} y_i \tag{5.5}$$

式中，$\bar{y}$ 表示研究区域 A 中的样本均值；$n_{样本}$ 为所有抽样的样本量；y_i 是抽样点 i 的值。

空间系统抽样均值的方差为

$$E(\bar{y}-\bar{Y}(A))=\frac{1}{n_{分层}^2}\sum_{i,j}C(i,j)-2\sum_{i}\frac{1}{an_{分层}}\int_A C(i,s)\mathrm{d}s+\frac{1}{a^2}\int_A\int_A C(t,s)\mathrm{d}t\mathrm{d}s \tag{5.6}$$

式中，$E(\bar{y}-\bar{Y}(A))$ 为样本均值方差；$C(i,j)$ 为 i,j 两点的协方差，$C_1'(i,j)$ 和 $C_1'(t,s)$ 分别是点 i 和 t 与点 s 之间的协方差；t,s 为 A 上的连续点位；a 为区域 A 的面积；$n_{分层}=n_{样本}/k$，k 为系统抽样的样本间的间隔。

当研究对象具有较强的空间相关性的时候，系统抽样能够比空间随机抽样更好地测量到研究对象的空间变异，利用 Kriging 插值对研究区域表面插值时，空间系统抽样比空间随机抽样具有更高的精度，因为系统布样与随机布样相比，前者空间分布较均匀。

5.3　空间分层抽样

针对空间分异的调查对象，可以先进行空间分区(zonation)，再用空间分层抽样方法(stratified sampling)进行空间布样和统计推断。

传统分层抽样中，样本点没有空间坐标信息，根据 Cochran 分层标准(层内方差小，层间方差大的分层标准)，分层属性值相对近似的值被分到同一层即同一小区域(Wang et al.，1997)。根据这个分层标准用一般的聚类算法如 K-means 算法对空间对象分层时，会遇到分层结果在空间上是离散分布的，如图 5.2 所示。

图 5.2　分层图

从图5.2可以发现，分类结果散布在整个研究区域中。根据Tobler地理学第一定律，距离越近的对象，对象的相似程度越高。如果按照传统的分层抽样方法，同一层的对象，可能相距很远，甚至在空间上被其他的层所分开。因此，空间分层抽样，除了要求层内方差小，层间方差大以外，还要求兼顾到同一个层的对象，能够在空间上连在一起。对图5.2调整后，结果如图5.3所示。

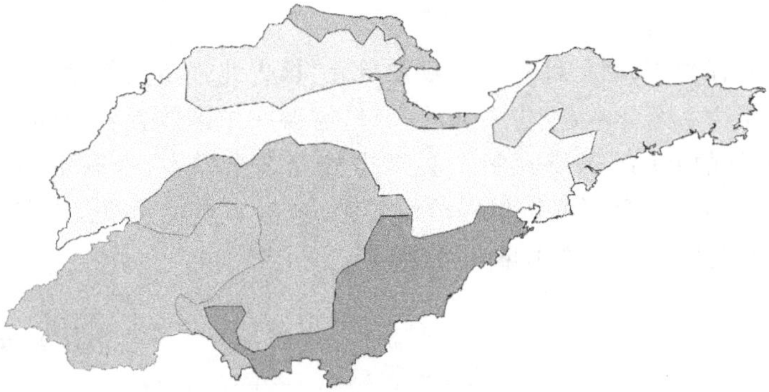

图5.3　调整分层图（图中各多边形为不同子区）

在空间分层抽样中，空间研究区域 A 被划分为 L 个层（或者分区），首先按照分层随机模型计算研究区域总样本量；然后将样本量按层权重 W_z 分配到每个层内，可以平均分配、按各层面积占全部研究区域面积比例分配、按各层离散方差与面积乘积比例分配等，其抽样效率按此顺序提高，当然模型输入的量也需要增加，层权重可依据抽样效率和参数可获取性选择；最后在每个层内部进行简单随机布样。经过野外获取样本数据以后，计算各个层的样本均值和方差。均值的计算公式同简单随机均值计算公式一样采用

$$\bar{y}_z = \frac{1}{n_z}\sum_{i=1}^{n_z} y_{zi} \tag{5.7}$$

式中，$\bar{y}_z$ 为第 z 层（抽样理论中的分层 strata＝zone 在地理学中的分区）样本均值；n_z 为第 z 层抽样的样本个数；y_{zi} 为第 z 层中第 i 个样本的值。在每个层内部，均值方差的计算公式采用空间随机抽样中计算均值方差的公式

$$v(\bar{y}_z) = E(\bar{y}_z - \bar{Y}_z \mid z)^2 = \frac{1}{n}\left[\sigma_{zp}^2 - E\{C_z(i,j)\}\right] \tag{5.8}$$

式中，$\bar{Y}_z$ 为第 z 层（strata，地理中为分区）可观测总体均值；σ_{zp}^2 为第 z 层的离散方差；$C_z(i,j)$ 为第 z 层内第 i,j 两点间的空间协方差。在得到各个层的均值和方差后，计算研究区域均值和方差

$$\bar{y} = (1/n)\sum_{z=1}^{L} n_z \bar{y}_z \tag{5.9}$$

$$\sigma^2(\bar{y}) = \sum_{z=1}^{L} W_z^2 \sigma^2(\bar{y}_z)$$

5.4 空间三明治抽样

现有的抽样方法，都是针对一个报告单元：报告北京市大气污染状况，需要在北京市放置至少 2 个样本；报告中国的人口，需要在中国放置若干样本；报告中国 2700 个县各县的 GDP，需要在每个县至少放置 2 个样本，全国更需要至少 2×2700＝5400 个样本！即样本按报告单元放置(图 5.4(a))。可见，当有多个报告单元时，使用现有抽样方法，样本量大，费用高。

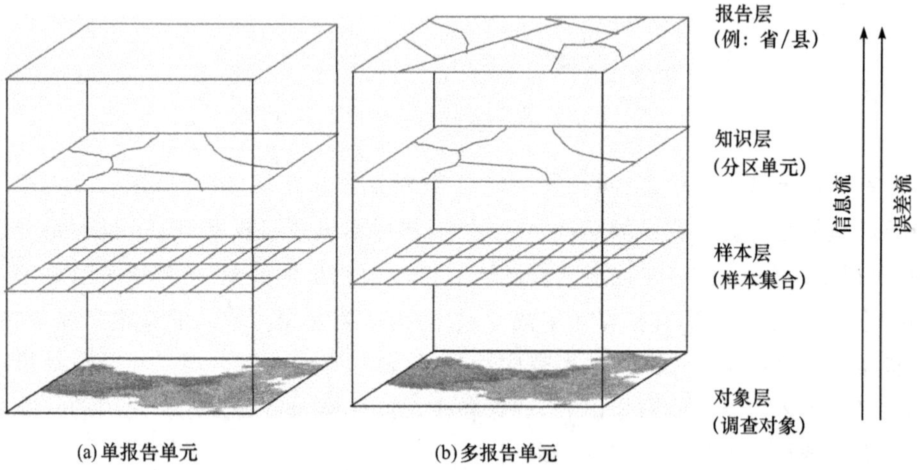

图 5.4 空间抽样(Wang et al.,2002b)

Wang 等(2002b)提出空间抽样三明治模型，解决了多报告单元抽样问题，可以用较少的样本量实现多单元报告。在空间抽样三明治模型中，样本按区划层配分，计算出各区划单元的样本均值和样本均值方差；将报告单元层与区划层叠加相切，将区划层的均值及均值方差推演到各报告单元中，得到各报告单元的均值、均值方差(图 5.4(b))。

首先，样本按空间分层抽样(spatial stratified sampling)放置到各区划单元中，均值和均值方差

$$\bar{y}_z = (1/n_{zp})\sum_{p=1}^{n_{zp}} y_p$$

$$v(\bar{y}_z) = (1-r_z)v_z(y_i)/n_{zp} \tag{5.10}$$

$$v_z(y_i)=(1/n_{zp})\sum_{p=1}^{n_{zp}}(y_p-\bar{y}_z)^2$$
$$n_{zp}=S_z v_z(y_p)/\sum S_z v_z(y_p)$$

式中，y_p 为第 p 个样本单元值，n_{zp} 为第 z 层(stratum)的样本单元数目，S_z 为第 z 层面积，r_z 为第 z 层空间相关系数。各报告单元的均值和均值方差为

$$\bar{y}_r=\sum_{z=1}^{N_{rz}}W_{rz}\bar{y}_z$$
$$V(\bar{y}_r)=\sum_{z=1}^{N_{rz}}W_{rz}^2V(\bar{y}_z) \tag{5.11}$$
$$W_{rz}=N_{rz}/N_r$$

式中，N_{rz} 为报告单元 r 中区划单元的数目，N_r 和 N_{rz} 分别为第 r 报告单元中总体样本单元数和报告单元与区划单元相切区域中的总体样本单元数目，W_{rz} 为 rz 多边形的面积占第 r 个报告单元的比例，$\bar{y}_z$ 为第 z 层(小区)的样本均值。

已知报告单元图层{r}和区划单元图层{z}，由以上关于分层 z(区划)和报告单元 r 的两组方程：①给定总样本量 n 和各区划单元配分样本量 n_{zp}(均分、按面积比例、按离散方差比例等)，可计算各报告单元均值 $\bar{y}_r$ 及其方差 $V(\bar{y}_r)$；②给定精度要求 $V(\bar{y}_r)$，可计算需要样本量 n 和最优分区配分样本量 n_{zp}。

5.5 案　　例

可用 www.sssampling.com 提供的软件"空间抽样与统计推断软件包(SSSI)"计算。

1. 空间随机抽样

为了解2000年山西省和顺县林地覆被类型的面积，需要从 $N=2697460$ 个影像单元中抽取一定数量进行抽样调查(最小调查单元为TM影像像元)，要求显著性水平为0.05时绝对误差不超过80km²，根据以前的调查结果，全县林地面积的离散标准差约为 1.5×10^{-4} km²，空间相关系数为 $r=0.15$。

先估算每个像元的平均林地面积，将此平均数乘以总的像元数量，即为该县总的林地面积。

(1) 平均每个像元林地面积的允许绝对误差为

$$d=80/2697460=2.97\times10^{-5}$$

(2) $n=(1-r)\cdot\dfrac{Z_{1-\alpha/2}^2\cdot\sigma_p^2}{d^2}=(1-0.15)\dfrac{1.96^2\times(1.5\times10^{-4})^2}{(2.96575\times10^{-5})^2}=83.53022$

也就是说，实际总的样本量为 84，扩大 10%后抽取出的样本量为 93。

(3) 根据所抽取的 93 个像元的样本均值 $\bar{y}$ 估算总林地覆被面积 $\hat{Y}$ 为

$$\bar{y} = \frac{1}{n}\sum_{i=1}^{n} y_i = \frac{1}{93}\sum_{i=1}^{93} y_i = 401.21\text{m}^2$$

$$\hat{Y} = N\bar{y} = 2697460 \times 401.21 = 1082258597.75\text{m}^2 \approx 1082.26\text{km}^2$$

(4) 估值绝对误差

$$v(\hat{Y}) = \sqrt{v^2(\hat{Y})} = \sqrt{N^2 v^2(\bar{y})} = 12.57\text{km}^2$$

2. 系统抽样

为了解 2000 年山西省和顺县林地覆被类型的面积，需要从 $N=2697460$ 个影像单元中抽取一定数量进行抽样调查(最小调查单元为 TM 影像像元)，要求在正式抽样之前先进行预抽样出 20 个样本，预抽样的方差为 $1.5\times10^{-3}\text{km}^2$。根据以前的调查结果，全县林地面积离散方差约为 $1.5\times10^{-4}\text{km}^2$，期望均值方差 $v_0 \leqslant 1.6\times10^{-5}\text{km}^2$。

先估算每个像元的平均林地面积，将此平均数乘以总的像元数量，即为该县总的林地面积。

(1)

$$n = \frac{S_1^2}{v_0}\left(1+\frac{2}{n_1}\right) = \frac{1.5\times10^{-3}}{1.6\times10^{-5}}\left(1+\frac{2}{20}\right) = 100$$

即实际总的样本量为 100，扩大 10%后抽取出的样本量为 110。这里 S_1^2 为预抽样方差；n_1 为预抽样样本量。

(2) 从 TM 均匀分布抽取 110 个像元，计算样本均值 $\bar{y}$ 及估算总林地覆被面积 $\hat{Y}$ 为

$$\bar{y} = \frac{1}{n}\sum_{i=1}^{n} y_i = \frac{1}{110}\sum_{i=1}^{110} y_i = 367.24\text{m}^2$$

$$\hat{Y} = N\bar{y} = 2697460 \times 367.24 = 990614287.87\text{m}^2 \approx 990.61\text{km}^2$$

(3) 估值绝对误差

$$v(\hat{y}) = \sqrt{v^2(\hat{y})} = \sqrt{N^2\ \frac{\sigma_p^2}{n}\left(1-\frac{n}{N}\right)} = 101.07\text{km}^2$$

式中，σ_p^2 是离散方差，$v(\bar{y})$是样本总体估值的标准差，n 是采样量，N 是全体。当使用空间系统抽样时，需要考虑空间相关性，样本量、均值、均值方差都将发生变化。

3. 分层抽样

为了解 2000 年山西省和顺县林地面积，需要从 $N=2697460$ 个影像单元中抽

取一定数量进行抽样调查(最小调查单元为TM影像像元),要求总的调查的期望标准差为 $v_0=0.065$km左右,根据经验将调查区分为5层(strata),并得知各分层单元的标准差和调查费用(表5.1):

表5.1 各层(strata)标准差和费用

层号	01	02	03	04	05
标准差 S_z	54	78	76	80	64
费用 C_z	1500	1200	1400	1300	1000

(1) 总的最优样本量

$$n=\frac{\left(\sum W_z S_z \sqrt{C_z}\right)\sum(W_z S_z/\sqrt{C_z})}{V+(1/N)\sum W_z S_z^2}=72$$

即实际总的最优样本量为72,扩大10%后抽取出的样本量为81。这里 W_z 为第 z 层权重,取第 z 层占全部研究区域的面积比例。

(2) 各分层样本量(表5.2)为

$$n_z=\frac{W_z S_z/\sqrt{C_z}}{\sum(W_z S_z/\sqrt{C_z})}\times n \tag{5.12}$$

表5.2 各层(strata)最优样本量

层号	01	02	03	04	05
样本量 n_z	17	16	13	15	11

(3) 根据抽取的81个样本点估计总的林地覆被面积为

$$\bar{y}_{st}=\sum_{z=1}^{L}\bar{y}_z\times W_z=326.43\text{m}^2$$

$$\hat{Y}=N\bar{y}_{st}=2697460\times 326.43=880513975.55\text{m}^2\approx 880.51\text{km}^2$$

(4) 估值绝对误差

$$v(\hat{Y})=\sqrt{v^2(\hat{Y})}=\sqrt{N^2\sigma_p^2(\bar{y})}=19.47\text{km}^2$$

4. 空间三明治抽样

采用山东省2000年从遥感数据TM影像通过解译得到的耕地面积数据。数据基本格网大小是2km×2km,如图5.5(a)所示,山东省内一共有39233个格网。根据山东省耕地面积空间异质性的变化情况,将山东省分成6个区域,如图5.5(b)所示。

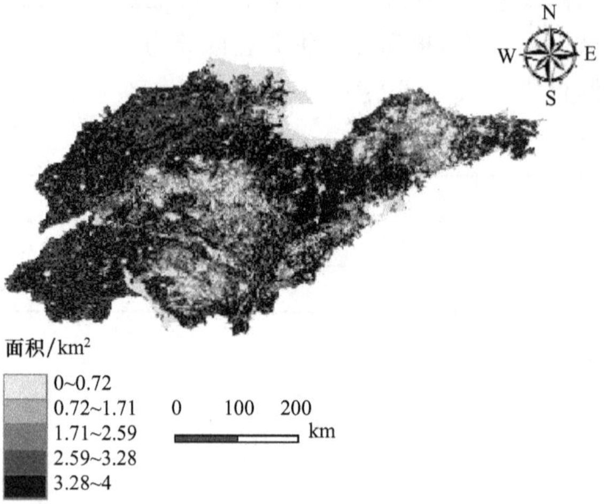

(a) 耕地数据2km×2km

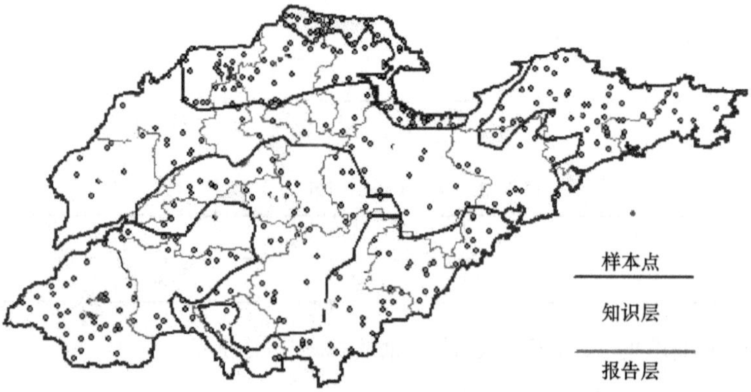

(b) 耕地数据分层

图 5.5　山东省耕地数据

本案例共定义了三种报告单元：山东省 17 个行政区，山东省内 4 个流域和 50km×50km 的格网，如图 5.6 所示。

抽样均值的精度根据相对误差评定

$$R=(\bar{y}-\bar{Y})/\bar{Y} \tag{5.13}$$

式中，$\bar{y}$ 和 $\bar{Y}$ 分别为样本均值和观测总体均值，前者通过三明治模型估计得到，后者根据图 5.5(a)所有数据统计得到。三种不同情况下的报告单元的精度评价如表 5.3 所示。

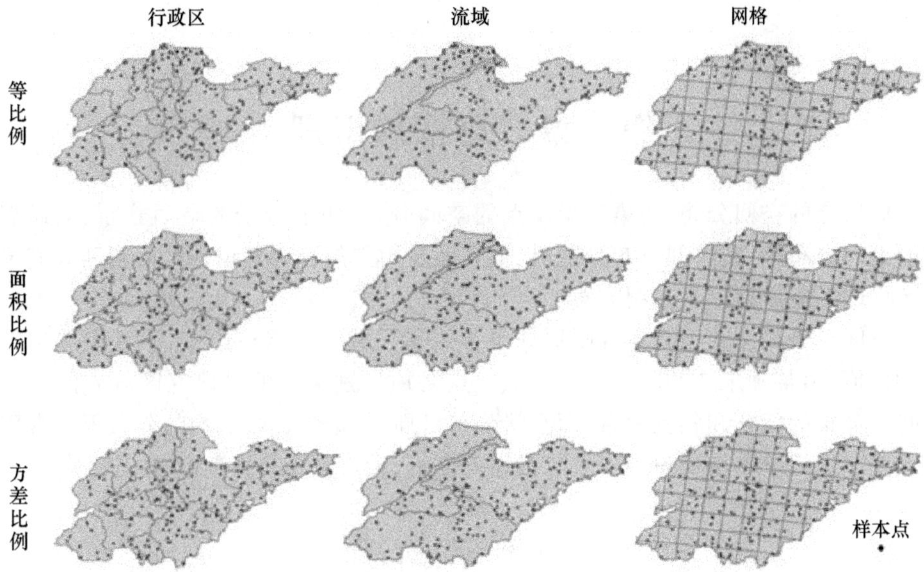

图 5.6　报告单元

表 5.3　报告单元精度评价

	行政区	流域	格网
等样本量分层放样	0.062019	0.019059	0.0915
面积比例分层放样	0.054366	0.023566	0.0927
方差比例分层放样	0.053264	0.020704	0.0894

第6章　点格局识别

居民点的空间分布、传染病暴发点的空间分布、犯罪分子的空间分布、交通事故的空间分布等，其空间分布是随机、聚集还是均匀的？对其识别可以帮助人们寻找事件的发生原因以及控制方案。

空间点格局是一系列不规则地分布于研究区域中的点位组成，不考虑点位上的属性值，由某种未知的随机机制生成。点格局识别关注的是研究区域内的点在空间上分布的特征和相互关系，即空间分布格局，如聚集、随机、均匀分布等。常用的点要素空间分布格局识别方法包括样方分析、最邻近距离指数和K函数分析。

6.1　样方分析

1. 原理

样方分析(quadrant analysis，QA)用一组正方格罩在研究区域上，通过统计每个正方格内的点数来计算各个正方格之间样点数的均值和变差。图6.1显示了3个具有不同空间格局的研究区域，为了定量探测空间格局，每个区域用8个样方覆盖，统计每个样方内的点数，然后统计检验其空间格局是随机的？分散的？还是聚集的？

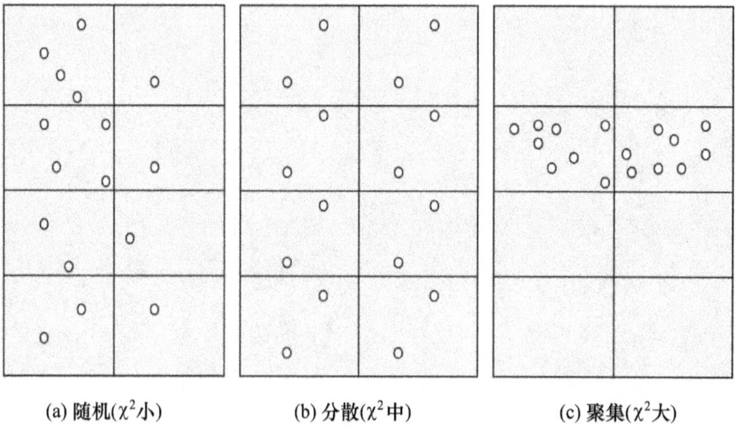

图6.1　点状事件空间分布格局的三种类型

识别区域内的样点格局的具体指标是样方点数变差-均值比

$$\mathrm{VMR}=\frac{S}{\overline{X}},\quad \mathrm{VMR}\sim\chi^2(n-1) \tag{6.1}$$

式中，样方之间样点数标准离散方差 $S=\sqrt{\frac{1}{n-1}\sum_{i=1}^{n}(X_i-\overline{X})^2}$，样方样点数均值 $\overline{X}=\frac{1}{n}\sum_{i=1}^{n}X_i$，$X_i$ 为第 i 个样方内点数，n 为样方数目。如果样点在空间上是随机分布，即其发生机制是泊松过程，则离散方差 S 等于均值 $\overline{X}$，如图 6.1(b)所示。样方内点数相同，点格局则显示出样方与样方之间样点数的不变性，完美离散，VMR=1。若 VMR≠1，则表示样点分布不是随机的。当 VMR>1 时，点格局较随机分布更加聚集。如图 6.1(c)所示，考察的样方集每个格内点数差异很大，样方点数变差将是大的，点格局显示出聚集安排。反之当 VMR<1 时，点格局较随机分布，如图 6.1(a)所示。

2. 具体操作

首先生成覆盖整个研究区域的样方图层，接着统计每个样方内的点数，最后计算样方点数变差-均值比 VMR。以下是样方分析中统计每个样方内点数步骤的部分 VBA 代码：

```
Set pfeatcur_Quadrant=pfeatcls_Quadrant.Update(Nothing,False) '选出样方图层图斑
Dim pfeature_Quadrant As IFeature_Quadrant,pfeature_Quadrant As IFeature
Set pfeature_Quadrant=pfeatcur_Quadrant.NextFeature
Dim pFilter As ISpatialFilter
Dim pgeometry As IGeometry
Dim pfields As IFields
Set pfields=pfeatcls_Quadrant.Fields
Dim Point_Num As Integer
Point_Num=pfields.FindField("T_POINT")  '样方层的点数字段序号,保存样方内总点数
Do While Not pfeature_Quadrant Is Nothing  '遍历样方层的所有图斑
   Set pgeometry=pfeature_Quadrant.Shape
   Set pFilter=New SpatialFilter
   With pFilter
      Set.Geometry=pgeometry
      .GeometryField="SHAPE"
      .SpatialRel=esriSpatialRelContains '包含
   End With
```

```
    '遍历被此样方图斑包含的点层图斑
    Set pfeatcur_OvlPoint=pfeatcls_Quadrant.Search(pFilter,False)
    Set pfeature_OvlPoint=pfeatcur_OvlPoint.NextFeature
    Dim Total_Num As Integer
    Total_Num=0

    Do While Not pfeature_OvlPoint Is Nothing '汇总此样方图斑内的点数
      Total_Num=Total_Num+1
      Set pfeature_OvlPoint=pfeatcu_OvlPoint.NextFeature
    Loop
  pfeature_Quadrant.Value(Point_Num)=Total_Num
  pfeature_Quadrant.Store
  Set pfeature_Quadrant=pfeatcur_Quadrant.NextFeature
Loop
```

6.2　最邻近距离统计

1. 原理

最邻近距离统计(Nearest Neighbor Indicator,NNI)是统计点间最近距离均值。其思路是检验每个点所占据的面积,即通过比较计算最邻近的点对的平均距离与随机分布模式中最邻近的点对的平均距离,用其比值(NNI)判断其与随机分布的偏离。

最邻近距离统计的计算公式如下:

$$d(\mathrm{NN}) = \sum_{i=1}^{n} \frac{\min(\mathrm{d}_{ij})}{n} \tag{6.2}$$

式中,$d(\mathrm{NN})$为研究对象的最邻近的平均距离;n 为样本点数目;d_{ij} 为第 i 点到第 j 点的距离;$\min(\mathrm{d}_{ij})$为 i 到最邻近点的距离。

$$\mathrm{NNI}=\frac{d(\mathrm{NN})}{d(\mathrm{ran})} \tag{6.3}$$

式中,NNI 为最邻近距离系数;$d(\mathrm{ran})$为空间随机分布条件下的理论平均距离,其取值一般为 $d(\mathrm{ran})=0.5\sqrt{A/n}$,$A$ 为研究区域面积。为了检验计算结果的统计显著性,可采用 z 检验

$$z=\frac{d(\mathrm{NN})-d(\mathrm{ran})}{\mathrm{SE}_{d(\mathrm{ran})}} \tag{6.4}$$

空间随机分布时,z 的标准误差 $\mathrm{SE}_{d(\mathrm{ran})}=\sqrt{[(4-\pi)A]/(4\pi n^2)}=\dfrac{0.26136}{\sqrt{n^2/A}}$。

最邻近距离统计认为样点格局随机分布时，最邻近点对间平均距离与平均随机距离相等，NNI＝1；样点格局聚集时，最邻近点对间平均距离会小于平均随机距离，NNI＜1；样点格局较随机分布更加发散时，最邻近点对间平均距离大于平均随机距离，NNI＞1。

2. 案例

(1) 案例使用的是 CrimeStat 自带的样本数据 BALTPOP. DBF，意在说明如何用 CrimeStat 进行最邻近距离统计分析。

(2) 输入数据文件 BALTPOP. DBF(图 6.2)。接着将文件中 LON 字段数据作为 X 变量，LAT 字段数据作为 Y 变量，DENSITY 字段数据作为 Z 变量(图 6.3)。这里 LON、LAT 和 DENSITY 分别为经度、纬度和密度。

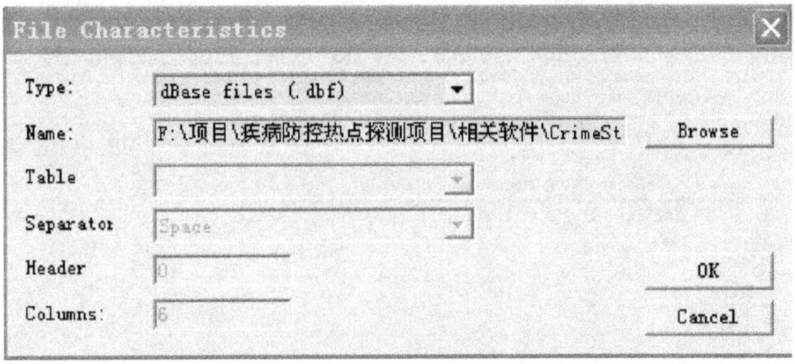

图 6.2　CrimeStat 文件输入对话框

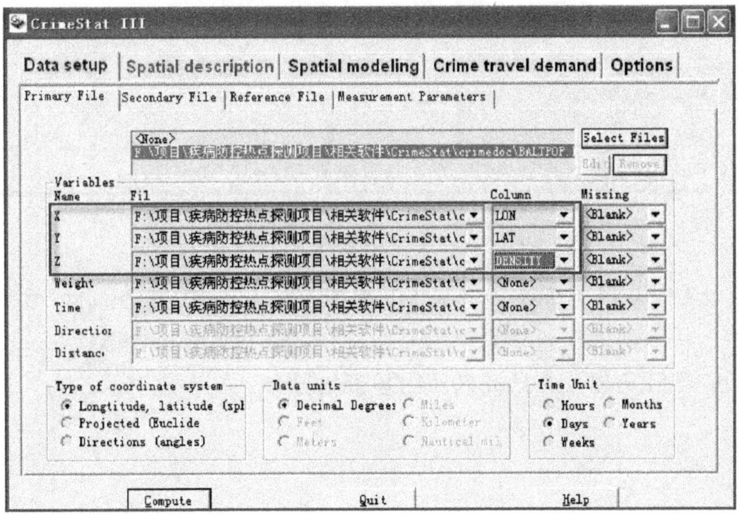

图 6.3　变量设置

(3) 选择 Spatial description→Distance Analysis I 界面上的 Nearest neighbor analysis 功能(图 6.4)。当最邻近距离统计分析中计算的是多个最邻近的点对的平均距离与随机分布模式中相应多个最邻近的点对的平均距离比值时,需要设定参数"最邻近点的个数"即"Number of nearest neighbors to be"值。一般软件默认为最邻近点对只有1个。"Border"选项是用于边界纠正,其作用是为了避免漏掉靠近研究区域边界的点。选择后两项"rectangle"或"circle",表示分别会在假设研究区域是一个矩形或圆形的前提下调整边界。矩形或圆形边界纠正能调整靠近边界的众多点的最邻近距离,即当一个点到区域边界的距离比当前计算所得到最邻近点对之间的距离还要短时,就会用调整后最邻近点之间的距离替代这个点到边界的距离。

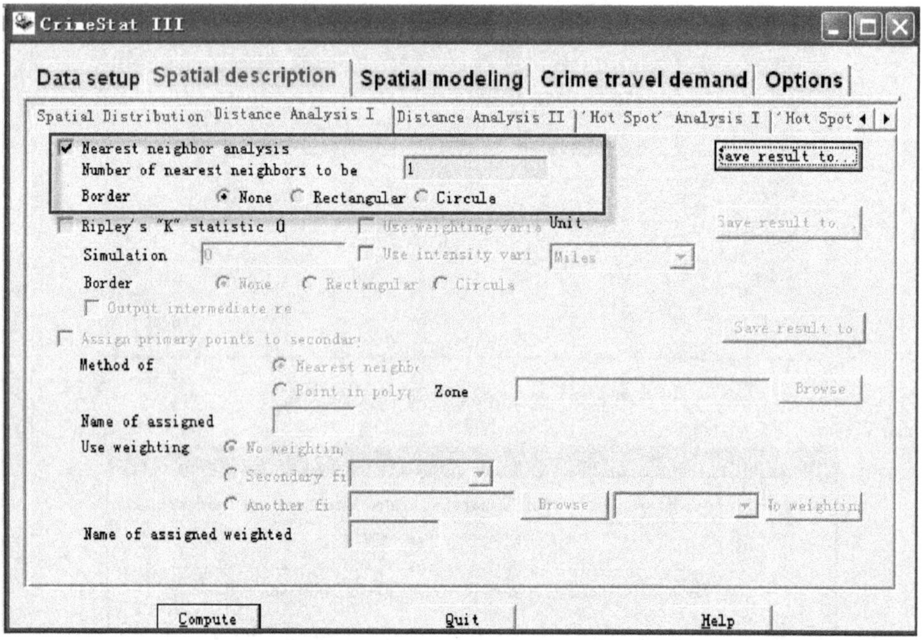

图 6.4 Distance Analysis I 界面

(4) 点击 Distance Analysis I 界面下端的 Compute 按键,开始运行最邻近距离统计程序。从下面的运行结果展示界面(图 6.5)可以看出,NNI=0.82495<1,说明各点 DENSITY 属性在研究区域内呈聚集分布。

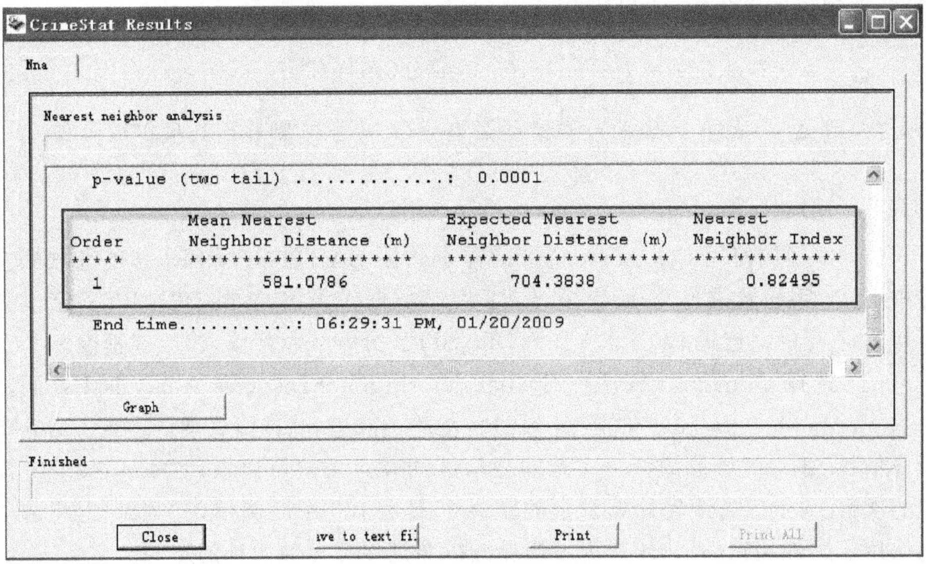

图 6.5　分析结果展示

6.3　Ripley's K 函数

1. 原理

点状地物的分布模式可能随着空间尺度的变化而改变。在小尺度下可能呈现集群分布，而在大尺度下有可能为随机分布或均匀分布，Ripley's K 函数(Rripley's K function)可以分析任意尺度的点状地物空间分布格局，成为分析点状地物分布格局最常用的方法(Ripley,1981)。

Ripley's K 函数是点密度距离的函数，其按照一定半径距离的搜索圆范围来统计点数量。Ripley's K 函数假设在区域点状地物空间均匀分布，且点状地物空间密度为 λ 情况下，距离 d 内的期望样点平均数为 $\lambda\pi d^2$，点状地物平均数和区域内样本点密度比值为 πd^2。与此同时，用变量 Ripley's $K(d)$ 表示现实情况下在距离 d 内的样本点平均数和区域内样本点密度的比值，计算公式如下：

$$K(d) = A\sum_{i=1}^{n}\sum_{j=1}^{n}\frac{w_{ij}(d)}{n^2} \tag{6.5}$$

式中，n 为点状地物个数；$w_{ij}(d)$为在距离 d 范围内的点状地物 i 与点状地物 j 之间的距离；A 为研究区域面积。

通过比较这些样本点平均数和区域内样本点密度比值的实测值与理论值，Ripley's K函数判断实际观测点空间格局是空间聚集、空间发散，还是空间随机分布的，即构造如下指标 $L(d)$ 和 $\Delta(d)$：

$$L(d)=\sqrt{\frac{K(d)}{\pi}}-d \quad 或\ \Delta(d)=K(d)-\pi d^2 \tag{6.6}$$

当 $L(d)$ 或 $\Delta(d)$ 大于 0，表明点要素呈聚集分布，小于 0 则表明其呈扩散分布。

2. 案例

(1) 本案例使用 CrimeStat 自带的样本数据 BALTPOP. DBF，也是将数据文件中 LON 字段数据作为 X 变量，LAT 字段数据作为 Y 变量，DENSITY 字段数据作为 Z 变量。这里 LON、LAT 和 DENSITY 分别表示经度、纬度和密度。

(2) 选择 CrimeStat 软件中 Spatial description→Distance Analysis I 界面上的 Ripley's "K" statistic 功能(图 6.6)。在此功能里，软件能调动 Monte Carlo 模拟来估计 $L(d)$ 统计量的一个大致的置信区间并且用户可以设定 Monte Carlo 模拟的次数。$L(d)$ 统计量计算设定的距离范围是 100 个距离单位。"Border"选项仍然用于边界纠正，其作用是为了避免漏掉靠近研究区域边界的点。

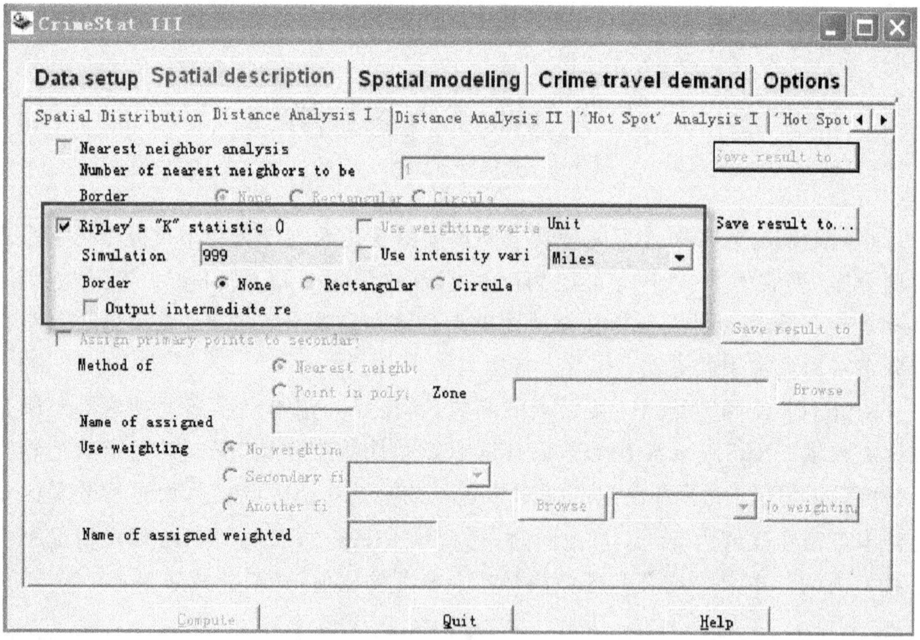

图 6.6　选择 Ripley's "K" statistic 功能

(3) 点击 Distance Analysis I 界面下端的 Compute 按键，开始运行 Ripley's K 函数程序。运行结果展示界面(图 6.7)中三条曲线，其中白线为 $L(d)$ 曲线，被两条深色线所包络(置信区间)，可以看出，指标 $L(d)$(图上表示为 $L(t)$)在

0～10个距离单位之间都大于 0，说明各点 DENSITY 属性在研究区域内呈聚集分布。

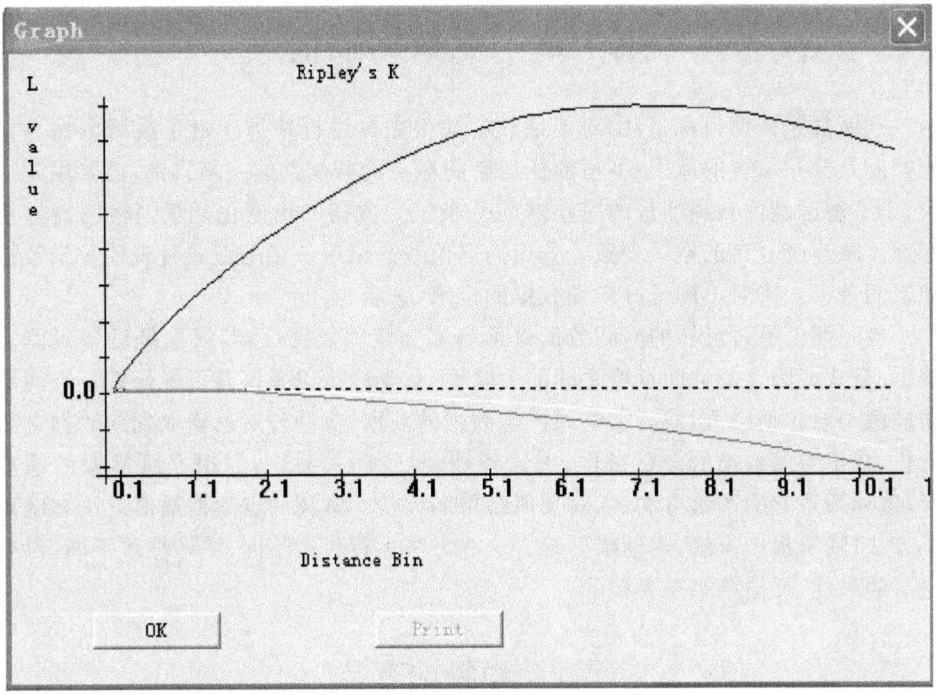

图 6.7　Ripley's K 函数分析结果展示

第7章　点数据插值

空间数据插值目标是:①对不足或者缺失数据进行估计。由于观测台站分布的密度及分布位置的原因,不可能任何空间地点的数据都能实测得到,需要用到插值,以了解区域内观测变量的完整空间分布。②数据的格网化。规则格网能够更好地反映连续分布的空间现象。③内插等值线。以等值线的形式直观地显示数据的空间分布。④对不同分区未知数据的推求(李新等,2000)。

空间插值通过已知的空间数据来预测未知空间数据值,其根据是已知观测点数据、显式或隐含的空间点群之间的关联性、数学模型以及误差目标函数。空间数据插值一般包括以下过程:①空间样本数据的获取;②通过对已获取到的数据进行分析,找出空间数据的分布特性、统计特性、和空间关联性;③根据所掌握的信息量,选择最适宜的插值方法;④对插值结果的评价。常用的点数据插值方法有统计学方法、随机模拟方法、物理模型等。这些方法运行代价不同、统计性质不同,没有绝对的最优,插值结果需要检验。

7.1　趋势面方法

1. 原理

趋势面方法是一种整体插值方法,即整个研究区使用一个模型、同一组参数。它先根据有限的空间已知样本点拟合出一个平滑的点空间分布曲面函数,再根据此函数来预测空间待插值点上的数据值。实际上,趋势面方法是一种曲面拟合的方法。如何通过对已知点空间分布特征的认识来选择合适的曲面拟合函数是趋势面方法的核心。传统的趋势面方法是通过回归方程,运用最小二乘法拟合出一个非线性多项式函数。当对二维空间进行拟合时,如果已知样本点的空间坐标(x, y)为自变量,而属性值z为因变量,则其二元回归函数为

一次多项式回归:$z=a_0+a_1x+a_2y+\varepsilon$

二次多项式回归:$z=a_0+a_1x+a_2y+a_3x^2+a_4xy+a_5y^2+\varepsilon$　　(7.1)

式中,a_0,a_1,a_2,a_3,a_4,a_5为多项式系数;ε为误差项。

趋势面方法极易理解,计算简便,它适用于:①以表达空间趋势和残差的空间分布为目的;②观测有限,插值也基于有限的数据。当趋势和残差分别能与区域和局部尺度的空间过程相联系时,趋势面方法是最有用的(Agterberg,1984)。但趋势面方法所用的是一个平滑函数,一般很难正好通过原始数据点。虽然采用次数

高的多项式函数能够很好地逼近数据点，但会使计算复杂，而且降低分离趋势的作用。一般多项式函数的次数为 2 或 3 就可以了。

2. 案例

(1) 案例里插值所用图层 p. shp 为山西省和顺县 315 个乡镇的位置分布图(点文件)，该 315 个乡镇为和顺县总的 326 个乡镇中 1998～2001 年出生人数大于 0 的乡镇，对全县各村纯收入进行趋势面拟合和插值；va. shp 为山西省和顺县县界的面文件；trendsurf. ave 为进行趋势面分析用的 Avenue script 程序脚本。

(2) 启动 Arcview 并加载 Spatial Analyst 扩展模块。打开一个新视图，把 p. shp 和 va. shp 加到视图中。从 View 下拉菜单中选择 Properties，并设地图单位为 m。

(3) 在 Project 窗口中点击 Scripts 和 New 打开 Script 1。在 Script 菜单中点击 Load Text File(加载文本文件)按钮。浏览 trendsurf. ave 的路径并双击该文件。

(4) 为了使用 Avenue script 程序脚本，必须点击 Compile(编译)按钮对脚本进行编译。因为 trendsurface 规定窗口文件为激活文件，必须激活窗口文件并在 Script 1 中点击 Run 按钮来运行该程序脚本。运行结束之后，出现如下所示的趋势面示意图(图 7.1)，该 . shp 文件是临时文件，Grid 格网文件保存在工作目录中，可以从工作目录加载。

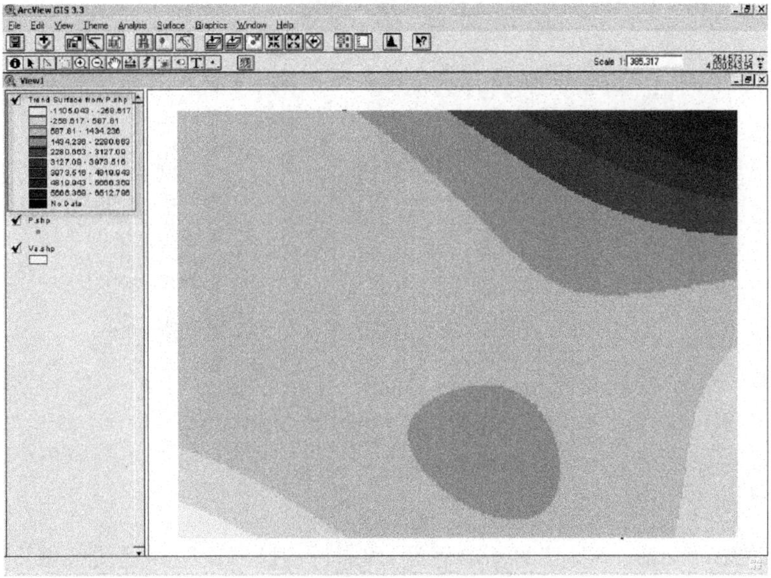

图 7.1　趋势面生成结果示意图

(5) 趋势面 Grid 格网文件包括超出和顺县的地区。为了让插值结果限制在和顺县范围内，需要使用一个分析屏蔽掩膜。首先要设置输出插值结果，即激活和顺县县界 va. shp 文件，从 Theme 下拉菜单中选择 Convert to Grid，将输出格网命名为 hsgrd。接着定义插值分析的范围，就是在 Conversion Extent 对话框中，选择 Same As va. shp 作为 Output Grid Extent，选择 As specified below 作为 Output Grid Size，点击 OK。然后在 Conversion Field 对话框中，选择 Id 作为单元值并点击 OK。值得注意的是不要把要素属性加到 hsgrd 中，但必须把 hsgrd 加到视图中。hsgrd 只有两种单元值，在和顺县范围内取值为 1，而超出该范围的则为无数据。案例使用 hsgrd 作为分析屏蔽掩膜图。从 Analysis 菜单中选择 Properties。在 Analysis Properties 对话框中，选择 Same As hsgrd 作为 Analysis Extent，As Specified Below 作为 Analysis Cell Size，hsgrd 作为 Analysis Mask，点击 OK。然后激活前面程序运行输出的趋势面格网文件(Grid2)，从 Analysis 菜单中选择 Map Calculator，在 Map Calculation 1 对话框中双击 Grid2 格网文件，然后点击 Evaluate按钮。所得到的 Map Caulculation 1 结果同样为临时文件，激活该图层，从 Theme 下拉菜单中选择 Convert to Grid 将其转换为 Grid 格网文件，从而得到如图 7.2 所示的三阶趋势面插值图。

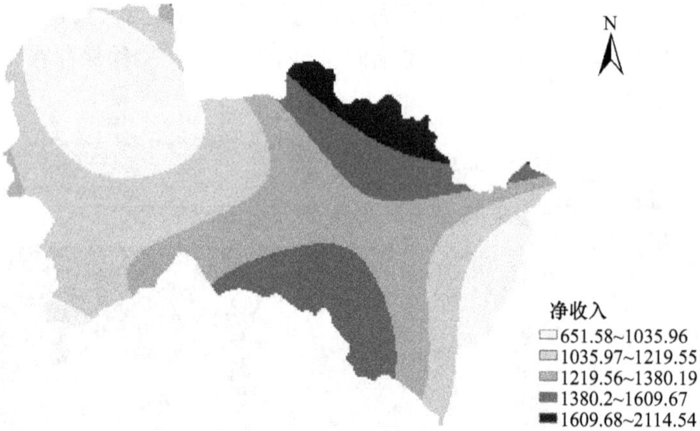

图 7.2　和顺县居民纯收入三阶趋势面插值图

7.2　反距离加权法(IDW)

1. 原理

基于“地理学第一定律”的基本假设，即邻近的区域比距离远的区域更相似，是最简单的点数据内插方法。它输入和计算量少，不过这种方法无法对误差进行理论估计。

设待插值点 $P(x_p, y_p, \hat{z}_p)$ 周围局部邻域内有若干已知样本点 $Q_i(x_i, y_i, z_i)$，$i=1,\cdots,n$，其中 (x,y) 为二维空间坐标，z 为该点的属性值。那么点 P 的属性值可以通过这些邻近点的属性值加权来求得。周围点与 P 点距离远近的差异，对 P 点的影响不同，与 P 距离近的点对 P 点影响大，这种影响用权函数 w_i 来体现。P 点的属性值计算公式如下：

$$\hat{z}_p = \sum_i^n z_i w_i / \sum_i^n w_i \tag{7.2}$$

式中，$\hat{z}_p$ 和 z_i 分别为待求点值和样本点值；w_i 为 Q_i 点对于 P 点的权值，一般取 $w_i = 1/d_i^\alpha$；d_i 为 P 点和 Q_i 点之间的距离；α 为控制参数，α 越大，权重随距离增大衰减得越快；反之，α 越小，权重随距离增大衰减得越慢。一般 α 取 1～3，常常取 $\alpha=2$。

反距离加权法是以插值点与样本点之间的距离为权重的插值方法，简单易行，但 α 的取值缺少根据，插值点容易产生丛集现象，会出现相近的样本点对待插值点的贡献几乎相同，待插值点明显高于周围样本点的分布现象。

2. 案例

(1) 案例里插值所用图层 villageresult.shp 为山西省和顺县 315 个行政村的位置分布图（点文件），该 315 个行政村为和顺县总的 326 个行政村中出生人数大于 0 的行政村。该文件内相关属性表的字段说明如下：NET_INCOME——净收入；ROADBUFFER——道路缓冲区。

(2) 单击 ArcInfo→Spatial Analyst 下拉箭头，单击 Interpolate to Raster，在弹出的下一级菜单中单击 Inverse Distance Weighted 命令，打开 IDW 对话框（图 7.3）。

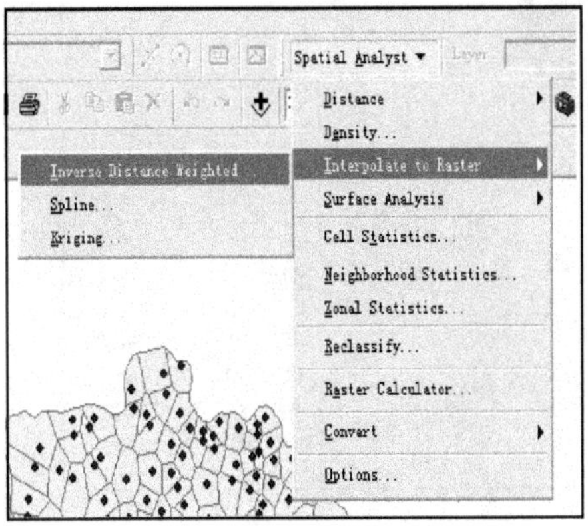

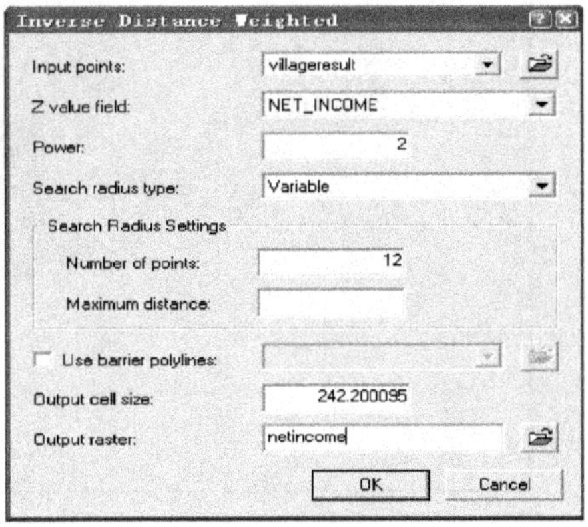

图 7.3 IDW 对话框

(3) 单击 Input points 下拉箭头，选择样本点数据集 villageresult. shp。

(4) 单击 Z value field 下拉箭头，选择参加计算的字段名称 NET_INCOME。

(5) 在 Power 文本框中输入 IDW 的幂值。幂值是一个正实数，其缺省值为 2。

(6) 单击 Search radius type 下拉箭头，选择搜索半径类型 Variable。这里有两种类型：Variable 为可变搜索半径，内插计算时样本点个数(Number of points)是固定的(缺省值为 12)，搜索距离(distance)是可变的，取决于插值单元周围样本点的密度，密度越大，半径越小；Fixed 为固定搜索半径，需要规定插值时样本点的最小个数(minimum number of points)和搜索距离，搜索距离是一个常数，对每一个插值单元来说，用于寻找样本点的圆形区域的半径都是一样的。如果搜索半径距离内的点个数小于插值点个数的最小整数值，则搜索半径自动增大。

(7) Use barriers polylines 项用于指定中断线文件。中断线是指用来限制搜索输入样本点的多线段数据集。一条线段是一个打断表面的线特征，悬崖、峭壁、堤岸或某些障碍都是典型的中断线。中断线不必具有 Z 值。中断线限制了插值计算，它使得计算只能在线的两侧各自进行，而落在中断线上的点同时参与线两侧的计算。

(8) 在 Output cell size 文本框中输入输出结果的栅格大小。

(9) 在 Output raster 文本框输入结果文件名称 netincome。

(10) 单击 OK 按钮，完成操作，结果如图所示(图 7.4)。

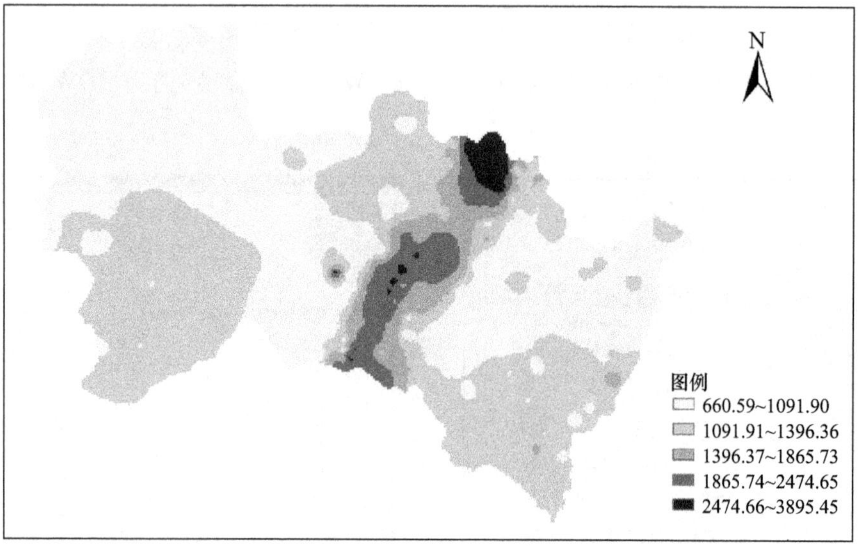

图 7.4　IDW 插值结果

7.3　Kriging 方法

1. 原理

在 Kriging 方法中，一个待插值点属性 $z(s_0)$ 的预测值 $\hat{z}(s_0)$ 就是其周围影响范围内的几个已知样本点变量值的线性组合。其估计值为

$$\hat{z}(s_0) = \sum_i^n \lambda_i z_i \tag{7.3}$$

式中，$\hat{z}(s_0)$ 为空间里点 s_0 的预测值，z_i 为空间点 s_i 的属性变量值，λ_i 为待求系数。在 Kriging 方法里 $E(z)=m$ 为未知常数。

插值目的就是求出诸权重系数 $\lambda_i, i=1,\cdots,n$，使预测值为真实值的无偏估计，且其估计方差最小。在二阶平稳条件下，即空间相关性只与两点距离有关，与点位无关。为使预测值无偏差即 $E(\hat{z}(s_0))=E(z(s_0))=m$，必有

$$\sum_i^n \lambda_i = 1 \tag{7.4}$$

Kriging 方法的估计方差的计算公式为

$$v^2 = E[\hat{z}_0 - z_0]^2 = C(z_0, z_0) - 2\sum_i^n \lambda_i C(z_0, z_i) + \sum_i^n \sum_j^n \lambda_i \lambda_j C(z_i, z_j) \tag{7.5}$$

其中，$\hat{z}_0=\hat{z}(s_0)$，$z_0=z(s_0)$，λ_i 和 λ_j 为待求系数；$C(z_0, z_i)$ 为两点 (s_0, s_i) 之间协方差平均值；类似地，$C(z_i, z_j)$ 和 $C(z_i, z_i)$。

在无偏条件下，使估计方差达到极小的诸权重系数 λ_i 是个求条件极值的问题，即把最优估值问题理解为在无偏条件约束 $\left(\sum_i^n \lambda_i = 1\right)$ 下求估计方差 v^2 为最小的估值问题。

用拉格朗日乘数法求约束极值问题得到普通 Kriging 方程组：

$$\begin{cases} \sum_j^n \lambda_j C(z_i, z_j) + \mu = C(z_i, z_j) \\ \sum_j^n \lambda_j = 1 \end{cases} \quad (i = 1, \cdots, n) \tag{7.6}$$

或

$$\begin{cases} \sum_j^n \lambda_j \gamma(z_i, z_j) + \mu = \gamma(z_i, z_j) \\ \sum_j^n \lambda_j = 1 \end{cases} \quad (i = 1, \cdots, n) \tag{7.7}$$

式中，γ 为变异函数，由理论假设或样本数据求出（见 7.3.2 节）；λ_i 和 μ 为待求系数，由上式解出。将 λ_i 代入以上 $\hat{z}(s_0)$ 和 v^2 两式，即可得到普通 Kriging 在各点插值和及其方差。

Kriging 的优点是其具有坚实的统计理论基础，能够对误差做出逐点的理论估计。缺点是复杂、计算量大、变异函数需要根据经验人为选定。Kriging 派生出许多变种，如 Co-Kriging，Universal Kriging 等。

2. 变异函数

Kriging 所用的变异函数为

$$\gamma(h) = \frac{1}{2n(h)} \sum_{p=1}^{n(h)} [z(s_p) - z(s_p + h)]^2 \tag{7.8}$$

式中，$n(h)$ 为研究区内空间间隔为 h 的点对数；$z(s_p)$ 与 $z(s_p+h)$ 分别为点 s_p 和点 s_p+h 的属性值。变异函数一般用变异曲线来表示，它是具有一定滞后距离 h 的变异函数值 $\gamma(h)$ 与 h 的对应图（图 7.5）。图中的 C_0 称为块金效应，它表示距离 h 很小时两点间属性变量值的变化，即样点值本身的不确定性；a 称为变程，当 $h \leqslant a$ 时，任意两点间的属性变量值有相关性，这个相关性随 h 的变大而减小，当 $h > a$ 时就不再有相关性，a 的大小反映了研究对象中某一区域化属性变量变化程度；另一方面，a 反映了影响范围。C 称为基台值，$C+C_0$ 称为总基台值，它反映了某区域化属性变量在空间内的变异强度，它是达到最大滞后距离后变异函数的极限值。

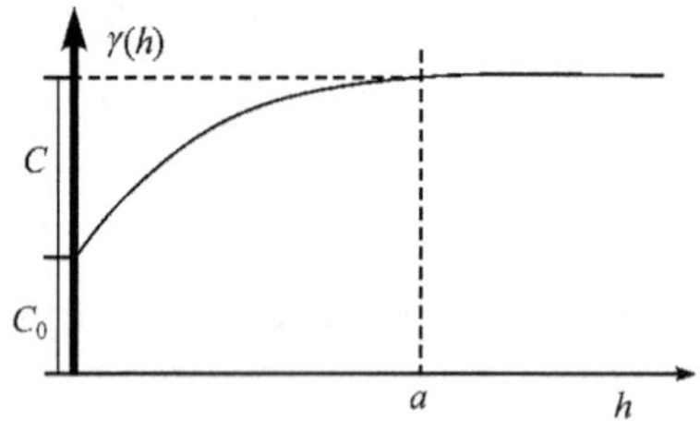

图 7.5　变异函数曲线示意图

3. 案例

(1) 案例所用数据与上节反距离加权方法案例一致。

(2) 单击 ArcInfo→Spatial Analyst 下拉箭头（图 7.6），单击 Surface Analysis，在弹出的下一级菜单中单击 Kriging 命令，打开 Kriging 对话框。

(3) 单击 Input points 下拉箭头，选择参加内插计算的点数据集 villageresult. shp。

(4) 单击 Z value field 下拉箭头，选择参加内插计算的字段名称 NET_INCOME。

(5) 选择所需要的克里格方法，这里选择 Ordinary。

(6) 单击 Semivariogram model 下拉箭头，选择合适的变异函数模型(Spherical)。

(7) 单击 Search radius type 下拉箭头，选择搜索半径类型 Variable。

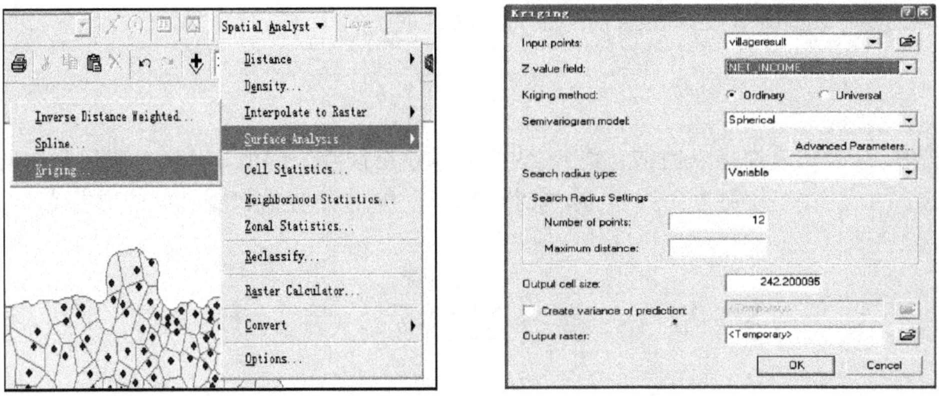

图 7.6　Kriging 对话框

(8) 在 Output cell size 文本框中输入输出结果的栅格大小。

(9) Create variance of prediction 可设置是否需要生成预测的标准误差。

(10) 在 Output raster 文本框输入结果文件名称。

(11) 单击 OK 按钮,完成操作,结果如图 7.7 所示。

图 7.7　Kriging 插值结果

7.4　Co-Kriging 方法

1. 原理

Kriging 用单变量 z 在抽样点的值来预测未抽样点的值。当待预测值 z 与某些其他变量 x 相关,则这些次变量(secondary variables)包含主变量 z 的信息,可

以帮助对 z 的预测，这就是 Co-Kriging 方法：

$$\hat{z}_0 = \sum_{i=1}^{n} \lambda_i z_i + \sum_{j=1}^{m} b_j x_j \tag{7.9}$$

式中，$\hat{z}_0$ 为某未抽样点的估计值；z_i 为主变量在空间点 i 的值；x_j 为次变量在空间点 j 的值；n、m 分别为变量 z 和 x 的样本量；λ_i 和 b_j 是待估权重。此式方差为

$$\begin{aligned} v^2 &= E(\hat{z}_0 - z_0) \\ &= \sum_{i}^{n} \sum_{j}^{n} \lambda_i \lambda_j C(z_i, z_j) + \sum_{i}^{m} \sum_{j}^{m} b_i b_j C(x_i, x_j) + C(z_0, z_0) \\ &\quad + 2\sum_{i}^{n} \sum_{j}^{m} \lambda_i b_j C(z_i, x_j) - 2\sum_{i}^{n} \lambda_i C(z_i, z_0) - 2\sum_{j}^{m} b_j C(x_j, z_0) \end{aligned} \tag{7.10}$$

跟普通 Kriging 一样，在二阶平稳条件下，为使预测值无偏，要求

$$\sum_{i=1}^{n} \lambda_i = 1 \quad 和 \sum_{j=1}^{m} b_j = 0 \tag{7.11}$$

用拉格朗日乘数法求系数$\{\lambda_i\}$和$\{b_j\}$使 v^2 最小，并满足以上无偏条件，得到

$$\begin{cases} \sum_{i}^{n} \lambda_i C(z_i, z_j) + \sum_{i}^{m} b_i C(x_i, z_j) + \mu_1 = C(z_0, z_j) \quad (j = 1, \cdots, n) \\ \sum_{i}^{n} \lambda_i C(z_i, x_j) + \sum_{i}^{m} b_i C(x_i, x_j) + \mu_2 = C(z_0, x_j) \quad (j = 1, \cdots, m) \\ \sum_{i}^{n} \lambda_i = 1 \\ \sum_{i}^{m} b_i = 0 \end{cases} \tag{7.12}$$

求解以上线性方程组既得$\{\lambda_i\}$和$\{b_j\}$，将他们代入以上 $\hat{z}_0$ 和 v^2 两式，即可得到 Co-Kriging 在各点插值及其方差。

2. 案例

案例所用数据与反距离加权方法案例一致。目的是用行政村样本的净收入(z_i)和距公路远近(x_i)来预测非样本行政村净收入(z_0)。用 ArcGIS 中的Create Subsets 对话框将数据集分割为测试数据集和训练数据集(图 7.8、图 7.9)。

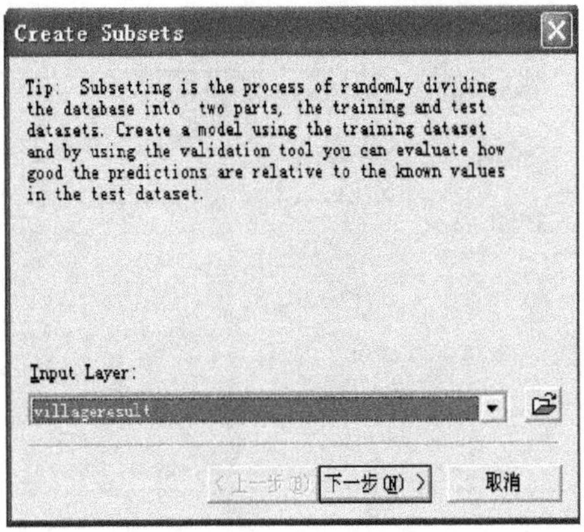

图 7.8　生成数据子集(Create Subsets)

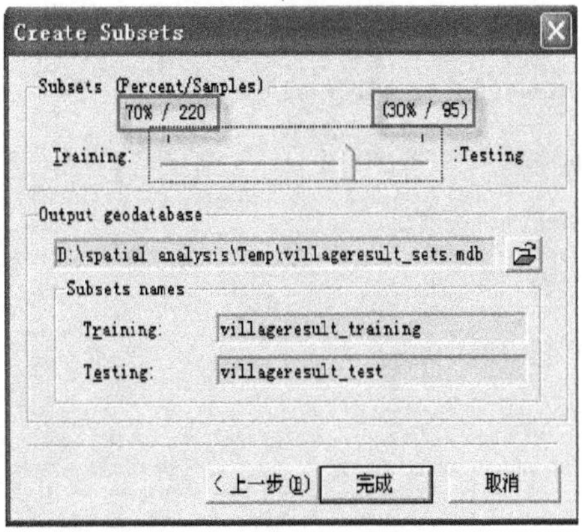

图 7.9　设置训练和测试集大小

(1) 在 Arc Map 中右击工具栏,启动地理统计模块 Geostatistical Analyst。

(2) 单击 Geostatistical Analyst 模块的下拉箭头点击 Geostatistical Wizard 命令。

(3) 在弹出的对话框中,在 Dataset1 选择训练数据 villageresult_training 及其属性 NET_INCOME(图 7.10),在 Validation 中选择卡中选择检验数据 villageresult_test 及其属性 NET_INCOME,单击 Dataset2,选择训练数据 villageresult_training 及其属性 ROADBUFFER,选择 CoKriging 内插方法,最后点击 Next 按钮(图 7.11)。

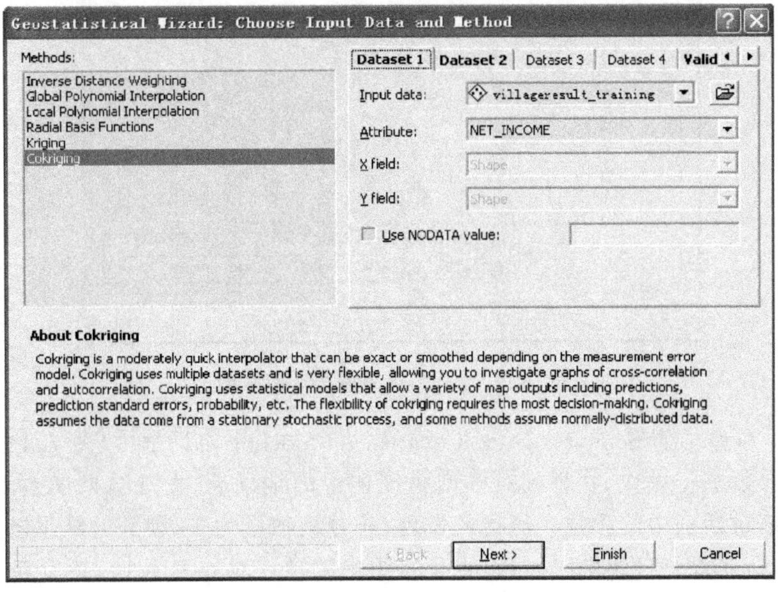

图 7.10　数据输入和方法选择的对话框

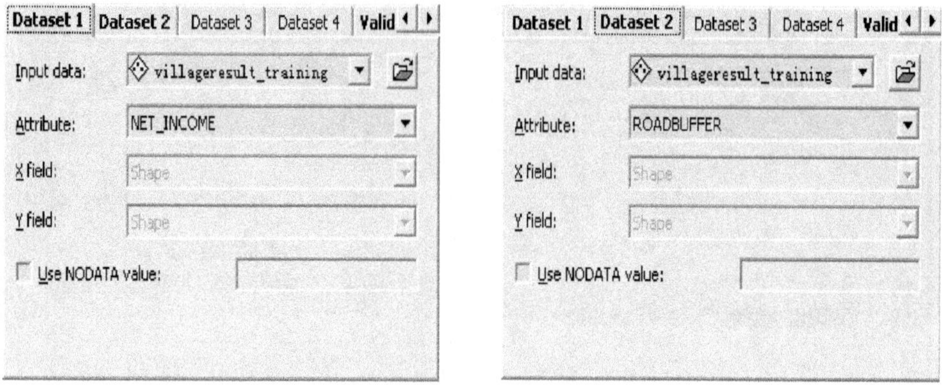

图 7.11　训练集主变量、协变量属性选择对话框

(4) 在提取变异函数前需去掉样本中的趋势。在 DataSet1 里的 Transformation 里选择 Box-Cox 变换方式,参数设置为"－1",将 Order of trend removal 设置为Second,点击 Next 按钮。在 Detrending 对话框中,单击 Next 按钮(图 7.12、图 7.13)。

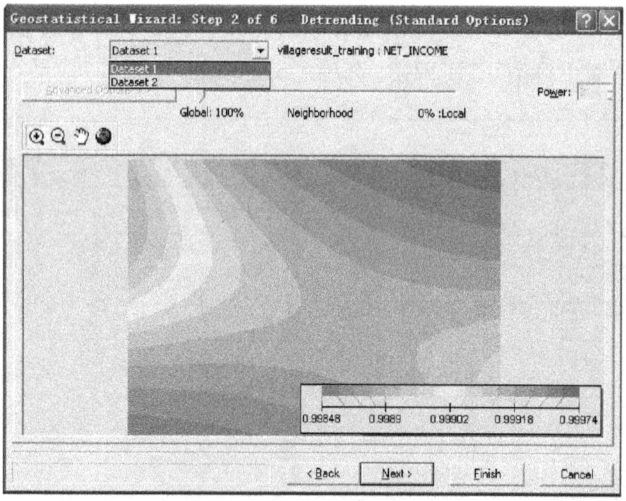

图 7.12　Dataset1 剔除趋势示意图

(5) 在弹出的 Semivariogram/Covariance Modeling 对话框中(图 7.14),先按照默认参数进行操作,在得到对模型精度评定的结果后,发现结果误差太大,返回更改该对话框中的参数。经比较发现,将分组数设为 10 得到的结果较好。需注意的是,在设置分组数时,尽量保证每组中的样点对数大于 10,然后点击 Next 按钮。

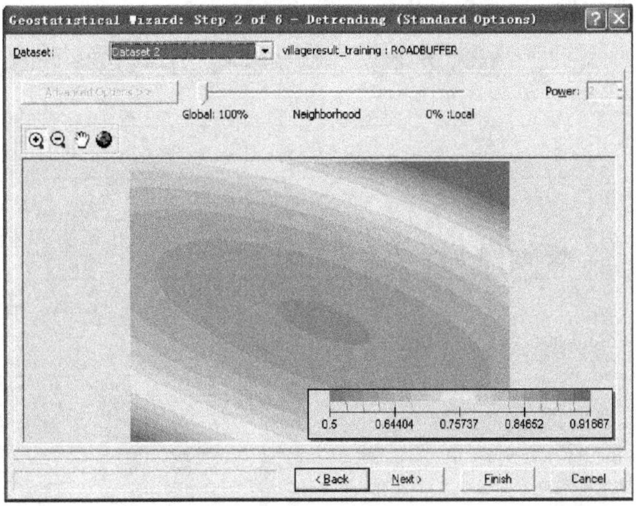

图 7.13　Dataset2 剔除趋势示意图

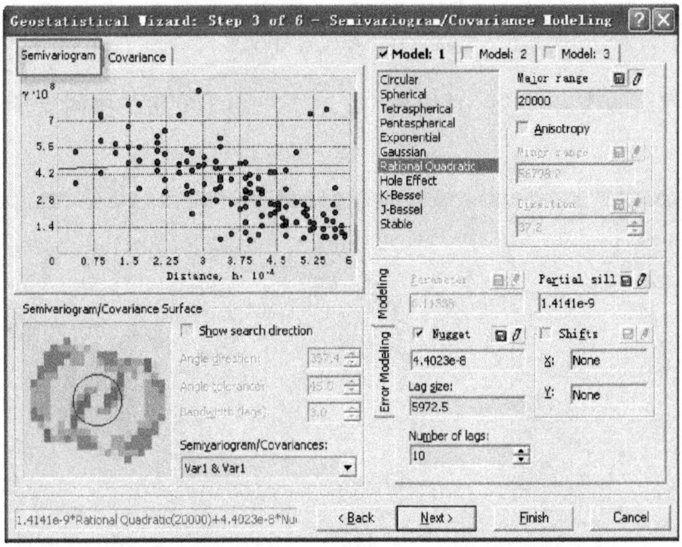

图 7.14　半变异/协方差建模参数设置对话框(semivariogram)

(6) 在弹出的 Cross Validation 对话框中(图 7.15),显示了对模型的精度评价,在对不同参数得到模型的比较中,可参考 Prediction Error 中的几个指标。符合以下标准的模型是最优的:标准平均值(mean standardized)最接近于 0,均方根预测误差(root-mean-square)最小,平均标准误差(average mean error)最接近于均方根预测误差(root-mean-square),标准均方根预测误差(root-mean-square

standardized)最接近于 1。最后单击 Next 按钮。

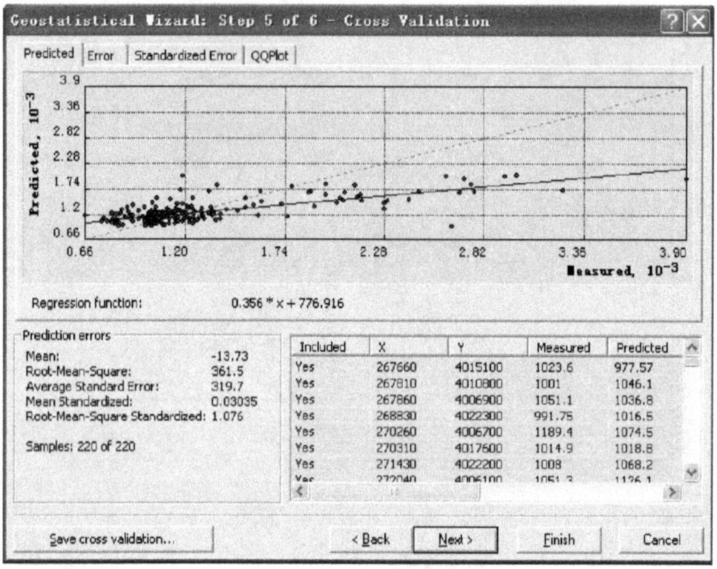

图 7.15　交叉验证结果

(7) 在弹出的 Validation 对话框中，点击 Finish 按钮。协同克里格法内插结果(图 7.16)。

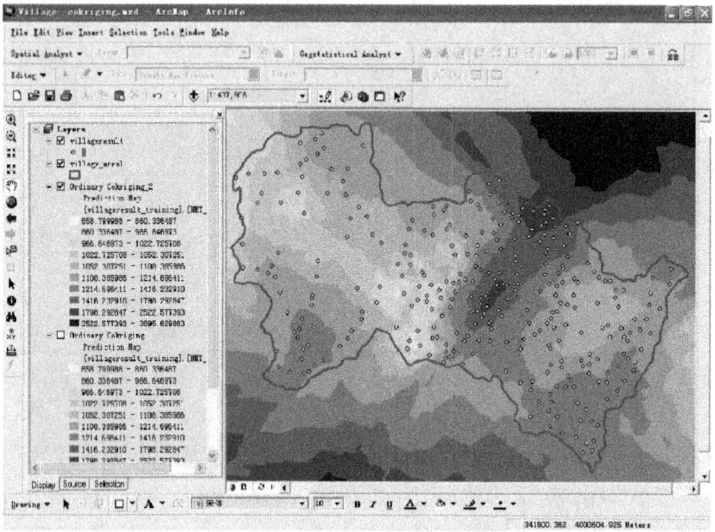

图 7.16　协同克里格法内插结果与区域背景叠加显示示意图

7.5 核心估计函数法

1. 原理

核心估计函数法是一种从一些随机采样点重建概率密度函数的方法，在没有任何先验密度假设情况下，只要给定一个合适带宽，就能得出一个质量高的概率密度估计值(Gatrell,1996)。核心估计最初目的是根据观测值获得单变量或多变量概率密度的平滑估计值(Silverman,1984)。在已知一定区域内的属性变量数据总数前提下，利用核心估计模拟出属性变量数据的详细分布，其具体思路和步骤为：①将研究区域划分成一定分辨率的格网；②将区域内的属性变量总数数据分别换算成各自的分布密度值；③每个区域放置一个中心点，并把属性变量密度数据连到中心点上；④使用空间连续数核心估计函数把中心点上的属性变量密度数据插成格网表面。

如果用 s 代表空间里的任意点，$s_1,\cdots,s_n$ 分别代表 n 个点的属性变量观测值，那么 s 上的强度 $\lambda_\tau(s)$ 定义为

$$\hat{\lambda}_\tau(s)=\sum_{i=1}^{n}\frac{1}{\tau^2}k\left[\frac{(s-s_i)}{\tau}\right] \tag{7.13}$$

式中，$k()$是一个双变量的概率密度函数，被称为核心；参数 $\tau>0$，称为带宽，它是用来定义平滑量的大小，实际上就是以 s 为中心的一个圆的一个半径，每个点 $s_i(1<i<n)$都对 $\lambda_\tau(s)$有贡献。给定一个带宽，比较典型的 kernel 函数为

$$k(u)=\begin{cases}\dfrac{3}{\pi}(1-h^2)^2, & h^2\leqslant 1\\ 0, & \text{其他}\end{cases} \tag{7.14}$$

这里 h 是距离。把这个函数代入到 $\lambda_\tau(s)$估计值的表达式中，得

$$\hat{\lambda}_\tau(s)=\sum_{h_i\leqslant\tau}\frac{3}{\pi\tau^2}\left[1-\frac{h_i^2}{\tau^2}\right]^2 \tag{7.15}$$

式中，h_i 是 s 点和被观测的点 $s_i(1<i<n)$之间的距离，对 $\lambda_\tau(s)$ 估计值有贡献的观测点的范围就是以 s 点为中心，以 τ 为半径的圆。不管选什么样的核心函数，增加带宽会“拉平”s 周围的区域，对于较大的带宽，$\lambda_\tau(s)$ 估计值会呈现平坦的趋势，本地的特征会模糊。

2. 案例

(1) 把和顺县分成 2250 个 1km×1km 的网格，利用 Mean Point 工具得到每个格网的中心点。接着把 326 个村的人口密度作为已知数据，即点数为 326，用核心估计拟合 2250 个格网上的人口密度，最后对落在同一流域分区上的格网数据进

行汇总求和,得到每个流域分区上的人口总数,进而得到每个流域分区上的人口密度(图 7.17)。

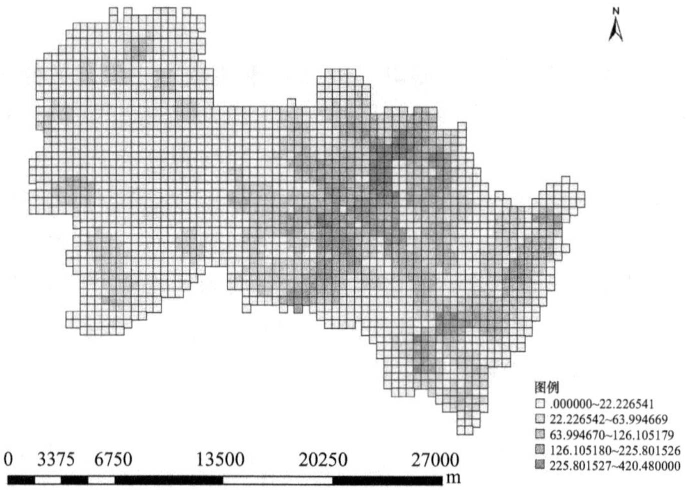

图 7.17 和顺县 1km×1km 格网上的人口分布(核心估计法)

(2) 计算过程中最为关键的就是带宽 τ 的取值,由于观测点较多,所以 τ 应该取较小的值。与距离衰减模型法中的做法相似,将格网计算值汇总到村尺度,与各村的数据比较,用最小二乘法对 τ 的取值进行优化。计算发现当 $\tau=1.5$ 时,格网人口数分布比较接近实际。模拟结果发现,不仅村域内而且村与村之间都已经存在着值的过渡。

7.6 "3G"方法

1. 原理

"3G"即"GIS&GP(遗传规划算法)&GA(遗传算法)"方法(廖一兰等,2007),是一种利用智能算法建立插值模型来进行空间数据插值的方法,最初提出来是为了解决人口数据空间插值问题。人口曲面建模分为 3 个基本步骤:①建立一个针对研究区域的规则格网体系,在此基础上生成权重因子分布表面;②利用辅助数据资料来调整第一步中得到的基本权重;③依照前面步骤建立起来的权重比例把研究区域总人口分配到相应的格网中(Yue et al.,2003)。按照这个思路,利用"3G"方法进行人口空间插值的过程分为 3 个部分:GIS 预处理数据、进化算法建立人口分布模型和依照模型分配人口普查数据。人口分布模型的建立是成功进行人口插值最为重要的一步,需要首先找到最符合实测数据的模型函数形式,然后寻找满足需求的所有常量和参数。"3G"方法最大特点是能在 GIS 多维数据中自动便利地找到模型结构和优化答案,无需使用复杂计算。

在人口数据插值过程中,"3G"方法首先利用GIS获取人口分布模型所需的基本数据,然后利用GP来获取人口分布和影响因子变量之间的关系式。GP是一种不依赖于具体问题领域特定知识的机器自动学习的软方法,其建立人口分布关系式的基本思想是随机产生一个适合于给定问题环境的初始群体,群体里的每个个体是一个备选的简单关系式,依据自然选择原则,用遗传、交叉、变异等遗传算子对初始群体进行相关处理,得到适应度最高的个体组成下一代群体,多次迭代后使问题逐渐逼近最优解(卢少华,2006)。与其他建模方法相比,GP进化模型是根据输入的因变量和自变量数据自动确定的,不需事先确定或限制最终答案的结构或大小。而且在计算过程中输入、中间结果和输出都是问题的自然描述,无需或不需对输入数据预处理和对输出结果后处理。最后产生结果也具有层次性,便于理解。由于GP搜索空间过大,不能对计算机程序中某单个结点进行优化,所以模型结构确定后,模型参数优化成为提高人口分布模型精度的关键。应用传统的优化搜索方法,如最小二乘法、EM算法等,进行人口分布模型参数优化计算,很容易陷入局部最优解。而GA作为一种仿生算法,通过全面模拟自然选择和遗传规律,形成一种"生成+检验"特征的搜索寻优机制,具有全局最优解、智能式搜索、渐进式优化、简单通用性强和优化精度高的特点,恰恰是解决此问题的有效途径(王家耀、邓红艳,2005)。通过对人口数据插值问题的具体分析,结合遗传算法的基本原理,确定了遗传算法对模型的优化进程:①通过分析模型最后需要达到的各项要求,建立适应度评价函数,以便于进行结果的评价选择;②采用实数编码方式,选择合适的群体大小,随机生成初始群体;③计算群体中每个个体所对应的评价函数值,根据其值大小,通过优胜劣汰,淘汰适应度差的个体,对幸存的个体根据其适应度的好坏,按概率选择,进行复制、交叉和突变的操作,产生子代;④对子代群体重复步骤③的操作,进行新一轮遗传进化过程,直到找到最优解。通过GA优化后的关系式才是要获取的最终人口插值模型,通过这个模型可以得到每个格网里的人口分布情况,建立人口分布曲面。

2. 案例

(1) 案例目标是利用"3G"方法,将和顺县2001年村普查数据分配到各个格网中去。案例所用的是一个由75×30个(2250个数据点)1km^{2}大小格网组成的格网层,同时又选取了以下几个影响人口分布的因子图层:DEM图、河流分布图、道路分布图、土地利用类型分布图、行政村点图。

(2) GIS提供人口分布模型所需的基本数据。案例挑选的人口分布影响因子主要涉及自然和社会经济等方面:①坡度,以坡度类型宜居程度为权重;②河流,权重取值考虑格网到最近河流的距离；③交通设施，权重是格网分别到最近铁路和主要道路的距离；④土地覆被，直接将不同土地覆被类型上的人口密度作为权重；⑤邻近村镇，权重受邻近村庄、县城的人口及其和格网之间的距离影响。相应的影响因子图层被集中输入到 ArcInfo 和 GeoDa 中，然后利用 ArcInfo 中 near 和 slope 工具、GeoDa 中空间权重计算工具及编写部分 VBA 代码来获取各个因子的原始属性值，对这些值进行归一化处理之后将其作为变量样本值输入到 GP 中去。

(3) GP 软件采用英国 Salford 大学开发的 GPC＋＋ 0.40 工具包。所有 GP 参数如表 7.1 所示。其中“最大生成深度”和“最大交叉深度”分别限定了初始个体和交叉后生成个体的规模大小，这样能避免 GP 生成结构复杂庞大的个体，便于最终得到进化模型的解释。

表 7.1 遗传规划计算参数

项 目	参 数
群体规模	500
遗传代数	2000
最大生成深度	40
最大交叉深度	17
复制概率	0.60
交叉概率	0.98
突变概率	0.05
终止条件	最大代数：2000 或 $R^2 \geqslant 0.9500$

GP 适应度函数定义为

$$F = \frac{\sum_{j=1}^{N}(P(j)-\overline{P})(P'(j)-\overline{P'})}{\sqrt{\sum_{j=1}^{N}(P(j)-\overline{P})^2\sum_{j=1}^{N}(P'(j)-\overline{P'})^2}} \tag{7.16}$$

式中，N 为普查单元个数，$P'(j)$ 和 $P(j)$ 分别为普查单元 j 的估算和实际人口值，而 $\overline{P'}$ 和 $\overline{P}$ 则分别为研究区域所有普查单元的人口估算和实际人口平均值。$P'(j)$ 通过以下公式可以获得

$$P'(j) = \sum_{i=1}^{n}\mathrm{popu}(i,j) \tag{7.17}$$

式中，$\mathrm{popu}(i,j)$ 为普查单元 j 内格网 i 的人口估算值，n 为普查单元所包含的格网数。为了获取最能反映真实情况的模型结构，独立运行 GP 程序 100 次。最后这些模型中适应度最高的被选择作为和顺县 2001 年人口插值模型结构

$$\text{popu}(i)=22-3.24\times\frac{\ln\left(\dfrac{\text{road}(i)}{205.5\times\text{lan\_cov}(i)\times\text{slope}(i)}\right)}{\exp(0.01\times\text{nei\_vil}(i))}\tag{7.18}$$

式中，slope(i)为坡度的归一化值；lan_cov(i)为土地覆被人口密度归一化值；road(i)为格网到最近道路的距离归一化值；nei_vil(i)为邻近村镇影响归一化值，在研究中任意格网所受到的邻近村镇影响等于所有邻近村(包括县城)到格网的距离与该村人口总数的比值之和。

(4) GA 程序是利用 Matlab 自行编码实现的。根据上式，研究中 GA 染色体长度为 4 字节。在 GA 中个体适应度决定了其存活和繁殖下一代的几率，因而确定合适的适应度函数在整个进化过程中显得尤为重要。研究中 GA 采用下式作为适应度函数，其中参数 φ 取 10^{-10}。

$$\text{F\_GA}_k=\frac{1}{\dfrac{S\times\sum\limits_{j=1}^{N}(P'_k(j)-P(j))^2}{\sum\limits_{k=1}^{S}\sum\limits_{j=1}^{N}(P'_k(j)-P(j))^2}+\varphi}\tag{7.19}$$

式中，N 为普查单元个数；S 为种群规模；$P'_k(j)$为利用个体 k 估算出来的普查单元 j 人口数；$P(j)$为普查单元 j 实际人口数；φ 为位于(0,1)的常数。适应度函数确定之后，GA 便可以根据适应度来选择优良个体进行复制和形成配对池。案例采用比例选择模式来挑选复制个体。而且为了避免计算中适应度比例取整时可能会造成新旧种群个体数目不一致问题，GA 还对复制前后所有个体数目差异进行排序，依次对损失较大的个体加 1 直到差异为 0。GA 的个体交叉是通过在每个待交叉个体上选取两个交叉点，互换两个待交叉个体的交叉点之间部分来实现的。与简单遗传算法设置固定交叉概率的做法不同，案例中 GA 的交叉概率是一个位于(0.8,1)的随机值。由于所有个体都表现为一个 n 维向量，因此在保证突变后的个体仍在搜索范围内的前提下，GA 采取给所选个体加噪声的方法来实行个体突变。突变算子采用多级变异，突变概率也是一个间于(0,0.1)的不确定值。在 GA 中，种群规模对于提高算法效率尤为关键。如果种群规模太大，运算速度便会放慢。研究中 GA 群体规模为 150，迭代 1200 代。经过 GA 优化，案例所用最终的和顺县 2001 年人口插值模型为

$$\text{popu}(i)=28-2.86\times\frac{\ln\left(\dfrac{\text{road}(i)}{172.5\times\text{lan\_cov}(i)\times\text{slope}(i)}\right)}{\exp(0.002\times\text{nei\_vil}(i))}\tag{7.20}$$

(5) 根据获取到的最终人口插值模型，得到 2001 年和顺县人口分布曲面(图 7.18)。

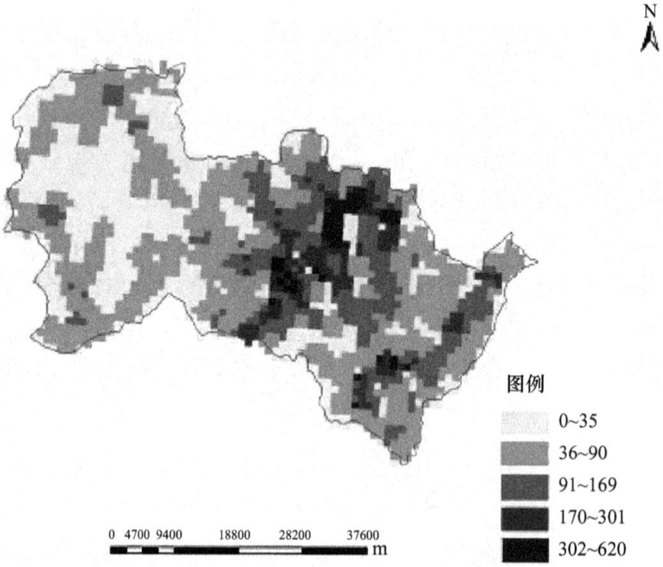

图 7.18　和顺县 1km×1km 格网上的人口分布("3G"法)

第 8 章　格数据统计

格数据(lattice data)又称面状数据(areal data),是指以空间格状单元存储的属性数据集,如由存储于众多规则正方形(像元)所组成的遥感图像和存储于一组不规则多边形行政单元的社会经济统计数据。格数据的空间关系通过多边形之间的连接矩阵来实现和表达。

8.1　空间自相关

空间自相关(spatial autocorrelation)是指地理事物分布于不同空间位置的某一属性值之间的统计相关性,通常距离越近的两值之间相关性越大(Cliff and Ord,1973,1981)。空间相关性由空间自相关系数度量,检验空间事物某属性是否高高相邻分布或者高低间错分布。空间正相关是指空间上分布邻近的事物其属性具有相似的趋势和取值;倘若空间上分布的邻近事物,其属性具有相反的趋势和取值,则这种空间相关性表现为空间负相关。

常用的空间自相关指标是 Moran's I 统计(Moran,1950),Getis G(Getis and Ord,1992)和 Geary's C 比值(Geary,1954),以及基于距离阈值范围的乘法测度。局域空间自相关表现出空间聚集性,即空间热点区域,可用 Local Moran's I (Anselin,1995,在本节介绍)、Local Getis's G(Ord and Getis,1995,已在引论中介绍)、Kulldorf Space Scan(Kulldorf, 1997,在 8.3 节介绍)。

8.1.1　全局 Moran's I 统计

1. 原理

全局 Moran's I 统计衡量相邻的空间分布对象属性取值之间的关系。取值范围为−1～1,正值表示该空间事物的属性值分布具有正相关性,负值表示该空间事物的属性值分布具有负相关性,0 值表示空间事物的该属性值不存在空间相关,即空间随机分布。计算公式如下:

$$I = \frac{n\sum_{i=1}^{n}\sum_{j=1}^{n}w_{ij}(y_i-\bar{y})(y_j-\bar{y})}{\left(\sum_{i=1}^{n}\sum_{j=1}^{n}w_{ij}\right)\sum_{i=1}^{n}(y_i-\bar{y})^2} \tag{8.1}$$

式中,n 为格数据数目;y_i 和 y_j 分别为空间对象在第 i 和第 j 两点的属性值,可为

y 的平均值。空间权重矩阵元素 w_{ij} 为空间对象在第 i 和第 j 两点之间的连接关系。空间权重矩阵可以由诸如距离方式、面积方式、可达度方式等方法来确定，其一般为对称矩阵，其中 $w_{ii}=0$。

全局 Moran's I 统计方法首先假定研究对象间没有任何空间相关性，然后通过 Z-score 得分检验来验证假设是否成立。Z-score 得分统计量由 Moran's I 系数及其期望值和方差 3 部分组成

$$Z=\frac{I-E(I)}{\sqrt{\mathrm{var}(I)}} \tag{8.2}$$

在零假设条件下（即不存在空间相关性），Moran's I 的期望值为

$$E(I)=\frac{1}{(n-1)} \tag{8.3}$$

由此可见当 $n\to\infty$ 时，期望值为 0。Moran's I 的方差有两个假设：空间对象属性取值的正态分布假设和空间对象随机分布假设。正态分布假设下，Moran's I 的方差为

$$\mathrm{Var}(I)=\frac{1}{(n-1)(n+1)S_0^2}(n^2S_1-nS_2+3S_0^2)-E(I)^2 \tag{8.4}$$

式中，$S_0=\sum_{i=1}^{n}\sum_{j=1}^{n}w_{ij}$；$S_1=\frac{1}{2}\sum_{i=1}^{n}\sum_{j=1,j\neq i}^{n}(w_{ij}+w_{ji})^2$；$S_2=\sum_{i=1}^{n}\left(\sum_{j=1}^{n}w_{ij}+\sum_{j=1}^{n}w_{ji}\right)$。

在随机分布假设下，Moran's I 的方差为

$$\mathrm{Var}(I)=\frac{n[(n^2-3n+3)S_1-nS_2+3S_0^2]-b_2[(n^2-n)S_1-2nS_2+6S_0^2]}{(n-1)^{(3)}S_0^2}-E(I)^2 \tag{8.5}$$

式中，$(n-1)^{(3)}=(n-1)(n-2)(n-3)$；$b_2=\dfrac{n\sum_{i=1}^{n}(y_i-\bar{y})^4}{\left(\sum_{i=1}^{n}(y_i-\bar{y})^2\right)^2}$。

一般当 $|Z|>1.96$ 时，拒绝零假设，即在 95% 的概率下，存在着空间自相关。

2. 案例

(1) 所用图形数据为山西省和顺县 1998～2005 年 8 年间出生人数大于 0 的 315 个村的位置分布图 village_pt315.shp。该文件属性表包含如下字段数据：Code——各乡镇编码，ID——各乡镇序号，NET_INCOME——居民年均纯收入。

(2) 空间自相关统计的前提条件是创建空间权重矩阵。在 GeoDa 里创建权重矩阵的步骤如下：

第一步，启动 GeoDa 界面，点击 Tools→Weights→Create(图 8.1)，打开权重矩阵创建对话框。创建权重矩阵之前，首先通过 Input File 导入文件，通过 Output File 设置保存文件路径，通过 Select an ID variable for the weights file 选择权重文件的关键字段，该字段默认状态为观测样本的序号，通常不建议为默认状态，因为不同格式文件的样本序号是不同的，所以建议选择代表样本属性的关键字段，并且该字段的值是不能重复的。这里选择代表行政村的 ID。

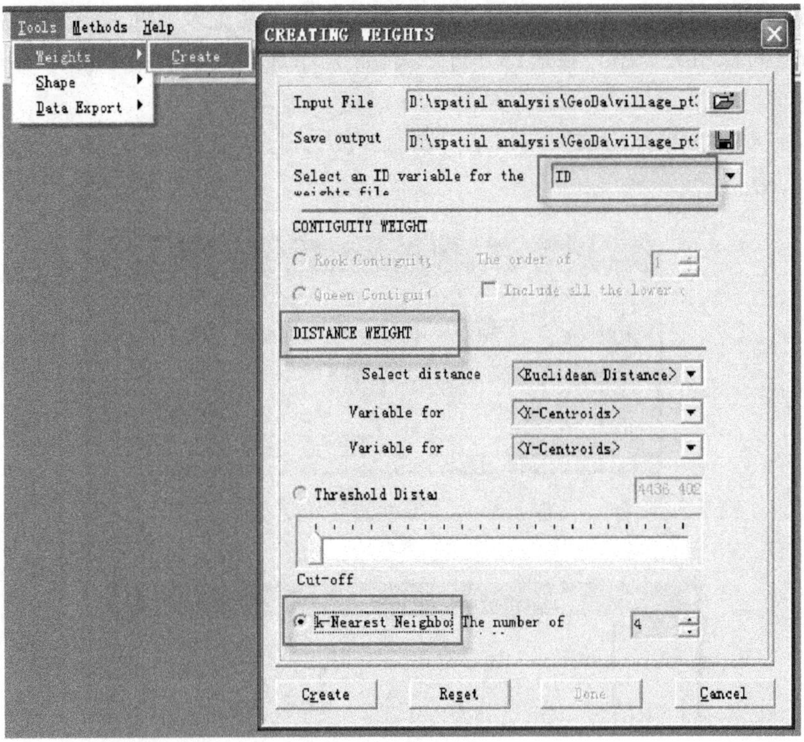

图 8.1　GeoD 软件创建空间权重矩阵参数选择示意图

第二步，当输入面文件时 Contiguity Weight 是可选的，这里输入的是点文件 Distance Weight 为可选，其默认状态为点文件的 X 和 Y 坐标，Select distance 一项显示为投影文件点之间的 Euclidean Distance 或者是未投影文件点之间的弧段距离。

第三步，Threshold Distance 一项可通过下方的 Cut-off 滑块进行设置，从左至右是逐渐增大的。K-Nearest Neighbor 一项也可以进行手动设置，默认状态为 4。基于 Threshold Distance 创建的权重矩阵往往导致各点之间不均衡的连接结构，通常考虑使用 K-Nearest Neighbor 进行权重矩阵的创建。

第四步，点击 Create 之后便可以创建权重矩阵文件了，如图 8.2 所示，点击 Done 完成创建。

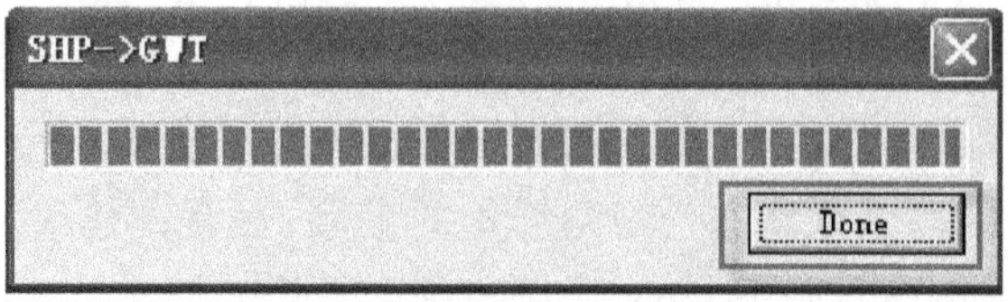

图 8.2　权重矩阵文件创建成功

(3) 在 GeoDa 中,通过 Moran's I 空间自相关统计量及其可视化的散点图进行全局空间自相关分析。在进行分析之前,首先添加图层文件和创建好的权重矩阵文件。

第一步,打开图层文件 village_pt315.shp,进行 GeoDa 工程文件的设置(图 8.3、图 8.4)。

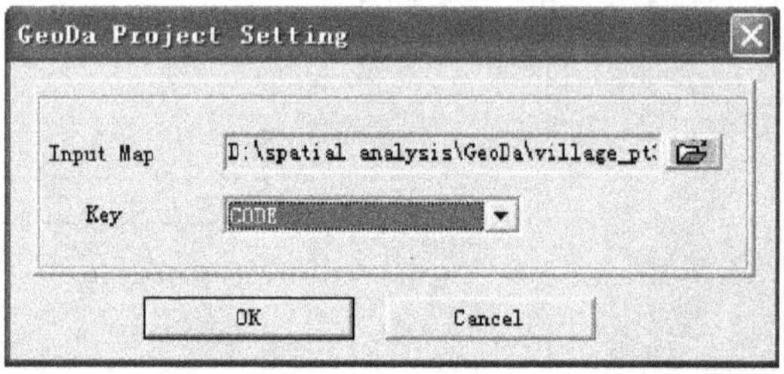

图 8.3　GeoDa 工程文件设置

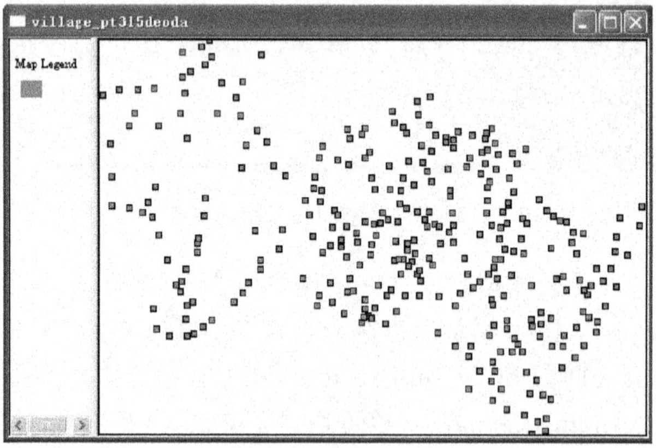

图 8.4　打开的图层文件 village_pt315. shp

第二步,点击 Tools→Weights→Open 打开已创建的权重矩阵文件(图 8.5),点击 OK 即可。

图 8.5　打开创建好的权重矩阵文件

第三步，通过 Space→Univariate Moran 打开 Variables Settings 对话框(图 8.6)，选择变量 NET_INCOME，点击 OK 会出现权重文件选择的对话框，因为之前已经打开了，点击 OK 即可(图 8.7)，得到 Moran 散点图(图 8.8)。

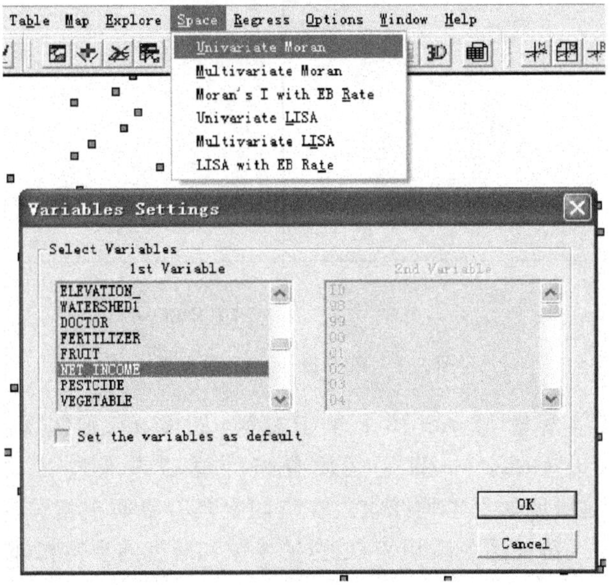

图 8.6　单变量设置对话框(Global)

图 8.7 选择权重矩阵文件

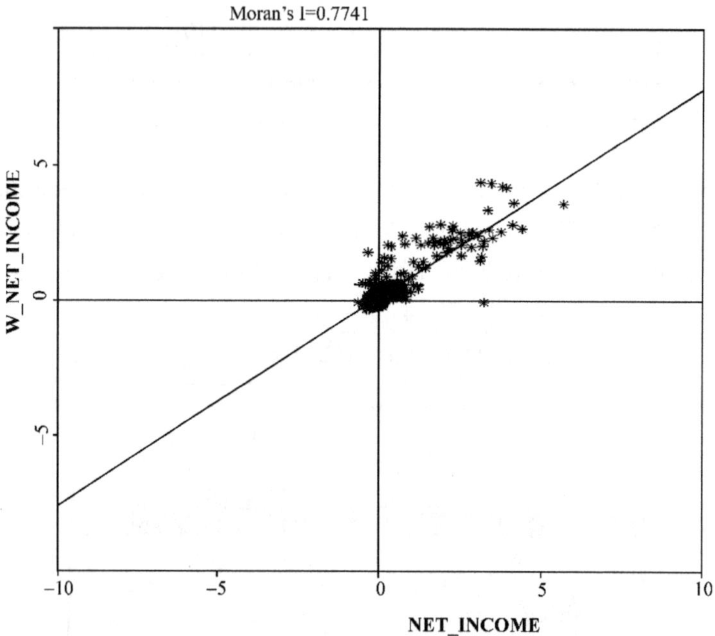

图 8.8 单变量 Moran 散点图

第四步，在单变量 Moran 图上单击右键（图 8.9），通过 Randomization→99 permutation（或 Other——自定义设置），计算结果通过 Z 值检验（P 值为 0.01<0.05）。这说明居民年均纯收入在空间上具有空间正相关性，即在和顺县，经济发达乡镇跟经济发达乡镇相邻，较穷的乡镇和较穷的乡镇相邻。

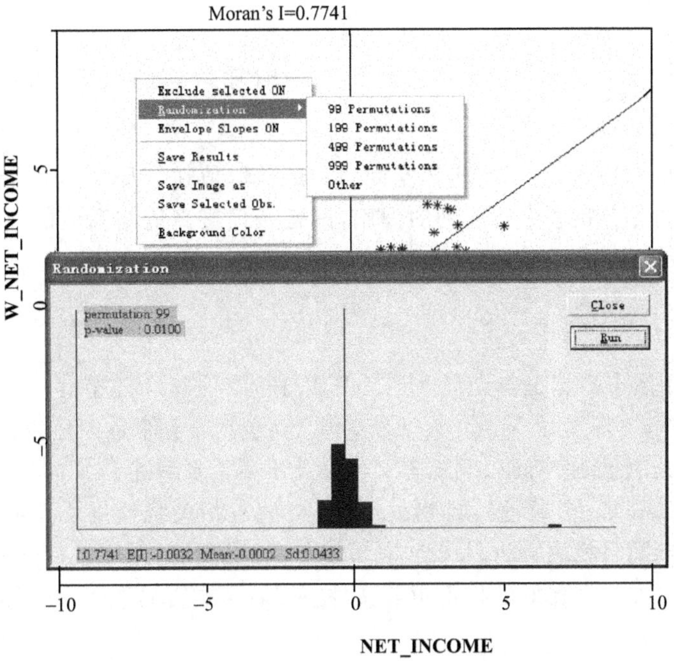

图 8.9　单变量全局 Moran's I 分布参考示意图

8.1.2　局域 Moran's I 统计(亦称 LISA)

1. 原理

全局空间自相关假定空间是同质的，即研究区域内的空间对象的某一属性值只存在一种整体趋势。但是空间对象的空间异质性并不少见(Anselin，1995；Getis and Ord，1992)。因此需要发展局域统计方法来衡量每个空间对象属性在“局部(一般为相邻)”的相关性质。在实际研究中，局域 Moran's I 方法来发现局域空间是否存在空间自相关性。局域 Moran's I 方法是将全局 Moran's I 方法分解到局域空间上，即针对空间每一个分布对象，有

$$I_i = \frac{y_i - \bar{y}}{S^2} \sum_{j}^{n} w_{ij}(y_j - \bar{y}) \tag{8.6}$$

式中，S^2 为 y_i 的离散方差；$\bar{y}$ 为均值；w_{ij} 为权重矩阵。在假定空间对象的属性值属于空间随机分布的零假设下，局域 Moran's I 值，即 I_i 的期望值与方差分别为

$$E(I_i) = -\frac{1}{n-1}\sum_{j}^{n} w_{ij} \tag{8.7}$$

$$v(I_i) = \frac{(n-b_2)}{n-1}\sum_{j=1,j\neq i}^{n} w_{ij}^2 + \frac{(2b_2 - n)}{(n-1)(n-2)}\sum_{k=1,k\neq i}^{n}\sum_{h=1,h\neq i}^{n} w_{ik}w_{ih} - [E(I_i)]^2$$

式中，$b_2 = \dfrac{\sum_{j}^{n}(y_j-\bar{y})^4}{\left[\sum_{j}^{n}(y_j-\bar{y})^2\right]^2}$。由单个空间对象取值的局域 Moran's I 值的 Z-score得分统计检验，可以得出该空间对象属性取值在全局空间对象属性取值的聚集或分散的分布状态中所起到的作用，即是否促进高值与高值的空间相邻或者高值与低值的空间相间分布。

2. 案例

(1) 所用图形数据是与全局 Moran's I 分析案例(8.1.1 节)一致的。

(2) 同样，进行局域 Moran's I 统计分析的前提条件是创建空间权重矩阵。如何在 GeoDa 里创建空间权重矩阵文件在此不再重复叙述。

(3) 在 GeoDa 中，通过局域 Moran's I 空间自相关统计量及其可视化的散点图进行局域空间自相关分析。与全局 Moran's I 分析相同，在进行分析之前，首先得添加图层文件和创建好的权重矩阵文件。接着再进行局域 Moran's I 分析操作步骤如下：

第一步，通过 Space→Univariate LISA 打开 Variables Settings 对话框(图 8.10)，选择变量 NET_INCOME，点击 OK 会出现权重文件选择的对话框，因为之前已经打开了，点击 OK 即可。

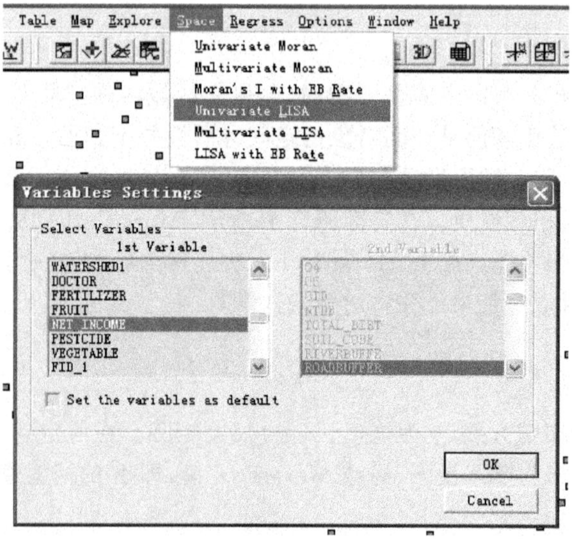

图 8.10 单变量设置对话框

第二步，点击 OK 之后出现如图 8.11 所示 LISA windows 对话框，根据需要勾选。

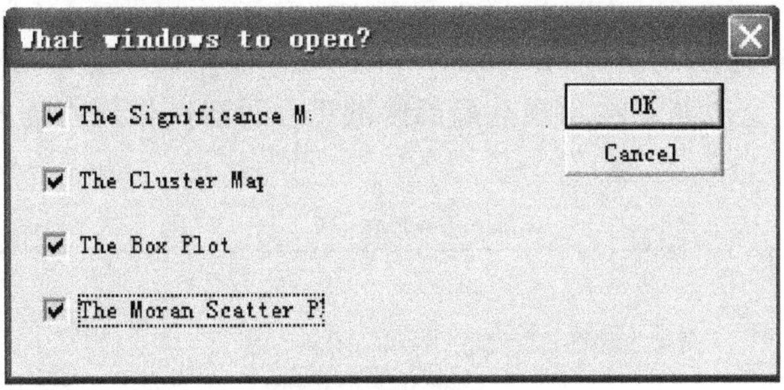

图 8.11　LISA windows 对话框

第三步，根据所选，在单变量 LISA Moran's I 图上出现了相应的结果图。由于案例中选择了所有图，于是出来 4 张图（图 8.12）。在 UniLISA Cluster Map 中，它用四种不同的灰度来代表四种不同的空间自相关关系类别：浅黑代表高-高，深黑代表低-低，深灰代表高-低，浅灰代表低-高。这四种种类分别对应着 Moran 散点图上的四个直角区域。当在 UniLISA Cluster Map 点击带有某种颜色的区域时，散点图上其相对应着的点也会随之闪亮。

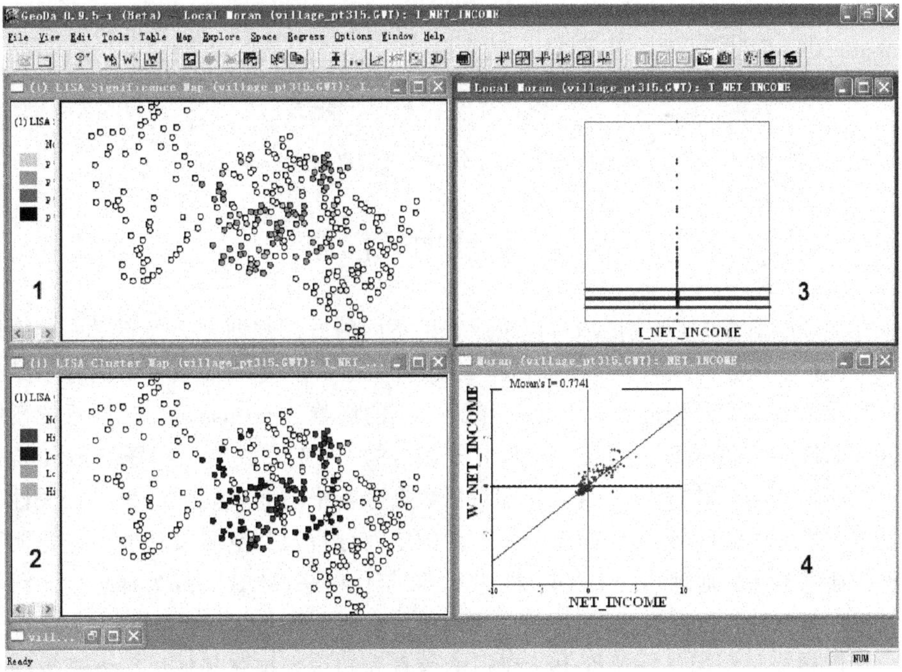

图 8.12　单变量 LISA 分析示意图

1. UniLISA Significance Map；2. UniLISA Cluster Map；3. UniLISA Box Plot；4. UniLISA Moran

第四步，在单变量 LISA Moran's I 图上单击右键，得到图 8.13，通过 Randomization→499 Permutations（或 Other——自定义设置），得到如 MultiLISA Moran's I分布参考示意图(Randomization)所示，计算结果通过 Z 值检验（P 值为 0.002＜0.05）。这说明了在和顺县局部区域里乡村居民年均纯收入也存在着空间自相关性。

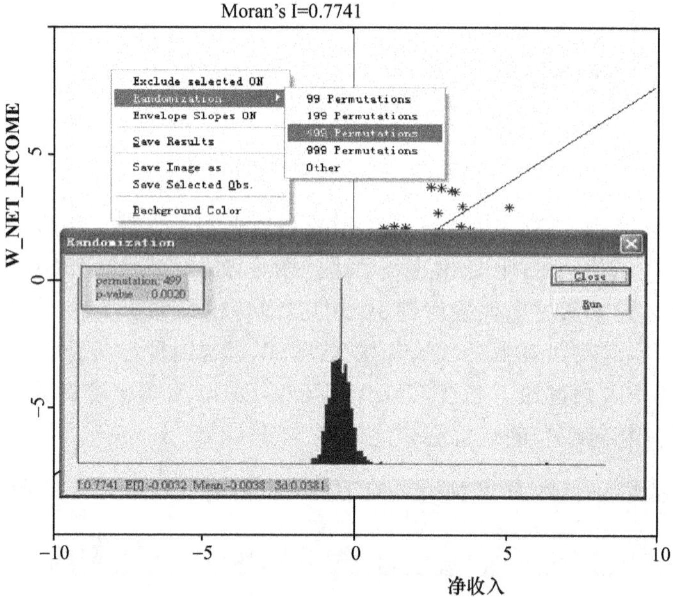

图 8.13　单变量局部 Moran 分布参考示意图(Randomization)

8.2　可变面元问题

在地理学研究中，研究区域可以按照多种不同的方式被划分成互不重叠的面域单元来进行空间分析。但是由于面域单元划分方式可变，基于面域单元的分析结果往往会受到面域单元划分方式及面域单元大小的影响。Openshaw(1983)系统研究了这些地理学中的尺度问题之后，提出了著名的"可变面域单元问题"(modifiable areal unit problem，MAUP)。这一问题对格数据分析中空间单元的组织与相关性表达具有重要的借鉴意义，即空间上分布对象的空间分析及其空间关联性的表达能否反映格数据本质的地理学意义？自 20 世纪 80 年代以来，MAUP 成为地理信息科学中对尺度研究的代表性表述，其核心强调尺度在地理学研究中的重要地位。

尺度转换是利用某一尺度上所获得的信息和知识来推测其他尺度上现象的技术。尺度转换过程中，包含 3 个层次的内容：①尺度的放大或缩小；②系统要素和结构随尺度变化的重新组合或显现；③根据某一尺度上的信息（要素、结构、特征等),按照一定的规律或方法,推测、研究其他尺度上的问题。因此根据转换前后尺度范围的大小,尺度转换可以分为向上尺度转换(upscaling,也可以称为尺度扩展)和向下尺度转换(downscaling,也可以称为尺度收缩)。所谓向上尺度转换就是将精微尺度上的观察、试验以及模拟结果外推到较大尺度的过程,它是研究成果的"粗粒化"。与此相反,向下尺度转换是将较大尺度上的观测、模拟结果转换至精微尺度上的过程。尺度转换有许多不同的方法,如回归分析法、半变化异函数法、自相关分析法、分形法、小波分析法、格点生成法、空间抽样等。

8.2.1　面域加权方法

1. 原理

面域加权方法是以面积作为权重向上尺度转换的方法,其前提是假定每个子区域空间中的属性数据是均匀分布的,这当然不符合实际情况,但是当没有附加信息时也是一种有用的方法。该方法的主要思路是:首先在源区(子区域)图层叠加尺度上推目标区图层,然后确定每个源区落在某一目标区的面积比例,根据面积比例分配属性值

$$y_z = \sum_{r=1}^{n} y_r \frac{A_{zr}}{A_r} \tag{8.8}$$

式中,y_z 为第 z 目标区的属性值;n 为与第 z 个目标区地域相交的源区个数;y_r 为第 r 个源区的属性值数据;$r=1,\cdots,n$;A_{zr} 为第 r 个源区与第 z 个目标区地域交叉区域面积;A_r 为第 r 个源区面积。

2. 案例

(1) 所用图形数据是山西和顺县村域分布图和汇水区域分布图,目标是在 326 个村 1998～2001 年人口数均值的基础上获取 9 个汇水区域内的人口数据(图 8.14)。由于和顺县行政村间不存在村界,所以采用点生成泰森多边形的方法产生各个行政村的范围,接着将村的人口密度与该村的泰森多边形相关联。

(2) 利用 ArcInfo→ArcToolbox→Analysis Tools→Overlay→Intersect 工具将村泰森多边形与汇水区域分区图层叠加,它们的交叉边界形成了一个新的图层。由图 8.14 可见,有些村的泰森多边形完全落在了汇水区域分区多边形中,也有相当一部分村的泰森多边形被汇水区域分区的边界分成几个部分,而汇水区域分区多边形同样被分成几个部分。

(3) 编写 VBA 代码实现面域加权模型。

(4) 图 8.15 是通过面域加权得到的各个汇水区域分区的人口密度图。由图上可以看出,在和顺中部汇水区域的人口分布较为密集,而西部人口相对较为稀疏。

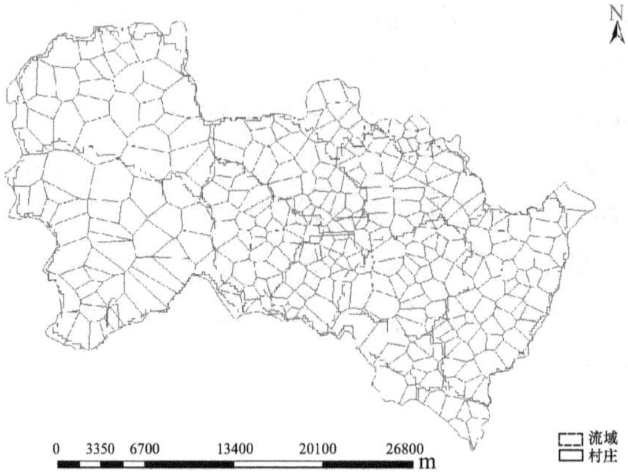

图 8.14　汇水区域分区与村区域的叠置分析图

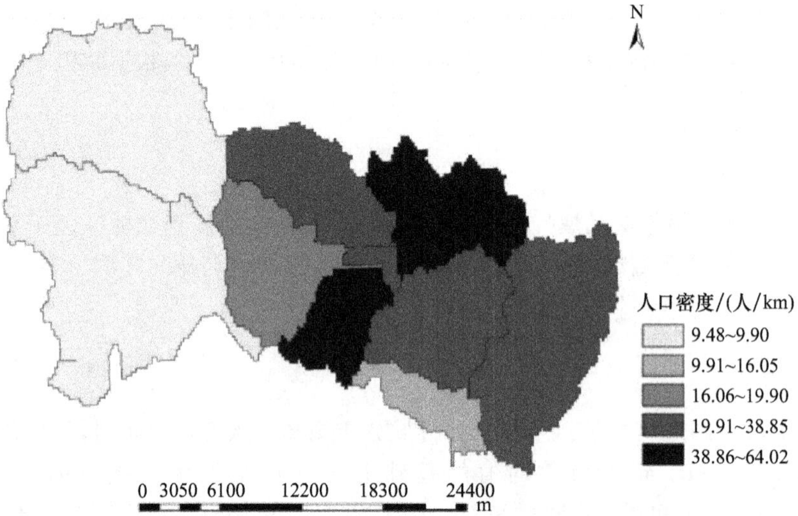

图 8.15　和顺县各汇水区域分区人口密度估计(面域加权)

8.2.2　分级 Bayesian 模型

1. 原理

对于小概率事件或小样本问题,其发生率的可靠性在不同空间位置有较大差异,需要调整到大体一致和较稳定的水平,其后的各种统计分析才能可靠和可比。分级 Bayesian 模型(hierarchical Bayesian model)通过定义空间对象属性值的概率分布参数,引入了空间相关性,即任何子区域的属性值都是依靠从研究区域内其他子区域"借来力量"来获取的(Haining,2003)。

分级 Bayesian 模型假设在某一时间内子区域 i 的某种病(一般是非传染的发病人数较少的病种)造成的死亡人数 $O(i)$ 独立且服从泊松分布，即

$$O(i) \sim P(E(i)r(i)) \tag{8.9}$$

式中，$E(i)$ 和 $r(i)$ 分别为子区域 i 的病例死亡人数期望值和疾病发生相对风险。在分级 Bayesian 模型里，子区域对数变换后的疾病发生相对风险 $\log(r(i))$(这里 log 可以以 e 或其他数为底)可表达为空间结构部分 $v(i)$ 和随机部分 $e(i)$

$$\log(r(i)) = \mu + v(i) + e(i) \tag{8.10}$$

$$v(i) \sim N(0,k^2); e(i) \sim N(0,\sigma^2)$$

$$v(i) \mid v(j); j \in N(i) \sim N\left(\sum_{j=1}^{n} w^*(i,j)v(j), k^2 / \sum_{j=1}^{n} w(i,j)\right)$$

式中，N 为正态分布；k^2 为离数方差；$w(i,j)$ 和 $w^*(i,j)$ 分别为空间权重矩阵 $\boldsymbol{W}$ 元素和其行标准格式元素，$w^*(i,j) = w(i,j) / \sum_j w_{ij}$。

2. 案例

(1) 山西省和顺县在 1998～2001 年出生缺陷尤其是神经管畸形发生水平较高。神经管畸形是小概率事件，加之研究以村为单元，空间颗粒度小，并且样本收集年份较短(1998～2001 年)，使得神经管畸形原始发病率由于样本量小而不稳定(参见本书第 5 章空间抽样)，因此需要用 Bayes 方法对其进行调节，以降低样本估计方差。

(2) 打开 WinBUGS，通过菜单 File→New 新建一个空白的窗口。在新建的空白窗口中输入三部分内容：模型、数据及其初始值定义(图 8.16)。

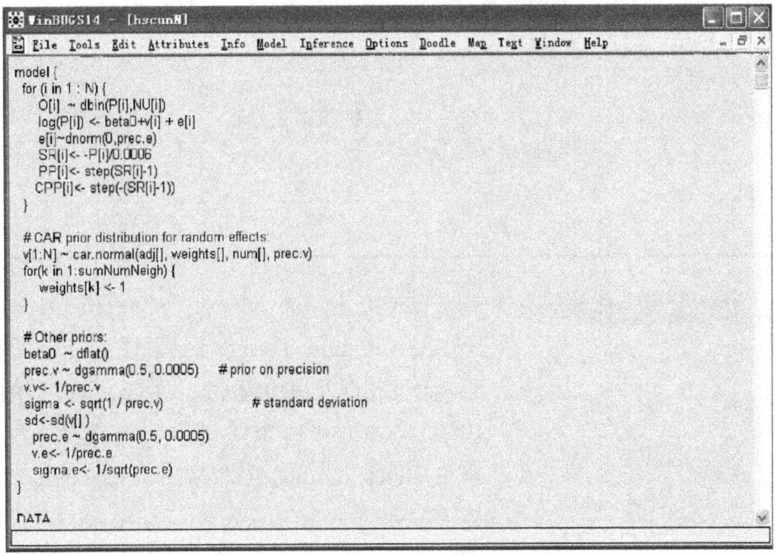

图 8.16　WinBUGS 文件窗口

以下是案例输入的模型定义代码：

```
model {
 for (i in 1 : N) {
      'NU[]和 O[]分别记录每个村相应时期人口数和出生缺陷事件数
      O[i] ~dbin(P[i],NU[i]) '以二项分布近似泊松分布，
      log(P[i]) <-beta0+ v[i]+e[i] '对出生缺陷率进行对数变换
      e[i]~dnorm(0,prec.e)
      SR[i]<--P[i]/0.0006 '0.0006为全县平均出生缺陷率
      PP[i]<-step(SR[i]-1)
      CPP[i]<-step(- (SR[i]-1))
 }

 #CAR prior distribution for random effects:'以空间条件自相关(CAR)调整
 'adj[]和 num[]分别记录各个村邻近村的数目和编号信息
 v[1:N]~car.normal(adj[],weights[],num[],prec.v)
 for(k in 1:sumNumNeigh) {
      weights[k] <-1
 }

 #Other priors:
 beta0 ~dflat()     'beta0先验分布
 prec.v~dgamma(0.5,0.0005)     '空间结构先验分布
 v.v<-1/prec.v     '空间结构项方差
 sigma <-sqrt(1/prec.v)
 sd<-sd(v[] )
   prec.e~dgamma(0.5,0.0005)     '随机项先验分布
   v.e<-1/prec.e     '随机项方差
   sigma.e<-1/sqrt(prec.e)
}
```

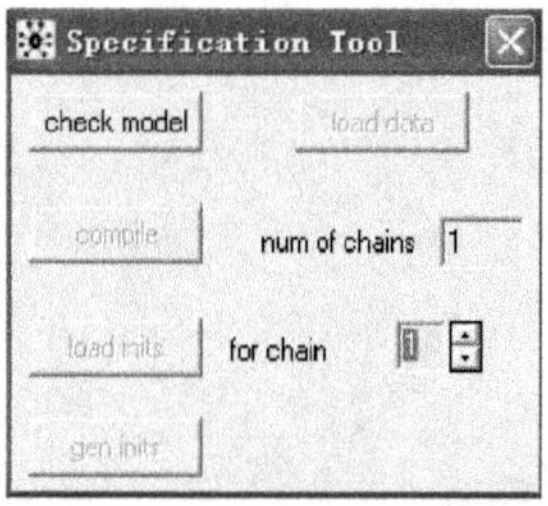

图 8.17 Specification Tool 对话框

(3) 点击菜单 Model →Specification，弹出一个 Specification Tool 对话框(图 8.17)，以此来加载模型、数据及其初始值。在(2)步提到的那个窗口中，将 model 这个关键字高亮起来(图 8.18)，点击 check model，这时 WinBUGS 的左下角状态栏上显示“model is syntactically correct.”。接着把定义的 data 前的关键字 list 高亮起来(图

8.19)，点击 Specification Tool 对话框上的 load data。然后改 Specification Tool 对话框上的 num of chains(马尔科夫链的数目)，案例里使用的是默认值 1；紧跟着点击 SpecificationTool 对话框上的 compile。定义的初始值中的 list 关键字也要高亮起来，并点击 Specification Tool 对话框上的 load inits。最后关闭 Specification Tool 对话框。

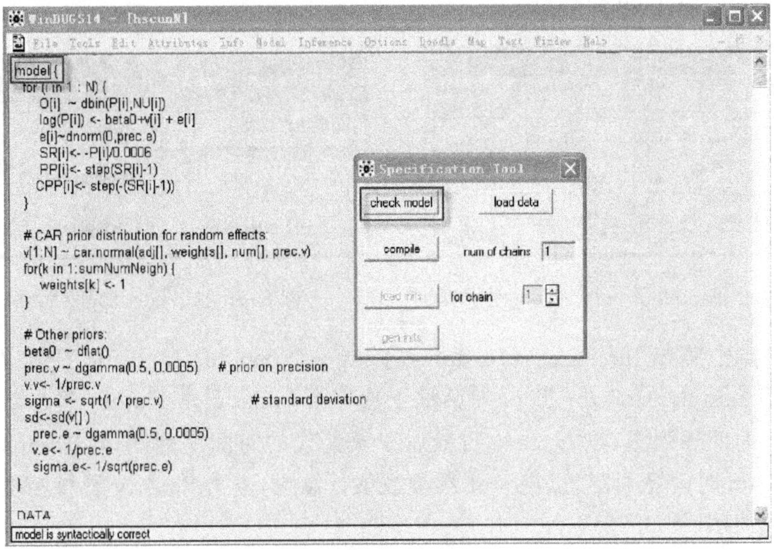

图 8.18　检验模型定义准确性

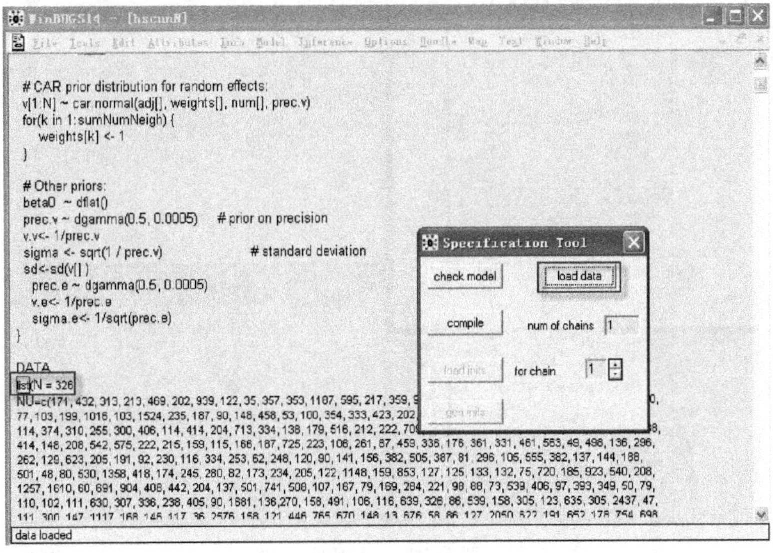

图 8.19　检验数据定义准确性

(4) 点击菜单 Inference→Samples，弹出一个 Sample Monitor Tool 对话框来(图 8.20)设置模型参数。在 Sample Monitor Tool 对话框的 node 中填要估计的参数名，并逐一点 set。关闭 Sample Monitor Tool 对话框。

(5) 点击菜单 Model→Update，弹出一个 Update Tool 对话框(图 8.21)。将 Update Tool 对话框中的 updates 改大点，比如 5000，点击 update 按钮。运行完后，关了 Update Tool 对话框。

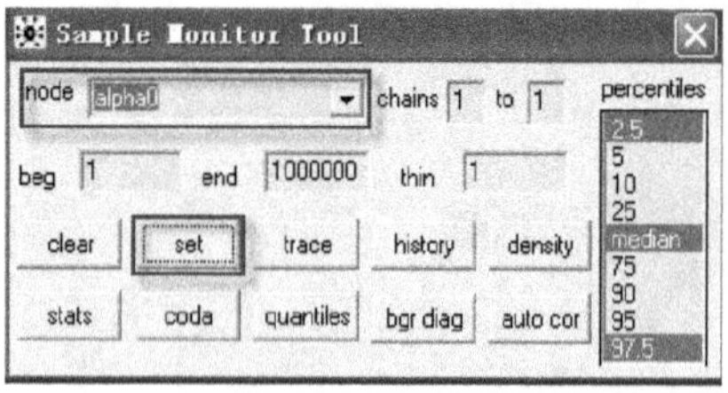

图 8.20　Sample Monitor Tool 对话框

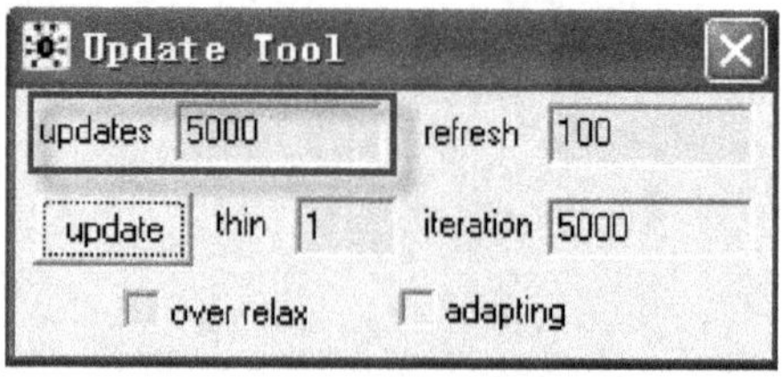

图 8.21　Update Tool 对话框

(6) 点击菜单 Inference→Samples，弹出一个 Sample Monitor Tool 对话框。在弹出的 Sample Monitor Tool 对话框上选一个 node，点击 history 看参数变量所有迭代的时间序列图，点击 trace 看最后一次迭代的时间序列图，点击 auto cor 看 correlogram 时间序列图，点击 stat 看参数估计结果，点击 density 看核密度函数估计平滑曲线图(图 8.22)。

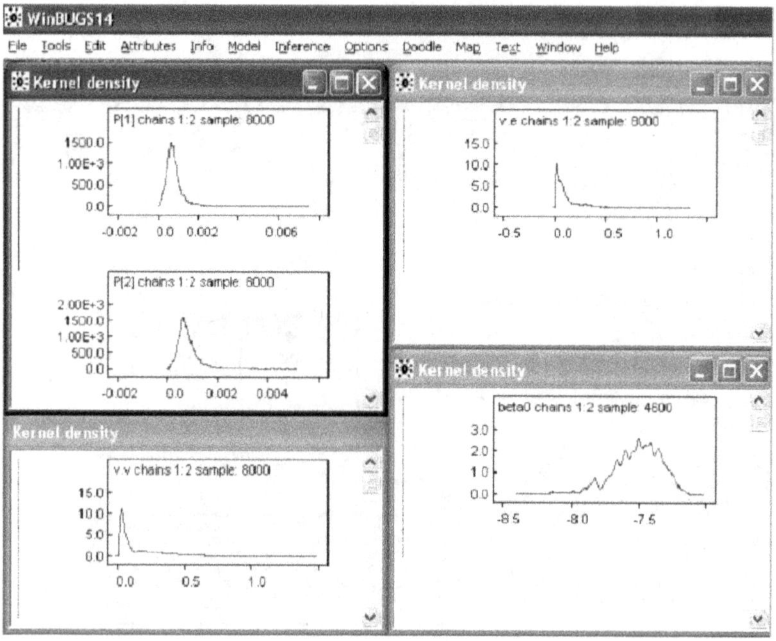

图 8.22　模型各个参数变量的核密度函数估计平滑曲线图

（7）图 8.23 是分级 Bayesian 模型估计出来的和顺县各个村的出生缺陷发生率等级分布图。通过图可以看出，在和顺县中部偏北、东南部的村落里，出生缺陷发生率相对较高。

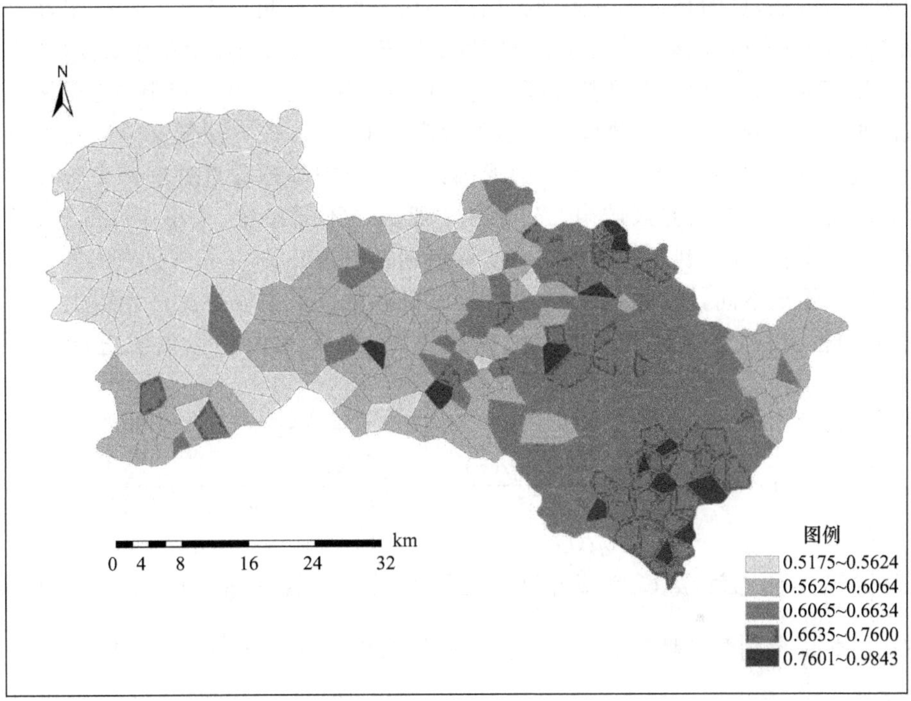

图 8.23　和顺县 1998～2001 年出生缺陷发生率等级分布图

8.3　空间热点探测

空间热点探测试图在研究区域内寻找属性值显著异于其他地方的子区域，视为异常区，这将提示疾病暴发的区域、犯罪高发区、灾害高风险区等。从某种意义上来说，空间热点分析是空间聚类的特例。根据探测目的，空间热点分析方法可分为焦点聚集性检验和一般聚集性检验。焦点聚集性检验用于检验在一个事先确定的点源附近是否有局部聚集性存在；而一般聚集性检验是在没有任何先验假设的情况下对聚集性进行定位(Besag et al.，1991)。一般聚集性检验又分为聚集性探测检验和全局聚集性检验。聚集性探测检验对局部聚集性进行定位，并确定其统计学意义；而全局聚集性检验是用于确定在整个研究区域内是否存在聚集性(Kulldorff，1998；Tango，2004)。

8.3.1 空间扫描统计量

1. 原理

哈佛大学医学院的 Kulldorff (1997)提出来的空间扫描统计量是一种聚集性探测检验方法,目的是运用一系列扫描圆在研究区域探测出疾病空间聚集性。该方法在开始进行探测时,随机选取研究区域内某一病例点或小范围中心点(如乡镇点),以其为圆心生成一系列扫描圆。这些扫描圆的半径由 0 到规定的上限按照一定的步长逐步变化。当扫描圆半径达到规定的上限后,该方法便又以区域内另外一个病例点为圆心,开始新一轮的圆形扫描。整个扫描过程直到遍历完所有的病例点后结束。这时研究区域内已经生成了无数个不同位置、大小不一的扫描圆。方法对每个扫描圆,利用圆内外病例实际值和期望值计算了一个似然比值。病例概率分布情况不同,所用的似然比求解公式也不同。目前该方法已经提供了针对二项、泊松、指数和序数分布的似然比计算公式。其中泊松似然比值计算公式如下:

$$\lambda=\max_{z}\frac{\left(\frac{n_z}{\mu(z)}\right)^{n_z}\left(\frac{n_G-n_z}{\mu(G)-\mu(z)}\right)^{n_G-n_z}}{\left(\frac{n_G}{\mu(G)}\right)^{n_G}}I\left(\frac{n_z}{\mu(z)}>\frac{(n_G-n_z)}{(\mu(G)-\mu(z))}\right) \quad (8.11)$$

式中,λ 为似然比值;$\mu(G)$为整个研究区域 G 的人口数;$\mu(z)$为扫描圆 z 内人口数;n_G 和 n_z 分别为区域 G 和圆 z 内的实际病例数;$I()$是一个指示函数,当$\frac{n_z}{\mu(z)}>\frac{(n_G-n_z)}{(\mu(G)-\mu(z))}$时等于 1。在扫描过程中,基于备择假设 H_1:至少存在一个扫描圆,其区域内发病率明显高于区域外。方法在扫描过程结束后,将所有扫描圆的似然比由大到小排序,选择排在前面的若干个作为疾病聚类备选区域进入 Monte Carlo 检验。通过检验的扫描圆便是最后探测到的疾病聚集高发区域。

图 8.24 创建文件对话框

2. 案例

(1) 所用数据是山西省和顺县 1998~2005 年 8 年间出生人数大于 0 的 315 个村的中心点经纬度坐标、出生人口及出生缺陷病例数据。案例意在探测和顺县在这 8 年间是否存在出生缺陷发生热点区域。

(2) 在 SatScan 里新建一个文件(图 8.24,

图 8.25)。由于出生缺陷为小概率事件,所以案例采用 SatScan 中二项分布模型来进行空间热点分析。二项分布模型分析需要 3 个文件:后缀名为 .cas 的文件反映病例信息,包含有病例所在村的地理编码、病例产生年份和病例数目;后缀名为 .ctl 的文件反映风险人群信息,与前一文件不同的是,其包含的是风险人群数目(出生人口减去出生缺陷人数)而不是病例数;后缀名为 .geo 的文件包含村的经纬度坐标。特别值得注意的是,由于研究的是 8 年整体情况,所以案例在 .cas 和 .ctl 文件里都把病例产生年份统一输入为 1998。

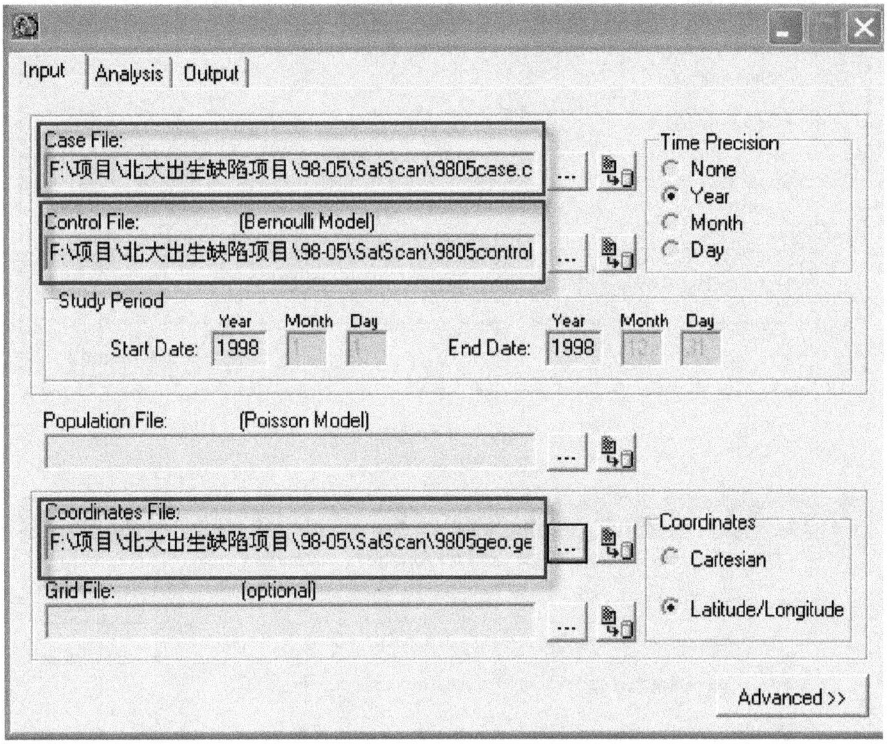

图 8.25　文件输入界面

(3) 接着进行模型参数选择。如图 8.26 所示,案例进行的是纯空间聚集性探测,所用的二项分布似然比计算模型,Monte Carlo 模拟的次数为 999 次。点击参数选择界面上的 Advanced 按键,还可以进一步设置搜索圆参数,图 8.27 显示案例规定搜索圆在覆盖了研究区全部的 50%人口时停止搜索。

(4) 最后进行结果输出设置。SatScan 无图形展示功能,输出结果只能保存在 5 个文件中(图 8.28),所有文件都与用户在 Results File 里输入的 .txt 文档同名,但后缀名各不一致。其中 .cc 文件记录的是热点区域内病例的信息,.col 文件反映的是热点区域总体发病信息,.gis 文件记录各热点区域地理位置。这些文件信

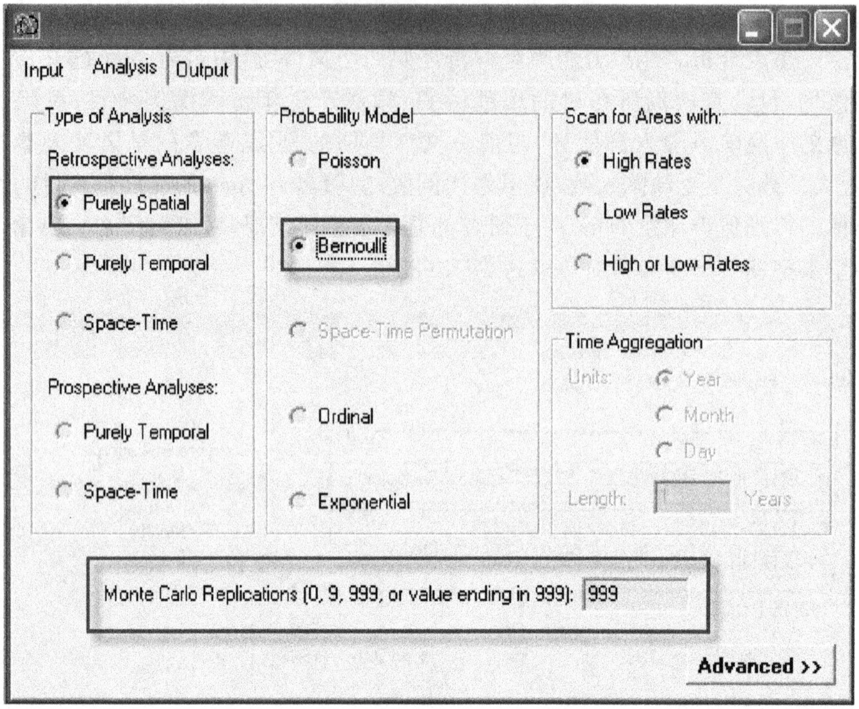

图 8.26　参数选择界面

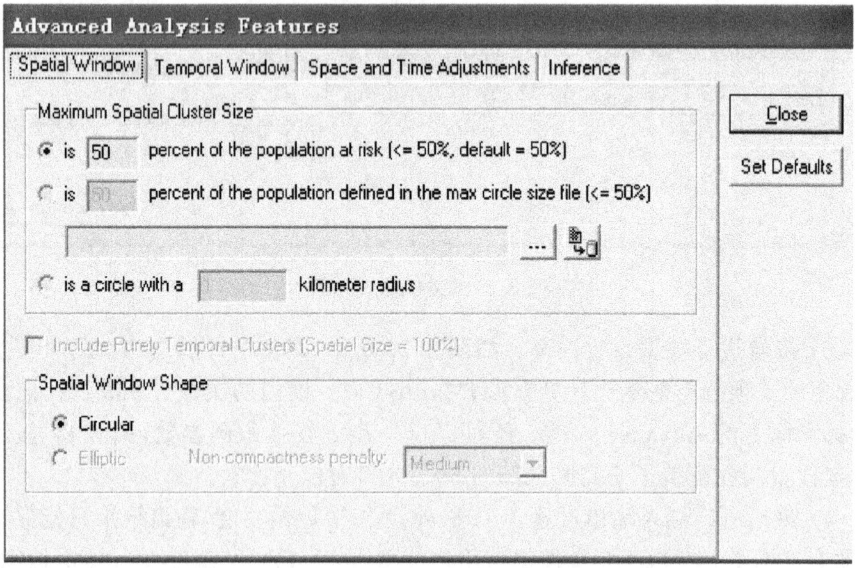

图 8.27　搜索圆参数设置界面

息可在 ArcGIS 里展示。点击界面上的 Advanced 按键，还可以进一步设置热点区域标准，图 8.29 显示在案例运行软件过程中，地域上相互重叠的热点区域只能取其一。

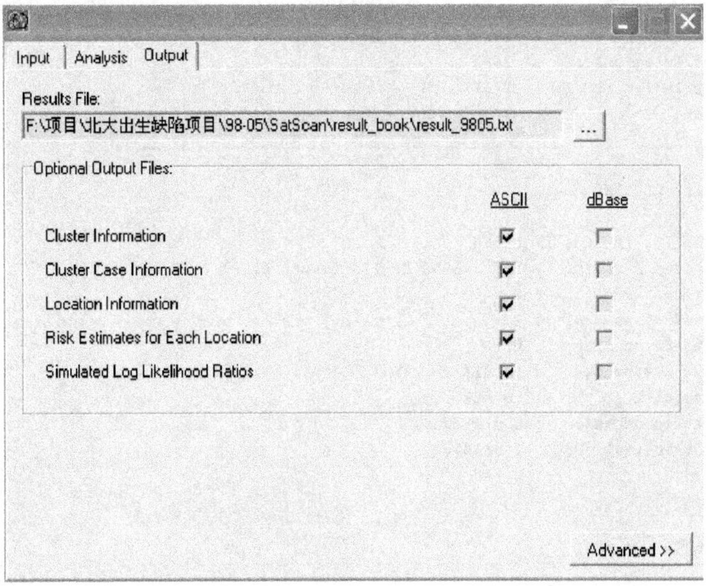

图 8.28　结果输出设置界面

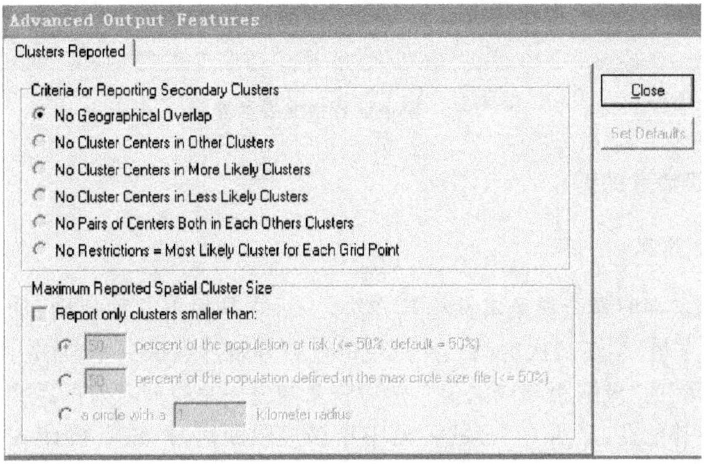

图 8.29　热点区域标准设置界面

（5）点击工具栏里类似于闪电标示的按钮，开始运行模型程序。SatScan 全程显示记录模型运行情况。如图 8.30 所示，运行情况展示界面除了显示类似于运行所涉及的人口和病例数等模型整体信息以外，还记录模型探测出来的热点区域信息。

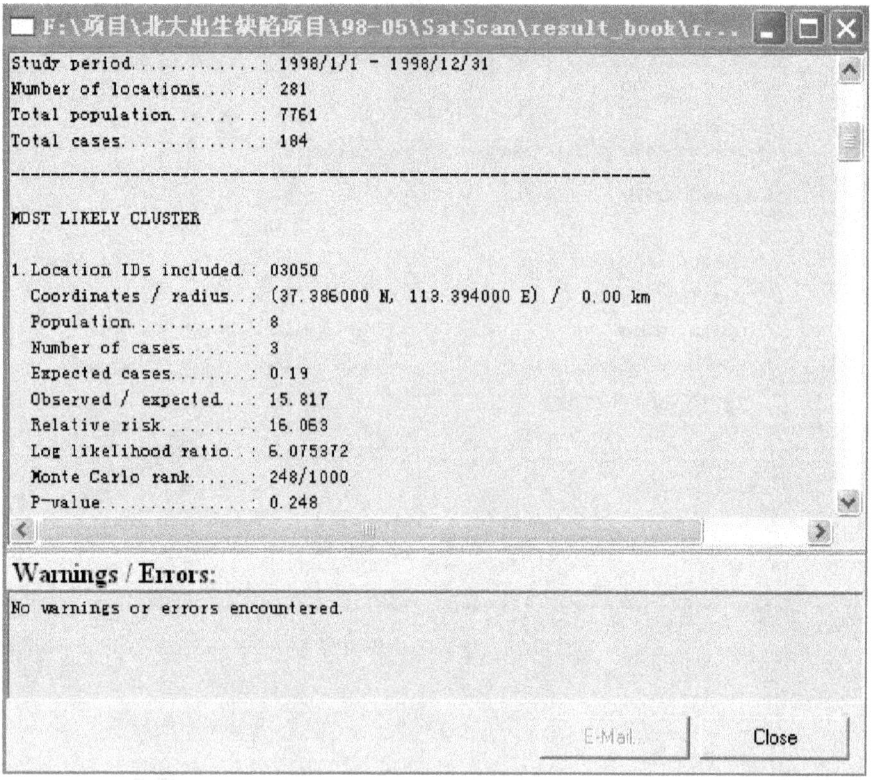

图 8.30　模型运行情况展示界面

8.3.2　分级热点探测

1. 基本原理

分级热点探测是全局聚集性检验方法之一，它是根据某种规则（如邻近距离）来获取“金字塔”型多层次空间热点区域的。在分级热点探测中，首先通过定义一个“聚集单元”的“极限距离或阈值”，然后将其与每一个空间点对的距离进行比较，当某一点与其他点（至少一个）的距离小于该极限距离时，该点被计入聚集单元。也可以指定聚集单元的点数目来强化聚集规则。依此类推，可以得到不同层次的热点区域（王劲峰等，2005）。

分级热点探测具体实施步骤如下：

(1)计算所有空间点对之间的距离，构造出一个对称的距离矩阵。

(2)计算极限距离 D：

$$D=0.5\sqrt{A/n}\pm t\left(\frac{0.26136}{\sqrt{n^2/A}}\right) \tag{8.12}$$

式中，A 为研究区域面积；n 为空间点数目；t 为给定置信度时的分位数，有表可查。

(3) 在距离矩阵中所有小于极限距离的点对被挑选出来作为聚集区的候选对象，构建出一个精简后的距离矩阵。

(4) 对精简后的矩阵中的空间点，根据其与其他点之间距离小于极限距离的点的数量进行排序，选择具有最大数量的点作为第一个聚集区的初始点。

(5) 所有那些距其初始点距离小于极限距离的点被挑出作为第一个聚集区；计算出聚集区中点的个数，如果等于或大于聚集区，必须包含指定的最少点的数量，则该聚集区被保留下来，否则该聚集区被放弃。

(6) 对保留下来的聚集区，计算其几何中心，并作为聚集区的标示。

(7) 将已经包含在聚集区中的点排除在下一个聚集区的计算过程中，对其余点，重复步骤(5)、(6)，直到所剩下的点数目小于指定的最少点数量。

2. 案例

(1) 所用数据为北京市 2003 年 SARS 暴发 11108 例密切接触者点位，存储于 ArcGIS 格式(Wang et al.，2006)。

(2) 打开 Crimestat 软件，选择输入 shape 文件(图 8.31(a))，指定文件后在数据设置(Data setup)模块中要指定相关的属性字段如 X，Y 坐标(图 8.31(b))。

(3) 选择分析工具(图 8.31(c))。点击 Spatial description，然后选择 Hot Spot Analysis I，再选择 Nearest Neighbor Hierarchical Spatial Clustering 方法，该方法产生聚集区为椭圆。首先需要指定最近邻距离，可以是一个固定值，也可以是根据区域面积和点的分布自动调整距离，通过拖动表示距离的滑竿在 Smaller 和 Larger 之间移动来确定距离，距离越小意味着最近邻的点是由于随机的原因造成的相邻的可能性越小，因此，这个距离滑竿也是表示显著性的指标，在左端(Smaller)意味着较高的置信度；然后要指定作为聚集区的最少的点的数目以及输出的距离单位。在计算聚集区时，还要通过确定 Number of standard deviations for the ellipse 指定椭圆的大小，选择 1X 意味着大约一半的点会被包括在聚集区椭圆中，2X 则将大约 99%的点包括在聚集区椭圆中。聚集区椭圆可以通过 Save ellipses to 按钮保存为 ArcView、MapInfo 或 Atlas* GIS 格式的矢量文件。

(4) 选择蒙特卡罗模拟和模拟的次数(图 8.31(c))。较高次的模拟次数会耗费大量的计算时间。

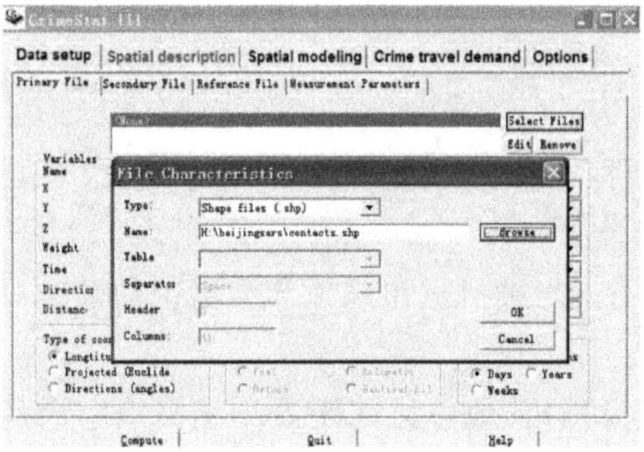

(a) 选择输入文件

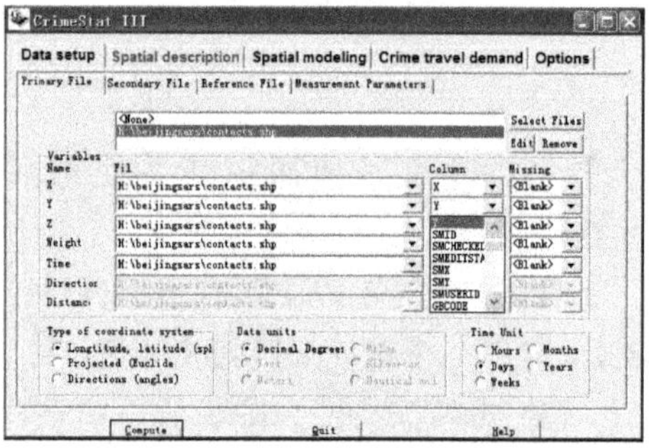

(b) 指定属性字段

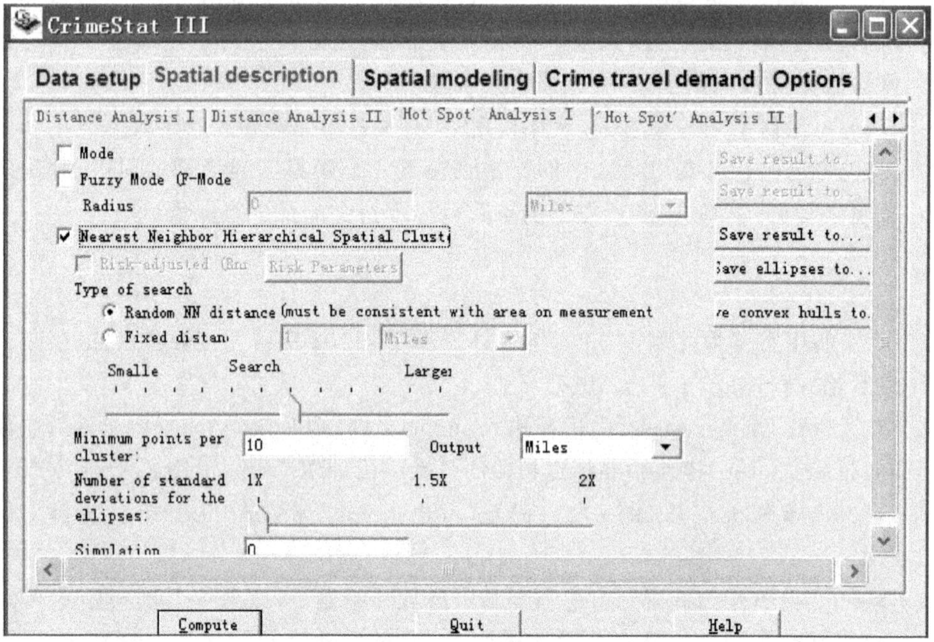

(c) 分析工具选择

图 8.31　CrimeStat 软件的设置和计算步骤

(5) 设置完成之后，就可以点击 Computer 进行计算。其计算结果是一个类似 log 文件的文本的描述(图 8.32)，其中描述了显著性水平等指标，也可以将聚集区的椭圆在 ArcView 中表示出来(图 8.33)。

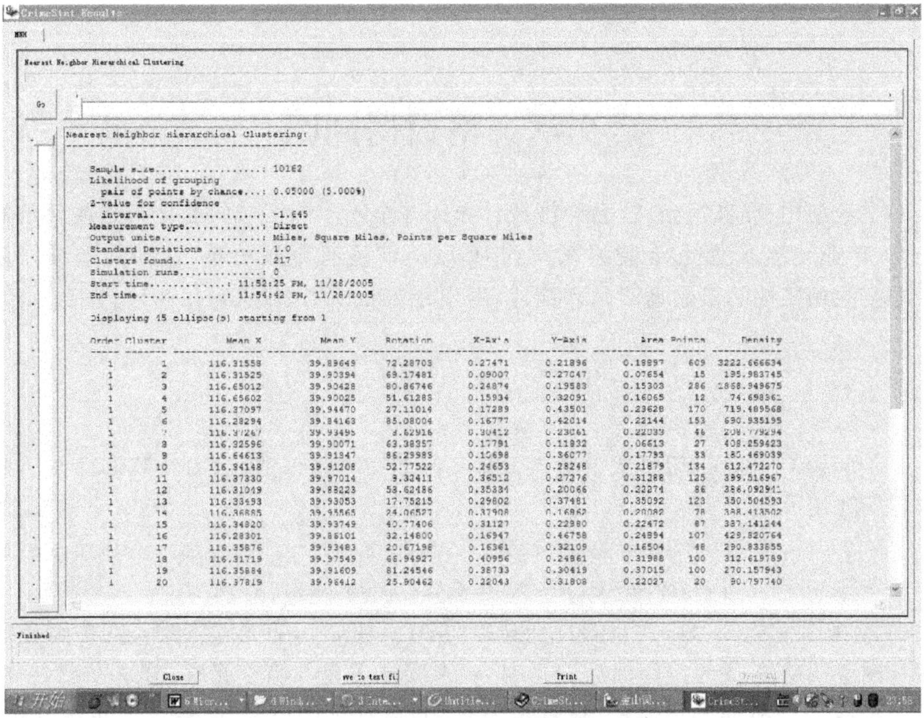

图 8.32　CrimeStat 的计算结果:log 文件

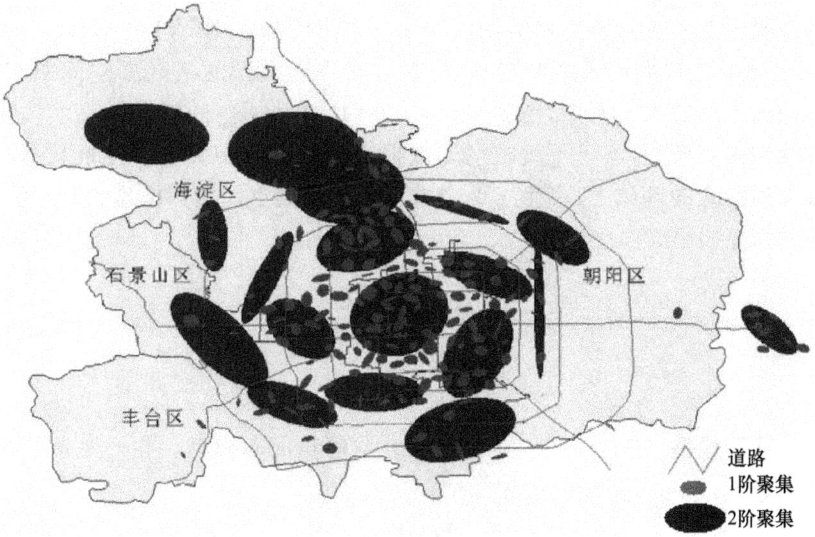

图 8.33　CrimeStat 的计算结果:在 ArcView 中的聚集区椭圆(Wang et al.,2006)

第 9 章　格数据回归

土地利用、环境污染、社会经济统计数据在全国不同区域的变化与这些区域的GDP、产业结构，气候和地貌禀赋和约束，政策制度有直接关系，这种关系可以用考虑空间相关性的格数据回归来描述，用于分析和预测（刘旭华，2005）。

9.1　通用模型

Anselin(1988)根据自变量与因变量之间的空间相关性，给出格数据空间回归方程的通用形式

$$\boldsymbol{y}=\rho \boldsymbol{W}_1\boldsymbol{y}+\boldsymbol{X\beta}+\boldsymbol{\varepsilon} \tag{9.1}$$

$$\boldsymbol{\varepsilon}=\lambda \boldsymbol{W}_2\boldsymbol{\varepsilon}+\boldsymbol{\mu},\boldsymbol{\mu}\sim N(\boldsymbol{0},\boldsymbol{\Omega}),\Omega_{ii}=h_i(za),h_i>0$$

式中，$\boldsymbol{y}$ 为因变量；$\boldsymbol{X}$ 为 $n\times k$ 的自变量矩阵；$\boldsymbol{W}_1$ 为 $n\times n$ 阶权重矩阵，反映因变量本身的空间趋势；ρ 为空间滞后变量 $\boldsymbol{W}_1\boldsymbol{y}$ 的系数；$\boldsymbol{\beta}$ 是与自变量 $\boldsymbol{X}$ 相关的 $k\times 1$ 参数向量；$\boldsymbol{\varepsilon}$ 为随机误差项向量；权重矩阵 $\boldsymbol{W}_2$ 反映残差的空间趋势；$\boldsymbol{N}$ 为正态分布；$\boldsymbol{\Omega}$ 为方差矩阵，其对角元素为 Ω_{ii}，z 是一个外生变量，a 是一个常数项，h_i 是一个函数关系；λ 为空间自回归结构 $W_2\varepsilon$ 的系数，一般应有 $0\leqslant\rho<1$，$0\leqslant\lambda<1$；$\boldsymbol{\mu}$ 为正态分布的随机误差向量。整个格数据空间回归方程受制于三个参数 ρ，λ，a；n 为样本量，k 为变量数。根据这三个参数的取值，存在不同类型的格数据空间回归方程，对应不同的求解技术。例如，当 $\rho=\lambda=a=0$ 时，格数据空间回归模型实质上是一个经典线性回归模型，本身不反映空间数据之间的空间相关性。在格数据空间回归方程通用形式的基础上，产生了两个常用的格数据空间回归模型，即空间滞后模型和空间误差模型。

9.2　空间滞后模型

1. 原理

空间滞后模型(LM-lag)又称混合回归-空间自回归模型。在 9.1 节的通用模型中，系数$\rho\neq 0$，$\lambda=0$，回归方程为

$$\boldsymbol{y}=\rho \boldsymbol{Wy}+\boldsymbol{X\beta}+\boldsymbol{\mu} \tag{9.2}$$

这个模型考虑了因变量的空间相关性，即某一空间对象上的因变量不仅与同一对象上的自变量有关，还与相邻对象的因变量有关。模型中滞后变量系数 ρ 表

明相邻空间对象之间存在扩散或溢出等空间相互作用，其大小反映空间扩散或空间溢出的程度。如果 ρ 显著，表明因变量之间存在一定的空间依赖。

2. 案例

(1) 案例所用的是和顺县在 1998～2005 年有婴儿出生的 315 个乡镇的有关数据：乡镇 8 年总出生缺陷率、乡镇到河流的距离、乡镇到道路的距离、乡镇到地质断层的距离、高程、坡度、医生数量、居民年均纯收入、化肥年均施用数量、农药年均施用数量、水果年均产量和蔬菜年均产量。分析目标是找出各个自然社会环境要素对出生缺陷率的影响形式及其程度。

(2) 启动 GeoDa，添加图层文件 village_pt315. shp，并打开创建好的权重文件 village_pt315regression. GWT(创建方法见 8. 1. 1 节，不再赘述)，点击 Regress 工具选项卡，弹出 Regression 回归分析对话框(图 9. 1)。Information in the output 一项可以根据需要进行勾选。

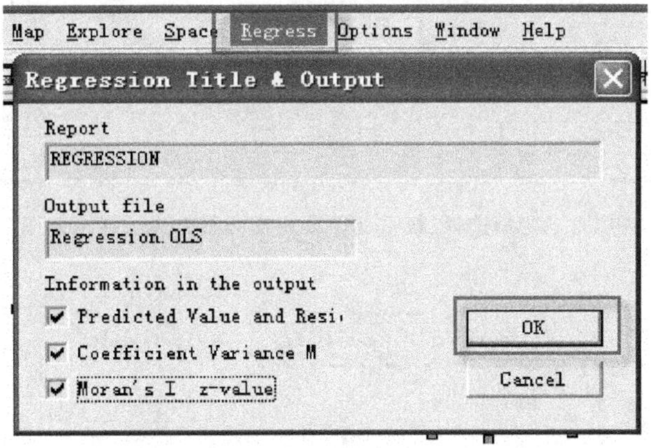

图 9. 1　Regression 回归分析对话框

(3) 在 Regression 回归分析对话框(图 9. 1)中点击 OK 之后，弹出如图 9. 2 所示对话框，可以在此进行自变量(Independent)和因变量(Dependent)的选择，本案例将因变量设定为 NTDBR——出生缺陷率(‰)，11 个自变量分别为：RIVER_DIST——乡镇到河流的距离，ROAD_DISTA——乡镇到道路的距离，GRADIENT_C——坡度，FAULT_DIST——到地质断层的距离，ELEVATION——高程，DOCTOR——医生数量，FERTILIZER——化肥年均施用量，FRUIT——水果年均产量，NET_INCOME——居民年均纯收入，PESTCIDE——农药年均施用数量，VEGETABLE——蔬菜年均产量。将 Weight File 勾选，打开之前创建好的权重矩阵文件。在 Models 选项卡中，选择 Spatial Lag 回归方法。图 9. 3～图 9. 5 展示了 Spatial Lag 回归分析全过程。

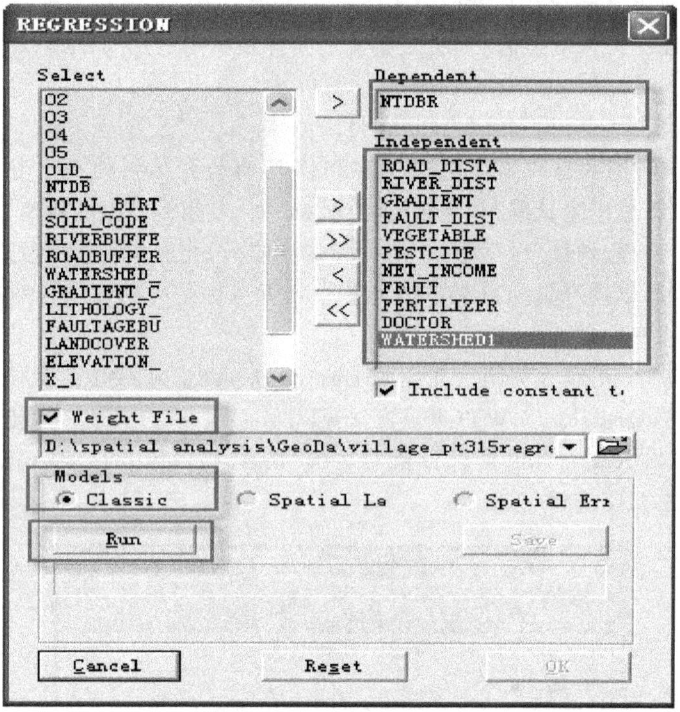

图 9.2　变量选择、权重文件导入及回归方法选择示意图

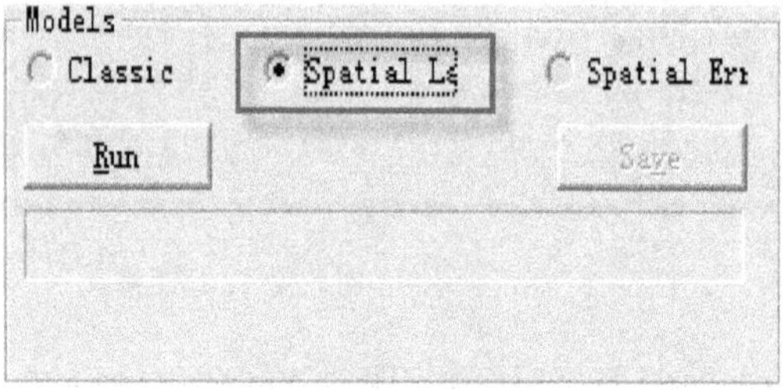

图 9.3　Spatial Lag 回归方法选择

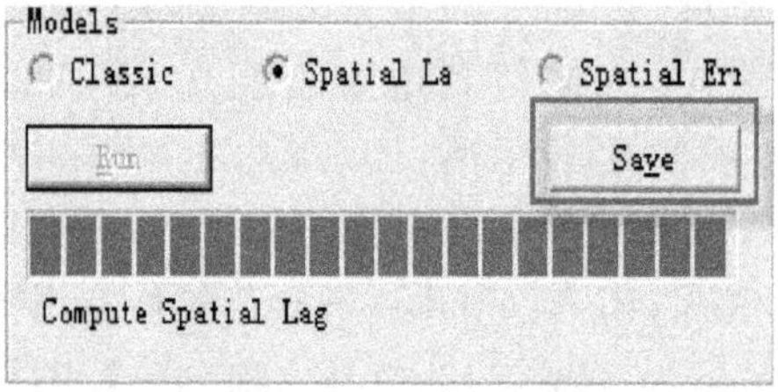

图 9.4　运行完成对话框

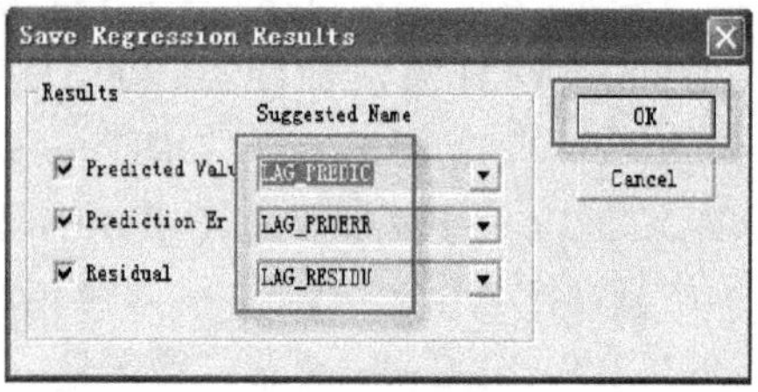

图 9.5　运行结果保存对话框

(4) 最终获得 Spatial Lag 回归分析结果,如图 9.6 所示。它首先展示了一些关于回归分析运行的信息,包括因变量的均值和标准差、模型参数的设定、F-检验概率、对数似然值及特指的空间权重文件 Village_pt315regression.GWT 等。接着列举了回归方程中每个自变量的系数、标准差和显著性。值得注意的是,出生缺陷率的空间滞后变量 W_NTDBR 作为多余指标变量也出现在其中,它的系数 Lag coeff.(Rho)大小反映了 315 个乡镇数据里固有的空间相关性,而这种相关性是通过每个乡镇数据所受到的邻近乡镇数据平均影响来计量的。从图 9.6 可以看出,乡镇到河流的距离、乡镇到道路的距离、高程、坡度、水果年均产量、居民年均纯收入、化肥年均施用数量和医生数量都与出生缺陷率正相关,而乡镇到地质断层的距离、农药年均施用数量和蔬菜年均产量则与出生缺陷率负相关。不过,所有的自变量组成的方程都没有通过显著性检验,因而 Spatial Lag 回归分析没有找到真正对出生缺陷率起作用的环境因素。在图 9.6 最下端,还展示了异质方差和空间相关性检验等回归诊断结果。

```
REGRESSION
SUMMARY OF OUTPUT: SPATIAL LAG MODEL - MAXIMUM LIKELIHOOD ESTIMATION
Data set              : village_pt315regression
Spatial Weight        : village_pt315regression.GWT
Dependent Variable    :        NTDBR  Number of Observations:  315
Mean dependent var    :      24.0102  Number of Variables   :   13
S.D. dependent var    :      58.7495  Degrees of Freedom    :  302
Lag coeff.    (Rho)   :   -0.0346332

R-squared             :     0.039703  Log likelihood        :     -1723.71
Sq. Correlation       : -             Akaike info criterion :      3473.43
Sigma-square          :      3314.47  Schwarz criterion     :      3522.21
S.E of regression     :      57.5714

------------------------------------------------------------------------
    Variable    Coefficient      Std.Error      z-value      Probability
------------------------------------------------------------------------
     W_NTDBR    -0.03463316     0.07994722    -0.4332002      0.6648694
    CONSTANT      -43.23298       46.59309    -0.9278839      0.3534677
  ROAD_DISTA      0.0108885    0.004020798      2.708044      0.0067682
  RIVER_DIST   0.0002364088    0.001566414     0.1509236      0.8800360
    GRADIENT      0.3261941       1.006309     0.3241492      0.7458252
  FAULT_DIST   -0.001406051     0.00113117     -1.243005      0.2138660
   VEGETABLE     0.04672288     0.04786528     0.9761331      0.3289985
    PESTCIDE      -1.731015       8.335078    -0.2076783      0.8354803
  NET_INCOME    0.007264685    0.006825824      1.064294      0.2871955
       FRUIT     -0.1971206      0.4838928    -0.4073642      0.6837406
  FERTILIZER     0.03390466       0.121522     0.2790001      0.7802448
      DOCTOR         1.1286       4.746284      0.237786      0.8120472
  ELEVATION1     0.03662936     0.03287083      1.114342      0.2651325
------------------------------------------------------------------------

REGRESSION DIAGNOSTICS
DIAGNOSTICS FOR HETEROSKEDASTICITY
```

图 9.6　Spatial Lag 回归分析结果示意图

9.3　空间误差模型

1. 原理

当假定空间依赖性是通过忽略了的变量产生作用时，空间误差模型(LM-error)是一种比较准确的模型。它通过不同地区的空间协方差来反映误差过程，当误差遵循第一阶过程即系数 $\rho=0,\lambda\not\approx 0$ 时，9.1 节的通用模型为

$$\begin{aligned} \boldsymbol{y} &= \boldsymbol{X\beta}+\boldsymbol{\varepsilon} \\ \boldsymbol{\varepsilon} &= \lambda\boldsymbol{W\varepsilon}+\boldsymbol{\mu} \end{aligned} \tag{9.3}$$

式中，参数 λ 为回归残差之间空间相关性强度。

对空间滞后模型和空间误差模型进行估计时，若用最小二乘法(OLS)估计，则非球形扰动误差将会产生无偏但非有效的估计。而且，由于估计的参数方差是有偏的，基于 OLS 估计的结果推论容易产生误导，因此，上述两个模型一般需用极大似然法(ML)或广义矩阵估计法(GMM)估计。

在实际应用中，如何判别哪个模型更加符合客观情况，Anselin(2005)提出了如下标准：先进行 OLS 回归分析，如果在空间相关性的检验中发现，空间滞后模型拉格朗日乘数检验统计量 LM-lag 较之空间误差模型拉格朗日乘数检验统计量 LM-error 在统计上更加显著，则选择空间滞后模型；相反，如果 LM-error 比 LM-lag在统计上更加显著，则选择空间误差模型；如果两个都不显著，那么就保留 OLS 回归的结果。

2. 案例

(1) 案例所用数据及分析目标都与 9.2.2 节的空间滞后模型案例一致。

(2) 启动 GeoDa，添加图层文件 village_pt315. shp，并打开创建好的权重文件 village_pt315regression. GWT(见 8.1.1 节)，点击 Regress 工具选项卡。在 Regression 回归分析对话框中点击 OK 之后，弹出如图 9.2 所示对话框，可以在此进行自变量和因变量的选择。本案例同样将因变量设定为 NTDBR——出生缺陷率(‰)，其余的 11 个自然社会环境变量则被选取为自变量。将 Weight File 勾选，打开之前创建好的权重矩阵文件。在 Models 选项卡中，选择 Spatial Error 回归方法。图 9.7～图 9.9 为Spatial Error 回归分析过程示意图。

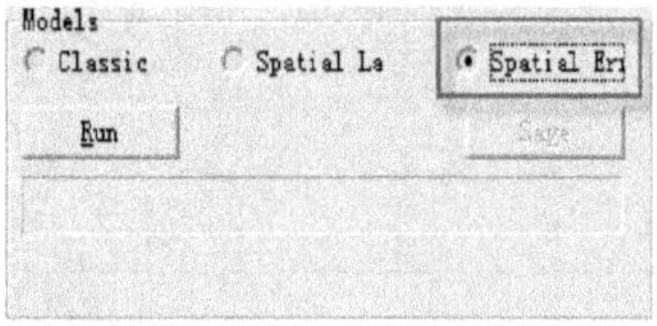

图 9.7　Spatial Error 回归方法选择

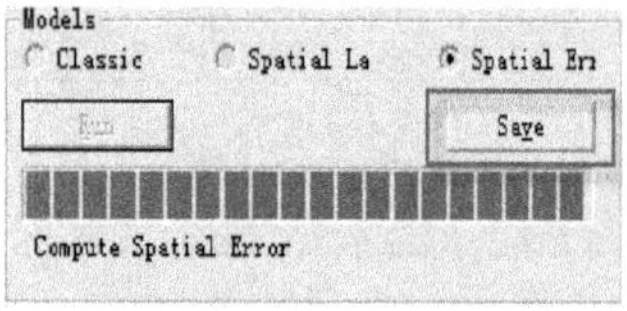

图 9.8　运行完成对话框

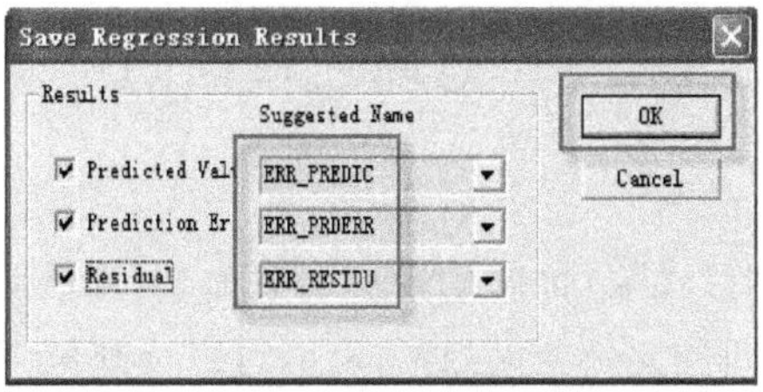

图 9.9　运行结果保存对话框

(3) 最终获得 Spatial Error 回归分析结果，如图 9.10 所示。与 Spatial Lag 回归分析的结果(图 9.6)相比，案例同样使用了空间权重文件 Village_pt 315 regression. GWT。在所列的方程变量中，出生缺陷率的空间自回归结构系数 Lag coeff.(Lambda)作为多余指标变量出现在其中。从图 9.10 同样可以看出各种要素与出生缺陷率的统计相关性。不过，所有自变量组成的方程还是没有通过显著性检验，因而 Spatial Error 回归分析也没有找到真正对出生缺陷率起作用的环境因素。在图 9.10 最下端，还展示了异质方差和空间相关性检验等回归诊断结果。

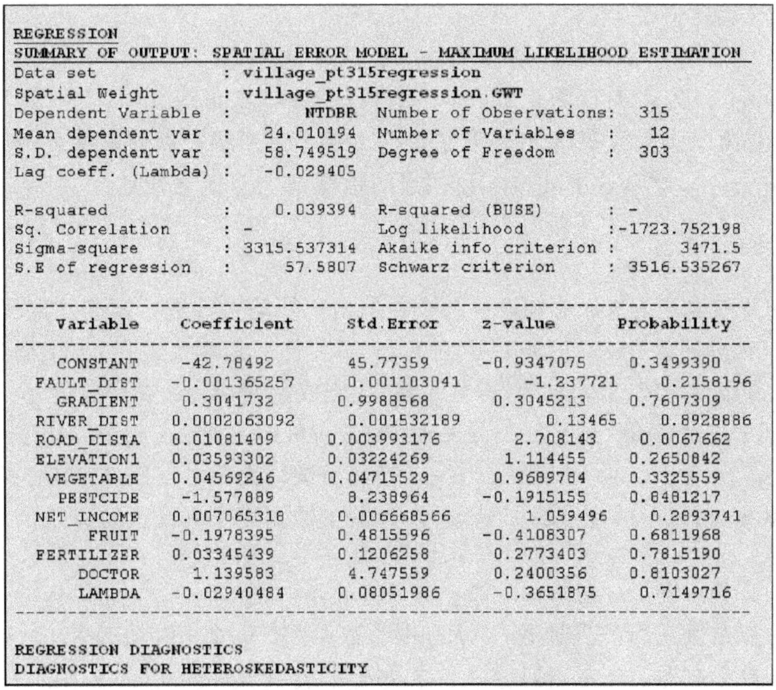

```
REGRESSION
SUMMARY OF OUTPUT: SPATIAL ERROR MODEL - MAXIMUM LIKELIHOOD ESTIMATION
Data set              : village_pt315regression
Spatial Weight        : village_pt315regression.GWT
Dependent Variable    :       NTDBR  Number of Observations:  315
Mean dependent var    :   24.010194  Number of Variables   :   12
S.D. dependent var    :   58.749519  Degree of Freedom     :  303
Lag coeff. (Lambda)   :   -0.029405

R-squared             :    0.039394  R-squared (BUSE)      : -
Sq. Correlation       : -            Log likelihood        :-1723.752198
Sigma-square          : 3315.537314  Akaike info criterion :      3471.5
S.E of regression     :     57.5807  Schwarz criterion     : 3516.535267

-----------------------------------------------------------------------
    Variable    Coefficient      Std.Error      z-value     Probability
-----------------------------------------------------------------------
    CONSTANT    -42.78492       45.77359      -0.9347075    0.3499390
  FAULT_DIST   -0.001365257     0.001103041     -1.237721     0.2158196
    GRADIENT    0.3041732      0.9988568      0.3045213     0.7607309
  RIVER_DIST   0.0002063092     0.001532189        0.13465     0.8928886
  ROAD_DISTA   0.01081409     0.003993176      2.708143     0.0067662
  ELEVATION1   0.03593302     0.03224269      1.114455      0.2650842
   VEGETABLE   0.04569246     0.04715529      0.9689784     0.3325559
    PESTCIDE    -1.577889       8.238964      -0.1915155    0.8481217
  NET_INCOME   0.007065318     0.006668566      1.059496      0.2893741
       FRUIT   -0.1978395      0.4815596      -0.4108307    0.6811968
  FERTILIZER   0.03345439      0.1206258      0.2773403     0.7815190
      DOCTOR     1.139583       4.747559      0.2400356     0.8103027
      LAMBDA   -0.02940484     0.08051986     -0.3651875     0.7149716
-----------------------------------------------------------------------

REGRESSION DIAGNOSTICS
DIAGNOSTICS FOR HETEROSKEDASTICITY
```

图 9.10　Spatial Error 回归分析结果示意图

9.4　地理加权回归

1. 原理

地理加权回归模型(GWR)扩展了线性回归模型,其回归系数 β 不再是全局性的统一单值,而是随空间位置 i 变化的 β_i,从而可以反映解释变量对被解释变量的影响(弹性)随空间位置而变化。

地理加权回归的实质是局部加权最小二乘法,其中的权为待估点所在的地理空间位置到其他各观测点的地理空间位置之间的距离函数。这些在各地理空间位置上估计的参数值描述了参数随所研究的地理空间位置变化的情况,用以探索空间数据的非平稳性。GWR 数学模型形式为(Fothringham et al. ,1996,2000)

$$y_i = a_0(u_i, v_i) + \sum_k a_k(u_i, v_i) x_{ik} + \varepsilon_i \tag{9.4}$$

式中,y_i 为第 i 点的因变量;x_{ik} 为第 k 个自变量在第 i 点的值,k 为自变量记数;i 为样本点记数;ε_i 为残差,(u_i, v_i)为第 i 个样本点的空间坐标;$a_k(u_i, v_i)$为连续函数 $a_k(u, v)$在 i 点的值。如果 $a_k(u_i, v_i)$在空间保持不变,则 GWR 退化为全局模型。GWR 估计值是

$$\boldsymbol{a}(u_i, v_i) = (\boldsymbol{X}^{\mathrm{T}}\boldsymbol{W}(u_i, v_i)\boldsymbol{X})^{-1}\boldsymbol{X}^{\mathrm{T}}\boldsymbol{W}(u_i, v_i)\boldsymbol{y} \tag{9.5}$$

式中,$\boldsymbol{W}(u_i, v_i)$为距离权重矩阵,是一个对角矩阵,对角线元素为($W_{i1}, W_{i2}, \cdots, W_{in}$),非对角线元素为零,$n$ 为样本量,W_{ij} 为第 j 点对第 i 点的影响,一种定义是 $W_{ij} = \exp(-\mathrm{d}_{ij}^2/h^2)$,这里 d_{ij} 为 i、j 两点间距离,h 为自定义带宽。

2. 案例

(1) 本实验用 GWR 对和顺县各个村的出生缺陷人数进行预测。数据采用和顺县各村地理图斑(ArcGIS 可以识别的 . shp 文件),其属性包括:土壤类型、河流缓冲区、道路缓冲区、土地覆盖、医生数量、化肥数量、净收入、农药数量、蔬菜数量、水果数量、人口数量(soil_code、riverbuffer、roadbuffer、landcover、doctor、fertilizer、net-income、pestcide、vegetable、fruit、popu)及出生缺陷人数(NTDB)。其中采用 227 个村的数据进行训练,生成回归函数,99 个村的数据用来进行预测验证。

(2) 首先点击进入 ArcMap(图 9.11)。

(3) 点击进行数据加载,添加和顺县数据(图 9.12、图 9.13)。

(4) 鼠标右键单击左侧列表中和顺县图层,打开属性类表(图 9.14),并选择前 227 条数据(图 9.15)。

(5) 先将属性表最小化,然后右键单击左侧列表中和顺图层,选择将所选数据导出(图 9.16),并保存为 heshun_train(用以训练回归函数)(图 9.17)。

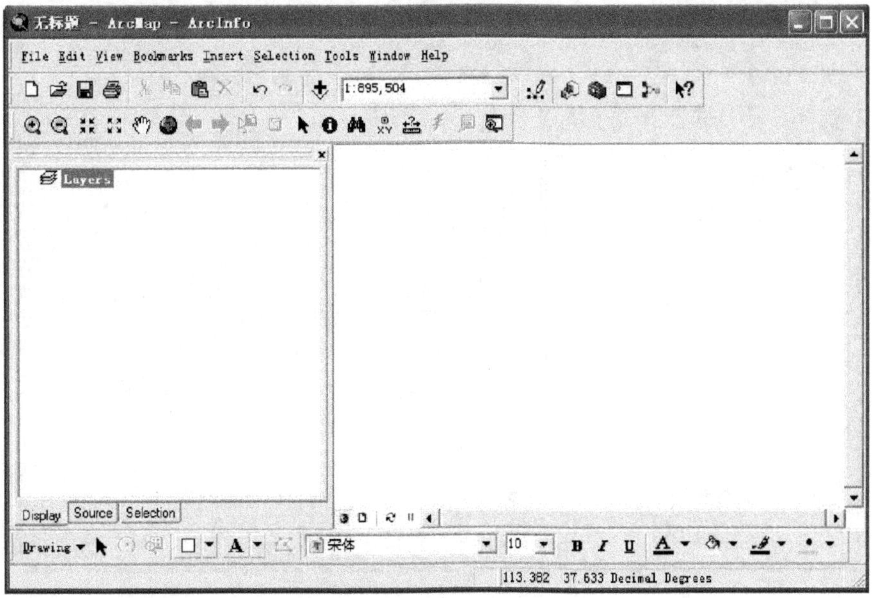

图 9.11　ArcMap 操作界面

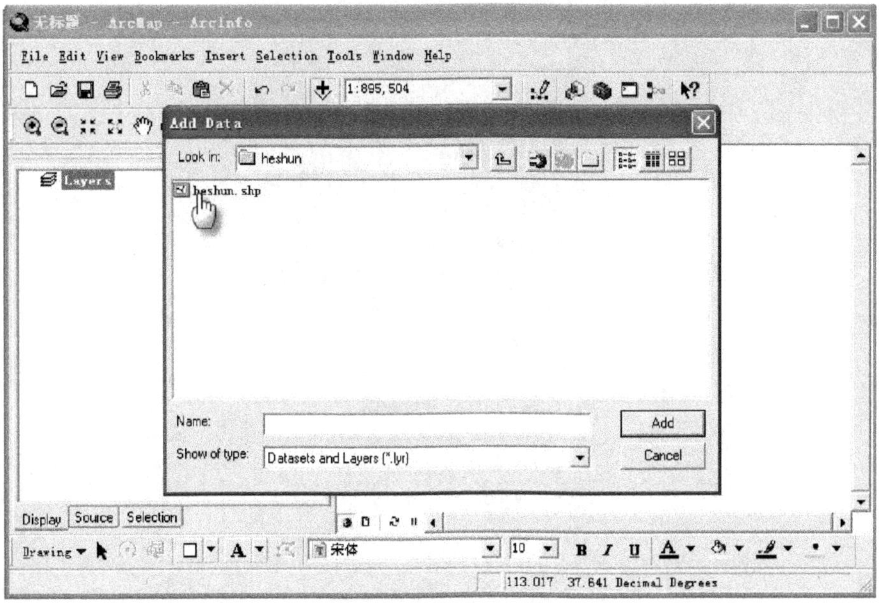

图 9.12　添加实验数据

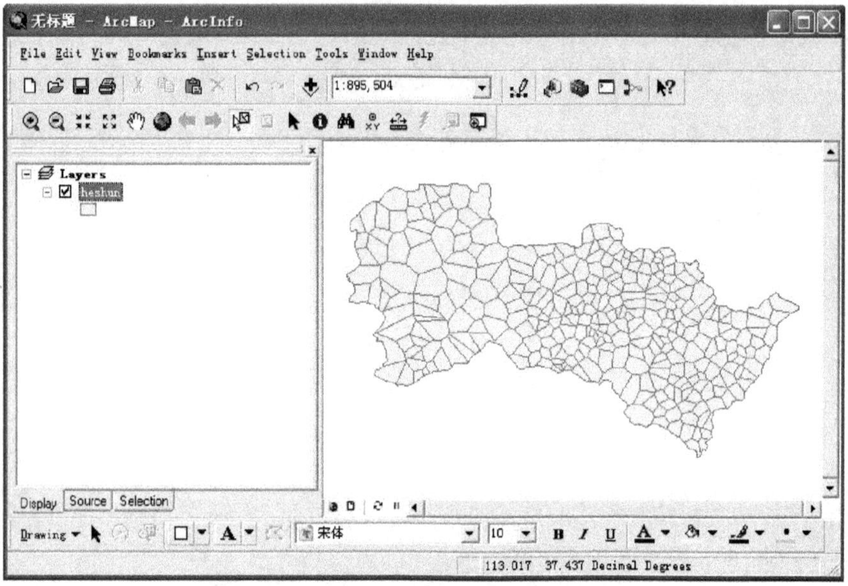

图 9.13　成功添加数据

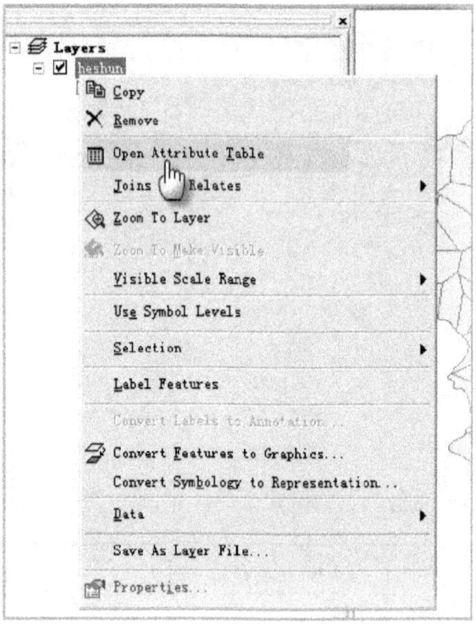

图 9.14　点击属性表

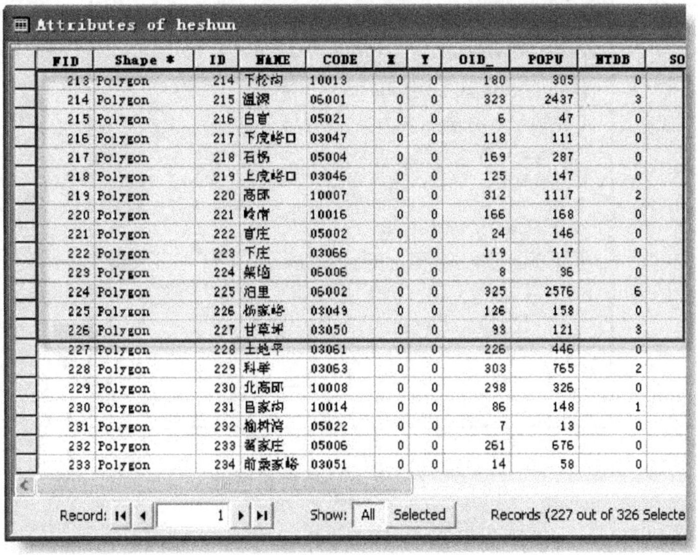

FID	Shape *	ID	NAME	CODE	X	Y	OID_	POPU	NTDB	SO
213	Polygon	214	下松沟	10013	0	0	180	305	0	
214	Polygon	215	温源	06001	0	0	323	2437	3	
215	Polygon	216	白官	05021	0	0	6	47	0	
216	Polygon	217	下虎峪口	03047	0	0	118	111	0	
217	Polygon	218	石拐	05004	0	0	169	287	0	
218	Polygon	219	上虎峪口	03046	0	0	125	147	0	
219	Polygon	220	高邱	10007	0	0	312	1117	2	
220	Polygon	221	岭南	10016	0	0	166	168	0	
221	Polygon	222	官庄	05002	0	0	24	146	0	
222	Polygon	223	下庄	03066	0	0	119	117	0	
223	Polygon	224	解脑	06006	0	0	8	96	0	
224	Polygon	225	泊里	06002	0	0	325	2576	6	
225	Polygon	226	杨家峪	03049	0	0	126	158	0	
226	Polygon	227	甘草坪	03050	0	0	93	121	3	
227	Polygon	228	土地平	03061	0	0	226	446	0	
228	Polygon	229	科举	03063	0	0	303	765	2	
229	Polygon	230	北高邱	10008	0	0	298	326	0	
230	Polygon	231	吕家沟	10014	0	0	86	148	1	
231	Polygon	232	榆树湾	05022	0	0	7	13	0	
232	Polygon	233	董家庄	05006	0	0	261	676	0	
233	Polygon	234	前乘家峪	03051	0	0	14	58	0	

图 9.15　选择前 227 条数据

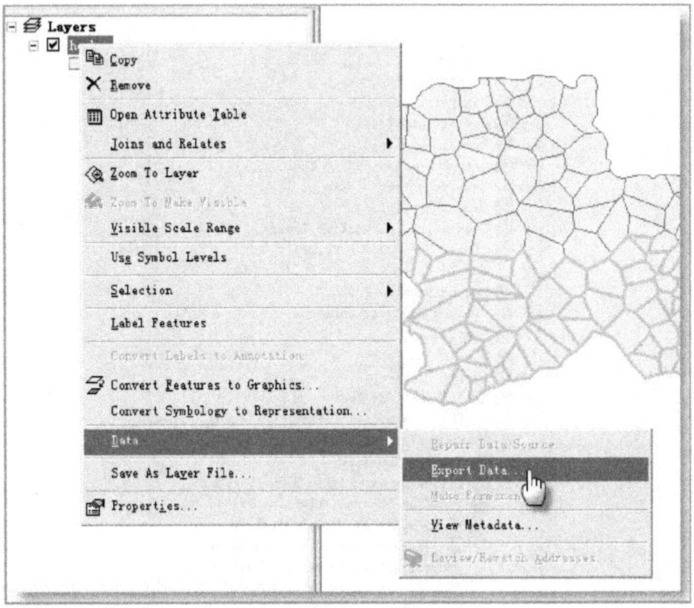

图 9.16　选择导出数据

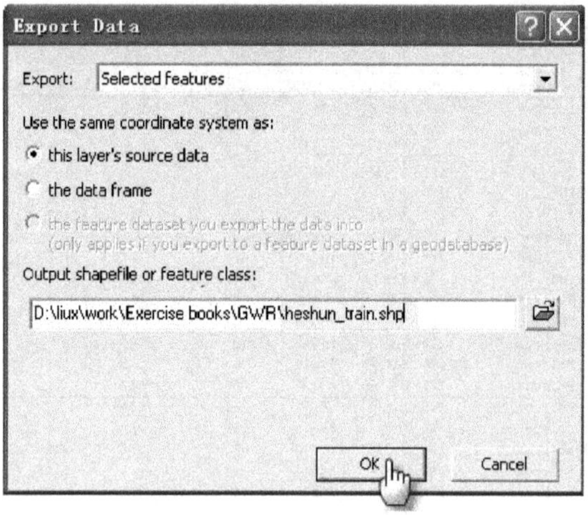

图 9.17　选择导出所选数据

(6) 以同样的方法将剩余的数据导出,并保存为 heshun_test。

(7) 点击按钮,打开工具箱,选择其中的 Geographically Weighted Regression 项(图 9.18),进入地理加权回归 GWR 操作界面,输入各项参数(图 9.19,图 9.20)。

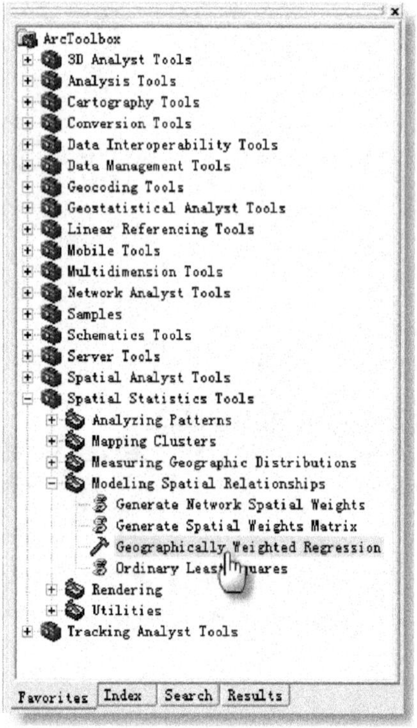

图 9.18　选择工具箱中的 Geographically Weighted Regression

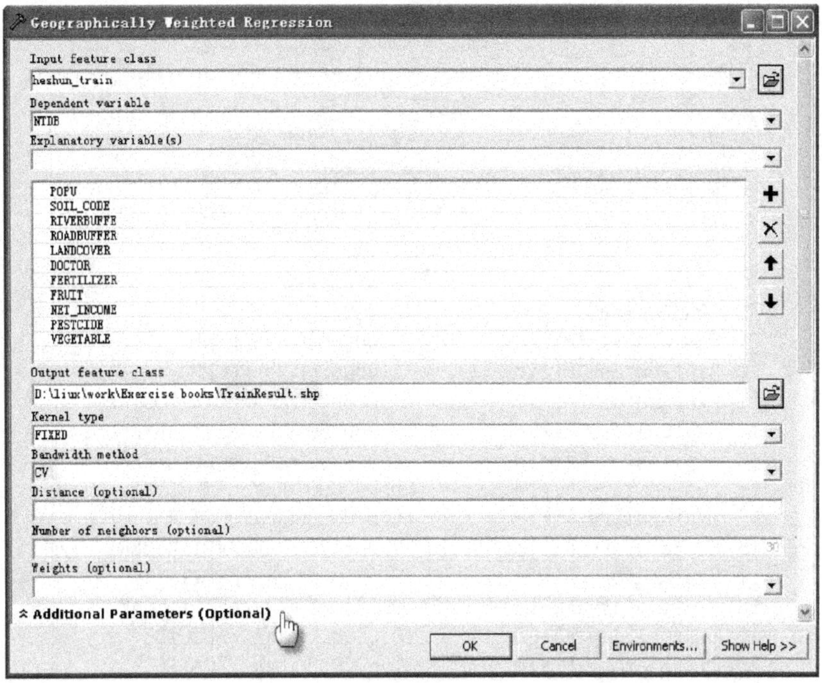

图 9.19　基本参数填写(用于训练函数)

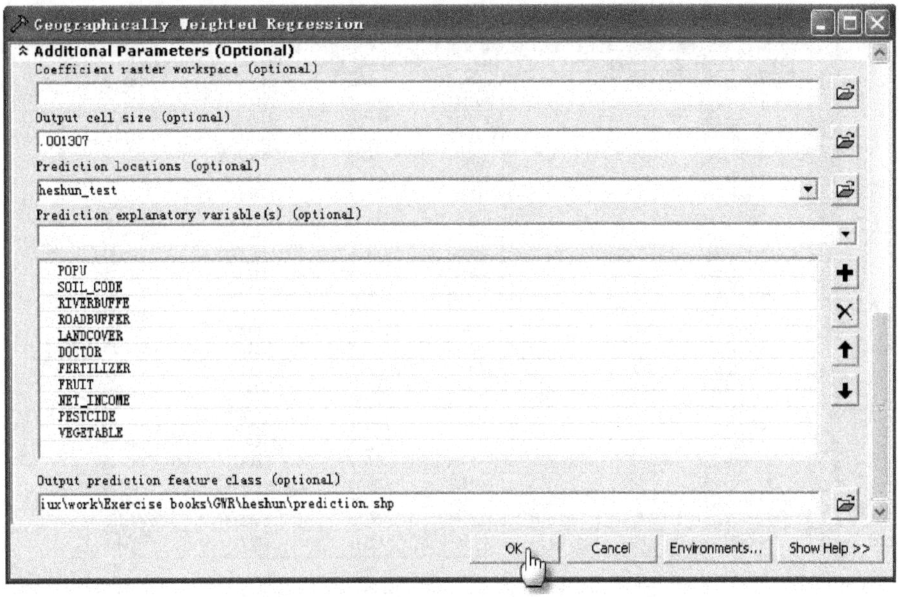

图 9.20　附加选项(用于预测输出)

(8) 参数及评价指标输出(图 9.21,图 9.22)。

	A	B	
1	NAME	VALUE	DESC
2	Bandwidth	8.86725684124	
3	ResidualSquares	159.83151099300	
4	EffectiveNumber	12.01649874450	
5	Sigma	0.86224093417	
6	AICc	592.28731496900	
7	R2	0.48008493358	
8	R2Adjusted	0.45344268595	
9	Dependent Field	0.00000000000	NTDB
10	Explanatory Field	1.00000000000	POPU
11	Explanatory Field	2.00000000000	SOIL_CODE
12	Explanatory Field	3.00000000000	RIVERBUFFE
13	Explanatory Field	4.00000000000	ROADBUFFER
14	Explanatory Field	5.00000000000	LANDCOVER
15	Explanatory Field	6.00000000000	DOCTOR
16	Explanatory Field	7.00000000000	FERTILIZER
17	Explanatory Field	8.00000000000	FRUIT
18	Explanatory Field	9.00000000000	NET_INCOME
19	Explanatory Field	10.00000000000	PESTCIDE
20	Explanatory Field	11.00000000000	VEGETABLE

图 9.21　训练样本生成的各项参数

Attributes of TrainResult

FID	Shape *	Observed	Cond	LocalR2	Predicted	Intercept
0	Polygon	0	15.898544	.480082	.421302	-.192039
1	Polygon	0	15.898555	.480088	.669556	-.192027
2	Polygon	0	15.898535	.480092	.640752	-.192033
3	Polygon	3	15.89852	.480087	.365754	-.192046
4	Polygon	0	15.898497	.480082	1.026277	-.192063
5	Polygon	0	15.898465	.480077	.417232	-.192085
6	Polygon	2	15.898424	.480070	1.977454	-.192112
7	Polygon	0	15.898514	.480097	.096372	-.192039
8	Polygon	0	15.898468	.480087	.106201	-.192073
9	Polygon	2	15.898493	.480094	.786246	-.192052
10	Polygon	0	15.898428	.480079	.476914	-.192101
11	Polygon	6	15.898398	.480072	2.743812	-.192124
12	Polygon	0	15.898369	.480060	.966184	-.192151
13	Polygon	0	15.898432	.480088	.434904	-.19209
14	Polygon	0	15.898462	.480096	.764211	-.192067
15	Polygon	0	15.898394	.480079	.141313	-.192119
16	Polygon	2	15.898479	.480105	.603459	-.192048
17	Polygon	0	15.898363	.480069	.296420	-.192144
18	Polygon	0	15.898332	.480066	.328919	-.192163
19	Polygon	3	15.898361	.480077	2.269079	-.192138
20	Polygon	1	15.898489	.480114	.143522	-.192035
21	Polygon	0	15.898423	.480095	-.603331	-.192087
22	Polygon	0	15.898389	.480086	.646040	-.192114
23	Polygon	0	15.898399	.480092	.596349	-.192103
24	Polygon	1	15.898454	.480111	1.101285	-.192056

图 9.22　训练样本时生成的各项评价指标

(9) 图形输出(图 9.23～图 9.26)。

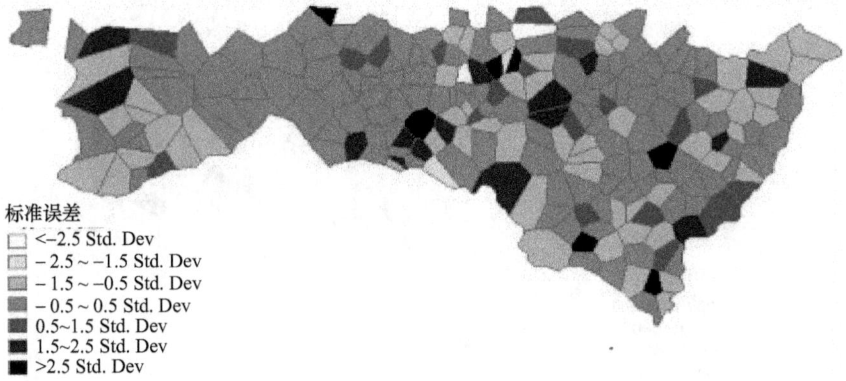

图 9.23　训练样本标准误差

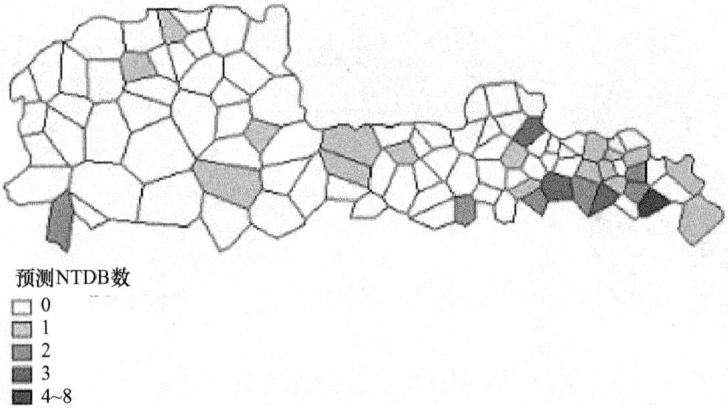

图 9.24　测试样本真实神经管畸形发生数(NTDB)分布

3. 解释

Geographically Weighted Regression 是 ArcGIS9.3 新增加的功能模块。在运算过程中,程序根据交叉验证(cross validation,CV)来确定 Bandwidth,通过高斯(Gaussian)函数来确定权矩阵。kernel_type 选择 FIXED 项表示用来解决任意一个局部回归分析的空间矩阵都采用固定的距离。

在输出的评价系数中 Condition Number(Cond)表示局部的共线性情况,当大于 30 时,表明实验结果不理想。本实验中该值全部小于 30。Predicted 给出其预测结果,Residuals 表明真实值与预测值的差。

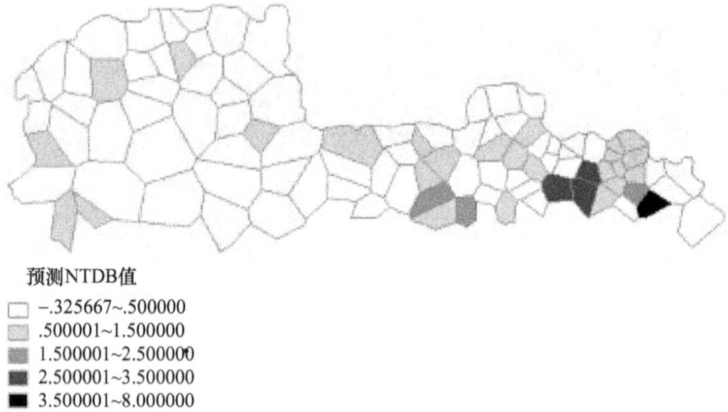

图 9.25　测试样本预测神经管畸形发生数(NTDB)分布

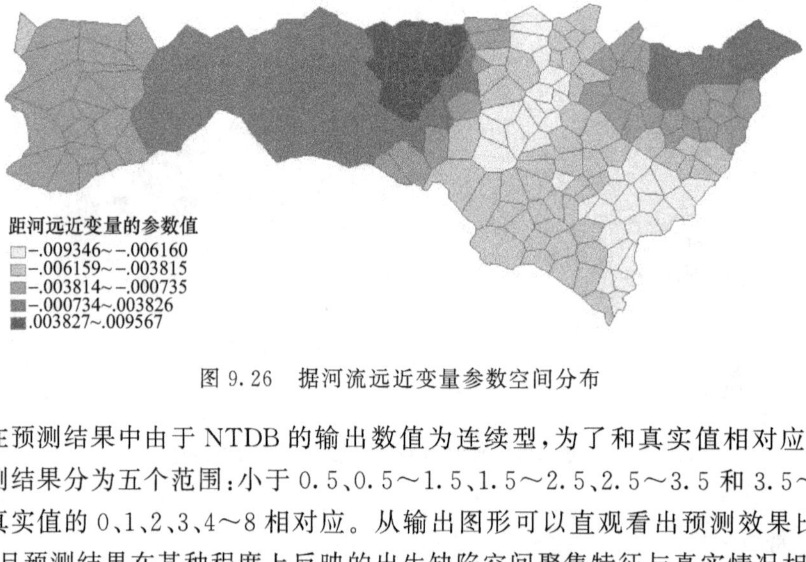

图 9.26　据河流远近变量参数空间分布

在预测结果中由于 NTDB 的输出数值为连续型，为了和真实值相对应，因此将预测结果分为五个范围：小于 0.5、0.5～1.5、1.5～2.5、2.5～3.5 和 3.5～8，分别和真实值的 0、1、2、3、4～8 相对应。从输出图形可以直观看出预测效果比较理想，而且预测结果在某种程度上反映的出生缺陷空间聚集特征与真实情况相似；各解释变量系数的空间分布显示了各解释变量在不同区域对神经管畸形发生数解释能力的空间差异。

第10章 决 策 树

10.1 原 理

决策树是一个可以自动对数据进行分类的树形结构，是用树形结构表示的知识推理机，可以直接转换为决策规则。

经过一批训练数据的训练产生的一棵决策树，可以根据属性的取值对一个未知实例集进行分类。使用决策树对实例进行分类的时候，由树根开始对该对象的属性逐渐测试其值，并且顺着分支向下走，直至到达某个叶结点，此叶结点代表的类即为该对象所处的类，如图10.1所示。

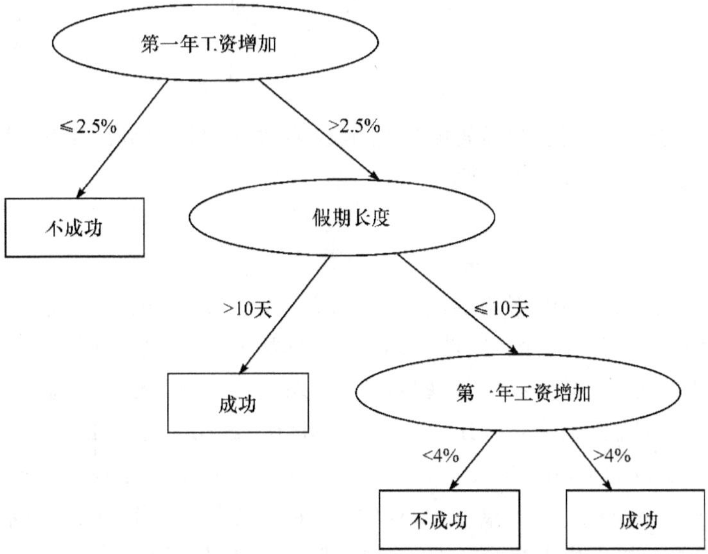

图10.1 劳动合同签订成功与否的决策树

决策树技术是一种“贪心”搜索，使用了贪心算法(greedy algorithm)，它把每个属性值依次试探加入左子树，如果能够找到更大的信息增益(information gain)那么就把这个属性值加入左子树，否则把它退回右子树。这样试探下去，直到左子树不能再变大为止，就能求到最大的属性值。贪心算法总是做出在当前看来最好的选择，并不从整体最优考虑，它所做出的选择只是在某种意义上的局部最优选择。

图 10.2 为决策树实验步骤。

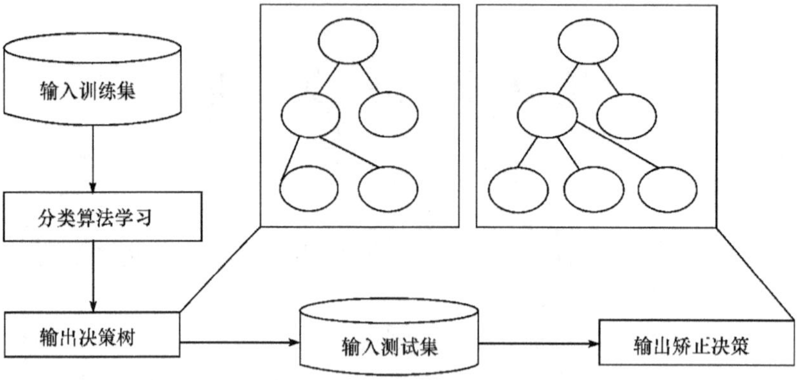

图 10.2 决策树实验步骤

10.2 案 例

1. 目的

本实验欲通过和顺县神经管畸形出生缺陷数据训练生成决策树，并通过该决策树对出生缺陷率进行分类预测。

2. 数据

数据采用和顺县神经管畸形出生缺陷影响因子数据，包括：土壤类型、河流缓冲区、道路缓冲区、分水线编号、坡度编号、岩石类型编号、断层缓冲、土地覆盖、高度、先前分水线编号、医生数量、化肥数量、水果数量、净收入、农药数量、蔬菜数量(soil_code、riverbuffer、roadbuffer、watershed_ID、gradient_code、lithology_code、faultagebuffer、landcover、elevation(m)、watershed_ID_previous、doctor、fertilizer、fruit、net-income、pestcide、vegetable)以及出生缺陷率(NTD_rate)数据，在求出生缺陷率的过程中将出生人数小于 5 人的村剔除，以便用较稳定的发病率进行后续计算。将出生缺陷率分为：0、>0 并且<0.08、>0.08 等 3 类，即无出生缺陷、出生缺陷率不高、出生缺陷高发 3 类。

3. 软件使用

(1) SPSS16 软件下载地址：http://download. pinggu. org/spss/ SPSSv 16.0.rar。

(2) 首先在 SPSS 中打开所需 NTD 数据(图 10.3)。

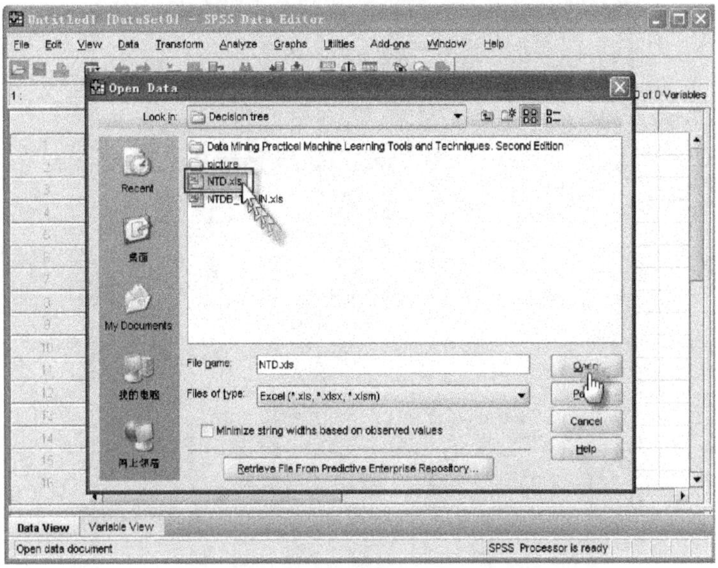

图 10.3　打开 NTD 数据

(3) 选择决策树工具对数据进行分析(图 10.4)。

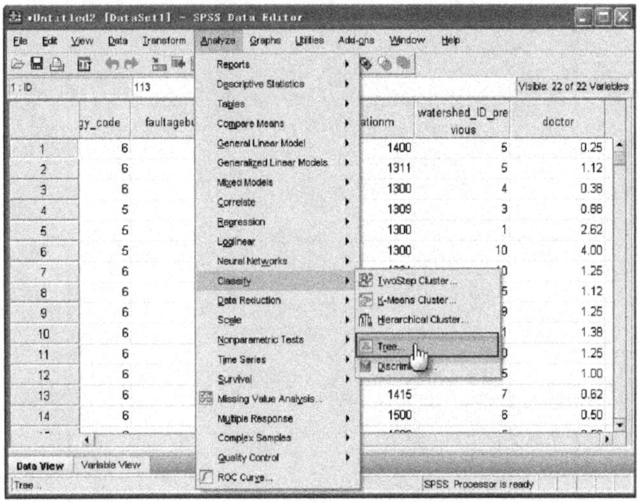

图 10.4　选择决策树分类

(4) 选择所要研究的目标变量、相关因素以及所采用的算法。本次实验采用的算法为 Exhaustive CHAID,这种算法不仅可以处理自变量为连续性的样本数据,而且还可以利用多层树形统计分析法对数据内涵作精确检验(图 10.5)。

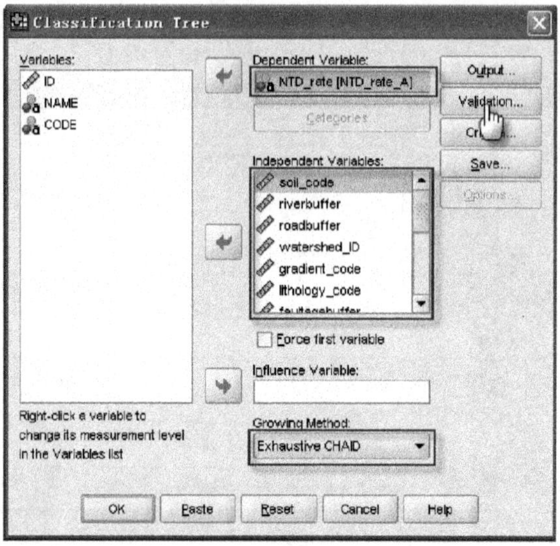

图 10.5　变量及算法选择

(5) 选择训练样本量及验证样本量(图 10.6)。

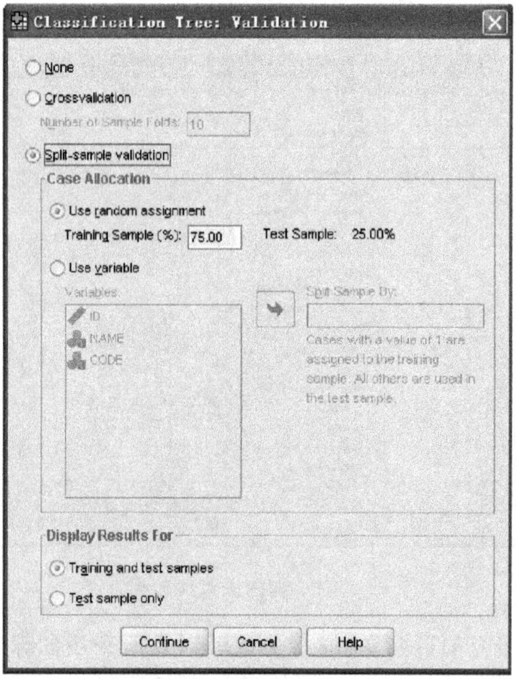

图 10.6　训练样本量设置

(6) 返回决策分类树参数设置窗口，点击 OK 即可得到决策分类树等输出信息。

4. 输出与解释

输出见图 10.7～图 10.10。

通过测试数据验证，决策树分类的准确度比较理想，如决策树图 10.9 所示，由训练样本进行分类所得到的平均准确率达到 67.9%，而测试数据到达 80.6%。

从训练样本得出的决策树图 10.8 可以看出，收入是影响出生缺陷率最重要的因素，在平均收入<1245 且医生的年平均数量<0.75 的村中，出现出生缺陷高发（发病率>0.08）的概率相对较高。当平均收入>1245 时，各村通常会出现出生缺陷情况，但并不属于高发村庄。

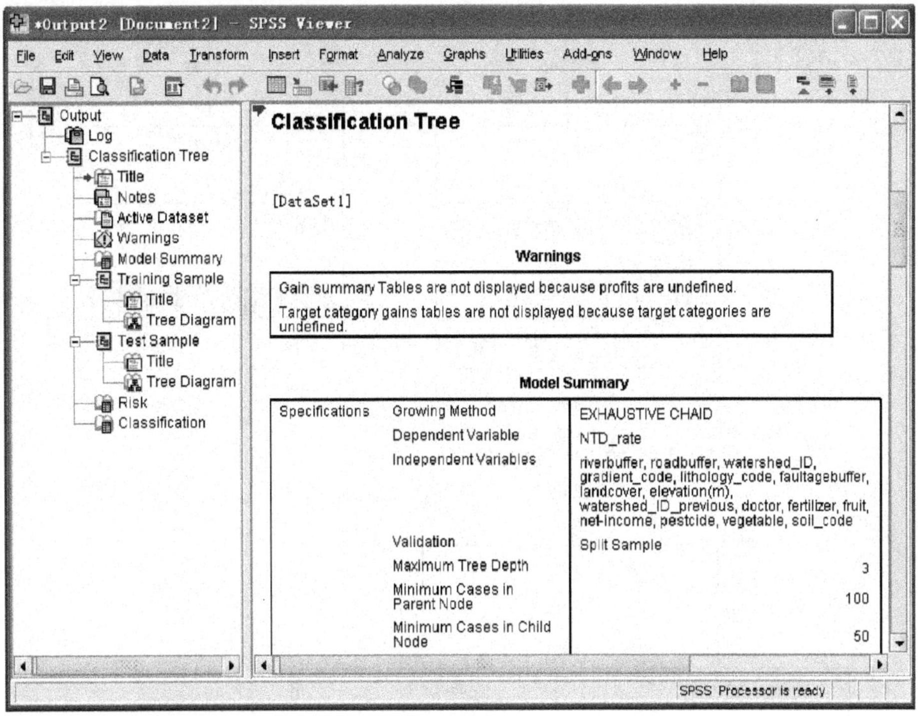

图 10.7　结果输出

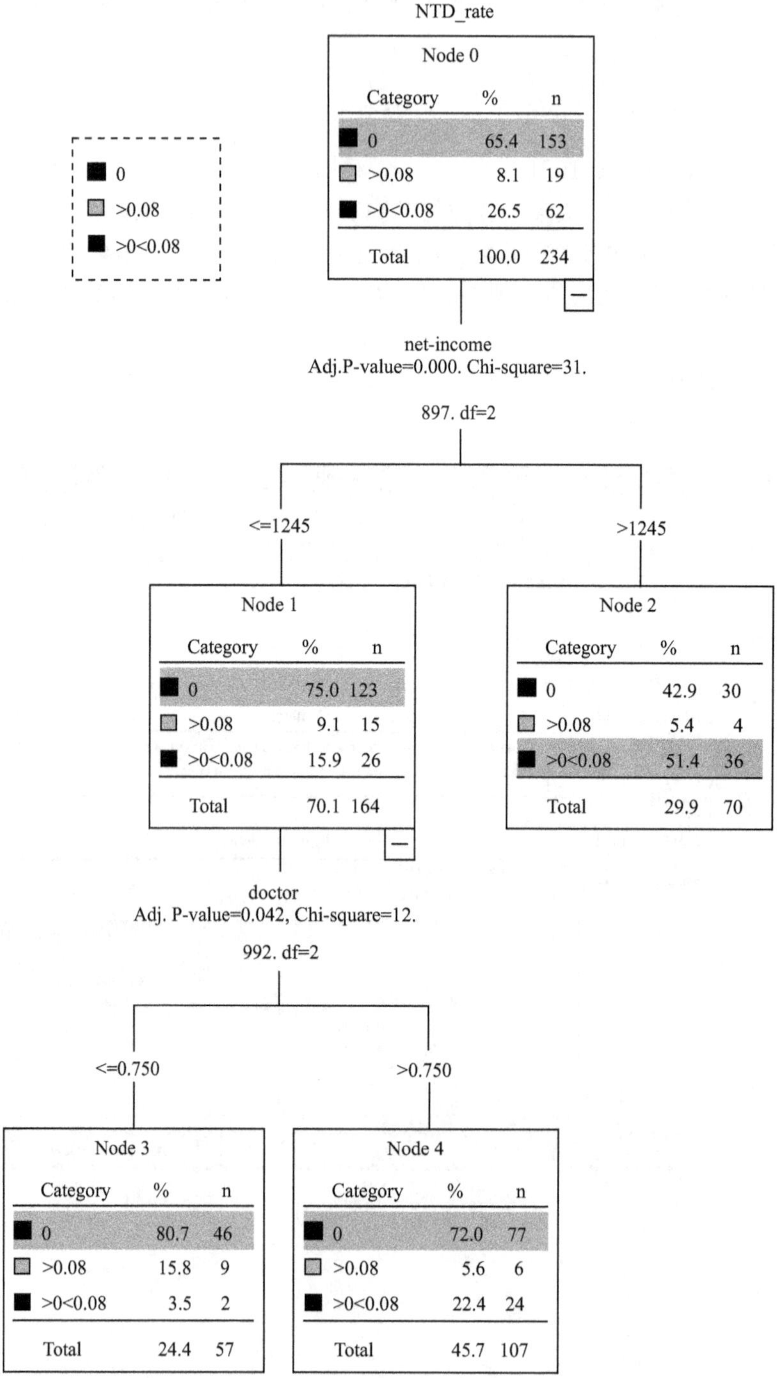

图 10.8　由训练样本生成的决策树

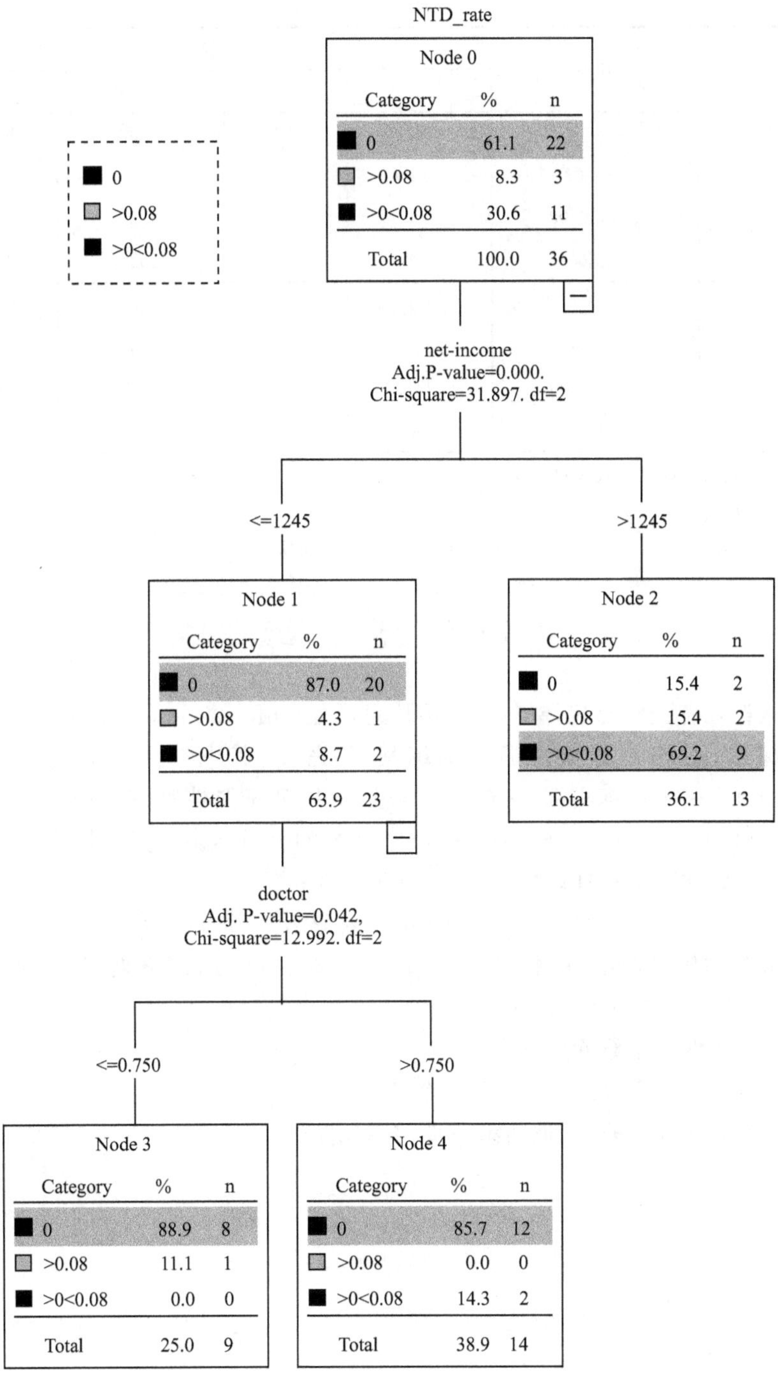

图 10.9　输出经测试数据验证的决策树

分　类

观测	样本	预测			
		0	>0.08	>0<0.08	正确率
训练	0	123	0	30	80.4%
	>0.08	15	0	4	.0%
	>0<0.08	26	0	36	58.1%
	总体	70.1%	.0%	29.9%	67.9%
测验	0	20	0	2	90.9%
	>0.08	1	0	2	.0%
	>0<0.08	2	0	9	81.8%
	总体	63.9%	.0%	36.1%	80.6%

生长方法：EXHAUSTIVE CHAID。

因变量：NTD_rate。

图 10.10　分类正确率

10.3 算　　法

决策树在各级结点选择属性时，用信息增益(information gain)最大作为属性的选择标准，其构造算法可通过训练集 T 完成，其中 $T=\{\langle x,c_j\rangle\}$，而 $x=(a_1,\cdots,a_n)$为一个训练实例，它有 n 个属性，分别列于属性表$(A_1,\cdots,A_n)$中，其中 a_i 表示属性 A_i 的取值。$c_j\in C\{c_1,\cdots,c_m\}$为 X 的分类结果。算法分以下几步：

(1) 从属性表中选择属性 A_i 作为分类属性；

(2) 若属性 A_i 的取值有 k_i 个，则将 T 划分为 k_i 个子集 $T_1,\cdots,T_k$，用熵计算该样本分类的信息增益，其中，$T_{ij}=\{\langle x,C\rangle\mid\langle x,c\rangle\}\in T$，即子集 T_j 中类 C_i 的样本，且 X 的属性取值 A 为第 k_i 个值；

(3) 从属性表中删除属性 A_i；

(4) 对于每一个 $T_{ij}(1\leqslant j\leqslant k_i)$，令 $T=T_{ij}$；

(5) 如果属性表非空，返回第一步，否则输出。

第 11 章　贝叶斯网络

11.1　原　　理

贝叶斯网络(Bayesian networks,BN)是用来表示变量间连接概率的图形模式,它提供一种自然因果信息,用来发现数据间潜在的相互关系。它用概率权重来描述数据间的相关性,解决数据间的不一致甚至相互独立的问题;用图形的方法描述数据间的相互关系,直观便于理解,且有助于利用数据间的因果关系进行预测分析。贝叶斯网络独特的不确定性知识表达形式、丰富的概率表达能力、综合先验知识的增量学习特性,综合了领域知识和数据信息,通过概率推理实现事件发生的预测功能,使其在天气预报、生态建模、疾病诊断等方面得到了广泛的应用。

贝叶斯分类器指的是基于贝叶斯网络所建构的分类器。贝叶斯网络是描述数据变量之间关系的图形模型,是一个带有概率注释的有向无环图。贝叶斯网络 $G=\langle S,P\rangle$ 由网络的拓扑结构 S 和局部概率分布的集合 P 两部分组成,S 是一个有向无环图 DAG,P 代表用于量化网络的一组参数。建立贝叶斯网络分类器可以被分为两个子阶段:网络拓扑学习即有向非循环图的学习(简称结构学习),即利用贝叶斯网络的学习算法,从实例数据中建立所有属性变量和类变量构成的贝叶斯网络结构;网络中每个变量的局部条件概率分布的学习(简称参数学习),采用贝叶斯类变量的最大后验概率。

根据对特征值间不同关联程度的假设,可以得出各种贝叶斯分类器。本实验采用 NB(Naive Bayes)分类器。NB 分类器假定各特征变量 x 是相对独立的,虽然这种条件独立的假设在许多应用领域未必能很好满足,但这种简化的贝叶斯分类器在许多实际应用中还是得到了较好的分类精度。流程如图 11.1 所示。

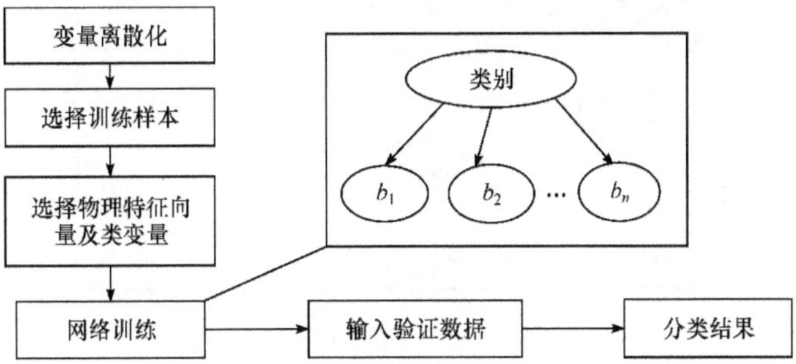

图 11.1　实验步骤

11.2　案例 1:出生缺陷预测

1. 目的

本实验欲通过和顺县神经管畸形出生缺陷(NTD)数据构造贝叶斯网络,以便对出生缺陷率进行分类预测。

2. 数据

数据采用和顺县神经管畸形出生缺陷影响因子数据,包括:土壤类型、河流缓冲区、道路缓冲区、流域、坡度编号、岩石类型、断层缓冲、土地覆盖、高度、先前流域、医生数量、化肥数量、水果数量、净收入、农药数量、蔬菜数量(soil_code、riverbuffer、roadbuffer、watershed_ID、gradient_code、lithology_code、faultage-buffer、landcover、elevation、watershed_ID_previous、doctor、fertilizer、fruit、net-income、pestcide、vegetable)以及出生缺陷率(NTD_rate)数据,在求出生缺陷率的过程中将出生人数小于 5 的村剔除。使用 200 条样本数据用于训练,70 条样本数据用于测试。

3. 软件操作

(1) 软件 BN software 下载地址:http://www.cs.ualberta.ca/~jcheng/download.ht。该软件包括 Data PreProcessorBN,PowerConstructorBN 和 PowerPredictor 三部分。

(2) 数据预处理,首先将数据存入 Access 数据库(图 11.2~图 11.5)。

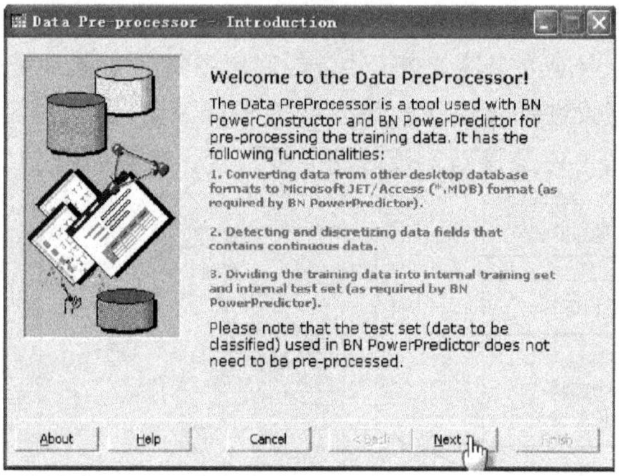

图 11.2　数据处理向导

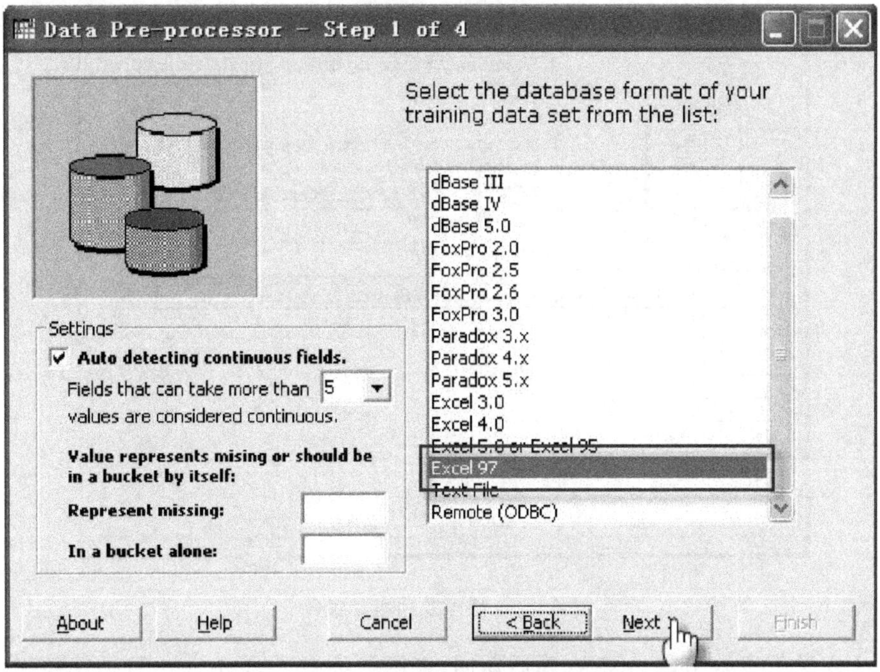

图 11.3　选择 Excel 文件类型

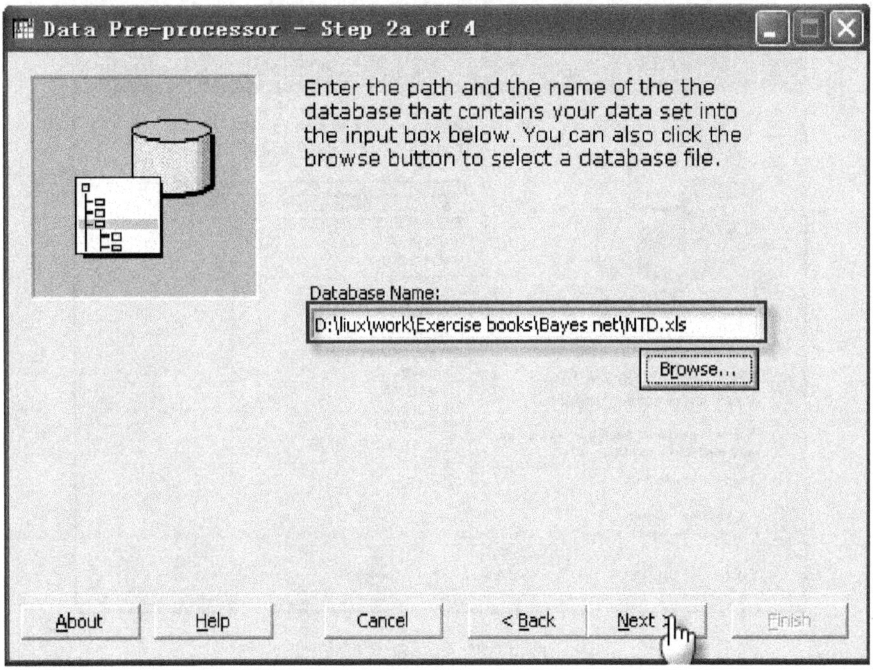

图 11.4　选择文件所在地址

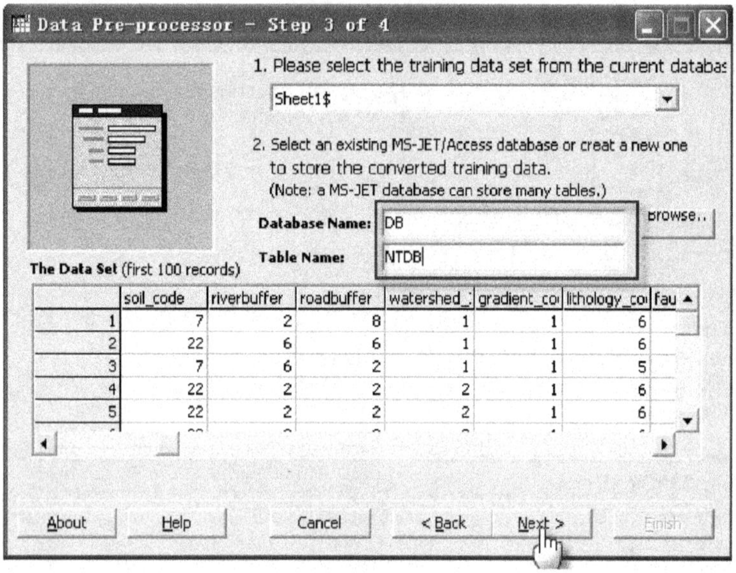

图 11.5　确定数据库及表名

(3) 数据存入指定 Access 库后返回，在第一步中选择 Access 数据库类型，并对其中指定数据进行离散化处理。对贝叶斯网络而言，如果不进行离散化，计算量将变得十分庞大，数据处理效率低下(图 11.6～图 11.8)。

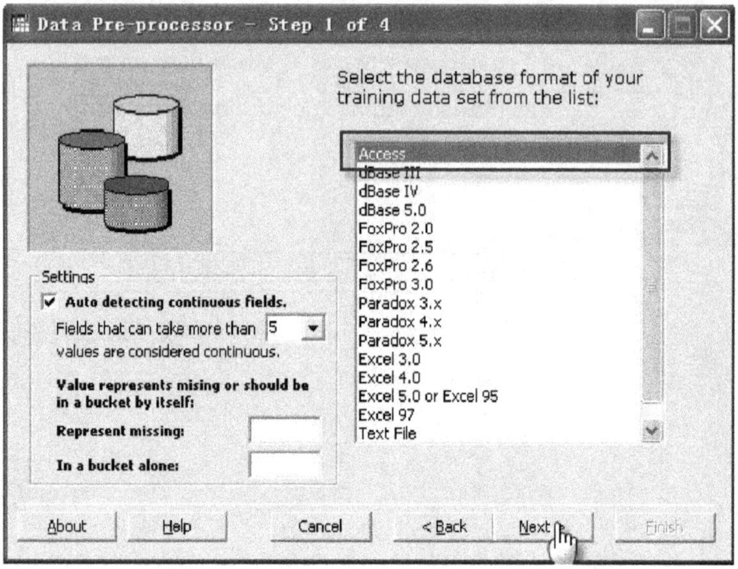

图 11.6　选择 Access 数据库类型

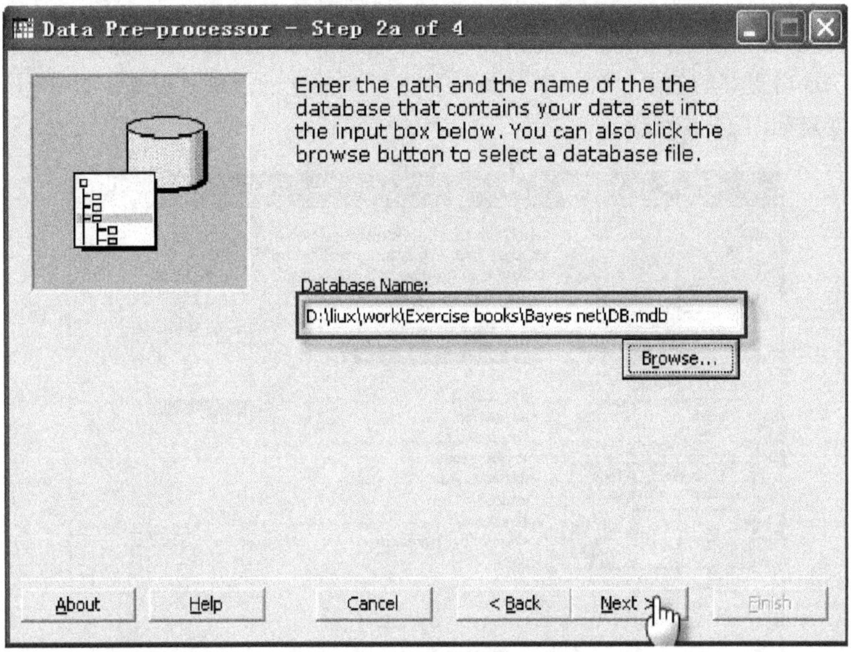

图 11.7　指定数据库所在位置

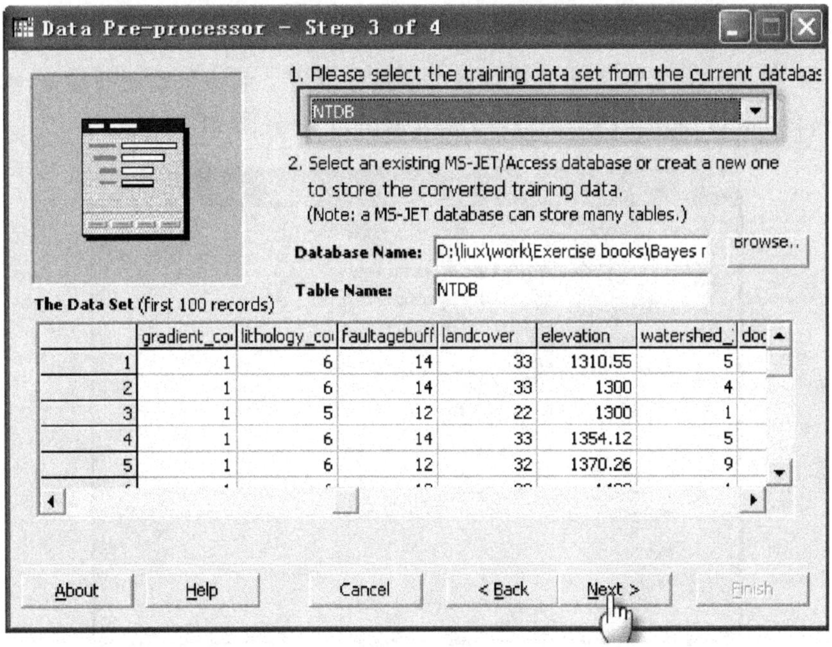

图 11.8　指定数据库

(4) 对数据中非离散型变量进行熵离散，该方法在离散化时考虑了类别信息的条件，从各个被选分割点中依据熵最小的原则寻找最优的分割点，能够比其他离散化方法取得更好的效果。勾选部分为需要进行离散化的连续性变量。NTD_rate 为类别变量如图 11.9 所示。

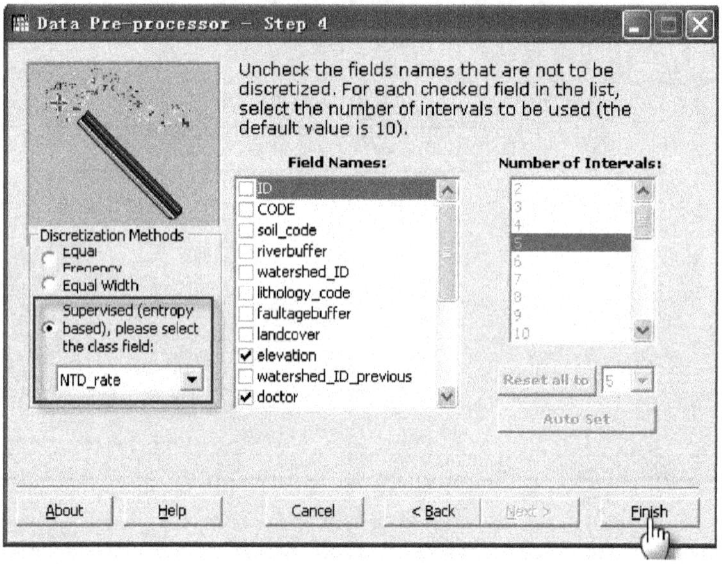

图 11.9　变量离散化

(5) 在 Access 数据库中将处理后的数据分成用于训练与验证两部分，本实验中选取 200 条数据用于网络训练，70 条数据用于验证(图 11.10)。

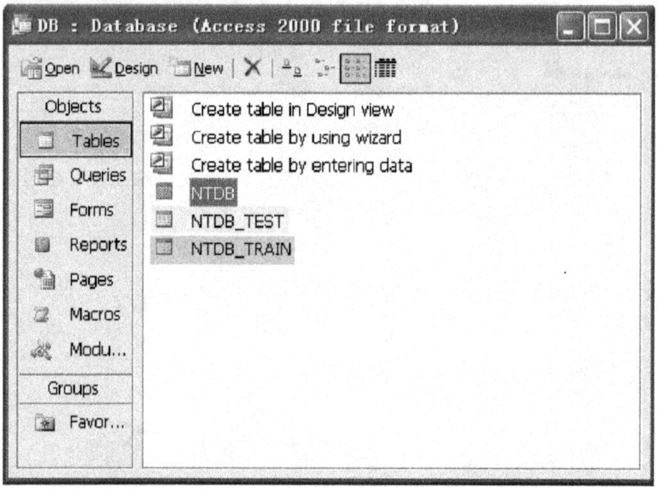

图 11.10　Access 数据库中将数据分类

(6) 点击进入 bnpp 模块,选择使用数据学习网络分类器,并选择数据库所在位置(图 11.11)。

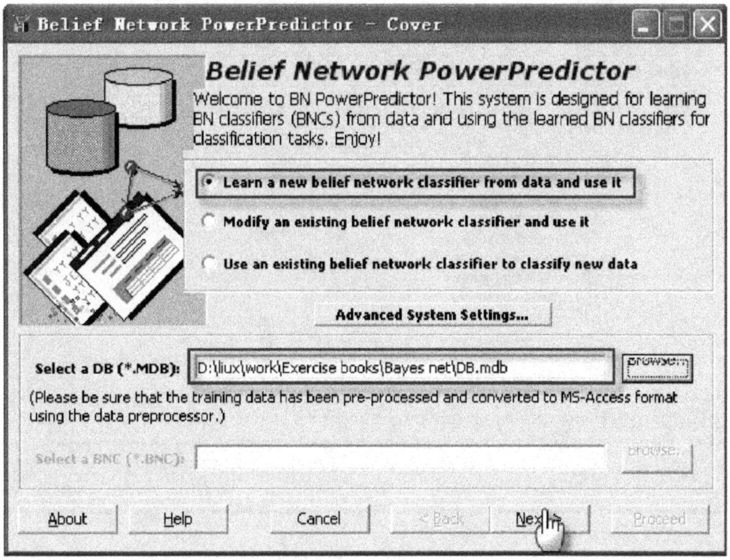

图 11.11　学习网络分类器

(7) 选择用于训练的表格及分类变量,反选 ID、NAME、CODE 不需参与构建网络的变量,进行网络分类器生成(图 11.12～图 11.15)。

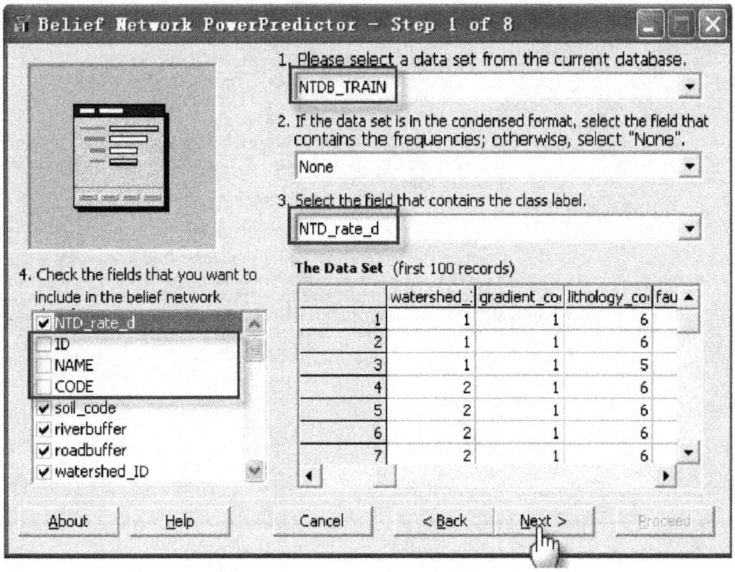

图 11.12　变量设置

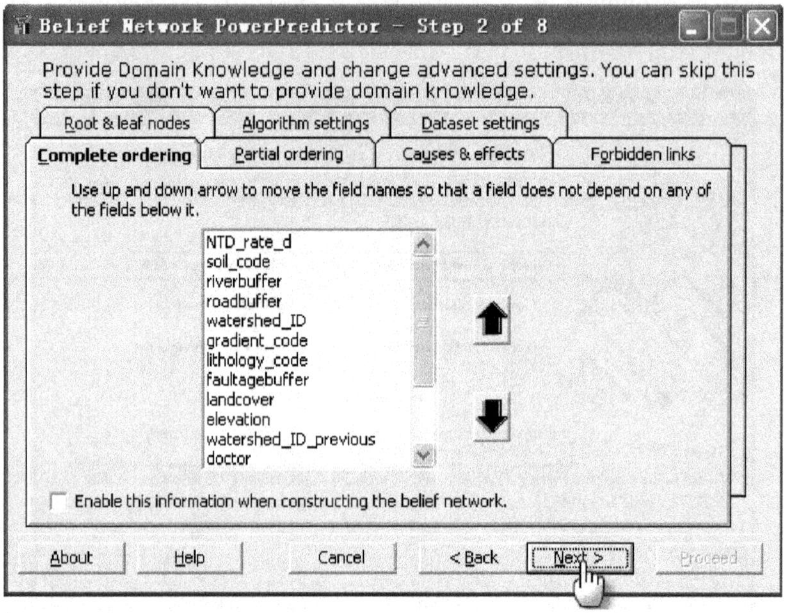

图 11.13　高级设置

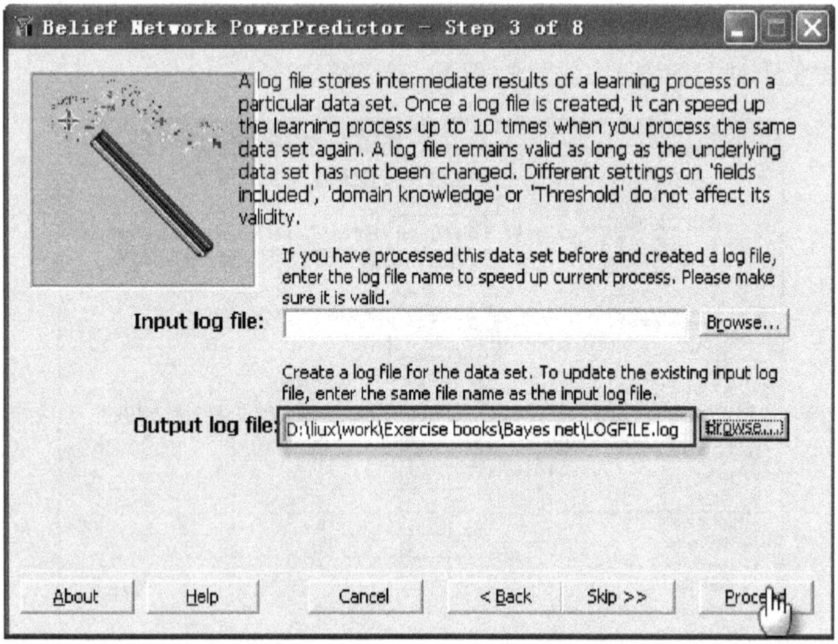

图 11.14　log 文件输入输出设置

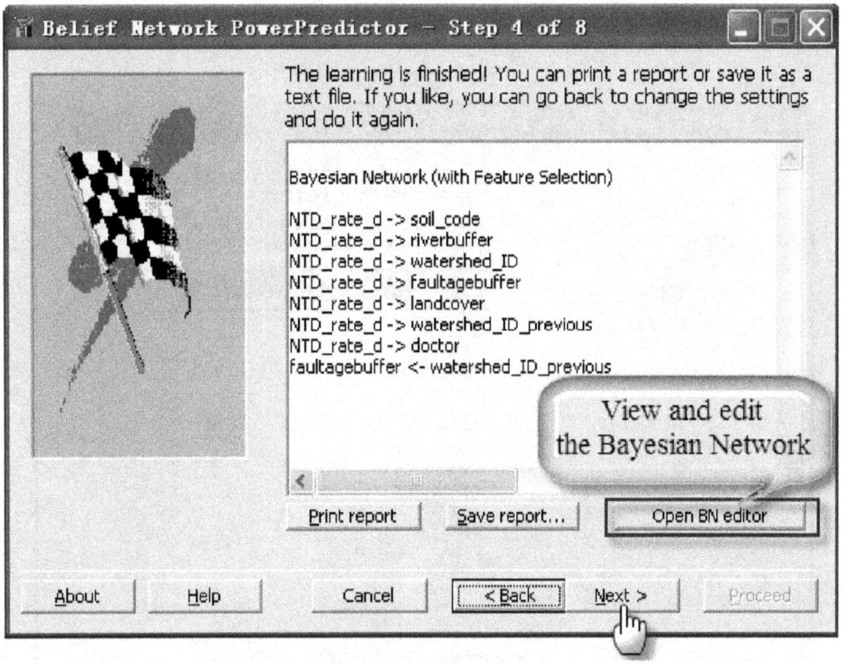

图 11.15　结果输出

(8) 保存网络分类器,用于分类(图 11.16)。

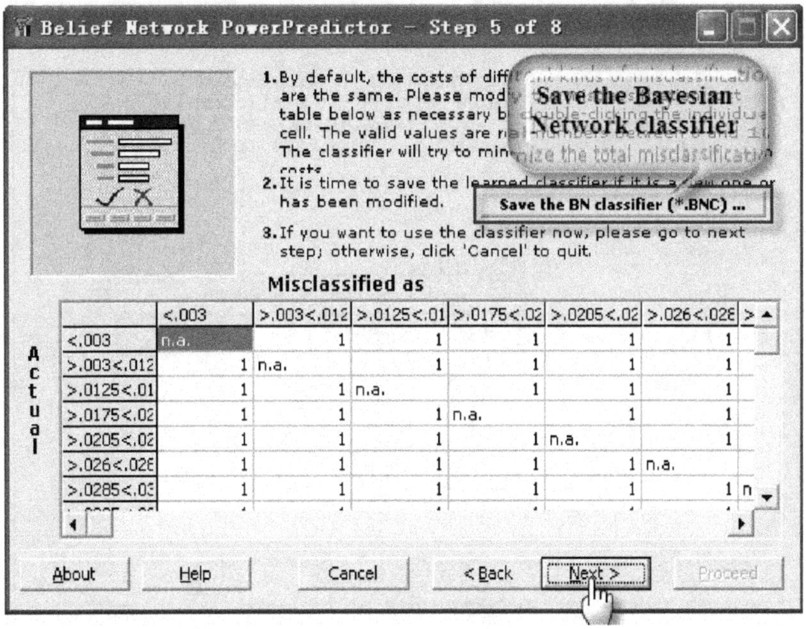

图 11.16　保存网络分类器

(9) 验证贝叶斯网络分类器,首先选择数据库中用于验证的数据(图 11.17、图 11.18)。

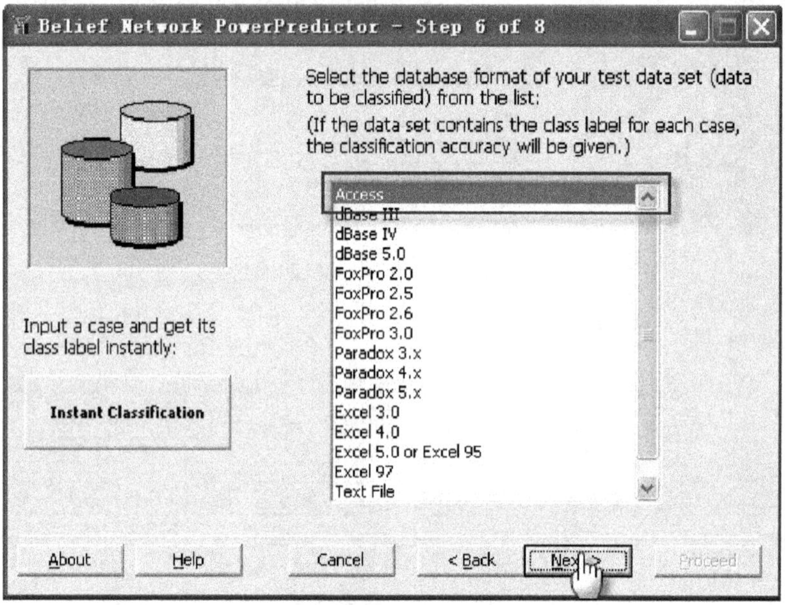

图 11.17　选择使用 Access 数据库

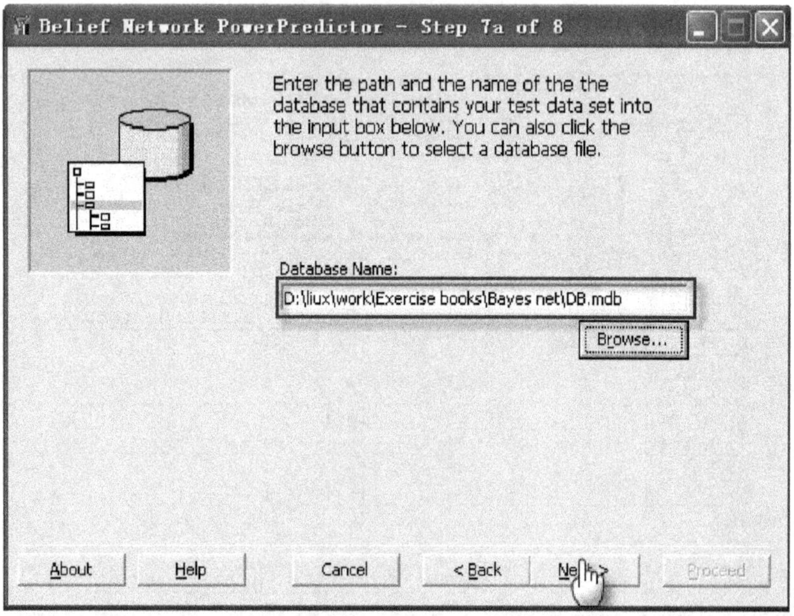

图 11.18　选择数据库所在位置

(10) 选择用于验证数据所在表及分类变量，设分类结果输出地址(图 11.19)。

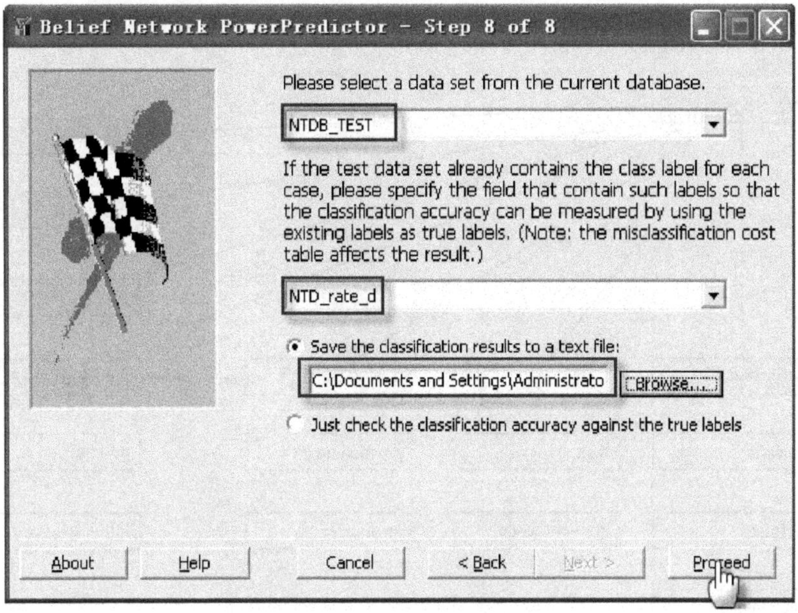

图 11.19　分类结果验证

(11) 对尚待分类的数据可用生成的贝叶斯网络分类器进行分类(图 11.20)。

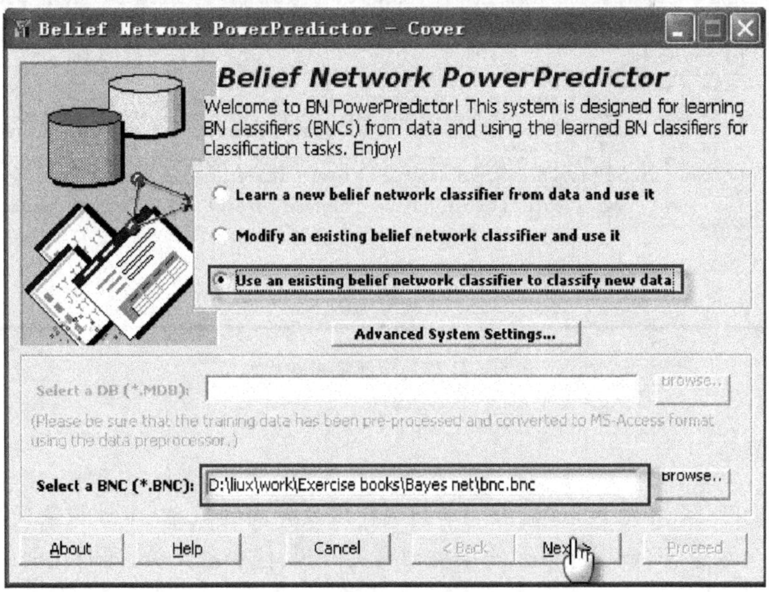

图 11.20　进行贝叶斯分类

4. 输出

输出结果如图 11.21 和图 11.22 所示。

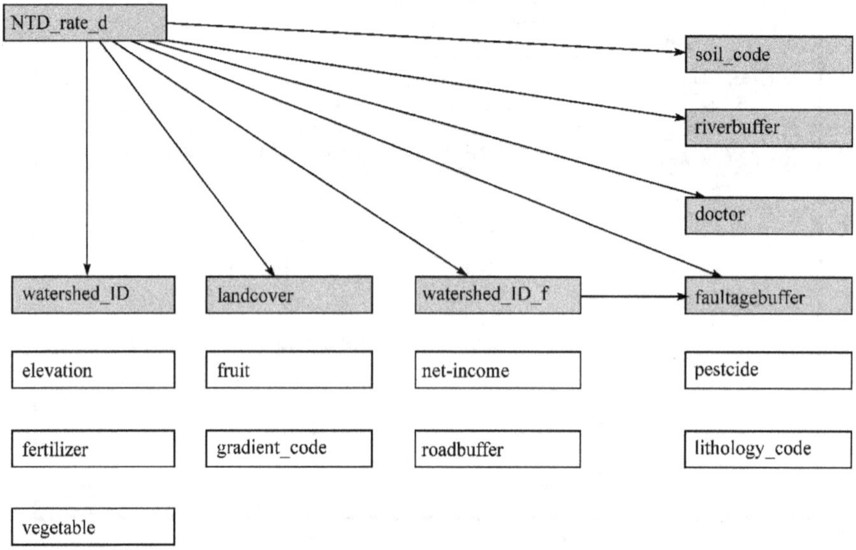

图 11.21　贝叶斯网络分类器

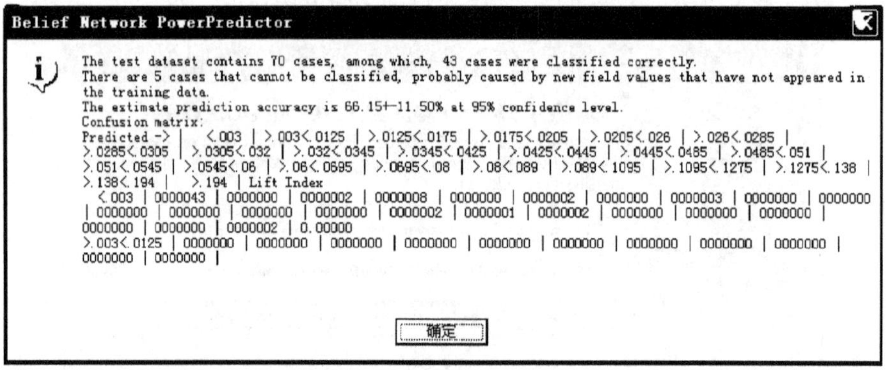

图 11.22　验证结果输出

5. 解释

由图 11.21 可见 NTD 的发病率与现在以及先前的流域、土地覆盖类型、断层缓冲、医生数量、河流缓冲以及土壤类型有关，与其他变量无关，同时先前的流域又受到断层缓冲的影响。由图 11.22 可知，在有 70 个村的验证数据中，43 个村得到正确分类。在 95%的置信区间内，分类正确率为 66.15%±11.50%。

11.3　案例 2:交通流预测

1. 数据

本实验采用的数据为交通流实时状态数据,路口及路段空间位置关系示意图参见图 11.23 所示,各个属性字段的值及含义如表 11.1、表 11.2 所示。

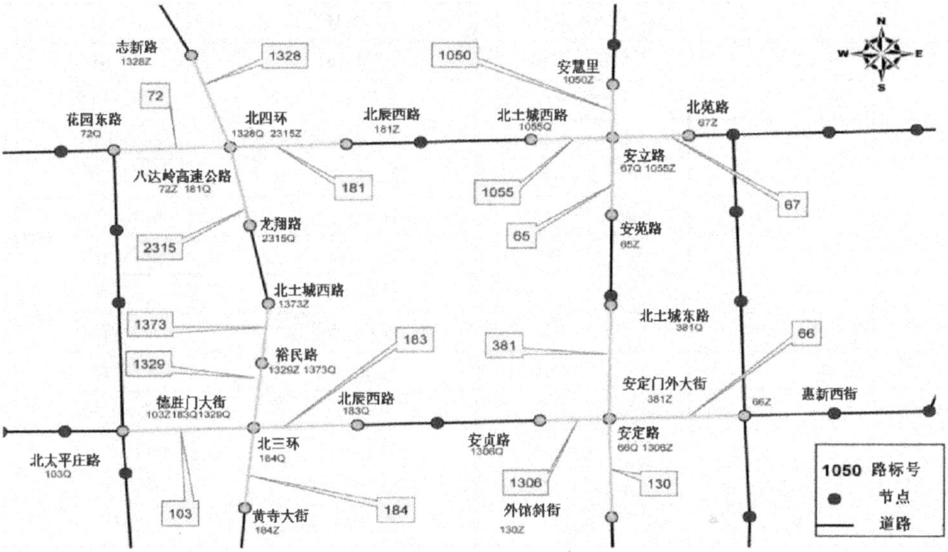

图 11.23　多路口多路段空间位置示意图

表 11.1　实验数据示例(2008 年 3 月 3 日)

TimeId	$R65$	$R66$	$R67$	$R72$	$R103$	…
86	C	B	C	C	C	…
87	C	A	C	C	B	…
88	B	B	C	C	B	…
89	A	B	C	B	B	…
…	…	…	…	…	…	…

注:TimeId 为时间 ID,即交通流状态发布的时间,以 5min 为一个发布间隔(每天 24 小时,共 288 个),编号表示时间段。零点后第一个 5min 为 1,最后一个分段为 288。TimeId 为 84,表示该天早上 7 点。"$R65$"表示路段编号。A、B、C 表示实时路况:A-拥堵(车行时速≤20km/h),B-缓慢(20km/h<车行时速≤40km/h),C-畅通(车行时速>40km/h)。

表 11.2 多路口多路段属性说明

序 号	RoadID（路段编号）	Nname（路段名称）	Qname（起始节点）	ZDname（终止节点）
1	R65	安定路	安立路	安苑路
2	R-65	安定路	安苑路	安立路
3	R66	北三环东路	安定路	惠新西街
4	R-66	北三环东路	惠新西街	安定路
5	R67	北四环东路	安立路	北苑路
6	R-67	北四环东路	北苑路	安立路
7	R72	北四环中路	花园东路	八达岭高速公路
8	R-72	北四环中路	八达岭高速公路	花园东路
9	R103	北三环中路	北太平庄路	德胜门外大街
10	R-103	北三环中路	德胜门外大街	北太平庄路
11	R130	安定门外大街	安定路	外馆斜街
12	R-130	安定门外大街	外馆斜街	安定路
13	R181	北四环中路	八达岭高速公路	北辰西路
14	R-181	北四环中路	北辰西路	八达岭高速公路
15	R183	北三环中路	德胜门外大街	北辰西路
16	R-183	北三环中路	北辰西路	德胜门外大街
17	R184	德胜门外大街	北三环中路	黄寺大街
18	R381	安定路	北土城东路	安定门外大街
19	R-381	安定路	安定门外大街	北土城东路
20	R1050	安立路	安定路	安慧里
21	R-1050	安立路	安慧里	安定路
22	R1055	北四环中路	北辰东路	安立路
23	R-1055	北四环中路	安立路	北辰东路
24	R1306	北三环中路	安贞路	安定路
25	R-1306	北三环中路	安定路	安贞路
26	R1328	八达岭高速公路	北四环中路	志新路
27	R-1328	八达岭高速公路	志新路	北四环中路
28	R1329	八达岭高速公路	德胜门外大街	裕民路
29	R-1329	八达岭高速公路	裕民路	德胜门外大街
30	R1373	八达岭高速公路	裕民路	北土城西路
31	R-1373	八达岭高速公路	北土城西路	裕民路
32	R2315	八达岭高速公路	龙翔路	北四环中路
33	R-2315	八达岭高速公路	北四环中路	龙翔路
34	R-184(Decision)	德胜门外大街	黄寺大街	北三环中路

2. 输入

该实验所导入的数据表中，条件属性如表 11.2 中所示序号为 1～33 的路段在 2008 年 3 月 3 日早 7 点(timeId 为 84)至晚 7 点(timeId 为 228)的交通流状态，决策属性为序号为 34 的路段，即 R-184(Decision)在 2008 年 3 月 3 日早 7:05(timeId 为 85)至晚 7:05(timeId 为 229)的交通流状态。本实验中，根据各路口各路段既成的时空相关性，利用特定区域内 33 个路段某历史时刻的交通流状态对某特定路段(第 34 个)历史时刻未来 5min 的交通流状态进行预测和推断。

3. 软件使用

参见案例 1(11.2 节)。

4. 输出

如表 11.3 及图 11.24 所示输出了预测分类的结果精度、混淆矩阵及 ROC 指数。

表 11.3　预测分类结果输出

TIMEID	*R*65	…	*R*-2315	DECISION	BNPP_OUTPUT	Prob. *A*	Prob. *B*	Prob. *C*
200	*B*		*B*	*C*	*C*	0.04	0.25	0.71
…				…	…			…
205	*B*		*C*	*C*	*C*	0.04	0.25	0.71
206	*A*		*A*	*A*	*C*	0.04	0.25	0.71
…				…	…			…
217	*C*	…	*C*	*C*	*C*	0.04	0.25	0.71
218	*C*		*B*	*B*	*C*	0.04	0.25	0.71
219	*A*		*B*	*B*	*C*	0.04	0.25	0.71
220	*B*		*B*	*C*	*C*	0.04	0.25	0.71
221	*C*		*B*	*A*	*C*	0.04	0.25	0.71
222	*C*		*B*	*C*	*C*	0.04	0.25	0.71
223	*B*		*C*	*C*	*C*	0.04	0.25	0.71
224	*B*		*B*	*B*	*C*	0.04	0.25	0.71
225	*C*	…	*A*	*A*	*C*	0.04	0.25	0.71
226	*A*		*C*	*C*	*C*	0.04	0.25	0.71
227	*B*		*B*	*B*	*C*	0.04	0.25	0.71
228	*C*		*C*	*C*	*C*	0.04	0.25	0.71

注：DECISION 为实际值；BNPP_OUTPUT 为预测值；Prob. *A* 判别为 *A* 类的概率；Prob. *B* 判别为 *B* 类的概率；Prob. *C* 判别为 *C* 类的概率。

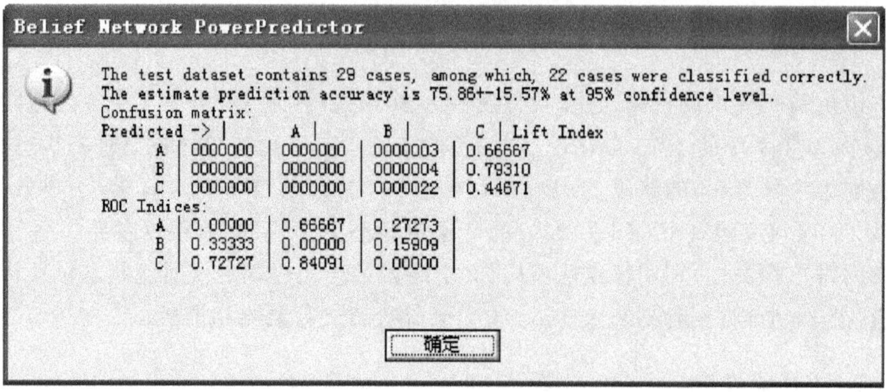

图 11.24　贝叶斯网络预测精度、混淆矩阵及 ROC 指数

5. 解释

如表 11.3 中 BNPP_OUTPUT 代表贝叶斯网络对测试数据的预测分类结果，Prob. A、Prob. B、Prob. C 分别代表样本被判别为 A、B、C 类的概率，从表中可以看出该网络结构将样本判别为 C 类别交通流状态的概率最高，均为 71%，因此选择出现概率最高的类别 C 作为分类预测的输出结果，因此，在图 11.24 混淆矩阵中可以看到，C 类别交通流状态预测值与实际值吻合度达到 100%(29 个测试数据中 22 个 C 类别)；而对 A、B 类别交通流状态预测精度却为 0，A、B 类别交通流状态预测被判定为 C 类别。这与原始的训练数据和测试数据本身的规模(A、B、C 类别各自的样本数)和值域有很大关系，比如训练数据集(116 个样本)中决策属性为 A、B 类别的样本的个数比较少，同时也和分类器的分类能力、优越性有关，因此要提高预测的精度，还必须改进分类算法，或者是得到涵盖更为丰富先验知识的训练集和测试集数据。

11.4　数 学 模 型

朴素贝叶斯分类器将训练样本 I 分解成特征向量 $\boldsymbol{X}$ 和决策类别变量 $\boldsymbol{C}$。假定一个特征向量的各分量相对于决策变量是独立的，即各分量独立地作用于决策变量。朴素贝叶斯分类的工作过程如下(杨青生和黎夏，2007)：

(1) 用 n 维特征向量 $\boldsymbol{X}=\{x_1,\cdots,x_n\}$ 表示每个数据样本，描述该样本的 n 个属性 $A_1,\cdots,A_n$。

(2) 假定数据样本可以分为 m 个类 $C_1,\cdots,C_m$。给定一个未知类别标号的朴素贝叶斯分类，将其分类到类 C_i，当且仅当

$$P(C_i|X)>P(C_j|X),\quad 1\leqslant j\leqslant m, j\neq i \tag{11.1}$$

式中，$P(C_i|X)$表示以 X 为条件的 C_i 的概率。$P(C_i|X)$最大的类 C_i 称为最大后验假定。

$$P(C_i|X)=\frac{P(X|C_i)P(C_i)}{P(X)} \tag{11.2}$$

(3) 由于 $P(X)$对于所有类都为常数，只需要 $P(X|C_i)P(C_i)$最大即可。类 C_i 的先验概率可从经验求得，也可从训练数据获得，$P(C_i)=S_i/S$，其中，S_i 是类 C_i 中的训练样本数，S 是训练样本总数。

(4) 假设属性间不存在依赖关系，则有

$$P(X|C_i)=\prod_{k=1}^{n}P(X_k|C_i) \tag{11.3}$$

式中，概率 $P(X_1|C_i)$，…，$P(X_n|C_i)$可以从训练样本计算。如果 A_k 是离散值，则 $P(X_k|C_i)=S_{ik}/S_i$。其中 S_{ik} 是类 C_i 中属性 A_k 的值，n 为 X_k 的训练样本数，S_i 是 C_i 中的样本数。

(5) 对每个类 C_i，计算 $P(X|C_i)P(C_i)$。把样本 X 指派到类 C_i 的充分必要条件是

$$P(C_i|X)P(C_i)>P(C_j|X)P(C_j),\quad 1\leqslant j\leqslant m, j\neq i \tag{11.4}$$

第12章　人工神经网络

12.1　原　　理

人工神经网络是由具有数据自适应性能力的简单单元组成的广泛并行互连的函数网络，它的组织能够模拟生物神经系统对真实世界物体所作出的交互反应，通过改变连接点的权重来训练神经网络完成特定的功能。

神经网络都是可训练的(亦称数据自适应)，一个特定的输入便可得到一个输出，如图12.1所示。这里，网络连接权重根据模型输出和期望输出比较差异而调整，迭代直到网络输出和目标匹配。

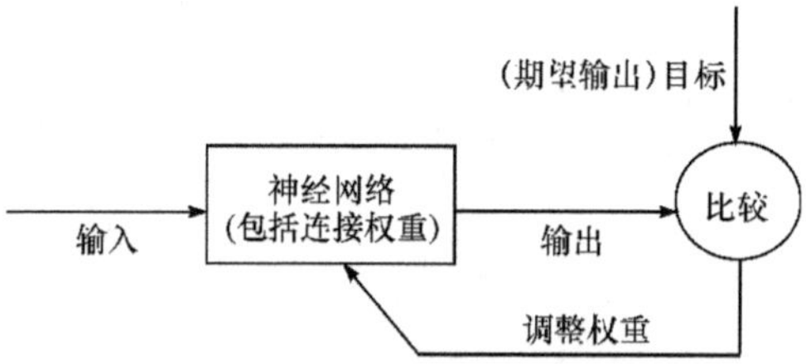

图12.1　神经网络训练过程

人工神经网络从神经元互连的方式上可分为前向神经网络和递归神经网络；从层次结构上可分为单层与多层网络；按信息处理的方式又可分为连续型与离散型网络、确定型与随机型网络、全局逼近和局部逼近网络；从学习算法上可分为监督与无监督学习、权值学习与结构学习方法。具体的神经网络有MLP、Adaline、BP、RBF、CMAC、BSB、BAM、ART、FNN、Hopfield、Elman、CPN等几十种结构。它们都在信息处理与控制中得到了广泛的应用。相对而言前向神经网络和递归神经网络的划分在控制应用中较为典型，前者由于其非线性函数的逼近能力，后者由于其对动态系统的模拟能力，对非线性和动态系统的建模与控制具有很好的前景(文敦伟，2001)。

前向神经网络具备分层结构，每层神经元之间有从输入达到输出的前向连接权重，同层神经元以及隔层神经元之间无连接。根据神经元的激励函数与求和方式不同，有不同网络形式，其中最典型的是BP网络和RBF网络。本实验采用并详细介绍BP网络，其计算步骤如图12.2所示。

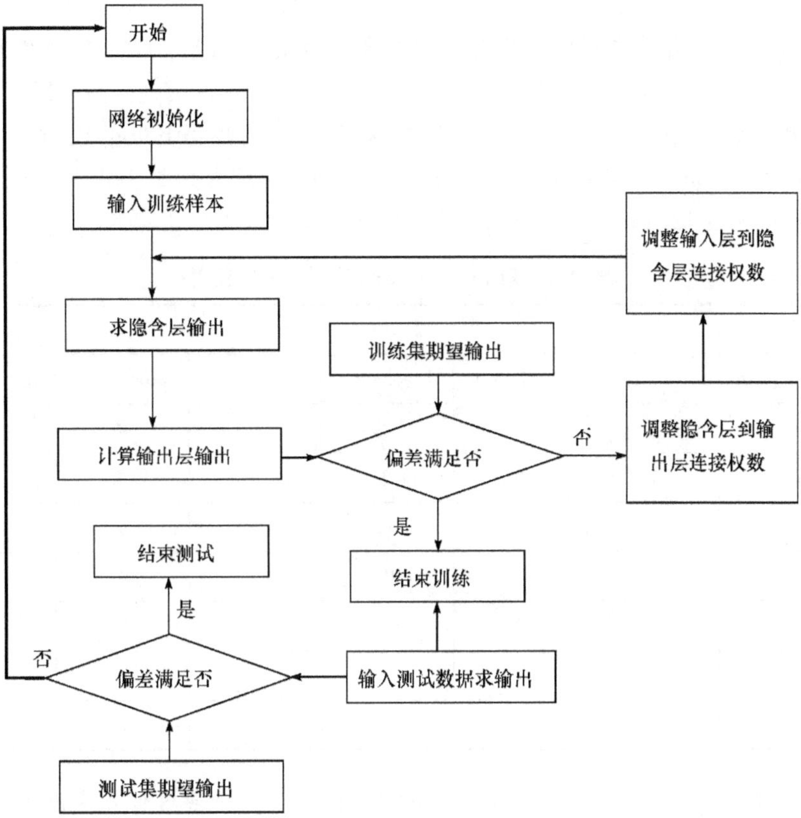

图 12.2 实验步骤

12.2 案 例

1. 目的

本实验欲通过和顺县神经管畸形出生缺陷(NTD)数据构建神经网络,以便对出生缺陷率进行预测。

2. 数据

数据采用和顺县神经管畸形出生缺陷影响因子的数据,包括:土壤类型、河流缓冲区、道路缓冲区、坡度、岩石类型、断层缓冲、高度、医生数量、化肥数量、净收入、农药数量、蔬菜数量(soil_code、riverbuffer、roadbuffer、gradient_code、lithology_code、faultagebuffer、elevation(m)、doctor、fertilizer、net-income、pestcide、vegetable)以及出生缺陷率(NTD_rate)数据,在求出生缺陷率的过程中将出生人数小于 5 的村剔除。

人工神经网络无法直接处理分类型变量(categorical variables),所以需要先对分类型变量进行处理。通常的做法是引入哑变量。例如,变量岩石类型(lithology_code)共有七类(1、2、3、4、5、6、7),引入哑变量后,用 lithology1、lithology2、lithology3、lithology4、lithology5、lithology6 共同表示编号为 1、2、3、4、5、6、7 七类岩石类型,见表 12.1。

表 12.1 对 lithology_code 变量引入哑变量

变换前	变换后					
lithology_code	lithology 1	lithology 2	lithology 3	lithology 4	lithology 5	lithology 6
1	0	0	0	0	0	0
2	1	0	0	0	0	0
3	0	1	0	0	0	0
4	0	0	1	0	0	0
5	0	0	0	1	0	0
6	0	0	0	0	1	0
7	0	0	0	0	0	1

同理对分类变量 soil_code 引入哑变量进行表示。通常对有 n 类的分类变量引入 $n-1$ 个哑变量表示。

将影响因子存入 NTD_factor(包含 NTD_factor_train 和 NTD_factor_test)文件,出生缺陷人数存入 NTD(包含 NTD_train 和 NTD_test)文件,并去除数据中的字符型。使用 200 条样本数据用于训练,70 条样本数据用于测试。

3. 软件操作

(1) 使用 MATLAB7。

(2) 点击图标,进入 MATLAB 7 操作界面(图 12.3)。

(3) 进入操作界面后,在指定位置输入代码即可训练并测试所需神经网络。

在 MATLAB 7 中输入以下代码(图 12.4):

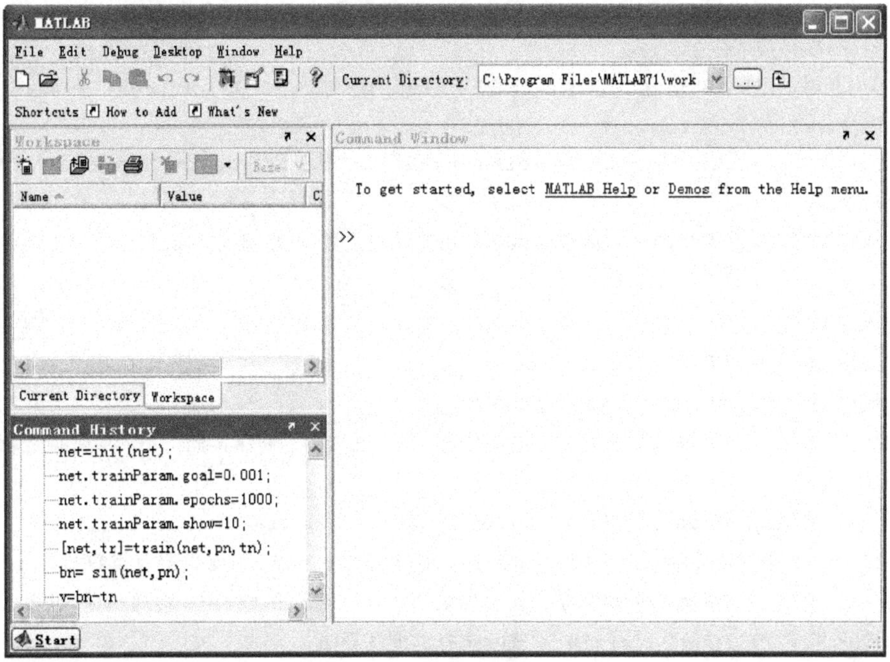

图 12.3　操作界面

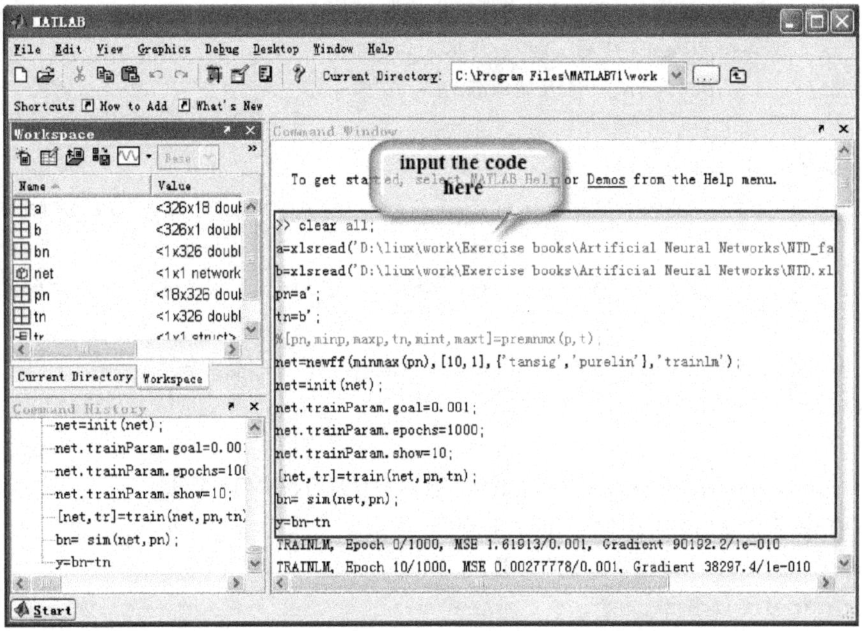

图 12.4　操作界面

```
clear all;
a=xlsread('D:\liux\work\Exercise books\Artificial Neural Networks\NTD_factor_train.xls');
b= xlsread ('D:\liux\work\Exercise books\Artificial Neural Networks\NTD_train.xls');
%分别获取用于训练网络的 NTD 的影响因素及出生缺陷人数,并赋值给 a、b。
pn=a';
tn=b';
%对数据矩阵进行转置。
%[pn,minp,maxp,tn,mint,maxt]=premnmx(pn,tn);
%在某些研究中为了加快训练速度而需对数据进行归一化处理。在本实验中不需对数据进行归一化处理。
net=newff(minmax(pn),[5,1],{'tansig','purelin'},'trainlm');
%使用 newff 函数创建级联前向神经网络,隐藏层节点数目为 5 个,输出层节点数目为 1 个;{'tansig','purelin'}表示输入层与隐含层之间的神经元采用 tansig 传递函数,隐含层与输出层采用 purelin 函数;'trainlm'表示选择的训练算法。
net=init(net);%初始化网络。
net.trainParam.goal=0.001;%训练精度设为 0.001。
net.trainParam.epochs=1000;%最大训练步数为 1000。
net.trainParam.show=10;%每 10 步一显示。
[net,tr]=train(net,pn,tn);%开始训练网络。

%以下部分为测试样本检测神经网络。
s=xlsread('D:\liux\work\Exercise books\Artificial Neural Networks\NTD_factor_test.xls');
l= xlsread ('D:\liux\work\Exercise books\Artificial Neural Networks\NTD_test.xls');
%分别获取用于测试网络的 NTD 的影响因素及出生缺陷人数,并赋值给 s、l。
sn=s';
ln=l';
kn=sim(net,sn);%根据训练好的网络及输入测试向量进行模拟网络输出。
y=kn-ln;%求出测试结果与真实值间的误差。
me=mean(abs(kn-ln));%求出平均误差。
st=std(kn-ln);%求出标准差。
```

(4) 右键点击代表误差的变量,选择 plot 项即可获得误差图(图 12.5)。

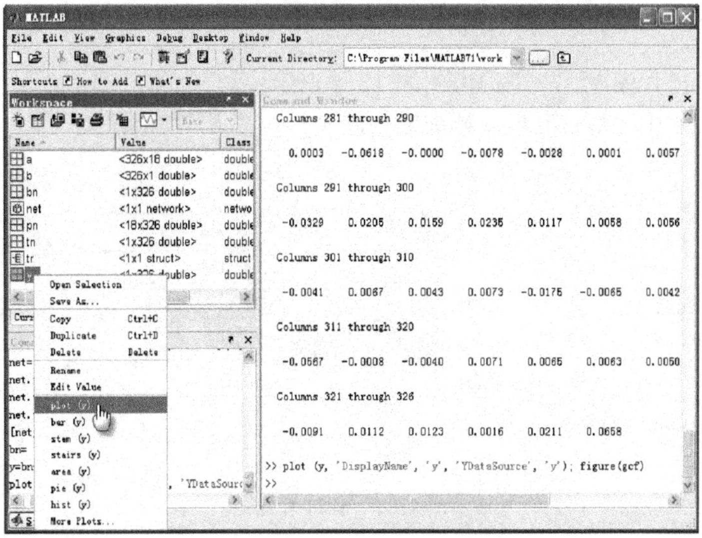

图 12.5　获取误差图

（5）在左侧 workspace 中选中代表真实值、预测值、误差所代表的变量，右键鼠标点选 Plot as three series 获取相应的线图（图 12.6）。

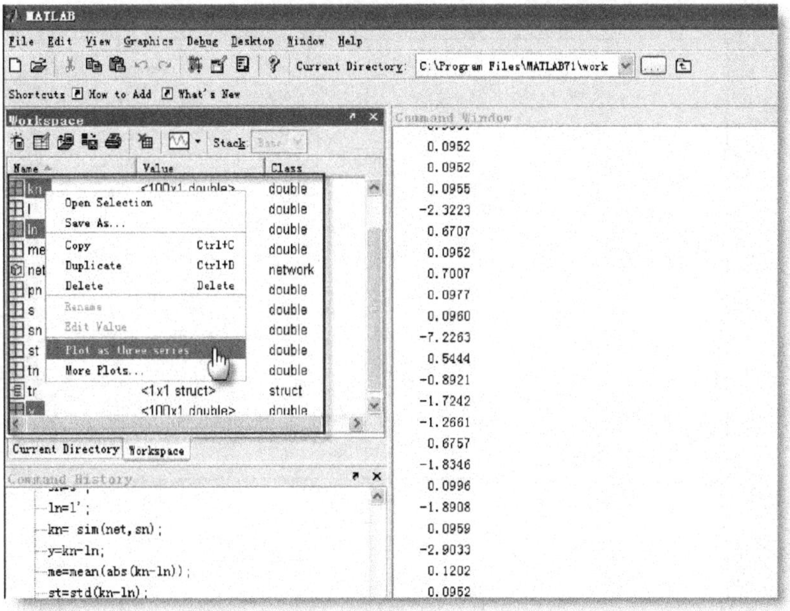

图 12.6　获取预测值、真实值及误差线图

4. 输出

结果输出如图 12.7～图 12.9,表 12.2 所示。

通过 163 步训练,用时 9s 精度得到满足。

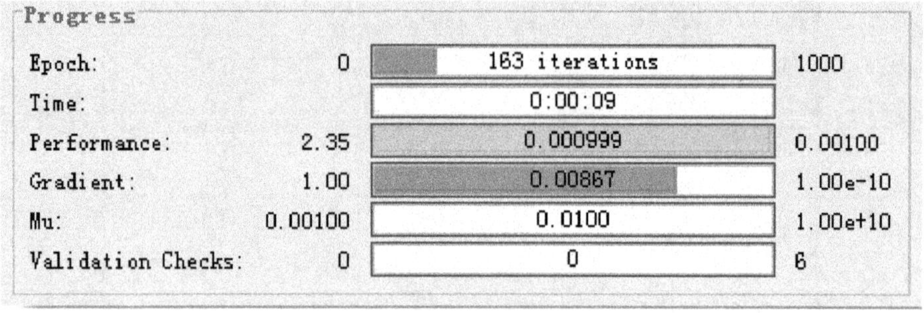

图 12.7　训练过程

测试样本预测的平均误差为 0.0274;

测试样本预测的标准差为 0.0454。

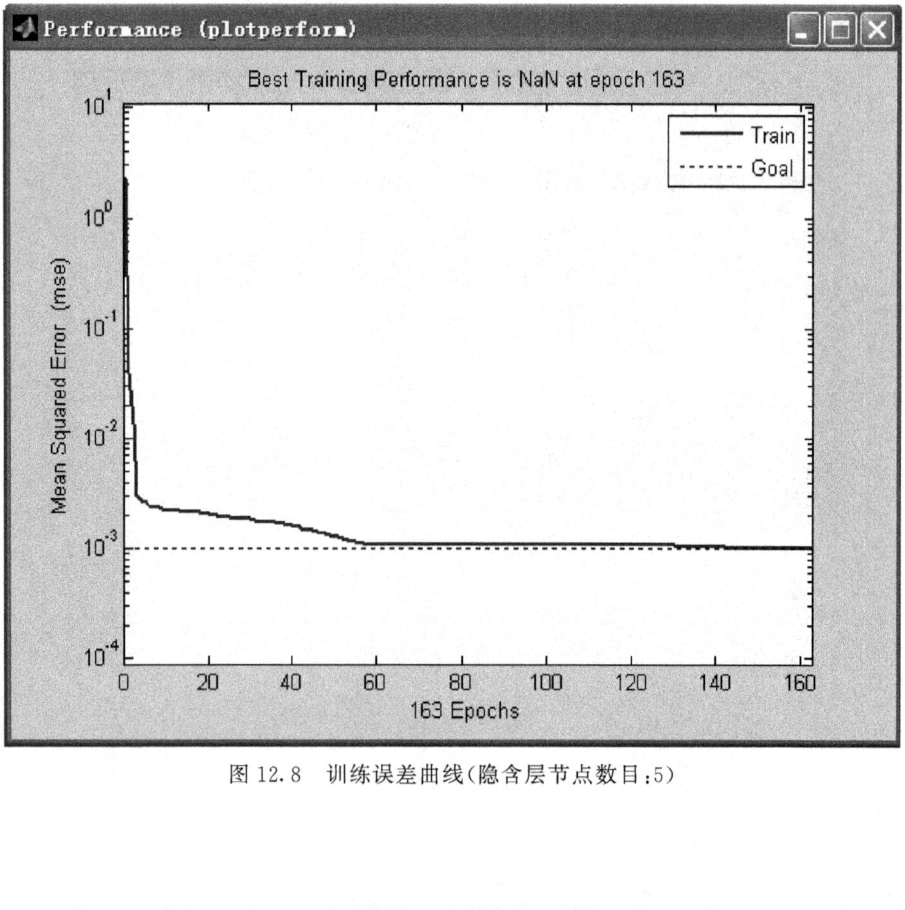

图 12.8　训练误差曲线(隐含层节点数目:5)

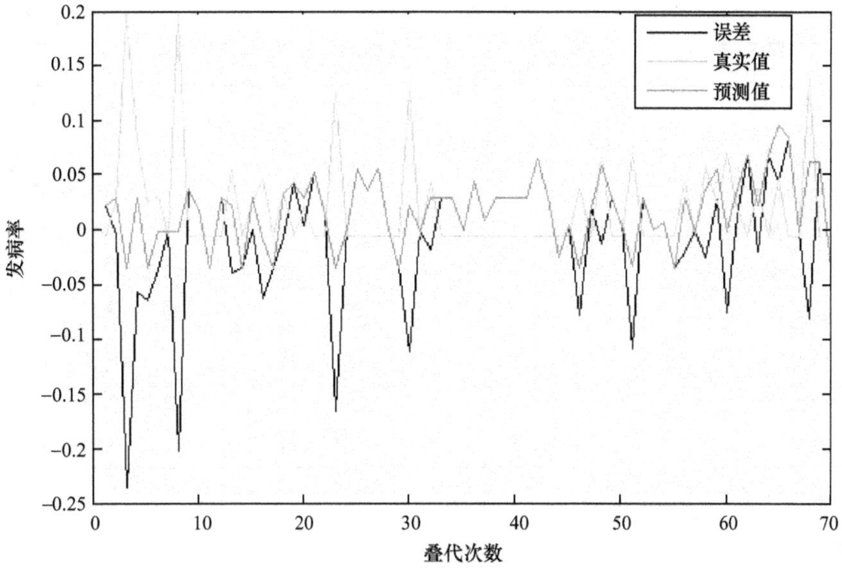

图 12.9　真实值、预测值及其误差

表 12.2　部分地区 NTD 发生真实值、预测值及其误差

村名	真实 NTD_rate	预测 NTD_rate	误差
东坡	0.0000	0.0239	0.0239
暖窑	0.0000	−0.0006	−0.0006
北岭头	0.0606	0.0322	−0.0284
走马槽	0.0000	0.0139	0.0139
圈马坪	0.0294	0.0322	0.0028
许村	0.0526	0.0286	−0.0240
东山	0.0000	0.0215	0.0215
乔庄	0.0250	0.0320	0.0070
松沟	0.0000	−0.0013	−0.0013
夫子岭	0.0000	−0.0013	−0.0013
南良马	0.0000	0.0194	0.0194
核桃树湾	0.0000	0.0170	0.0170
阔地	0.1333	0.0398	−0.0935
水滩	0.0000	0.0183	0.0183
青城镇	0.0481	0.0322	−0.0159
新庄	0.0000	0.0139	0.0139

续表

村名	真实 NTD_rate	预测 NTD_rate	误差
石长沟	0.0000	−0.0012	−0.0012
前虎峪	0.0000	−0.0013	−0.0013
后虎峪	0.0714	0.0215	−0.0499
石叠	0.0000	0.0087	0.0087
王汴	0.0000	−0.0013	−0.0013
石驼坪	0.0000	−0.0012	−0.0012
梁家庄	0.0000	−0.0013	−0.0013
陈家庄	0.0625	0.0398	−0.0227
黄岭	0.0278	0.0398	0.0120

5. 解释

选取 MATLAB 中的 tangsig 和 purelin 函数作为输入层与隐含层之间及隐含层与输出层之间的传递函数。网络的输入层节点数由影响 NTD_rate 因素的个数确定，网络的输出层节点数只有总出生缺陷率一个。而隐含层节点数则由收敛速率和测试的精度来确定。从应用实例可知，只需要知道影响 NTD_rate 的各项因素及其数值，并把各项因素的数值输入所建的 BP 神经网络模型，便可获得各村出生缺陷率的预测值。

12.3 数学模型

BP 网络由一个输入层、一个输出层和一个或多个隐含层组成，网络结构如图 12.10 所示。

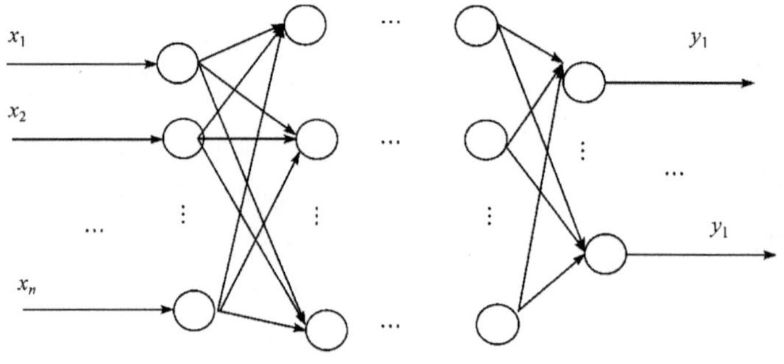

图 12.10　BP 网络结构

式中，$X=(x_1,\cdots,x_n)$为神经网络的输入，$Y=(y_1,\cdots,y_n)$为神经网络的输出，它们对应的神经元分别构成网络的输入层和输出层，其余为隐含层，神经元激励函数可选为线性或非线性连续可微函数，如 sigmoid 函数

$$f(x)=\frac{1}{1+\mathrm{e}^{-ax}},\quad 0<f(x)<1 \tag{12.1}$$

或 tanh 函数

$$f(x)=\frac{1-\mathrm{e}^{-ax}}{1+\mathrm{e}^{-ax}},\quad -1<f(x)<1 \tag{12.2}$$

式中，参数 a 为某一个正实数，a 越大，$f(x)$ 形状越陡，当 $a\rightarrow\infty$时，$f(x)$即变成开关函数。对于一个三层 BP 网 $N_{\mathrm{BP}}=\{I^m,H^n,O^l\}$，设其输入层 I^m 仅作输入转换，输出层 O^l和隐含层 H^n，激励函数为 $\phi(x)$和 $f(x)$，输入层神经元 $i\in\{1,\cdots,m\}$到隐含层神经元 $j\in\{1,\cdots,n\}$的连接权值为 w_{ji}，隐含层 j 到输出层 $k\in\{1,\cdots,l\}$的连接权值为 w_{kj}，隐含层和输出层的神经元的值分别为 θ_j 和 θ_k，则这个三层神经元输出可表示为

$$y_k=\phi\left[\sum_{j=1}^{n}w_{kj}f\left(\sum_{i=1}^{m}w_{ji}x_i-\theta_j\right)-\theta_k\right] \tag{12.3}$$

若引入神经元内部状态 s，则对隐含层神经元 j 有 $s_j=\sum_{i=1}^{m}w_{ji}x_i-\theta_j$。隐含神经元 j 的输出为 $x_j=f(s_j)$。

第13章 粗 糙 集

13.1 原 理

现实世界中的信息经常可以用一个二维表格来表示，其每一行代表着现实世界中的一个空间实体，比如说一个村落、一个国家或者一条河流等；每一列都代表着空间实体的某种信息（属性），比如面积、周长、人口、GDP等。所有的这些属性就成为属性集（A）。我们通常将所有要研究的对象放在一起，这样就构成了一个集合U，这个集合也称作论域，也就是说信息表有多少行，那么论域就包含多少个对象。

从认知科学的角度来看，在某种意义上可以认为，知识就是将对象进行分类的能力。那么究竟如何判断两个对象是否可以区分呢？在经典集合理论中，如果两个对象的所有属性值都相等，那么这两个对象就是不可区分的，可以验证，不可区分关系是一种等价关系，所有和某个对象x满足不可区分关系的元素构成一个等价类$[x]_A$。

然而，并不是任何一个对象都能被当前所掌握的信息完全描述，而且由于各种原因，信息表中各个属性值也可能存在误差，这样就会造成现有信息无法对目标对象完全分类。例如图13.1中的X这个对象集合，可能代表着某一类现象，我们通过现有属性对论域进行了划分。但是X不仅完全包含了一些等价类（下近似），而且还有一些等价类和X相交但不被包含（边界），这两者都可以对X进行描述（上近似）。粗糙集就是使用被描述对象完全包含和相交不为空的等价类来对其进行定义的，是对经典集合论的拓展，更为形式化的定义如下：

对于信息系统$S=(U,A)$，假设$B\subseteq A$而且$X\subseteq U$。我们可以通过属性集B构造X的上下近似来对X进行近似描述，下上近似分别记为$\underline{B}X=\{x\mid[x]_B\subseteq X\}$和$\overline{B}X=\{x\mid[x]_B\cap X\neq\phi\}$。下近似就是根据属性集$B$，所有确定属于$X$的元素所构成的集合，而上近似是根据属性集$B$，那些可能属于$X$的元素所构成的集合。$BN_B(X)=\overline{B}X-\underline{B}X$被称为$X$的$B$边界，它包含了所有不能确定是否必然属于$A$的那些元素。

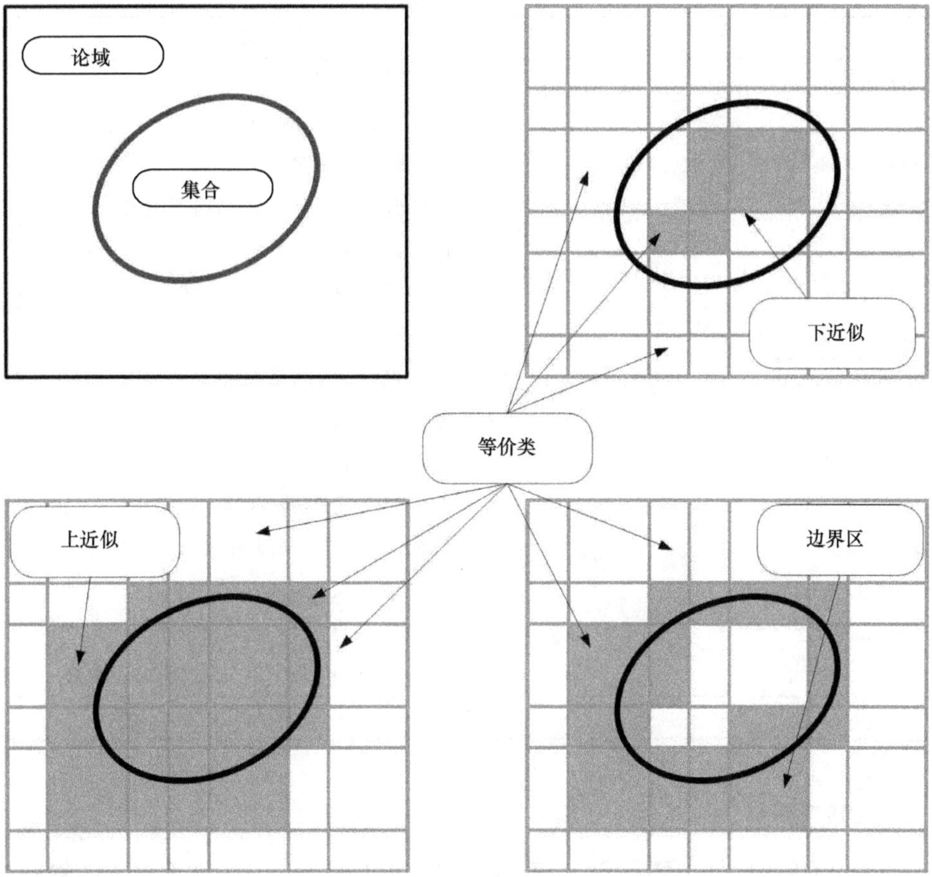

图 13.1　粗糙集的上下近似和边界

13.2　案例 1：出生缺陷

1. 数据和参数

参数：粗糙集是完全受数据驱动的，不需要任何参数或者先验知识。

数据：本案例选择 1998～2003 年的中国山西和顺地区的神经管畸形（NTD）出生缺陷作为案例进行练习。和顺地区一共有 326 个行政村，其中 315 个行政村在这 6 年内有新生儿，本练习针对有新生儿出生的村落进行。在所有有新生儿出生的村落中，我们使用一半的行政村作为样本数据，另一半行政村作为校验数据。具体各个属性的含义如表 13.1 所示。

表 13.1　属性含义

属性名称	属性含义
GDP	6 年的平均 GDP
Doctor	行政村拥有的医生数目
Fruit	行政村生产的水果数量
Fertilizer	行政村农田中化肥施用量的年平均值
Vegetable	行政村生产的蔬菜数量
Soil Type	行政村的土壤类型
Lithology Type	行政村的岩性
Land cover Type	行政村的主要土地覆盖类型
Gradient	行政村的坡度
Watershed	行政村所处流域
Road Buffer	行政村同主干道的距离
River Buffer	行政村同主要河流的距离
Faultage Buffer	行政村同断层的距离
Elevation	行政村的高程
Neighbor	1998～2003 年周围有 NTD 病例的村落数量
Decision Attribute	1998～2003 年该行政村是否有 NTD 病例

2. 软件操作

(1) 使用的软件主要有两个：Excel 2003 和 Rosetta 1.4.40. Rosetta，软件下载地址：http://rosetta.lcb.uu.se/general。

(2) 需要将文本数据导入 Excel 中，然后才能再导入到 Rosetta 中进行处理。首先使用 Excel 打开数据的文本文件 data.txt，如图 13.2 所示。然后在打开

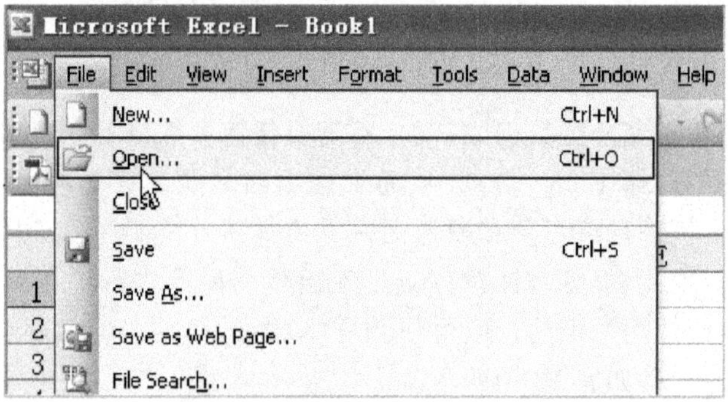

图 13.2　Excel 打开文件菜单

文件对话框的文件类型中选择文本文件“(＊.prn; ＊.txt; ＊.csv)”(图 13.3)。选中文件后单击打开,出现图 13.4,然后点击完成。此时就已经把数据使用 Excel 打开了。然后点击菜单中的文件、另存为,出现图 13.5,在文件类型中选择 Microsoft Office Excel 工作簿(＊.xls)。选择合适位置和文件名,存储即可,例子中文件被存储在桌面上,并且文件命名为 data.xls。然后在 Excel 中新建两个工作表 sheet1 和 sheet2,然后将前 158 条记录拷贝到 sheet1(训练数据),后 157 条记录拷贝到 sheet2(校验数据),最后关闭 Excel。

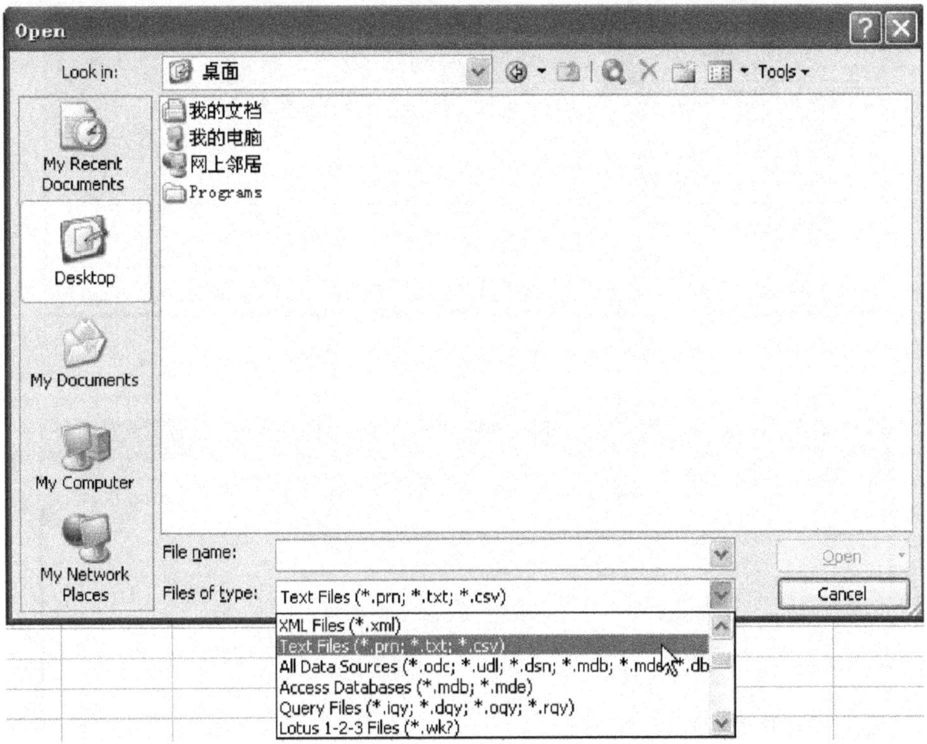

图 13.3 Excel 打开文件对话框

(3) 导入数据到 Rosetta。这一步,需要将 Excel 格式的数据导入 Rosetta 软件中。首先双击图标打开 Rosetta 软件,然后点击图标新建一个项目。接着在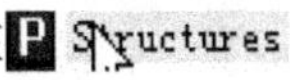上单击右键,在弹出的菜单中选择 ODBC...,如图 13.6 所示。然后在弹出的对话框中单击 Open database...(图 13.7),弹出的对话框中选择机器数据源,并在列表框中选择 Excel Files,如图 13.8 所示,然后单击确定。在弹出的对话框中选择存放数据的 Excel 文件,然后单击确定,回到 Rosetta 的 ODBC import

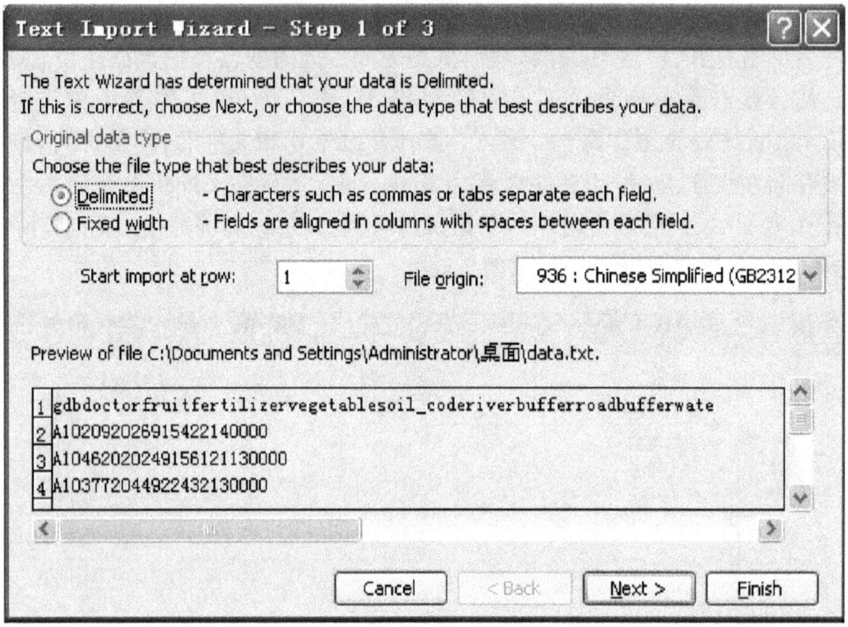

图 13.4　Excel 打开文本文件选项

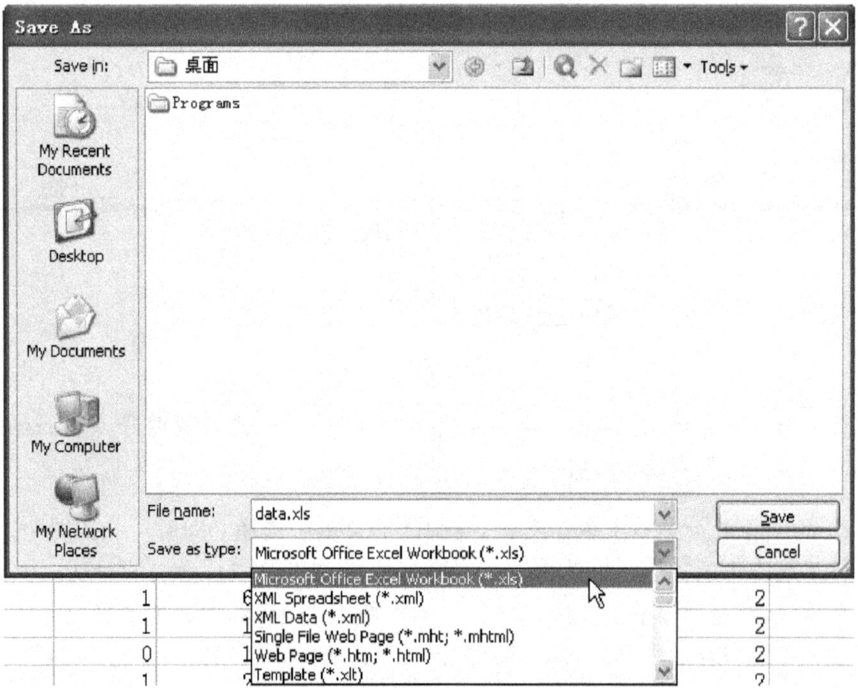

图 13.5　Excel 文件另存为对话框

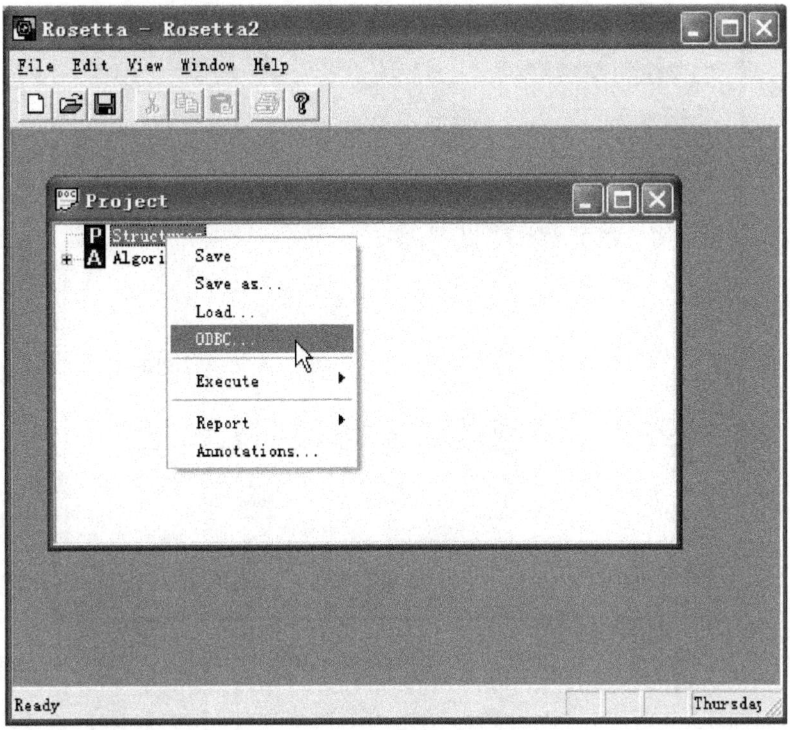

图 13.6 Rosetta 导入数据

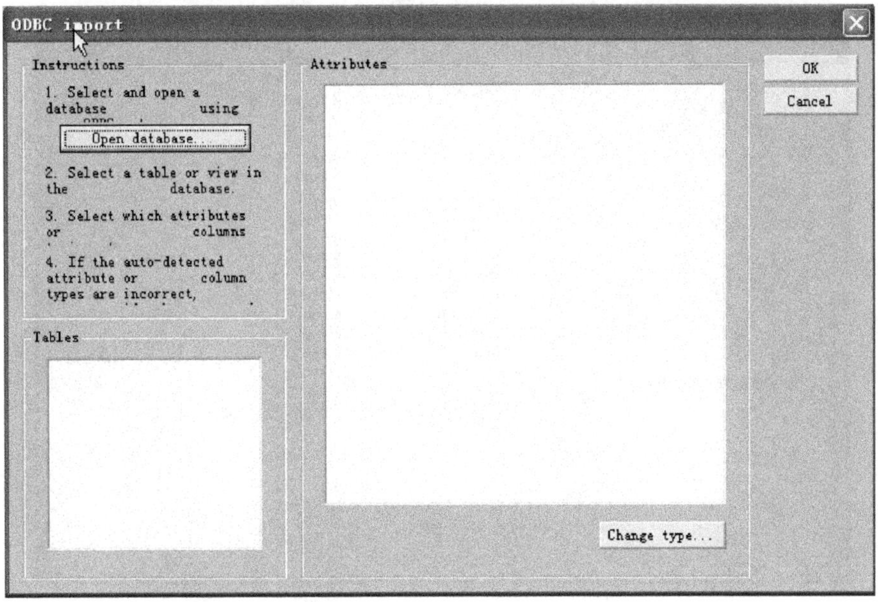

图 13.7 Rosetta ODBC 对话框

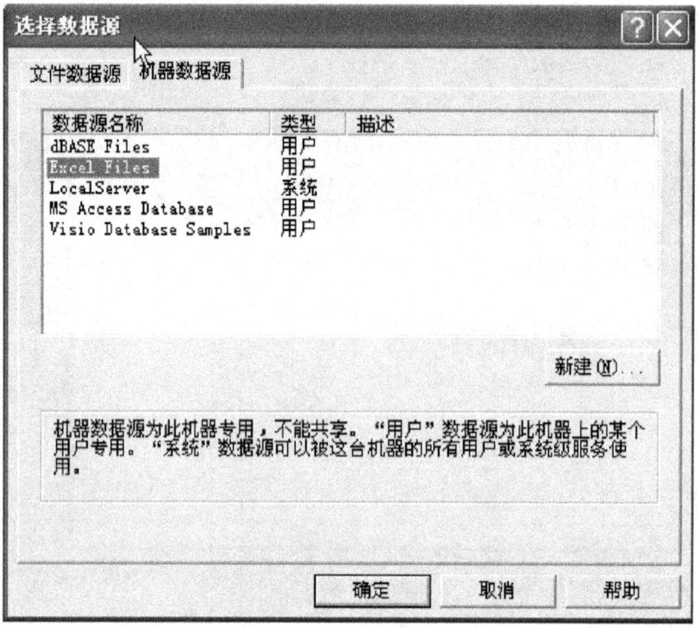

图 13.8　ODBC 源的选择

对话框，如图 13.9 所示，可以看到已经读入了这个文件，我们选择 sheet1，并且只选择需要离散化的属性，最后单击 OK，这样就把数据导入了 Rosetta 项目中。打开后的状态如图 13.10 所示，可以通过双击 D 对数据进行浏览。

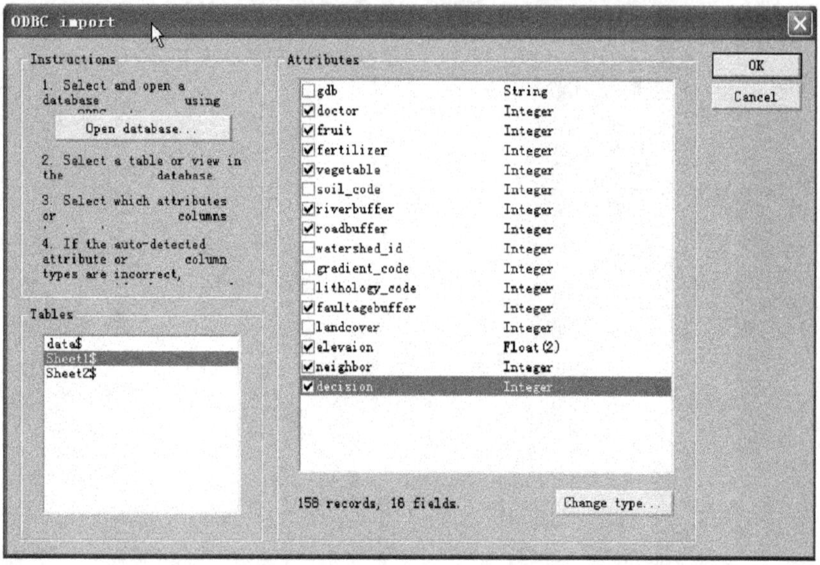

图 13.9　Rosetta 选择 Excel 的表和属性

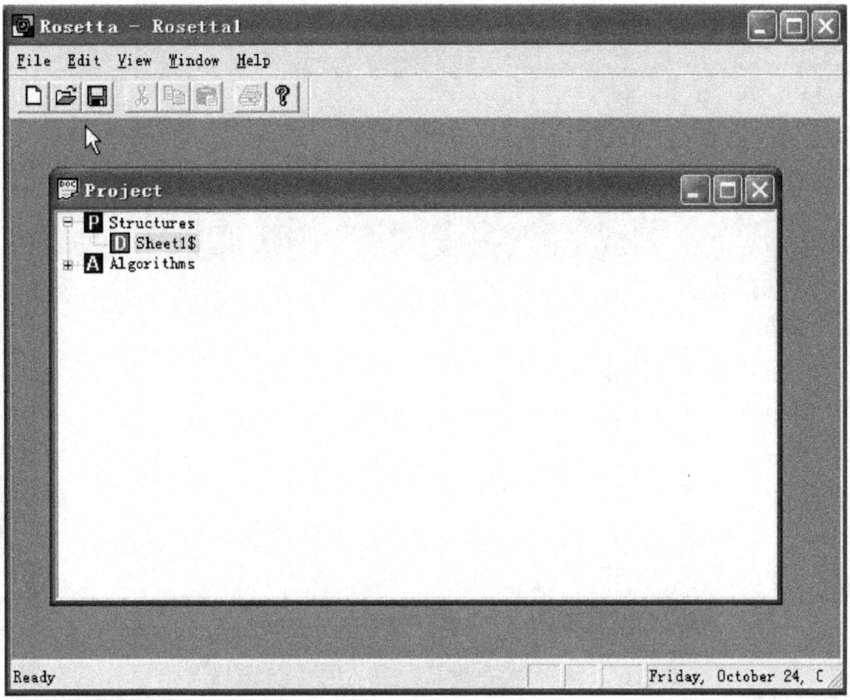

图 13.10 Rosetta 打开数据后的效果

(4) 数据的离散化。在 D 上单击右键,移动鼠标到 Discretize(离散化)上,然后在弹出的菜单上单击 Entropy/MDL algorithm...,弹出了 MDL 算法的对话框(图 13.11)。选择Discretize and save cuts,并且输入保存 cuts 的路径和文件名,然后点击 OK(图 13.12,图 13.13)。离散化完毕后点击 Sheet1 $ 旁边的"+",然后双击 D Sheet1$, discretized,打开离散化后的表,如图 13.14 所示。选择 doctor 这一列,选中后这一列会变黑,同时按下 Ctrl 键和 c 键,然后在刚才的 Excel 文件中将 Sheet1 复制为一个新的 sheet,然后在这个新的 sheet 中选中 doctor 这一列的第一个数据值,然后同时按下 Ctrl 键和 v 键。这样离散化后的属性就被粘贴到这个表中。按照同样的方式将所有 MLD 离散化后的属性都拷贝到这个 sheet 中。这样我们就生成了离散化后的决策表。

(5) 约简。这一步首先把决策表按照上述导入 sheet1 的方式导入到 Rosetta 当中,只不过这次选择所有属性都要导入,如图 13.15 所示。导入后可以右键单击导入的决策表,然后选择 Reduce,然后选择 Genetic algorithm(图 13.16),在弹出的对话框(图 13.17)中点击 OK,得到约简结果。可以双击 R name 来查看约简结果(图 13.18)。

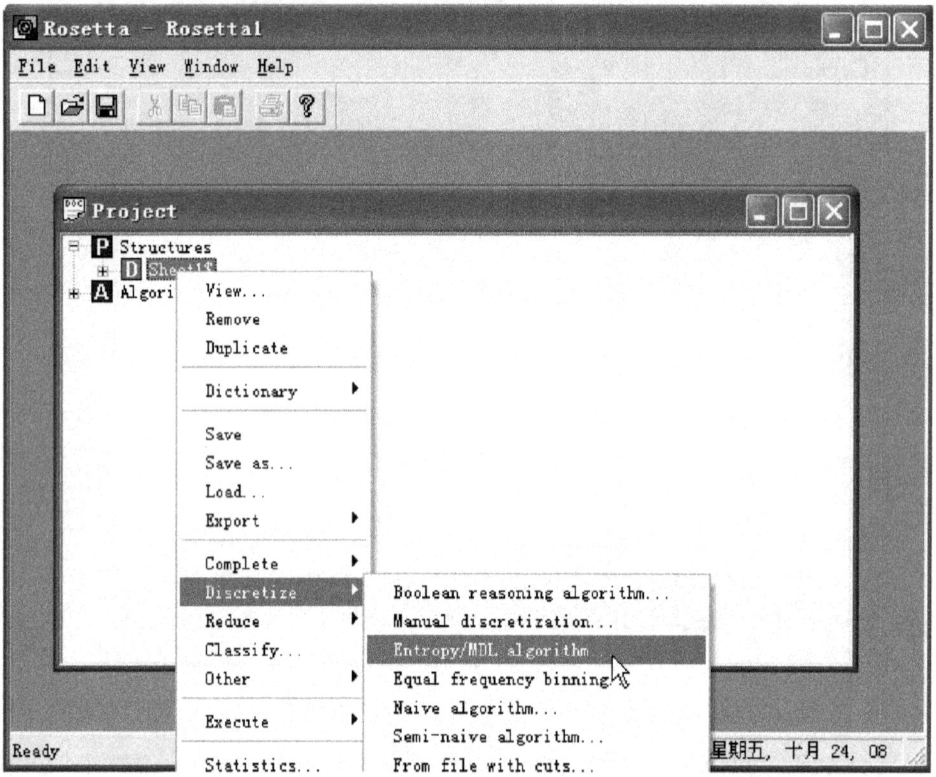

图 13.11　离散化菜单

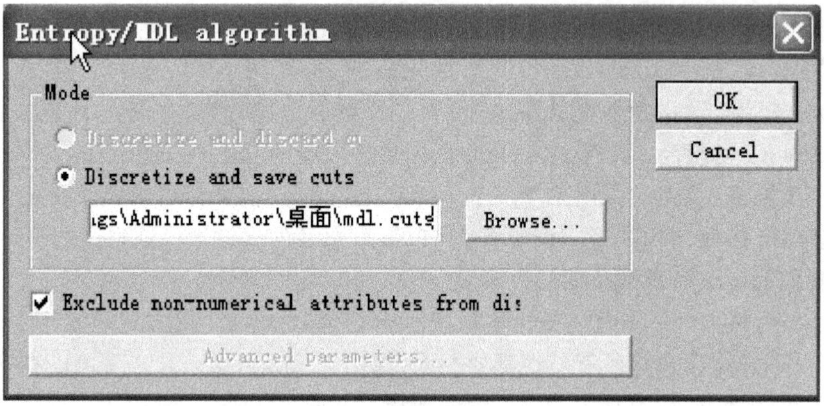

图 13.12　离散化选项对话框

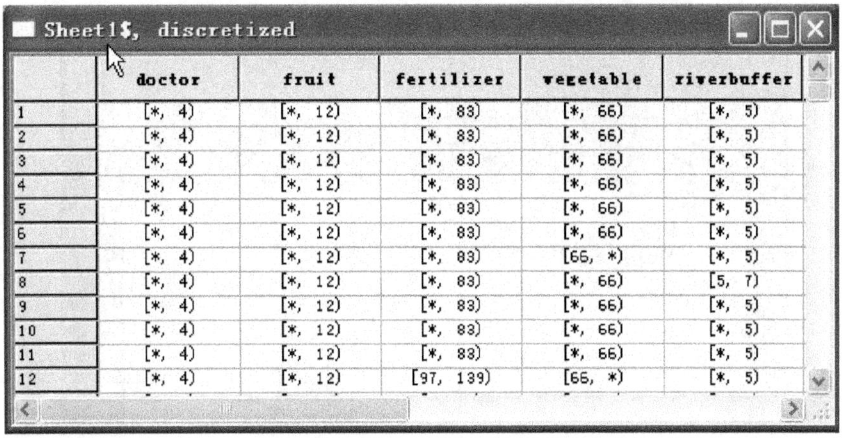

Sheet1$, discretized

	doctor	fruit	fertilizer	vegetable	riverbuffer
1	[*, 4)	[*, 12)	[*, 83)	[*, 66)	[*, 5)
2	[*, 4)	[*, 12)	[*, 83)	[*, 66)	[*, 5)
3	[*, 4)	[*, 12)	[*, 83)	[*, 66)	[*, 5)
4	[*, 4)	[*, 12)	[*, 83)	[*, 66)	[*, 5)
5	[*, 4)	[*, 12)	[*, 83)	[*, 66)	[*, 5)
6	[*, 4)	[*, 12)	[*, 83)	[*, 66)	[*, 5)
7	[*, 4)	[*, 12)	[*, 83)	[66, *)	[*, 5)
8	[*, 4)	[*, 12)	[*, 83)	[*, 66)	[5, 7)
9	[*, 4)	[*, 12)	[*, 83)	[*, 66)	[*, 5)
10	[*, 4)	[*, 12)	[*, 83)	[*, 66)	[*, 5)
11	[*, 4)	[*, 12)	[*, 83)	[*, 66)	[*, 5)
12	[*, 4)	[*, 12)	[97, 139)	[66, *)	[*, 5)

图 13.13　离散化结果

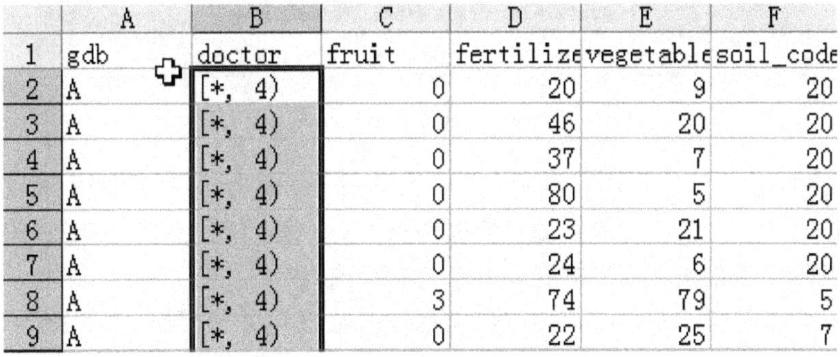

	A	B	C	D	E	F
1	gdb	doctor	fruit	fertilize	vegetable	soil_code
2	A	[*, 4)	0	20	9	20
3	A	[*, 4)	0	46	20	20
4	A	[*, 4)	0	37	7	20
5	A	[*, 4)	0	80	5	20
6	A	[*, 4)	0	23	21	20
7	A	[*, 4)	0	24	6	20
8	A	[*, 4)	3	74	79	5
9	A	[*, 4)	0	22	25	7

图 13.14　替换 Excel 中的值

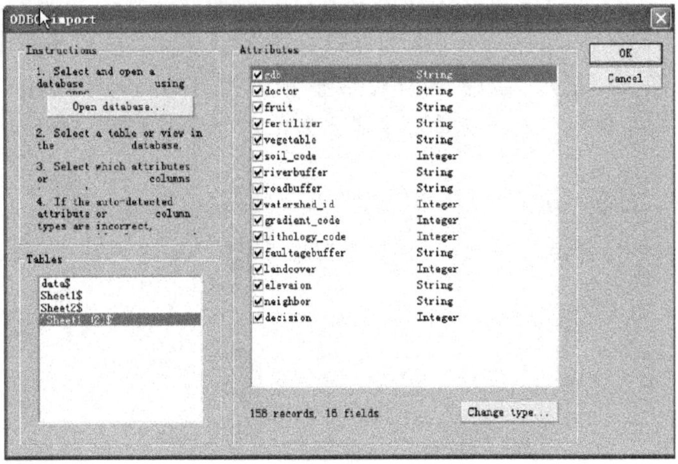

图 13.15　导入全部数据

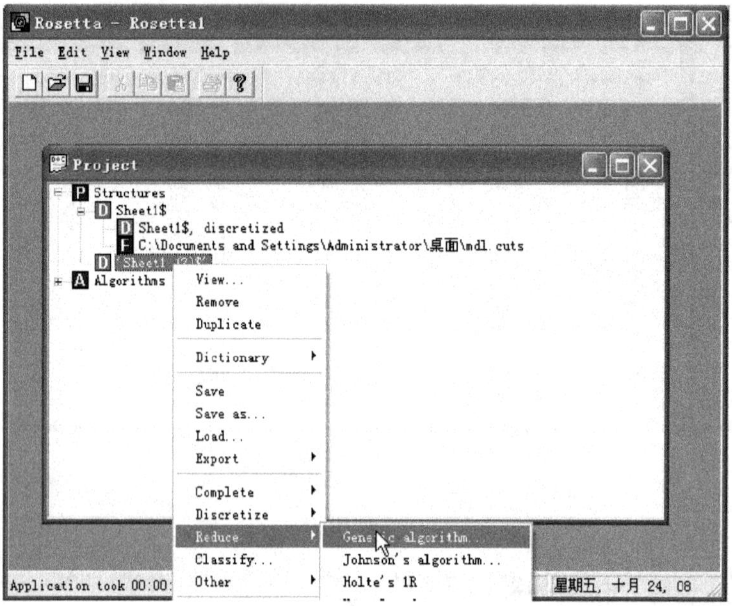

图 13.16　约简菜单

(6) 生成规则。在 R name 上单击右键,在弹出的菜单中选择 Generate rules(图 13.19)。然后在弹出的对话框中点击 OK,这样就生成了规则。按照浏览数据和约简结果的方法,双击 Rules 来查看规则(图 13.20)。

(7) 分类预测。首先我们要将所有的校验数据预处理,导入到 Rosetta 中,预处理方式和前面的相同,只有一处不同,就是离散化方法选择 From file with cuts...(图 13.21)。然后在选项中选择图 13.13 中保存了断点的文件,生成了离散化结果,然后按照(4)中的方法将原来决策表中的原始数据替换为离散化后的值,将此表导入到 Rosetta 中。然后右键单击导入的表,在弹出的菜单中选择 Classify...(图 13.22)。在弹出的对话框中选择 Log individual classification results to file,并且在下面的文本框中输入文件名(图 13.23)。这个文件里存储了分类结果。

至此,整个粗糙集分析结束,如果想看误差矩阵可以双击 C No name,如果想查看详细的每个村落被分为哪种类别,可以双击 F classification result.log 查看(图 13.24)。

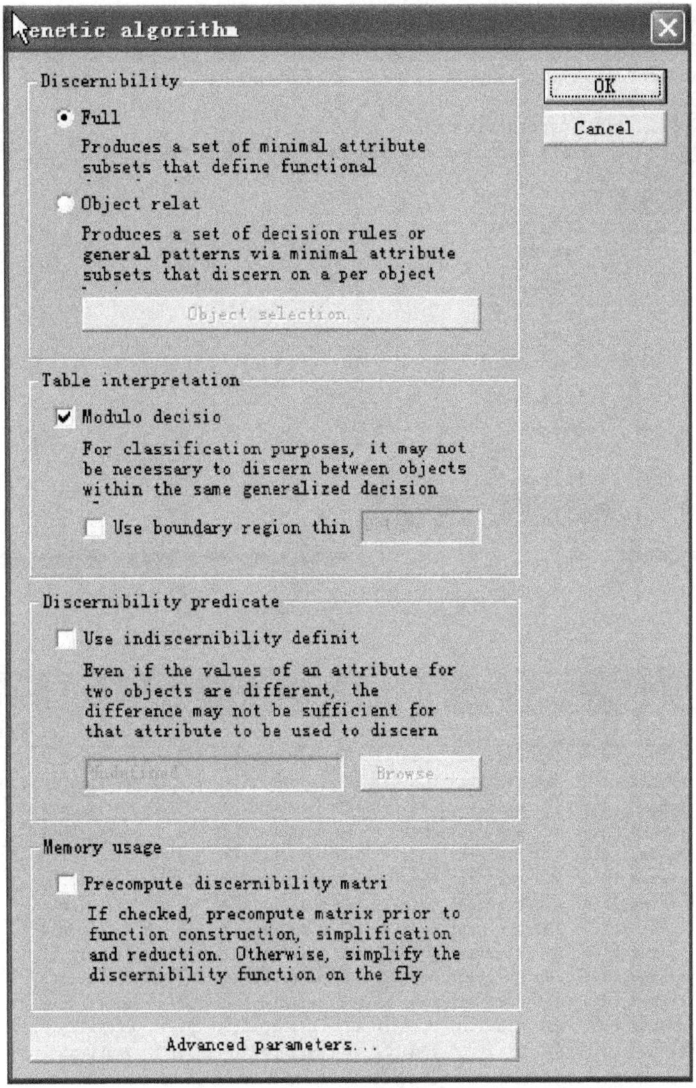

图 13.17　约简选项

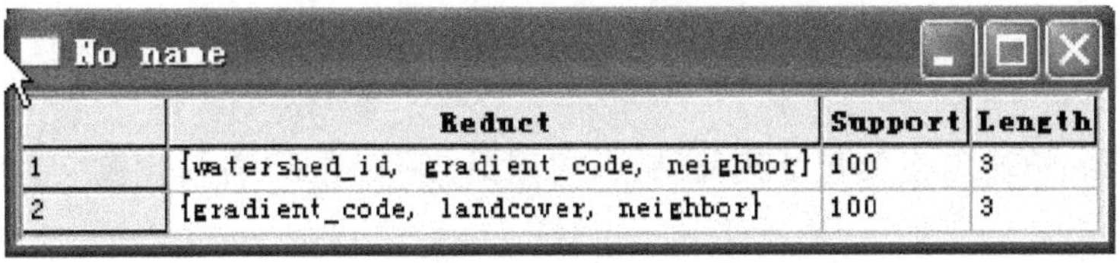

	Reduct	Support	Length
1	{watershed_id, gradient_code, neighbor}	100	3
2	{gradient_code, landcover, neighbor}	100	3

图 13.18　约简结果

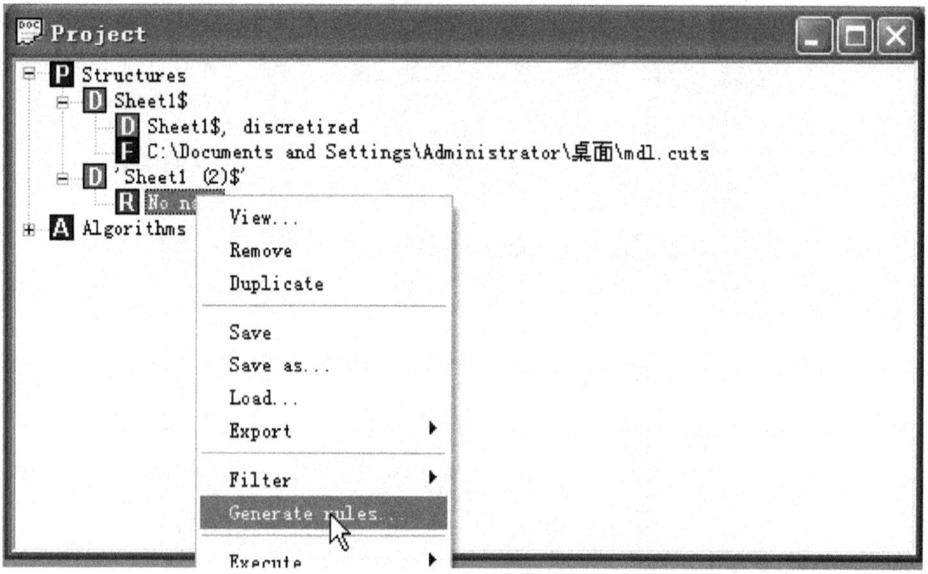

图 13.19　规则生成菜单

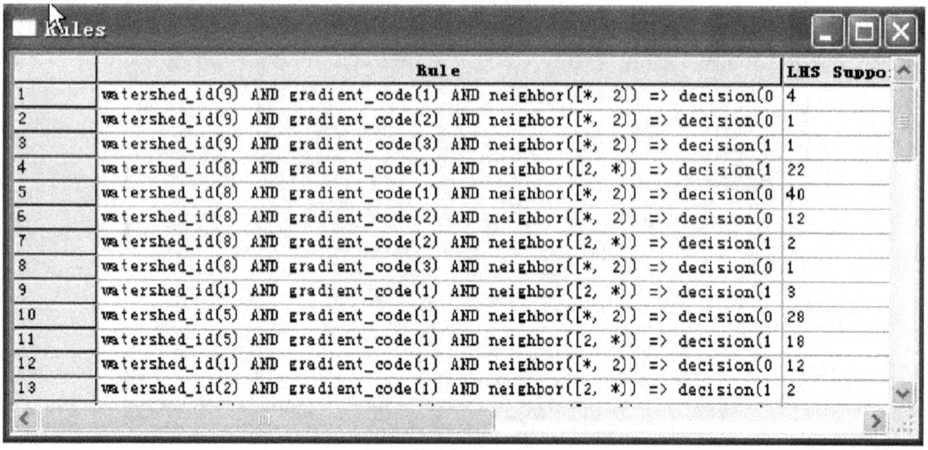

	Rule	LHS Suppo
1	watershed_id(9) AND gradient_code(1) AND neighbor([*, 2]) => decision(0	4
2	watershed_id(9) AND gradient_code(2) AND neighbor([*, 2]) => decision(0	1
3	watershed_id(9) AND gradient_code(3) AND neighbor([*, 2]) => decision(1	1
4	watershed_id(8) AND gradient_code(1) AND neighbor([2, *]) => decision(1	22
5	watershed_id(8) AND gradient_code(1) AND neighbor([*, 2]) => decision(0	40
6	watershed_id(8) AND gradient_code(2) AND neighbor([*, 2]) => decision(0	12
7	watershed_id(8) AND gradient_code(2) AND neighbor([2, *]) => decision(1	2
8	watershed_id(8) AND gradient_code(3) AND neighbor([*, 2]) => decision(0	1
9	watershed_id(1) AND gradient_code(1) AND neighbor([2, *]) => decision(1	3
10	watershed_id(5) AND gradient_code(1) AND neighbor([*, 2]) => decision(0	28
11	watershed_id(5) AND gradient_code(1) AND neighbor([2, *]) => decision(1	18
12	watershed_id(1) AND gradient_code(1) AND neighbor([*, 2]) => decision(0	12
13	watershed_id(2) AND gradient_code(1) AND neighbor([2, *]) => decision(1	2

图 13.20　生成的规则

3. 输出

Rosetta 的输出主要包括约简结果、规则集、预测结果(各村预测文件略)、误差矩阵。

(1) 约简结果：一共有两组约简结果，一组是{Watershed，Gradient，Neighbor}，另外一组是{Gradient，Landcover，Neighbor}。

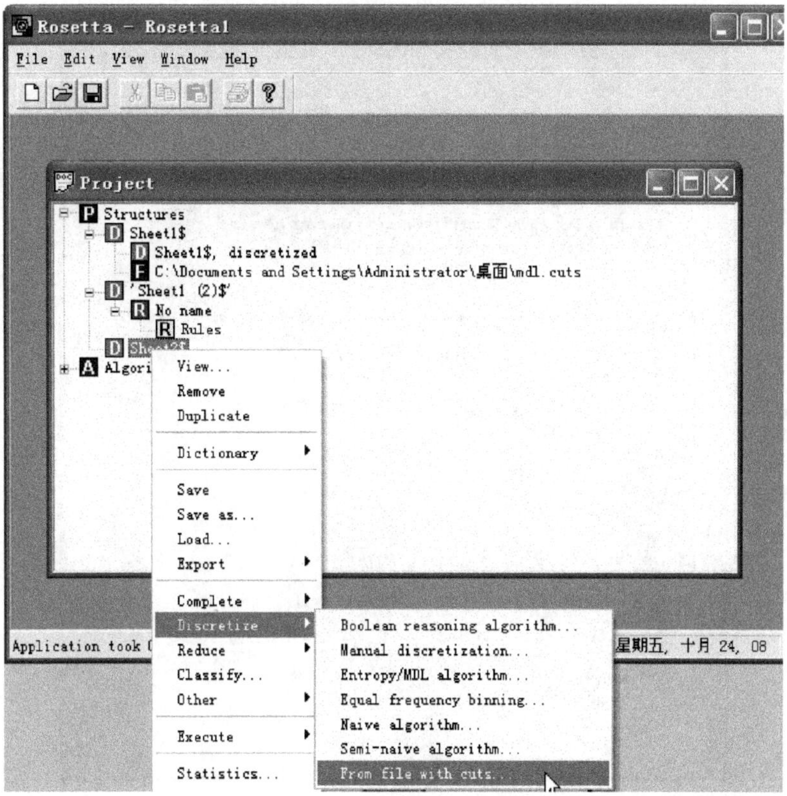

图 13.21 使用已知断点离散化菜单

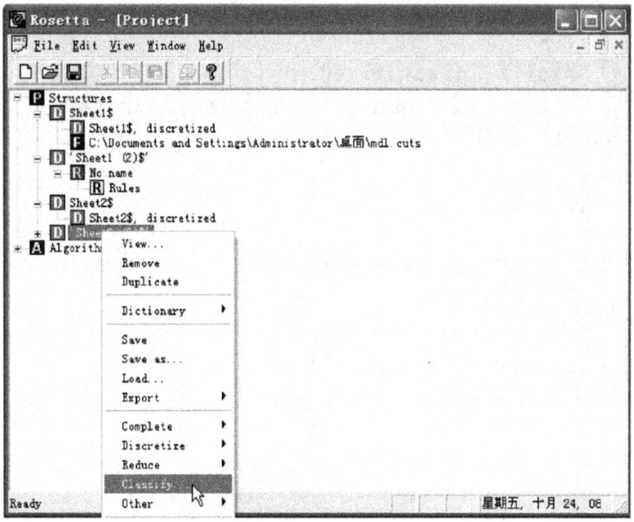

图 13.22 分类菜单

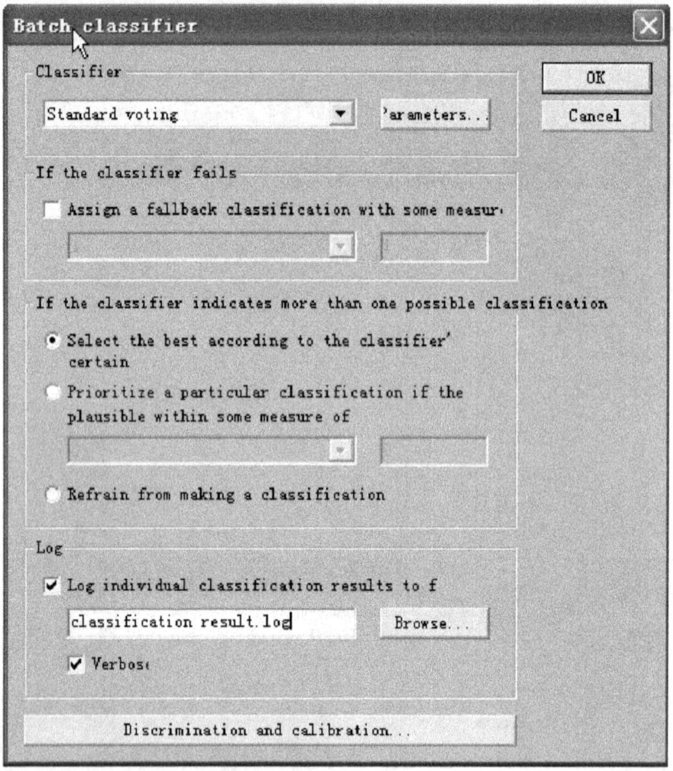

图 13.23　分类对话框

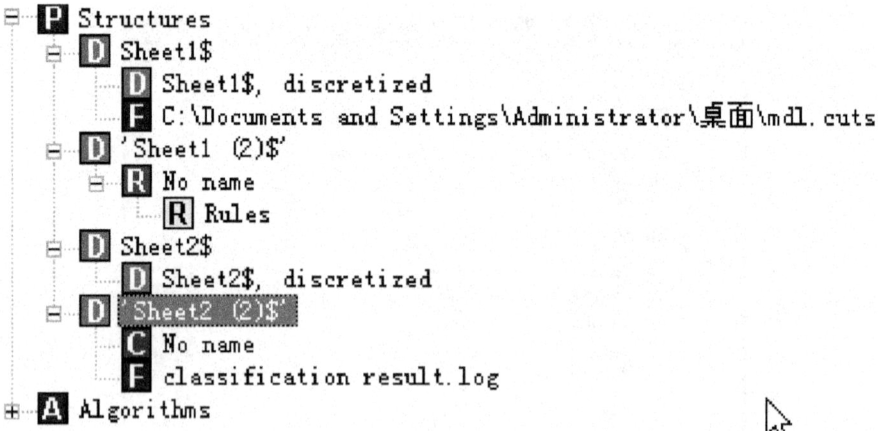

图 13.24　最终结果

(2) 规则集(表 13.2)。

表 13.2 Rosetta 得到的规则

编号	规则内容
1	Watershed(8) AND Gradient(1) AND Neighbor([* ,2))=>decision(0)
2	Watershed(5) AND Gradient(1) AND Neighbor([* ,2))=>decision(0)
3	Gradient(1) AND Landcover(33) AND Neighbor([* ,2))=>decision(0)
4	Gradient(1) AND Landcover(32) AND Neighbor([* ,2))=>decision(0)
…	…………
14	Gradient(2) AND Landcover(32) AND Neighbor([* ,2))=>decision(0)
15	Gradient(1) AND Landcover(123) AND Neighbor([2, *))=>decision(1)
16	Watershed(2) AND Gradient(1) AND Neighbor([* ,2))=>decision(0)
17	Gradient(1) AND Landcover(21) AND Neighbor([* ,2))=>decision(0)
…	…………
50	Watershed(4) AND Gradient(2) AND Neighbor([* ,2))=>decision(0)

(3) 误差矩阵(表 13.3)。

表 13.3 校验数据的误差矩阵

		Reference Data			
		Not Infected	Infected	Undefined	Row Total
Classified Data	Not Infected	106	0	0	106
	Infected	0	47	0	47
	Undefined	1	3	0	4
	Column Total	107	50	0	157

Producer's Accuracy		User's Accuracy	
Infected	=100%	Infected	=99.1%
Not Infected	=100%	Not Infected	=94.0%

Overall Accuracy=97.5%

4. 解释

本案例主要步骤包括原始数据转换、约简、规则生成和结果预测及验证 4 个步骤,这也是粗糙集解决实际问题中常用的一种处理模式。通过数据转换可以使数据满足粗糙集处理的需要,约简去除了多余的属性,规则生成为推理和预测提供规则库,结果预测和验证是对方法和结果的一种客观检验。

首先,使用离散化方法对连续值属性进行离散化。比如 Fruit、Fertilizer、Vegetable、Road Buffer、River Buffer、Faultage Buffer、Elevation 都使用了 MDL 的离散化方法。然而不同的属性离散化方法不一定完全相同。比如 GDP 属性,需要根据国际标准,将其转换为 1970 美元,然后按照工业化程度进行离散化,一共能够生成 2 个断点 3 个类别,分别为尚未进入第一阶段的工业化(GDP<280 $),处于第一阶段的工业化(280 $≤GDP<560 $)以及已经进入第二阶段工业化(560 $≤GDP<1120 $),并且分别记作 *A*、*B* 和 *C*,类似的属性还有 Gradient,在本练习中提供的这两个数据已经进行离散化,所以不需要再做。还有一些属性已经是离散值,但是也进行了离散化,以达到更高程度的概括。比如 Neighbor 属性,通过 MDL 离散化后,分为两类,一类是周围有 NTD 病例的村落数量比较多的(Neighbor≤2),另一类是周围有 NTD 病例的村落数量比较少的(Neighbor>2)。还有一些属性是不需要离散化的,本练习数据中这样的属性有 Soil Type、Lithology Type、Land cover Type、Gradient 和 Watershed。

其次,需要对得到的表进行约简,本练习使用的约简方法是基因算法,还有很多其他方法可以进行约简,最后的约简结果是{watershed,gradient,neighbor}或者{gradient,landcover,neighbor}。也就是说,这两组属性中的任何一组都和所有属性对村落的划分是相同的。这样通过约简,我们可以压缩掉 80%的属性,大大降低了系统复杂度。这两组约简都有 Neighbor 属性,这也说明 NTD 的分布是空间聚集的,通过计算其 Moran's I 指数得到其值为 0.06,Z score 为 6.68,只有 1%的可能性不是空间聚集的。

然后,根据这两个约简,可以生成 50 条规则。使用这些对校验样本进行预测,并且对其做误差矩阵(表 13.3)。可以看到,生产者精度达到了 100%,有病例和无病例情况的用户精度分别达到了 99.1%和 94.0%,总体精度也达到了 97.5%。这些都说明了粗糙集对 NTD 预测的准确性,也说明了粗糙集处理现实问题的能力。

13.3 案例 2:交通流预测

1. 数据

本实验采用的数据为交通流实时状态数据,路口及路段空间位置关系示意见图 11.23,各个属性字段的值及含义如表 11.1~表 11.2 所示。

2. 输入

该实验所导入的数据表中,条件属性如表 11.2 中所示序号为 1~33 的路段在 2008 年 3 月 3 日早 7 点(timeId 为 84)至晚 7 点(timeId 为 228)的交通流状态,决策属性为序号为 34 的路段，即 R-184(Decision)在 2008 年 3 月 3 日早 7:05(timeId 为 85)至晚 7:05(timeId 为 229)的交通流状态。本实验中，根据各路口各路段既成的时空相关性，利用特定区域内 33 个路段历史时刻的交通流状态对某特定路段(第 34 个)未来 5min 的交通流状态进行预测和推断。

3. 软件使用

参见案例 1(13.2 节)。

4. 输出

输出主要包括约简结果、规则集、分类精度及混淆矩阵。

(1) 约简结果(reduct)。如表 13.4 中所示，length 代表约简结果中条件属性的个数，support 指默认的约简参数。

(2) 规则集(rule)(表 13.5)。

表 13.4 基于训练数据的约简结果

Reduct	support	length
{*R*-1329,*R*-2315}	100	2
{*R*1373,*R*-1329}	100	2
{*R*1329,*R*-1329}	100	2
{*R*1306,*R*-1329}	100	2
{*R*1329,*R*1373}	100	2
{*R*183,*R*-1329}	100	2

表 13.5 基于训练数据约简后生成的规则

序号	约简规则	左支持度	右支持度	右覆盖精度	左覆盖度	右覆盖度
1	*R*-1306(*B*) AND *R*-1328(*B*) AND *R*-1329(*B*)=>decision(*C*)	21	21	1	0.18	0.25
2	*R*381(*B*) AND *R*-130(*C*) AND *R*-1306(*B*)=>decision(*C*)	20	20	1	0.17	0.24
3	*R*1055(*C*) AND *R*1306(*C*) AND *R*-66(*B*)=>decision(*C*)	19	19	1	0.16	0.23
4	*R*1055(*C*) AND *R*1306(*C*) AND *R*-130(*C*)=>decision(*C*)	18	18	1	0.16	0.21
5	*R*103(*C*) AND *R*183(*C*) AND *R*1055(*C*)=>decision(*C*)	18	18	1	0.16	0.21
…	…	…	…	…	…	…

注：左覆盖度=满足特定约简规则的样本数/所有训练样本数；右覆盖度=满足特定约简规则的样本数/具有某种相同决策属性的训练样本数；右覆盖精度=右支持度/左支持度；*R*-1306(*B*-缓行) AND *R*-1328(*B*-缓行) AND *R*-1329(*B*-缓行)=>decision(*C*-畅通)——该条规则中 3 个特定的条件属性推出某种特定类别的决策属性。

(3) 分类精度及混淆矩阵(accuracy and confusion matrix)(图 13.25)。

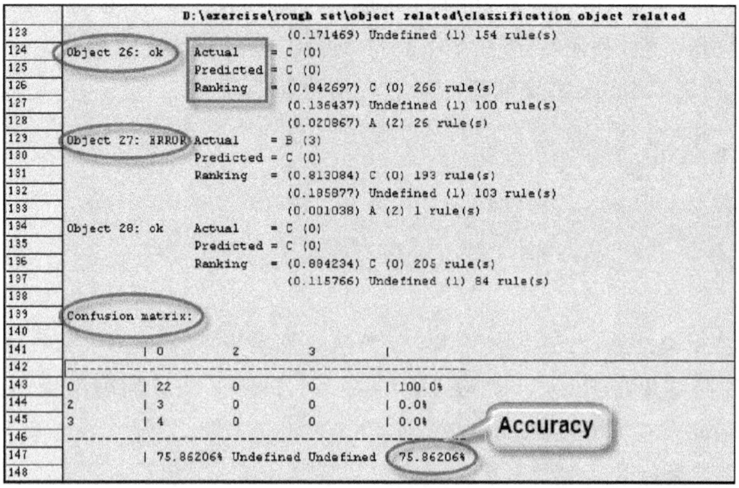

图 13.25　分类结果精度及混淆矩阵

5. 解释

由表 13.5 约简后的规则可以看出,116 个训练样本(TimeId84-199)的条件属性由原来的 33 个约简为 1～5 个不等,保留了数据的核心属性,也就是数据知识最本质的特性;经属性约简后产生的知识规则也保留了针对核心属性的有效知识规则。数据从规模和数量上都得到了很好的挖掘,得到了大量数据中最为关键的知识,为路段交通流状态的判断提供了简洁而直接的知识表达。如"*R*-1306(*B*-缓行) AND *R*-1328(*B*-缓行) AND *R*-1329(*B*-缓行)=>decision(*C*-畅通)"可以解释为:当三个路段 *R*-1306、*R*-1328 及 *R*-1329 的交通流处于缓行状态时,可以推断出预测路段 *R*-184(Decision)的交通流很大程度上将处于畅通状态。将 29 个测试样本数据导入 Rosetta,利用前面 116 个训练样本数据约简得到的规则对 29 个测试样本(TimeId200-228)进行分类预测(Classify),从而得到分类结果及精度,如图 13.25 所示预测总体精度可达 75.86%,混淆矩阵中"0"代表"*C*-畅通","2"代表"*A*-拥堵","3"代表"*B*-缓行",不难看出该分类算法对本次实验中 *C* 类别交通流状态预测精度是最高的,为 100%(29 个测试数据中 22 个 *C* 类别),但是对 *A*、*B* 类别交通流状态预测精度却为 0,这和原始的训练数据和测试数据本身的规模(*A*、*B*、*C* 类别各自的样本数)和值域有很大关系,同时也和分类器的分类能力、优越性有关,因此要提高预测的精度,还必须改进分类算法,或者是得到涵盖更为丰富先验知识的训练集和测试集数据。

13.4 分析流程

整个粗糙集分析过程可以分为 4 个步骤(图 13.26):①根据训练数据建立决策信息系统(决策信息系统就是信息系统中有决策属性 D,也就是 $S=(U,A\cup D)$);②对条件属性进行约简;③根据约简生成规则;④使用规则对未知对象进行预测并且进行误差分析。首先,原始数据需要转换成为决策信息系统。这一步非常重要,因为原始数据一般而言是不完备的,有噪声的并且是不一致的。这就需要综合使用各种数据预处理方法对数据进行处理。另外,这些数据往往不一定是以决策表的形式提供的,这就需要将数据转换为决策表的形式,而且通常粗糙集处理的是离散值属性,对于连续值属性需要进行离散化处理,而对于离散化值有时也需要将离散值进行抽象得到更高抽象层次的离散值,这样才能使数据符合粗糙集分析方法的要求。此外,地理数据通常是以地图的形式给出,有些属性是不能够直接获取的,需要根据地图计算得到。其次,并不是每个决策信息系统中的条件属性都和决策属性密切相关,因此需要对条件属性进行属性提取。粗糙集理论中使用约

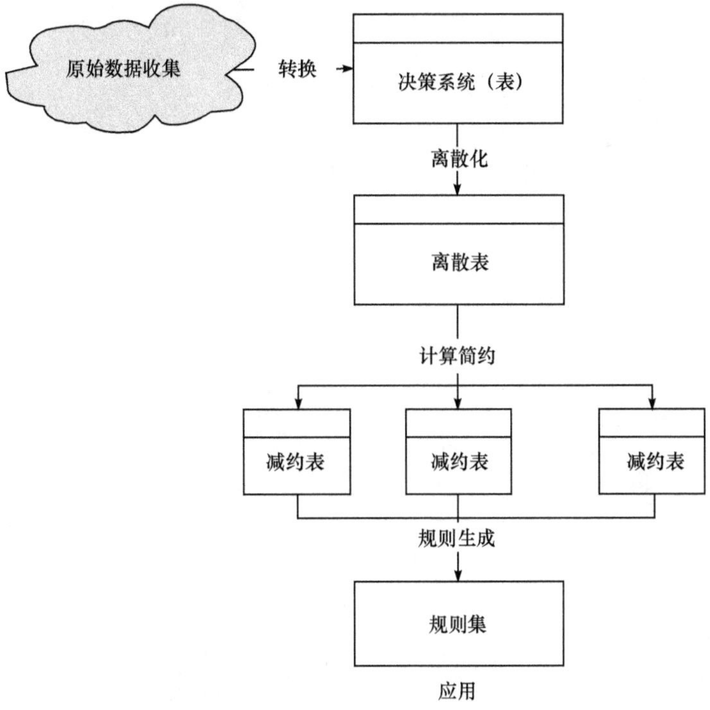

图 13.26 粗糙集预测模型

简方法进行属性提取，相比较别的属性提取方法而言，约简是完全数据驱动的，不需要任何的先验知识，但是它保证了决策信息系统的分类能力不变，其形式化描述如下：

给定一个信息系统 $S=(U,A)$，属性集 A 的约简 B 是 A 的一个满足$[x]_A=[x]_B$ 最小子集。换句话说，约简是保持属性集 A 对论域划分能力的最小子集，因此有着和属性集 A 同样的分类能力。

通常约简可能会生成几组约简结果，针对每个约简结果可以通过对决策表进行描述生成一组决策规则。最后，我们可以使用这些规则对未知对象根据条件属性进行分类预测并且对结果进行验证。需要注意的是，未知对象也要经过和训练对象同样的预处理过程。其中离散化要使用训练对象的分割点进行离散化。

第 14 章　支持向量机

14.1　原　　理

Vapnik 和 Chervonenkis(1971)提出了 VC 维理论，Vapnik(1995)完整地提出了支持向量机方法。

支持向量机(support vector machines，SVM)方法是根据统计学理论提出的一种机器学习方法，它集成了最大间隔超平面、Mercer 核、凸二次规划和松弛变量等多项技术。支持向量机的方法根据结构风险最小化原则，较好地解决了小样本、非线性、高维数、局部极小点等实际问题。支持向量机的基本思想是把输入空间的样本通过非线性变换映射到高维特征空间，然后在特征空间中求取把样本线性分开的最优分类面(图 14.1)。

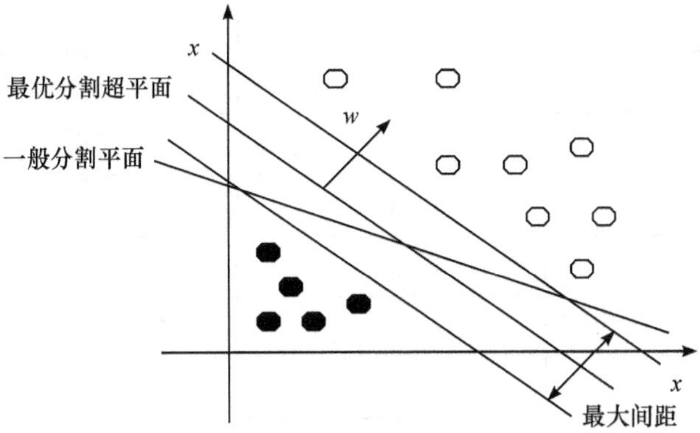

图 14.1　二维空间最优分割超平面示意图

14.2　案　　例

1. 目的

本实验欲通过支持向量机方法对和顺县神经管畸形出生缺陷数据进行训练及验证，最终达到对出生缺陷率的分类预测。

2. 数据

数据采用和顺县神经管畸形出生缺陷及影响因子的数据，包括：土壤类型、河流缓冲区、道路缓冲区、坡度、岩石类型、断层缓冲、高度、医生数量、化肥数量、净收入、农药数量、蔬菜数量(soil_code、riverbuffer、roadbuffer、gradient_code、lithology_code、faultagebuffer、elevation(m)、doctor、fertilizer、net-income、pestcide、vegetable)以及出生缺陷率(NTD_rate),在求出生缺陷率的过程中将出生人数小于5的村剔除。将出生缺陷率分为:0、>0并且<0.08、>0.08三类,即1=无出生缺陷、2=出生缺陷率不高、3=出生缺陷高发。

支持向量机算法无法直接处理分类型变量(categorical variables),所以需要先对分类型变量进行处理。通常的做法是引入哑变量,如变量岩石类型编号(lithology_code)共有7类(1、2、3、4、5、6、7),引入哑变量后,用lithology1、lithology2、lithology3、lithology4、lithology5、lithology6共同表示编号为1、2、3、4、5、6、7共7类岩石类型,见表14.1。

表 14.1 对 lithology_code 变量引入哑变量

变换前	变换后					
lithology_code	lithology 1	lithology 2	lithology 3	lithology 4	lithology 5	lithology 6
1	0	0	0	0	0	0
2	1	0	0	0	0	0
3	0	1	0	0	0	0
4	0	0	1	0	0	0
5	0	0	0	1	0	0
6	0	0	0	0	1	0
7	0	0	0	0	0	1

同理对分类型变量soil_code引入哑变量进行表示。通常对有n类的分类型变量将引入$n-1$个哑变量表示。

将符合Libsvm软件格式要求的数据(处理方式详见输入及软件使用)分为NTD_train(200条样本数据)和NTD_test(70条样本数据)两类。

3. 软件使用及输入

1) 软件和数据准备

(1) 软件 Python、Gnuplot 和 Iibsvm。地址:http://www.csie.ntu.edu.tw/~cjlin/libsvm/。FormatDatalibsvm.xls文件下载地址:http://old.blog.edu.cn/user2/huangbo929/archives/2007/1863154.shtml。

(2) 打开 FormatDatalibsvm. xls 将经哑变量变换后的影响因子数据拷入,对数据采用宏处理,使数据转化成符合 Libsvm 软件要求的格式(图 14. 2、图 14. 3)。

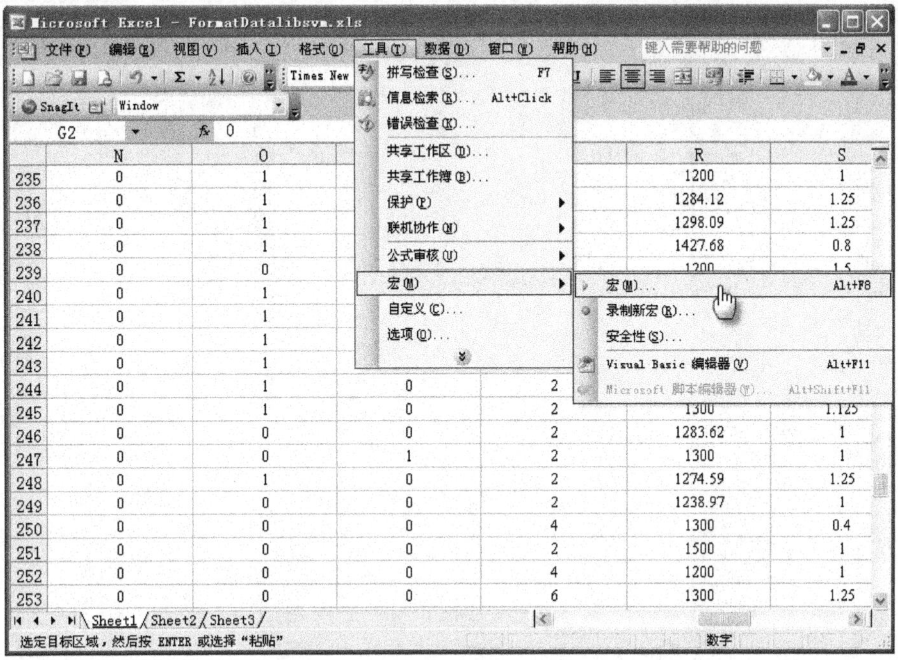

图 14. 2　采用 FormatDatalibsvm 中的宏

图 14. 3　选择 FormatDataToLibsvm

(3) 将分类类型插入首行(图 14.4)。

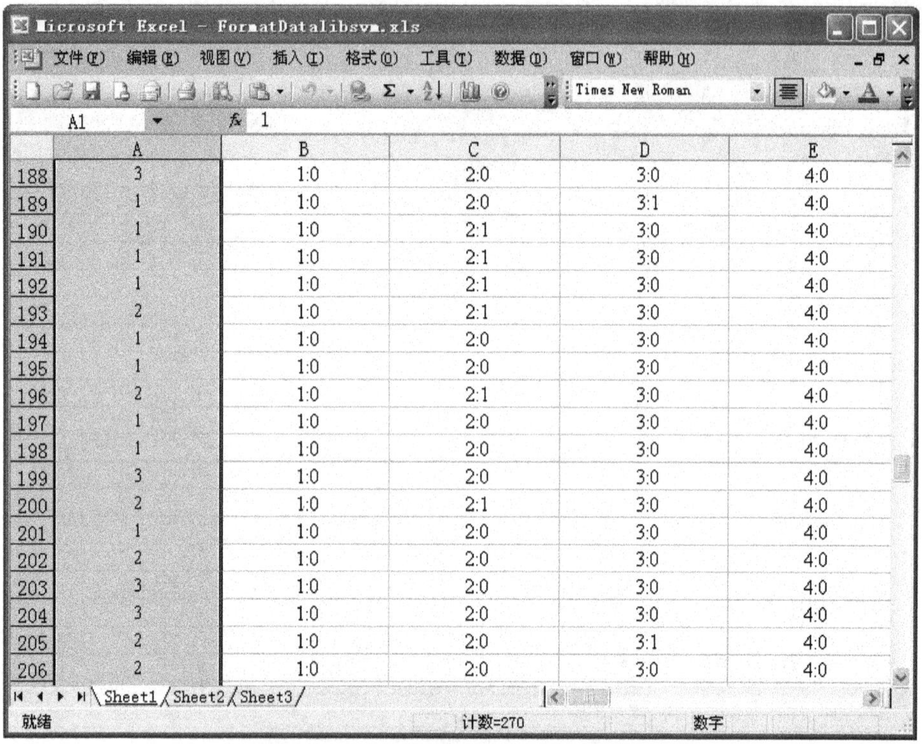

图 14.4 插入类型变量

(4) 将 FormatDatalibsvm 文件中的数据拷贝,并分别保存至文件 NTD_train. txt(200 条样本数据)和 NTD_test. txt(70 条样本数据)。

2) 进行分类训练并对测试样本进行预测分类

(1) 安装 Windows 版本的 Python、绘图软件 Gnuplot 和 libsvm 工具包。

(2) 修改 easy. py、grid. py 文件中 svmscale_exe、svmtrain_exe、svmpredict_exe、gnuplot_exe、grid_py 路径,使路径正确指向指定文件(图 14.5)。

(3) 将文件 svm-predict. exe、NTD_train. txt、NTD_test. txt 拷到 easy. py 所在文件夹中。

(4) 打开 DOS 界面,并将默认路径改为 easy. py 文件所在路径(图 14.6)。

(5) 在 DOS 窗口中输入 C:\Python26\Python easy. py NTD_train. txt NTD_test. txt(C:\Python26 为 Python. exe 文件所在文件夹路径),运行即可得到输出结果。

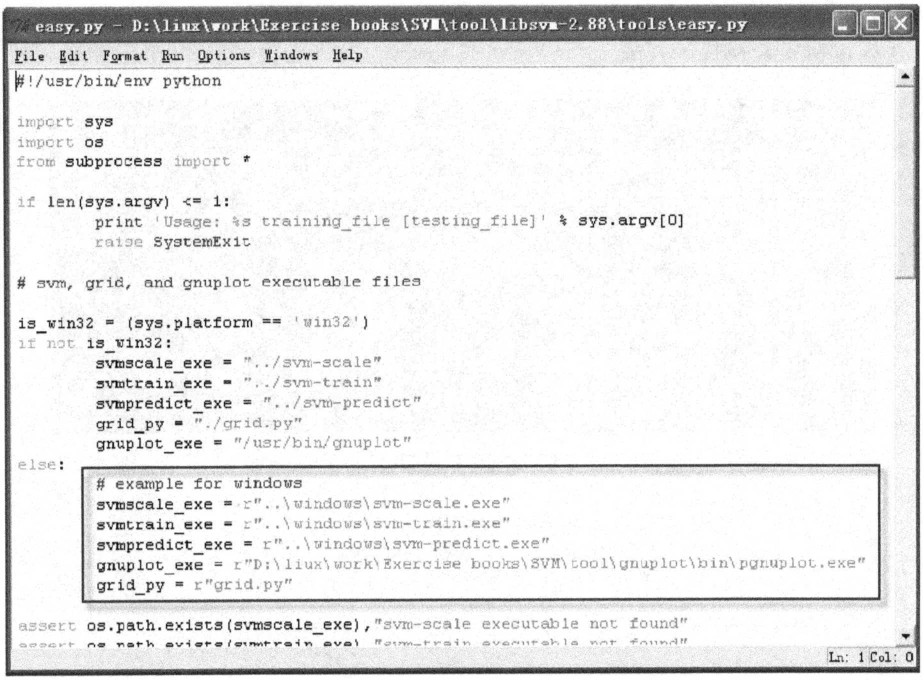

图 14.5　修改文件中的默认路径

图 14.6　DOS 操作界面

4. 输出

结果输出如图 14.7、图 14.8、表 14.2 所示。

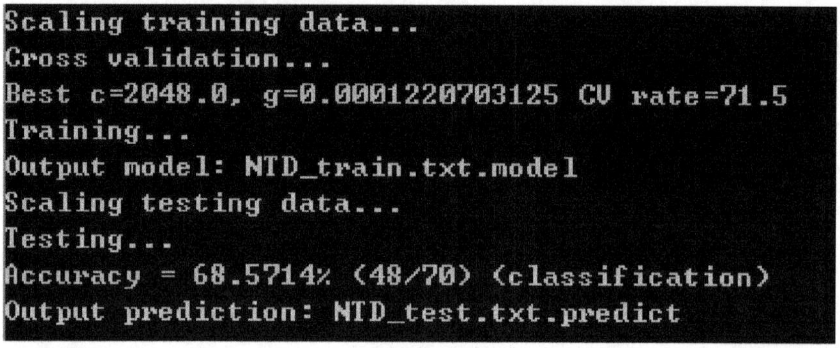

图 14.7　结果输出

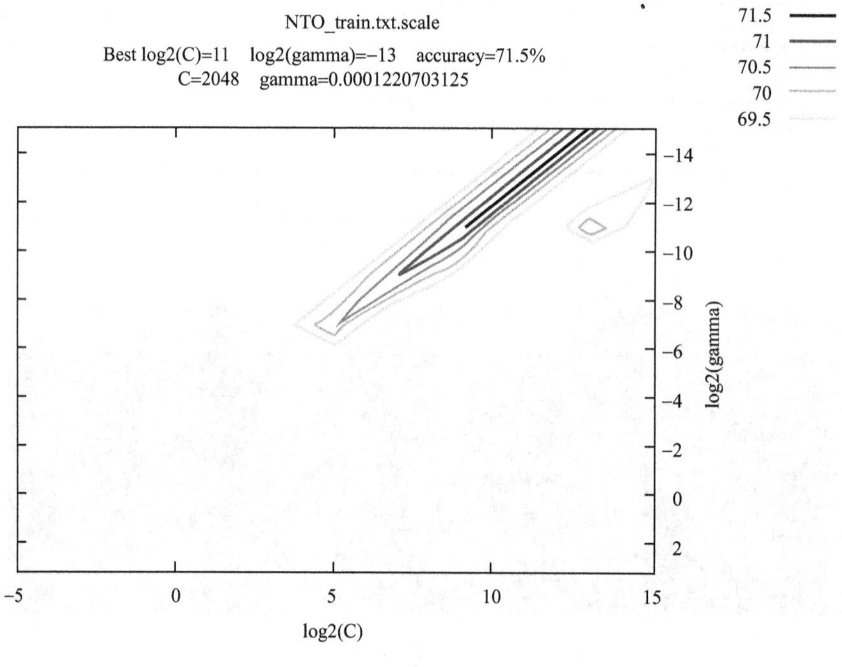

图 14.8　搜索最优 Cost 和 Gamma

表 14.2　部分地区 NTD 发生率真实分类与预测分类

村　名	真实分类	预测分类	村　名	真实分类	预测分类
柏木寨	1	1	北村	1	1
下木瓜	1	1	西马泉	1	1

续表

村　名	真实分类	预测分类	村　名	真实分类	预测分类
河底	1	1	刘家窑	1	2
邢村	2	2	东窑沟	3	2
蔡家庄	2	2	后石门沟	1	1
东堖	2	2	凤台	2	1
西堖	2	2	白珍	2	2
任元汗	2	2	会里	2	2
贾家沟	1	2	阳坡庄	1	2
九京	1	1	南窑	2	1
井玉沟	2	2	前南窑	2	1
尧村	2	2	后南窑	2	2
后沟	1	1	太阳坡	1	1
河北	3	1	青背	2	1

输出文件还包括：已转换到[－1,1]的样本数据文件 NTD_train. txt. scale 和 NTD_test. txt. scale 以及分类模型 NTD_train. txt. model。

5. 解释

在分类的训练过程中，首先调用 svmscale. exe 来变换原始样本向量，之后遍历预设的 c(Cost)和 g(Gamma)参数，调用 svmtrain. exe 来计算 c 和 g 参数的精度，最后获得一个最好的精度，根据对应的 c 和 g 计算一个模型。

通过实验结果可以看出，当 RBF 核函数的参数 Cost 和 Gamma 取 2048 和 0.00012207 时，其取得最好的分类性能，准确率达到 71.5%，检验样本的准确率达到 68.5714%(48/70)。

14.3　数学模型

支持向量机是从线性可分情况下的最优分类面发展而来的，所谓最优分类面就是要求分类面不但能将两类正确分开，而且使分类间隔最大。设分类面的方程为 $x\cdot w+b=0$，这里 w、b 是待求参数使得对线性可分的样本集 (x_i, y_i)，$i=1,2,\cdots,n$，$x\in R^d$，$y\in(+1,-1)$，x_i 为第 i 个样本的解释变量，y_i 为第 i 个样本的决策变量，满足

$$y_i[(w\cdot x_i)+b]-1\geqslant 0,\quad i=1,2,\cdots,n \tag{14.1}$$

此时分类间隔 $\rho=2/\|w\|$，使间隔最大等价于使 $\|w\|^2$ 最小。使上式等号

成立的样本叫做支持向量,满足条件式(14.1)且使(1/2)$\|w\|^2$ 最小的分类面就叫做最优分类面。使用 Lagrange 乘子方法解决这个约束最优问题,即在约束条件 $\sum_{i=1}^{n} a_i y_i = 0$ 和 $a_i \geqslant 0$(a_i 为 Lagrange 乘子,$i=1,\cdots,n$)下求解下列目标函数 $Q(a)$ 的最大值。

$$Q(a) = \sum_{i=1}^{n} a_i - \frac{1}{2}\sum_{i=1}^{n}\sum_{j=1}^{n} a_i a_j y_i y_j (x_i \cdot x_j) \tag{14.2}$$

这是一个不等式约束下二次函数寻优的问题,存在唯一解。A_i 不为零的解所对应的样本就是支持向量。解上述问题后得到的最优决策函数是

$$f(x) = \operatorname{sgn}\left(\sum_{i=1}^{n} a_i y_i (x_i \cdot x) + b\right) \tag{14.3}$$

在线性不可分的情况下,可以在式(14.1)中增加一个松弛项 $\xi_i \geqslant 0$,成为

$$y_i[(w \cdot x_i) + b] - 1 - \xi_i \geqslant 0, \quad i=1,2,\cdots,n \tag{14.4}$$

$$(w,\xi) = \frac{1}{2}\|w\|^2 + C\left(\sum_{i=1}^{n} \xi_i\right) \tag{14.5}$$

将目标改为求式(14.5)的最小且 $0 \leqslant a \leqslant C$,其中,$C$ 为惩罚因子,即综合考虑最小错分样本和最大分类间隔,这样就得到广义最优分类面。

对于非线性问题,只需要将输入向量非线性映射到一个更高维的特征空间,然后再构造最优分类超平面。我们不必知道具体的映射函数 $\phi(x_i)$ 的表达式,因为在这个高维空间中只涉及内积运算,若 $K(x_i, x_j) = \phi(x_i) \cdot \phi(x_j)$ 则称 $K(x_i, x_j)$ 为内核函数,一个函数是内核函数的条件由 Mercer 定理给出。而相应的最优决策函数变为

$$f(x) = \operatorname{sgn}\left(\sum_{i=1}^{n} a_j^* y_i K(x_i, x) + b^*\right) \tag{14.6}$$

第 15 章　粒子群优化算法

15.1　原　　理

粒子群优化算法(particle swarm optimization,PSO)由 Kennedy 和 Eberhart 于 1995 年提出,该算法模拟鸟群、鱼群、蜂群等动物群体觅食的行为,通过个体之间的相互协作使群体达到最优目的,是一种基于群智能(swarm intelligence,SI)的优化方法(Kennedy and Eberhart,2001)。同遗传算法类似,它也是一种基于群体迭代的优化算法,系统由一群粒子(particle)组成,初始化为一组随机解,粒子群在问题空间中追随群体最优粒子进行协同搜索,它没有遗传算法的交叉、变异等操作。与遗传算法不同的是它更强调群体内部个体之间的协同与合作,而不是达尔文的"适者生存"理论(Eberhart and Shi,1998)。

PSO 算法也是一种启发式的优化计算方法,其最大的优点在于(Kennedy and Eberhart,2001):

(1) 易于描述,易于理解;

(2) 对优化问题定义的连续性无特殊要求;

(3) 只有非常少的参数需要调整;

(4) 算法实现简单,速度快;

(5) 相对其他演化算法而言,只需要较小的演化群体;

(6) 算法易于收敛,相比其他演化算法,只需要较少的评价函数计算次数就可达到收敛;

(7) 无集中控制约束,不会因个体的故障影响整个问题的求解,确保了系统具备很强的鲁棒性。

在 PSO 中,如果我们把一个优化问题看作是在空中觅食的鸟群,那么"食物"就是优化问题的最优解,而在空中飞行的每一只觅食的"鸟"就是 PSO 算法在解空间中进行搜索的一个"粒子"。粒子的概念是一个折中的选择,它只有速度和加速度用于调整本身的状态,没有质量和体积。"群"(swam)的概念来自于人工生命。因此 PSO 算法也可看作是对简化了的社会模型的模拟,这其中最重要的是社会群体中的信息共享机制,这是推动算法的主要机制。

粒子在搜索空间中以一定的速度飞行,这个速度根据它本身的飞行经验和同伴的飞行经验来动态调整。所有的粒子都有一个被目标函数决定的适应值(fitness value),这个适应值用于评价粒子的"好坏"程度。每个粒子都知道自己到目前为止发现的最好位置(particle best,记为 pbest)和当前的位置,pbest 就是粒子本身找到的最优解,这个可以看作是粒子自己的飞行经验。除此之外,每个粒子还知道到目前为止整个群体中所有粒子发现的最好位置(global best,记为 gbest),gbest 是在 pbest 中的最好值,即是全局最优解,这个可以看作是整个群体的经验。每个粒子使用下列信息改变自己的当前位置:

(1) 当前位置;

(2) 当前速度;

(3) 当前位置与自己最好位置之间的距离;

(4) 当前位置与群体最好位置之间的距离。

优化搜索正是在由这样一群随机初始化形成的粒子组成的一个种群中,以迭代的方式进行的。

15.2 案　　例

1. 目的

本实验欲通过粒子群方法对和顺县神经管畸形出生缺陷(NTD)数据进行训练及验证,最终达到对出生缺陷率的分类预测。

2. 数据、参数:项及格式

数据采用和顺县神经管畸形出生缺陷影响因子数据,包括:土壤类型、河流缓冲区、道路缓冲区、流域、坡度、岩石类型、断层缓冲、土地覆盖、高度、医生数量、化肥数量、净收入、农药数量、蔬菜数量、水果数量(soil_code、riverbuffer、roadbuffer、watershed_ID、gradient_code、lithology_code、faultagebuffer、landcover、elevation(m)、doctor、fertilizer、net－income、pestcide、vegetable、fruit)以及出生缺陷率(NTD_rate)数据,在求出生缺陷率的过程中将出生人数小于 5 的村剔除。将出生缺陷率分为:0、>0 并且<0.08、>0.08 三类,即 1=无出生缺陷、2=出生缺陷率不高、3=出生缺陷高发三类。

将符合 PSO/ACO2 1.0 软件格式要求的数据分为 NTD_train(200 条样本数据,用于训练生成分类方法)和 NTD_test 两类(70 条样本数据,用于检验分类方法)。

3. 软件使用及输入

粒子群分类工具 PSO/ACO2 下载地址:http://sourceforge.net/projects/psoaco2/;Java 程序运行环境所需安装程序 Java SE Runtime Environment 6u11 下载地址:http://java.sun.com/javase/downloads/index.jsp;本实验中对数据进

行处理所需工具 weka-3-5-7. exe 下载地址：http://www.cs.waikato.ac.nz/ml/weka/。

1）数据准备

(1) 打开记录有实验所需数据的 . xls 文件，并将其另存为 . csv 文件(图 15.1)。

图 15.1　将数据保存为 . csv 格式

(2) 打开 WEKA 软件，并进入 Explorer 模块(图 15.2)。

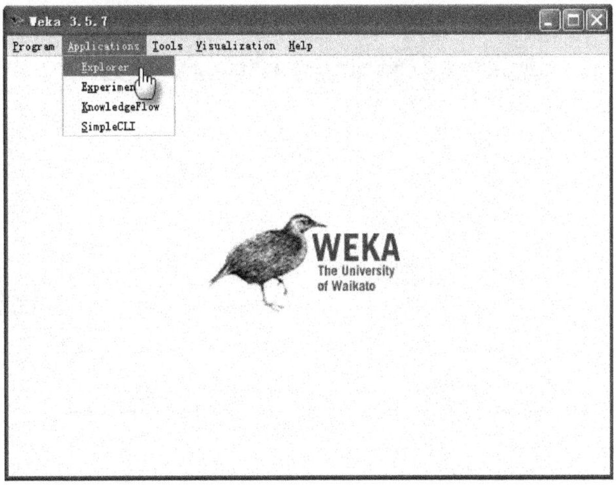

图 15.2　WEKA 主界面

(3) 在 WEKA 中打开实验数据 .csv 文件,另存为 .arff 文件(图 15.3～图 15.5)。

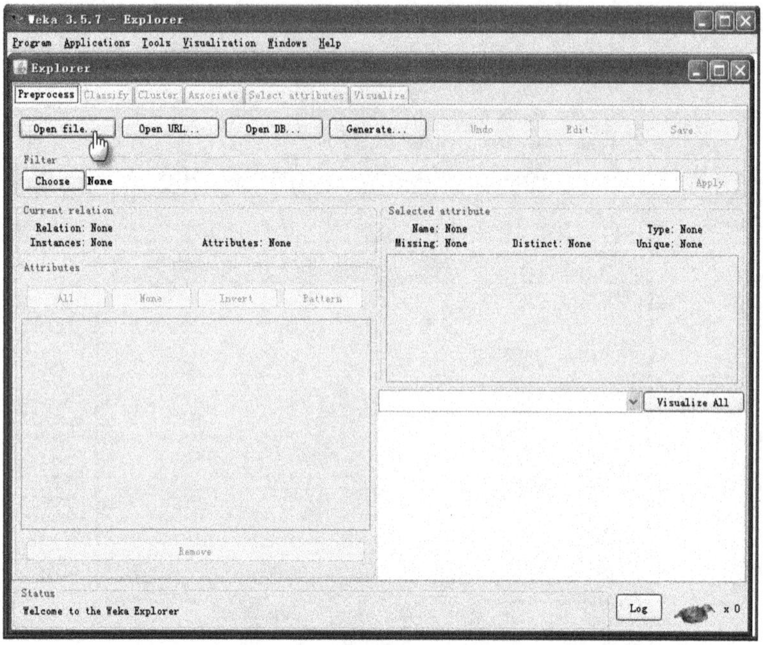

图 15.3 点击打开文件选项

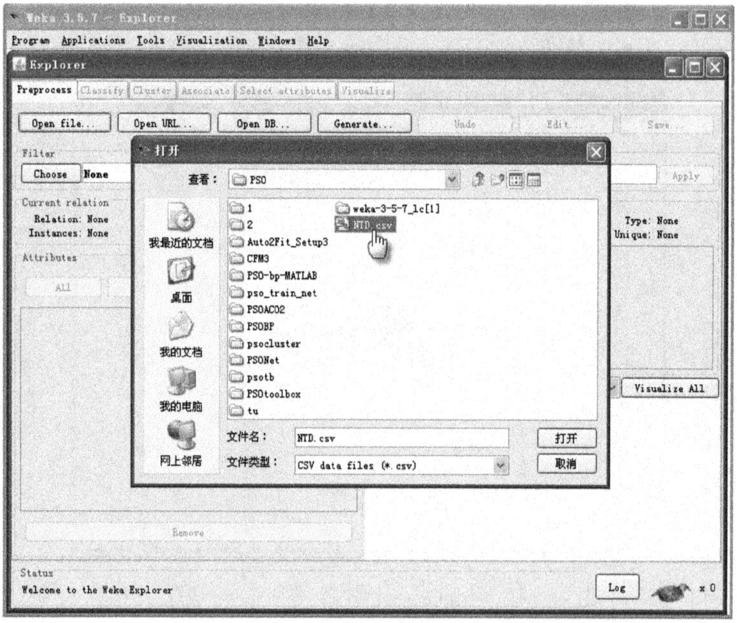

图 15.4 选择所需转换文件

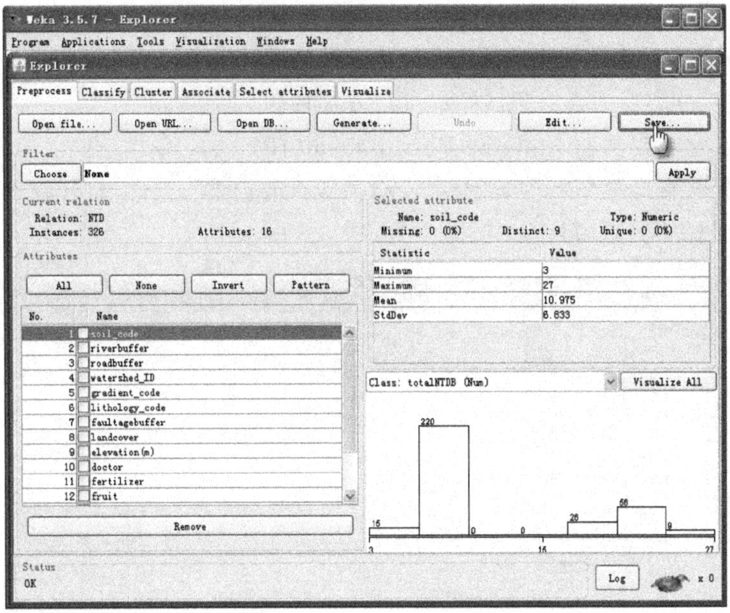

图 15.5　保存为 . arff 文件

(4) 修改 soil_code、gradient_code、lithology_code、landcover、NTDB_rate 为分类变量(在上步格式转换过程中,所有变量被统一按照数值类型处理)。首先用 UltraEdit 等文本编辑工具将 . arff 文件打开,然后按照下图格式修改变量类型(变量名后中括号括起的为变量种类)(图 15.6)。

```
@attribute soil_code {3,4,5,7,20,21,22,23,27}
@attribute riverbuffer numeric
@attribute roadbuffer numeric
@attribute watershed_ID numeric
@attribute gradient_code {1,2,3,5}
@attribute lithology_code {1,2,3,4,5,6,7}
@attribute faultagebuffer numeric
@attribute landcover {21,22,23,24,31,32,33,46,52,121,122,123,124}
@attribute elevation(m) numeric
@attribute doctor numeric
@attribute fertilizer numeric
@attribute fruit numeric
@attribute net-income numeric
@attribute pestcide numeric
@attribute vegetable numeric
@attribute brith_popu numeric
@attribute NTD_rate {1,2,3}

@data
7,2,8,1,1,6,14,33,1310.55,1.125,38.33,0,1193,1.333333,45.0375,1
22,6,6,1,1,6,14,33,1300,0.375,25,0,1182.375,0.416667,31.6125,1
7,4,2,1,1,5,14,33,1308.92,0.875,45,0,1215.25,0.75,40.1875,2
7,6,2,1,1,5,12,22,1300,2.625,45,0,1153.625,1.666667,40.8125,1
7,2,2,1,1,5,14,121,1300,4,21.67,0,1329.25,1.583333,30.4625,2
22,2,2,2,1,6,14,124,1320.7,1.25,25,0,1125.875,1.083333,36.125,2
```

图 15.6　修改变量类型

(5) 将数据分为 train(200 条样本数据,用于训练生成分类方法)和 test 两类(70 条样本数据,用于检验分类方法),并保存于不同文件。

2) 进行分类训练并对测试样本进行分类预测

(1) 首先安装 Java Runtime Environment(JRE)。

(2) 解压缩文件 PSOACO2V1.0.zip 后,双击 文件,打开粒子群分类工具 PSO/ACO2(图 15.7)。

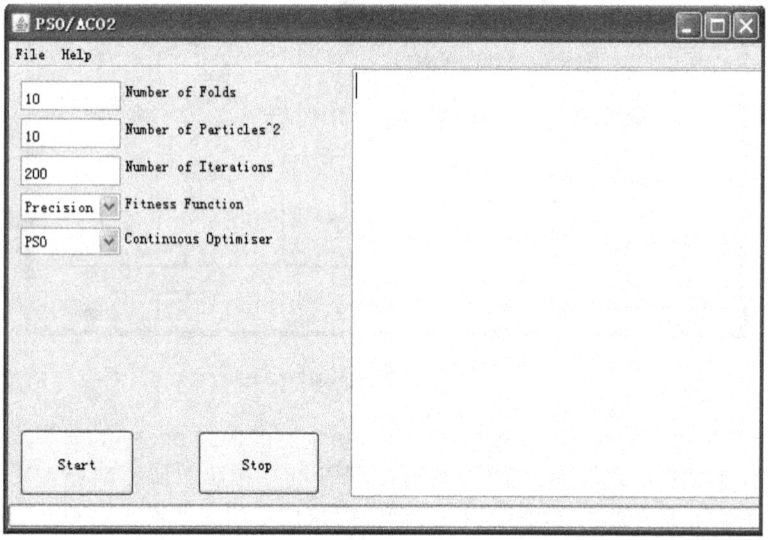

图 15.7　PSO/ACO2 工具主界面

(3) 加载用于生成分类规则的训练数据(图 15.8、图 15.9)。

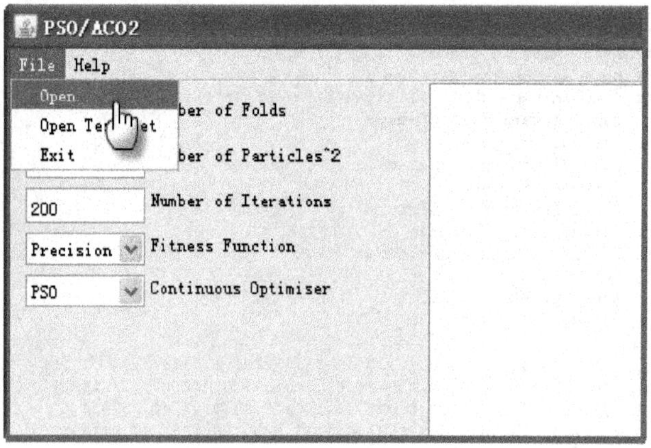

图 15.8　选择打开训练数据

图 15.9　选择训练数据

(4) 设置训练次数、粒子个数、迭代次数、适应度函数，对于连续型变量的处理选择粒子群算法 PSO。设置参数后点击 Start 按钮开始训练过程(图 15.10)。

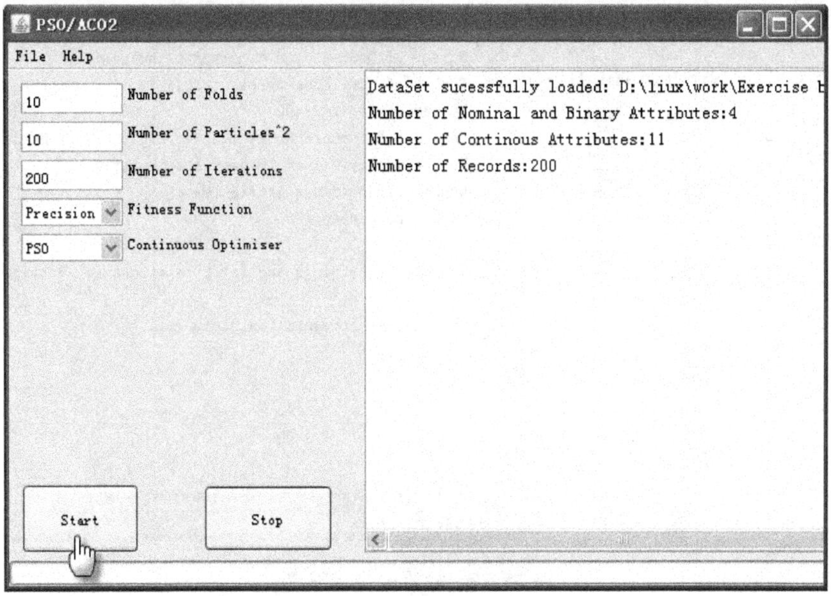

图 15.10　参数设置

(5) 在训练分类规则结束后，打开检验数据，对已生成分类规则的数据进行检验(图 15.11、图 15.12)。

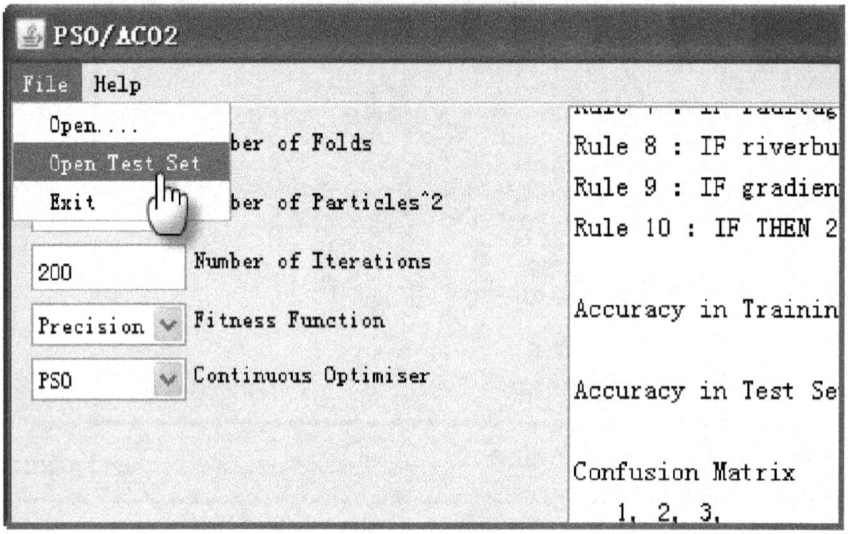

图 15.11　打开检验数据

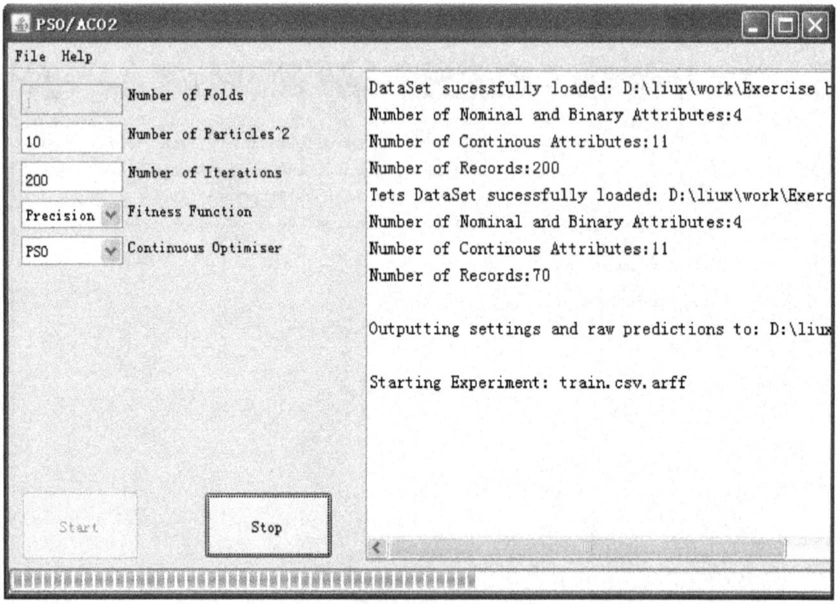

图 15.12　检验数据运算中

4. 输出

运算的输出部分可以分为两部分：训练数据运算结果输出和检验数据运算结果输出(表 15.1)。

通过对训练数据的运算，分别给出 10 次计算的分类规则以及与之相对应的准确度，最终给出分类规则的平均准确度为 64.5%±7.23%。

对检验数据进行运算，得出准确度为 59.29%。

表 15.1　部分地区 NTD 发生真实分类与预测分类

村名	真实分类	预测分类	村名	真实分类	预测分类
石家庄	1	1	小西沟	1	1
松垴	1	1	赵庄峪	1	1
圪检洼	1	2	石驼坪	1	1
胳膊堂	1	1	大雨门	1	1
关地沟	2	2	牛川	1	1
柏木槽	1	1	梁家庄	1	1
石长沟	3	1	陈家庄	1	1
大窑底	1	1	黄岭	1	2
东窑	1	1	下黄岩	1	1
后当城	1	3	红土坪	1	2
前虎峪	1	1	高邱	1	2
后虎峪	1	1	北高邱	1	1
寺铺	1	1	南庄	2	3
神堂峪	1	1	翟家坪	1	1
石叠	1	2	其林台	2	3
土岭	1	2	上松沟	1	3
王汴	1	1			

5. 解释

在提取分类规则的过程中，粒子群算法本身不能处理分类型(categorical/nominal)变量，而蚁群算法(ACO)对处理分类型变量有很好的特性。PSO/ACO2 通过添加蚁群算法而使本实验不需对分类型变量进行预先处理。

实验过程中，软件首先对分类型变量进行处理，之后处理连续型变量，最终形成分类规则，形如

$$\text{IF}\quad A_{n0}=\langle value\rangle \quad \text{AND} \quad x_{ub0}>A_{c0} \quad \text{AND} \quad x_{lb0}\leqslant A_{c0} \tag{15.1}$$

THEN　Class　C

A_{n0}为分类型变量，A_{c0}为连续型变量，x_{ub0}、x_{lb0}分别为某一连续型变量的上限与下限。在处理连续型变量的过程中，粒子被视为如x_{ub0}、x_{lb0}的变量，粒子通过调整自己的位置来改变分类规则中某一连续型变量的上限与下限，并最终达到最优。

在10次分类规则的计算过程中以第8次的分类规则得到的准确率最高：

```
Fold:8
Rule 0 : IF lithology_code=6 pestcide <=0.9492219849570901 vegetable <=36.58978555938786 THEN 1 Quality: 0.96 (6,0)
Rule1 : IF watershed_id>=2.3304307424567883 doctor <=0.9379948083593429 fruit <=0.2622224392554427 net- income <=1945.3555681303137 THEN 1 Quality: 0.95 (2,1)
Rule 2 : IF riverbuffer>=5.301607899554273 fertilizer <=46.57342206667432 vegetable <=136.65976307322475 THEN 1 Quality: 0.95 (0,0)
Rule3 : IF gradient_code=1 lithology_code=5 elevation(m) <=1485.0856120678395 net- income>=1059.8544494543885 THEN 2 Quality: 0.94 (3,0)
Rule4 : IF riverbuffer <=2.3111113251809945 fertilizer <=43.492907581973526 net- income <=1143.0683213920715 pestcide <=0.5459014322214607 THEN 1 Quality: 0.93 (1,1)
Rule5 : IF doctor <=1.1554085614524126 net- income>=969.7995660534971 net-income <=3006.591634024445 vegetable <=112.26854705441443 THEN 1 Quality: 0.93 (1,0)
Rule6 : IF roadbuffer <=5.7857967905770975 elevation (m) >=1326.8987543789049 elevation (m) <=1416.5639025414048 doctor >=0.5958014420991178 doctor <=3.5238072720297127 net - income >=1032.8821200578316 THEN 1 Quality: 0.69 (0,1)
Rule7 : IF elevation(m)>=1427.2180651167755 pestcide <=0.436127229532402 vegetable <=55.50021881377609 THEN 1 Quality: 0.67 (1,0)
Rule 8 : IF THEN 2 Quality: 0.61 (1,2)
Accuracy in Training Set: 86.11111111111111%
Accuracy in Test Set: 75.0%
```

通过数据训练得出平均分类精度为64.5%±7.23%，对分类进行检验得出的精度为59.29%，符合训练数据得出的分类精度要求。

15.3　数学模型

在每一次迭代中，粒子通过跟踪两个“极值”来更新自己：第一个极值就是粒子本身所找到的最优解 pbest；另一个极值是整个种群目前找到的最优解 gbest。

粒子 i 的位置为 $\boldsymbol{X}_i=(x_{i1},\cdots,x_{iD})^{\mathrm{T}}$；速度为 $\boldsymbol{V}_i=(v_{i1},\cdots,v_{iD})^{\mathrm{T}}$；个体极值表示为 pbest，可以看作是粒子自己的飞行经验；全局极值表示为 gbest，可以看作整个群体的飞行经验。粒子就是通过自己的经验和群体经验来决定下一步的运动。对于第 $k+1$ 次迭代，每一个粒子是按照式(15.2)进行变化的：

$$v_{id}^{k+1}=v_{id}^{k}+c_1\times r_1\times(\text{pbest}-x_{id}^{k})+c_2\times r_2\times(\text{gbest}-x_{id}^{k}) \tag{15.2}$$

$$x_{id}^{k+1}=x_{id}^{k}+v_{id}^{k+1} \tag{15.3}$$

式中，$i=1,\cdots,N$，其中，N 为群体中粒子的总数；r_1,r_2 为区间[$-1,1$]生成的随机数；$d=1,\cdots,D$，D 为解空间的维数，即自变量的个数；加速因子 c_1 和 c_2 分别为调节向 pbest 和 gbest 方向飞行的最大步长，合适的 c_1 和 c_2 可以加快收敛且不易陷入局部最优。最大速度 $V_{\max}$ 决定了问题空间搜索的力度，粒子的每一维速度 v_{id} 都会被限制在[$-V_{\max},V_{\max}$]。

式(15.2)主要通过三部分来计算粒子 i 更新的速度：粒子 i 前一时刻的速度 v_{id}^{k}、粒子 i 当前位置与自己历史最好位置之间的距离($pbest\text{-}x_{id}^{k}$)、粒子 i 当前位置与群体最好位置之间的距离($gbest-x_{id}^{k}$)。粒子通过式(15.3)计算新位置的坐标。

式(15.2)的第一部分称为动量部分，表示粒子对当前自身运动状态的信任，为粒子提供了一个必要动量，使其依据自身速度进行惯性运动；第二部分称为个体认知部分，代表了粒子自身的思考行为，鼓励粒子飞向自身曾经发现的最优位置；第三部分称为社会认知部分，表示粒子间的信息共享与合作，它引导粒子飞向粒子群中的最优位置。式(15.2)的第一项对应多样化(diversification)的特点，第二项、第三项对应于搜索过程的集中化 (intensification)特点，因此这三项之间的相互平衡和制约决定了算法的主要性能。

第 16 章　期望最大化算法

16.1　原　　理

期望最大化(expectation maximization,EM)算法是参数估计的一种很重要算法,最初是由 Dempster、Laird 和 Rubin 提出的,是一种当观测数据为不完全数据时求解最大似然估计的迭代算法(Dempster et al. ,1977),它大大降低了最大似然估计的计算复杂度,但性能却与最大似然估计相近,具有很好的实际应用价值。

EM 算法主要在两种情况下使用:

(1) 由于观测手段的不完善或者观测条件的不理想,最终得到的观测值确实存在着数据缺失的现象。这个时候可以利用 EM 算法,在数据不完整的条件下来求解待估计参数的最大似然估计值。

(2) 当待估计参数的似然函数难于处理时,往往无法获得其最大似然估计值的解析表达。但是,如果假设一些"潜在数据"存在,将数据集扩充为完备数据集,就可以大大简化该似然函数的求解,这个时候也可以使用 EM 算法来渐近地求解待估计参数的最大似然估计值。

EM 算法是一种迭代方法,它的每一次迭代由两步组成:E 步和 M 步。一般地讲,E 步是 expectation step 的缩写,表示在给定观测数据和前一次迭代所得到的参数估计的情况下,计算完全数据对应的对数似然函数的条件期望。M 步是 maximization step 的缩写,表示用极大化对数似然函数来确定参数的值,并用于下步的迭代。该算法过程要求在 E 步和 M 步之间不断迭代直至收敛为止。

EM 算法最大的优点是简单和稳定,在不知道待估计参数先验信息和观测数据不完备的情况下提供一个简单的迭代算法来计算参数的最大似然估计。EM 算法保证迭代收敛,并至少得到使待估计参数的似然函数达到局部极值的一个估计值(Bilmes and Gentle,1998)。

16.2　案　　例

1. 目的

本实验欲通过期望最大化算法对和顺县各个村进行聚类,聚类依据为和顺县神经管畸形出生缺陷率影响因子数据,同时通过每个村的新生儿神经管畸形出生缺陷率对聚类进行评价。

2. 数据

数据采用和顺县神经管出生缺陷 NTD 影响因子数据，包括：土壤类型、河流缓冲区、道路缓冲区、分水线编号、坡度编号、岩石类型编号、断层缓冲、土地覆盖、高度、医生数量、化肥数量、净收入、农药数量、蔬菜数量、水果数量(soil_code、riverbuffer、roadbuffer、watershed_ID、gradient_code、lithology_code、faultagebuffer、landcover、elevation(m)、doctor、fertilizer、net-income、pestcide、vegetable、fruit)以及出生缺陷率(NTD_rate)数据，在求出生缺陷率的过程中将出生人数小于 5 的村剔除。将出生缺陷率分为：0、>0 并且<0.08、>0.08 三类，即无出生缺陷、出生缺陷率不高、出生缺陷高发三类。

由于本实验欲通过出生缺陷率对聚类效果进行评价，而评价聚类效果所使用变量只能是分类型(categorical/nominal)，因此需将三类出生缺陷率进行编号：1=无出生缺陷；2=出生缺陷率不高；3=出生缺陷高发。使用 200 条样本数据用于训练，70 条样本数据用于测试。

3. 软件使用及输入

本实验所需工具 weka-3-5-7.exe 下载地址：http://www.cs.waikato.ac.nz/ml/weka。

(1) 打开记录有实验所需数据的 .xls 文件，并将其另存为 .csv 文件(图 16.1)。

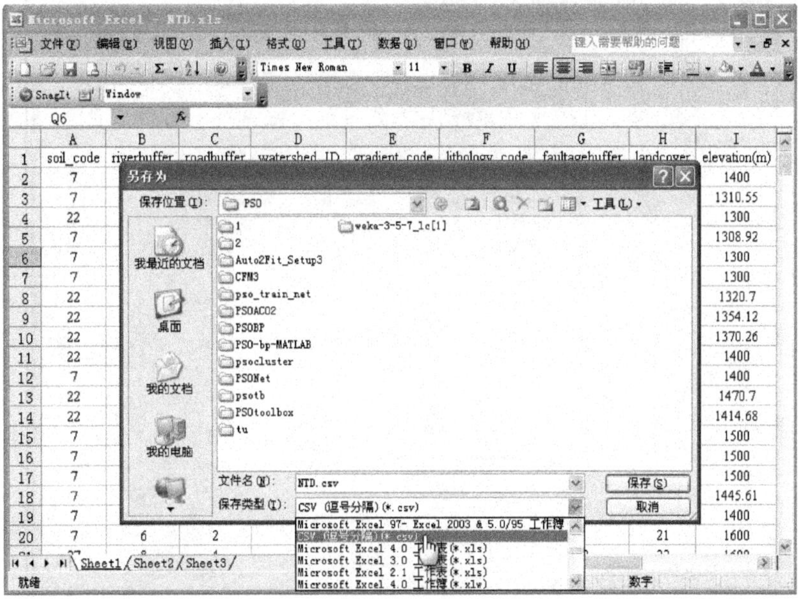

图 16.1　将数据保存为 .csv 格式

(2) 打开 WEKA 软件,并进入 Explorer 模块(图 16.2)。

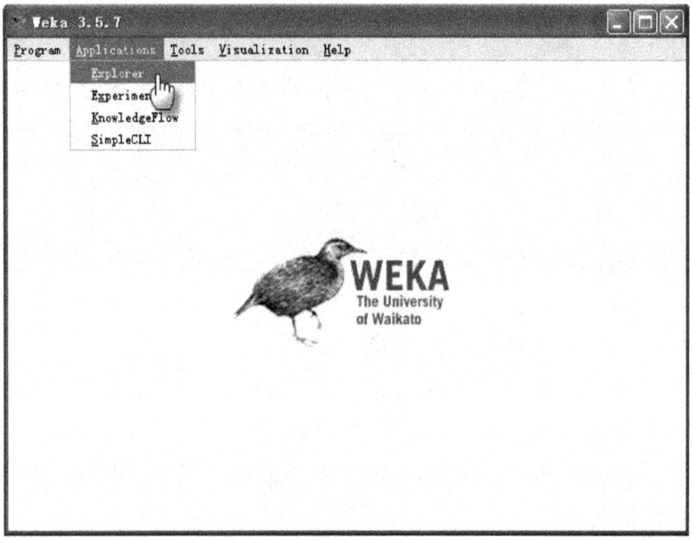

图 16.2　WEKA 主界面

(3) 在 WEKA 中打开存有实验数据的 . csv 文件(图 16.3),将其另存为 . arff 文件(图 16.4、图 16.5)。

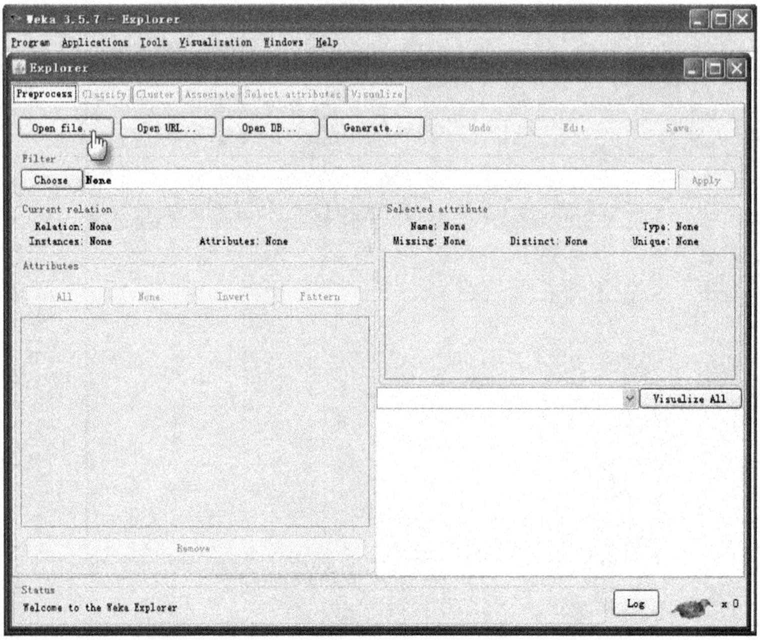

图 16.3　点击打开文件选项

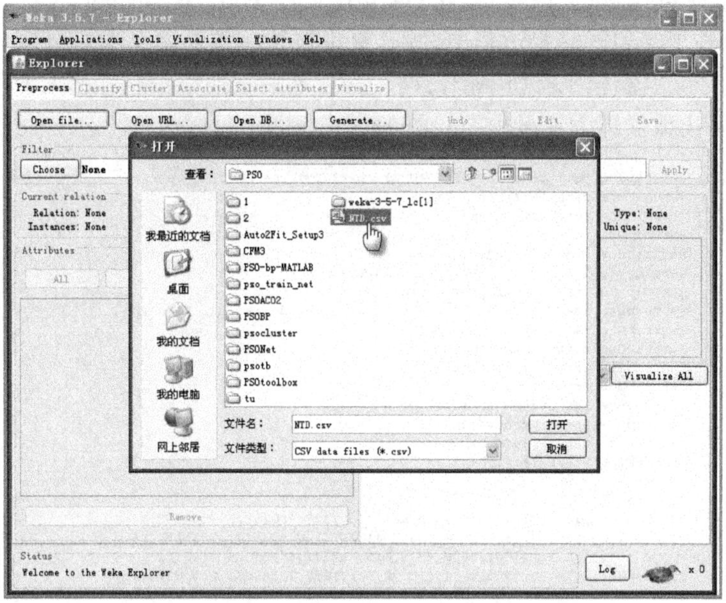

图 16.4　选择所需转换文件

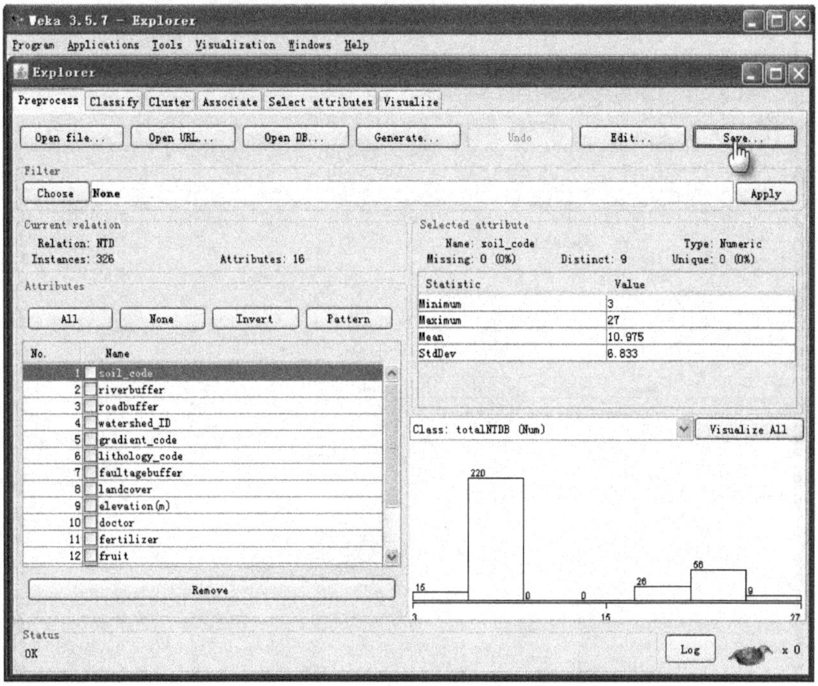

图 16.5　保存为 . arff 文件

(4) 修改 soil_code、gradient_code、lithology_code、landcover、NTD_rate 为分类型变量(在上步格式转换过程中,所有变量被统一按照数值类型处理)。首先用 UltraEdit 等文本编辑工具将 .arff 文件打开,然后按照下图格式修改变量类型(变量名后括号内数据即为变量种类)(图 16.6)。

```
@attribute soil_code {3,4,5,7,20,21,22,23,27}
@attribute riverbuffer numeric
@attribute roadbuffer numeric
@attribute watershed_ID numeric
@attribute gradient_code {1,2,3,5}
@attribute lithology_code {1,2,3,4,5,6,7}
@attribute faultagebuffer numeric
@attribute landcover {21,22,23,24,31,32,33,46,52,121,122,123,124}
@attribute elevation(m) numeric
@attribute doctor numeric
@attribute fertilizer numeric
@attribute fruit numeric
@attribute net-income numeric
@attribute pestcide numeric
@attribute vegetable numeric
@attribute NTD_rate {1,2,3}

@data
7,2,8,1,1,6,14,33,1310.55,1.125,38.33,0,1193,1.333333,45.0375,1
22,6,6,1,1,6,14,33,1300,0.375,25,0,1182.375,0.416667,31.6125,1
7,6,2,1,1,5,12,22,1300,2.625,45,0,1153.625,1.666667,40.8125,1
22,2,2,2,1,6,14,33,1354.12,1.125,89.83,4.375,1354.625,2.5,52.4625,1
22,2,2,2,1,6,12,32,1370.26,1.25,80,0,1261.25,1,43.5875,1
22,2,2,2,1,6,12,32,1400,1.375,25,0,1161.25,0.833333,23.8375,1
```

图 16.6　修改变量类型

(5) 在 Weka 中将调整后的 .arff 文件加载(图 16.7)。

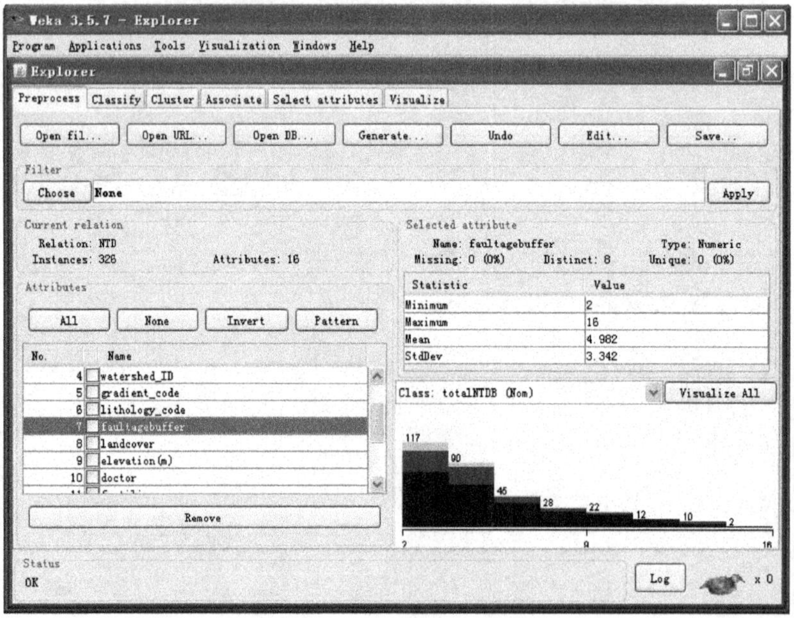

图 16.7　重新加载 .arff 文件

(6) 点击 Cluster 选项,进入聚类操作界面(图 16.8)。

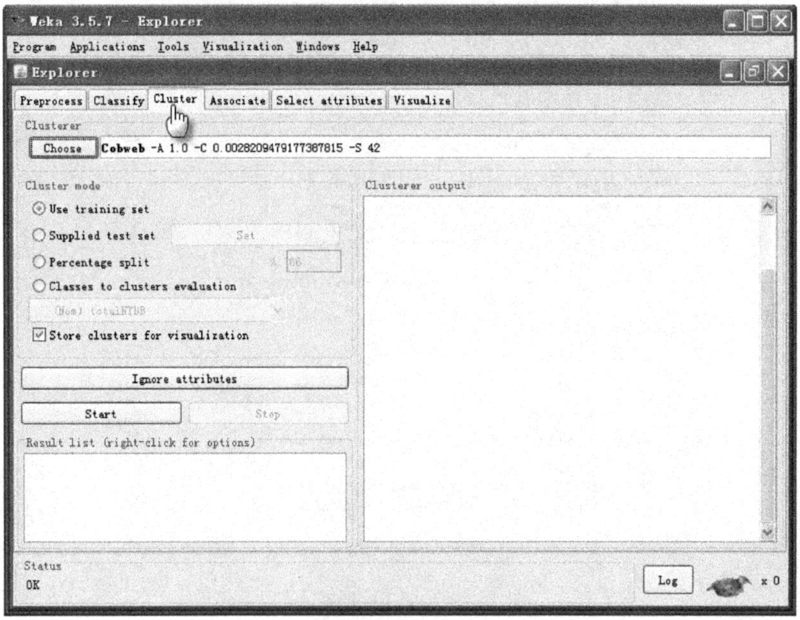

图 16.8　聚类操作界面

(7) 选择 EM 作为聚类操作方法(图 16.9)。

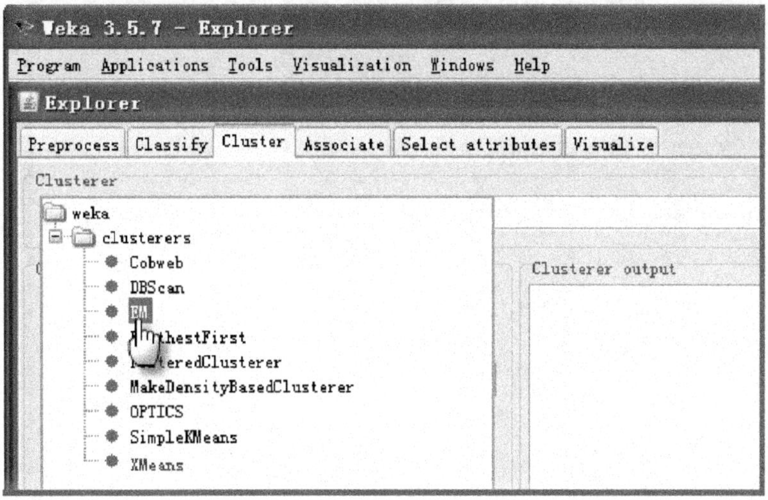

图 16.9　选择 EM 作为聚类方法

(8) 在聚类模式中选择"Classes to clusters evaluation"并选择变量 NTD_rate 用以对聚类效果进行评价(图 16.10)。

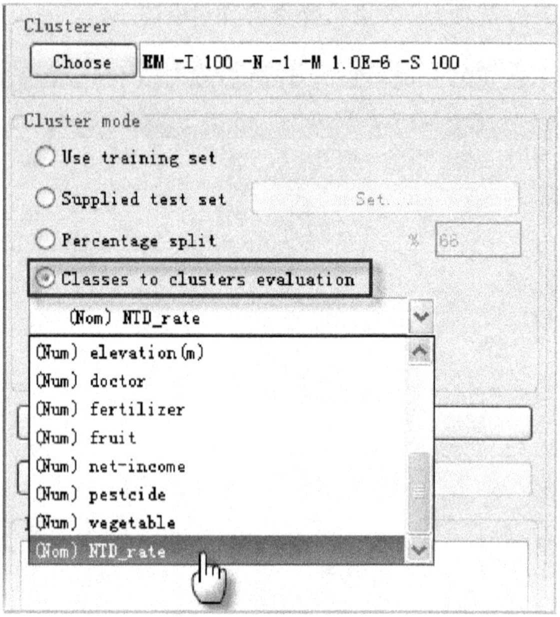

图 16.10　选择聚类模式

(9) 点击 Start 按钮进行聚类分析(图 16.11)。

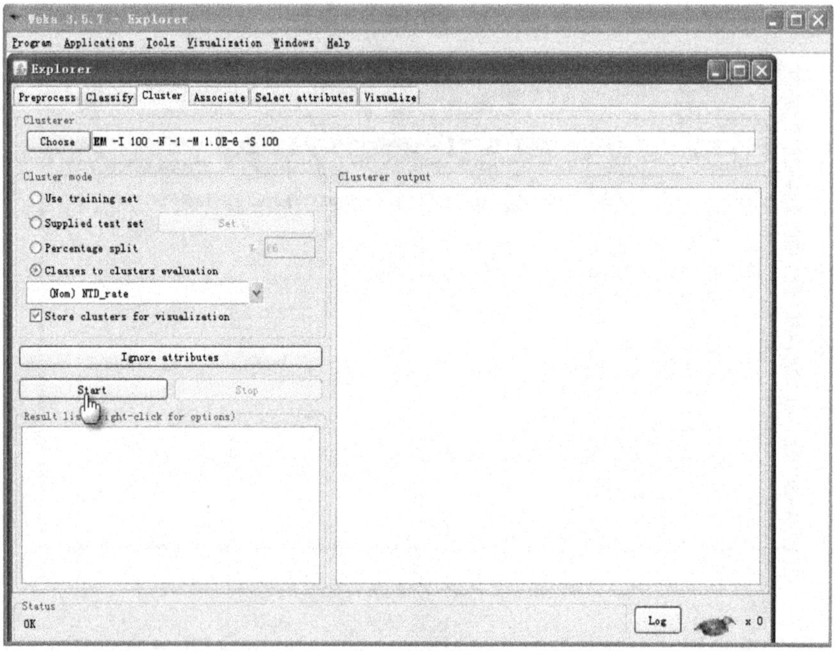

图 16.11　进行聚类分析

(10) 运算结束后，首先记录聚类输出(cluster output)中的实验结果，然后在结果列表(result list)中选择所需结果，点击右键并选择聚类输出图(图 16.12)。

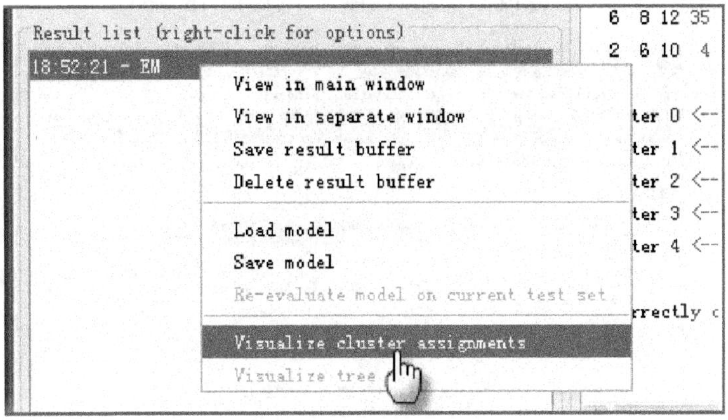

图 16.12　查看聚类图

(11) 调整聚类图中 x、y 轴所代表变量，获取所需聚类。本实验中选取 Instance_number(粒子实例：代表每一个村，其中叉形代表通过 NTD_rate 分类评价正确分类的村)作为 x 轴变量，Cluster(聚簇)作为 y 轴变量，并选择根据不同的聚簇给实例标上不同的颜色(图 16.13)。

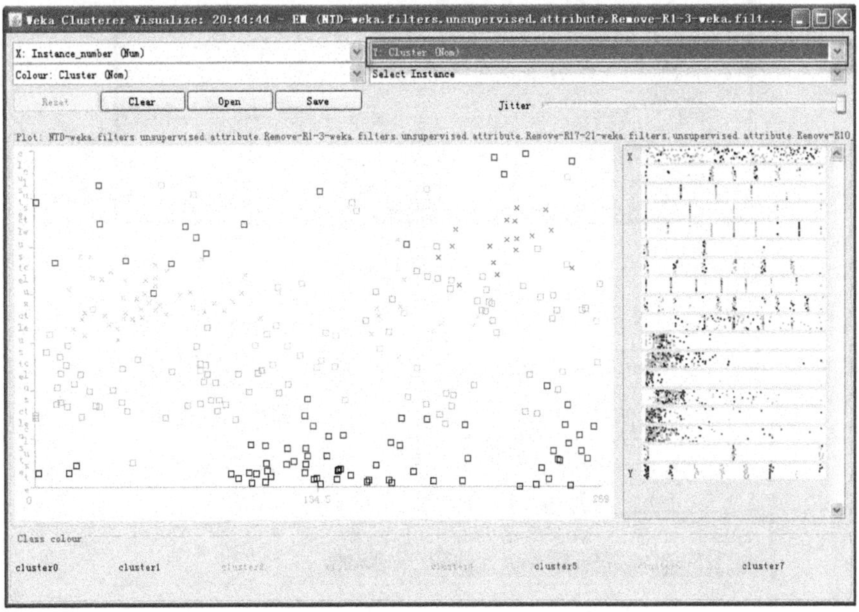

图 16.13　聚类图

(12) 通过调整聚类参数重新进行一组聚类分析，用于实验对比。例如，可以固定聚类聚簇为 3 类，以便和实验数据中 NTD 分类相对。在聚类方法中点击右键，选择 Show properties 修改聚类参数(图 16.14、图 16.15)。

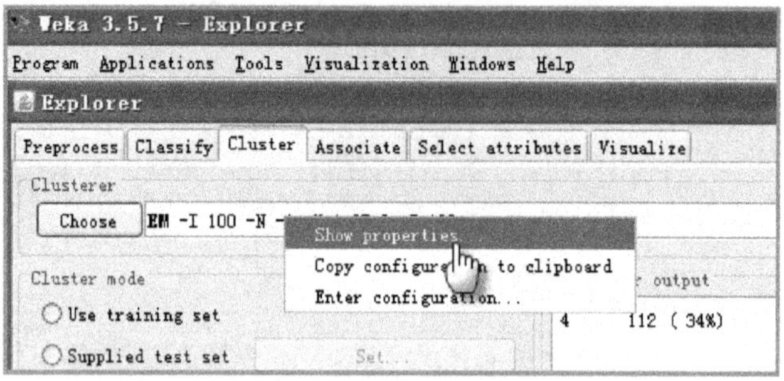

图 16.14　选择显示参数

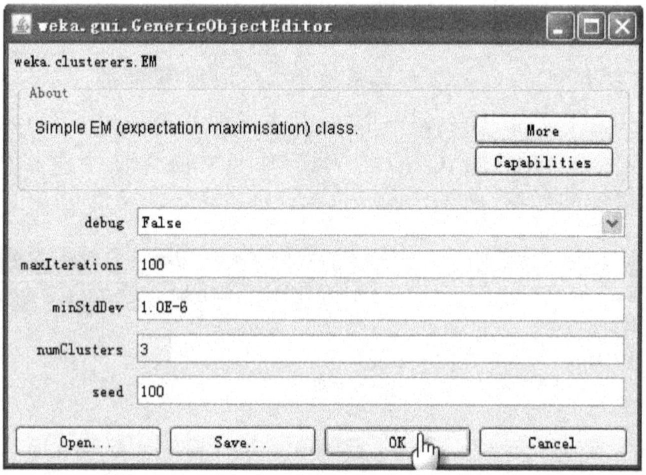

图 16.15　修改参数

(13) 通过忽略一些变量重新进行一组实验，用于进行实验对比。本次实验中，忽略了 soil_code、fruit、pestcide 对聚类的影响(图 16.16、图 16.17)。

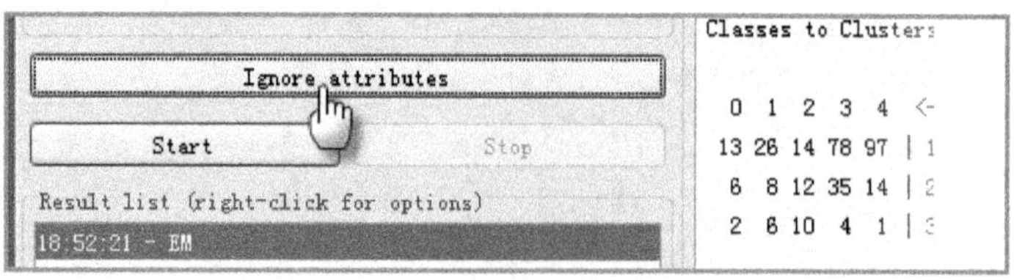

图 16.16　点击忽略属性选项

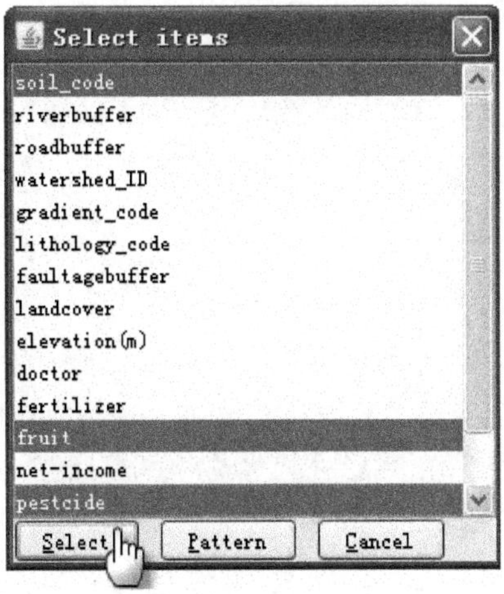

图 16.17　选择忽略属性

4. 输出

(1) 使用默认的聚类设置(图 16.18)。

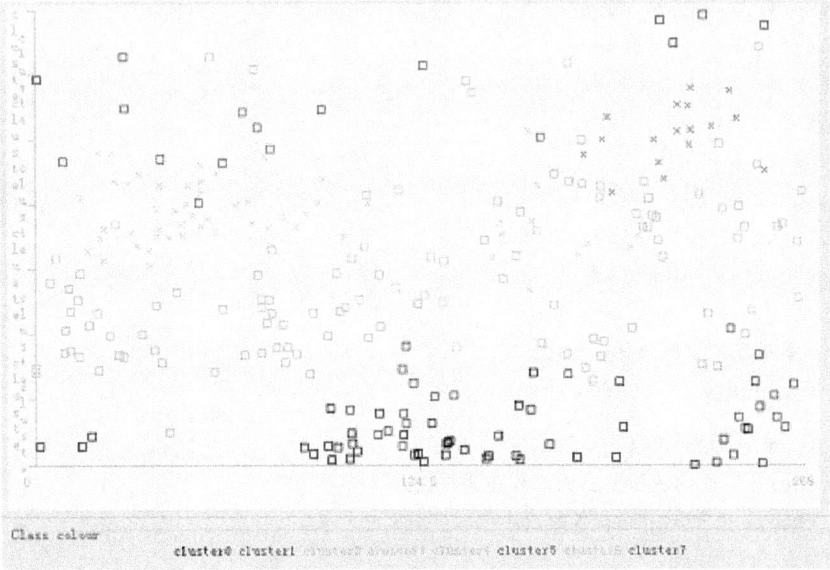

图 16.18　默认设置的聚类图

Number of clusters selected by cross validation: 8

Clustered Instances(系统自动生成的聚类个数及该聚簇中的村庄数占全部村庄数的比例)

0　　　41(15%)

```
1          24( 9%)
2          57(21%)
3          30(11%)
4          78(29%)
5          28(10%)
6           6( 2%)
7           6( 2%)
Log likelihood(相似度):-35.87057

Class attribute(评价聚类效果的依据): NTD_rate
Classes to Clusters:

  0  1   2  3  4  5  6  7<--assigned to cluster(真实分类与自动聚类对比)
 32 11  45 21 50 10  4  2|1
  6 11   9  3 22 17  1  4|2
  3  2   3  6  6  1  1  0|3
```

在 NTBD_rate 自动聚类过程中与真实分类相对应的类：

```
Cluster 0 <--No class
Cluster 1 <--No class
Cluster 2 <--No class
Cluster 3 <--3
Cluster 4 <--1
Cluster 5 <--2
Cluster 6 <--No class
Cluster 7 <--No class
```

不正确的聚类个数及其百分比：

```
Incorrectly clustered instances :  197.0  72.963 %
```

(2) 固定聚簇个数为 3(图 16.19)。

```
Number of clusters: 3(固定聚簇为三类)
Clustered Instances(各聚簇中的村庄数)

0    74(27%)
1    68(25%)
2   128(47%)

Log likelihood(相似度): -38.40941
```

```
Class attribute(评价聚类效果的依据): NTD_rate
Classes to Clusters:

  0    1    2 <--assigned to cluster(真实分类与自动聚类对比)
  34   38   103|1
  36   26   11|2
  4    4    14|3
```

在自动聚类过程中与真实分类相对应的类:

```
Cluster 0 <--2
Cluster 1 <--3
Cluster 2 <--1
```

不正确的聚类个数及其百分比:

```
Incorrectly clustered instances :  127.0   47.037 %
```

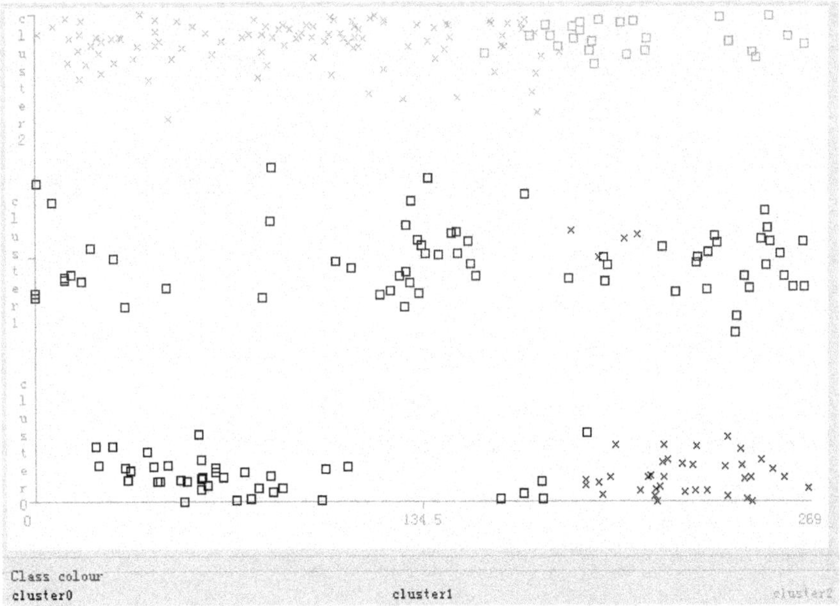

图 16.19　固定聚簇个数的聚类图

(3) 忽略 soil_code、fruit、pestcide 对聚类的影响(图 16.20)。

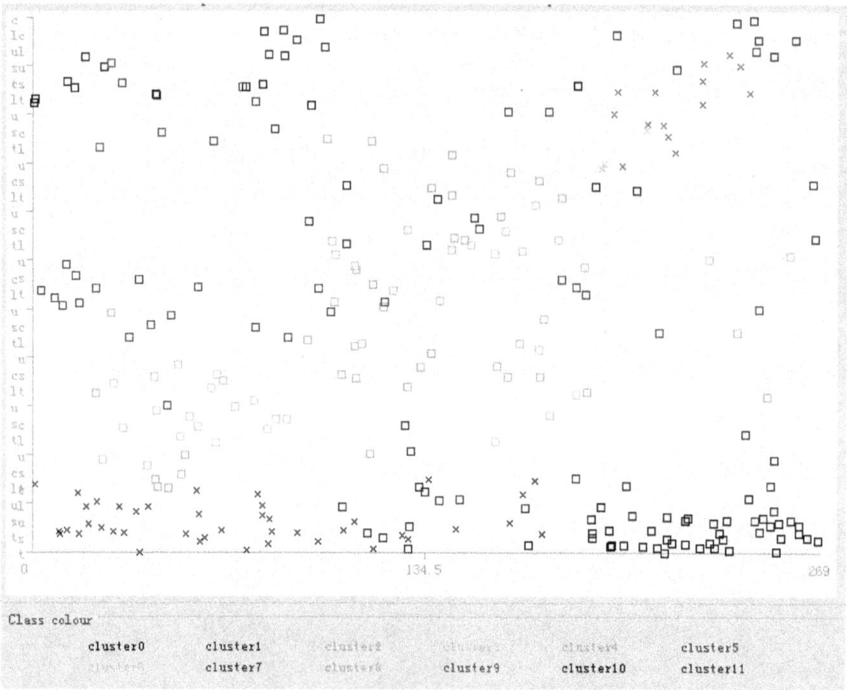

图 16.20 忽略某些因素时的聚类图

Number of clusters selected by cross validation: 12 (系统自动生成的聚类个数)

Ignored:

soil_code

fruit

pestcide

(忽略 soil_code、fruit、pestcide 对聚类的影响)

Clustered Instances(各聚簇中的村庄数)

0	80(30%)
1	21(8%)
2	7(3%)
3	22(8%)
4	20(7%)
5	23(9%)
6	20(7%)
7	12(4%)
8	14(5%)

```
9          24( 9%)
10         15( 6%)
11         12( 4%)

Log likelihood(相似度): - 32.87652

Class attribute(评价聚类效果的依据): NTD_rate
Classes to Clusters(真实分类与自动聚类对比):

 0   1   2   3   4   5   6   7   8   9   10   11 <--assigned to cluster
 42  12  6   19  17  18  16  8   11  8   14   4|1
 35  7   0   0   2   2   2   2   0   14  1    8|2
 3   2   1   3   1   3   2   2   3   2   0    0|3

在自动聚类过程中与真实分类相对应的类:
Cluster  0 <--1
Cluster  1 <--No class
Cluster  2 <--No class
Cluster  3 <--No class
Cluster  4 <--No class
Cluster  5 <--No class
Cluster  6 <--No class
Cluster  7 <--No class
Cluster  8 <--3
Cluster  9 <--2
Cluster 10 <--No class
Cluster 11 <--No class

不正确的聚类个数及其百分比:
Incorrectly clustered instances :  211.0   78.1481 %
```

5. 解释

实验结果中,Number of clusters 表示簇的个数,Clustered Instances 是各个簇中各村数目及百分比,Log likelihood 表示相似度大小,Incorrectly clustered instances表示相对于指定的评价规则,错误聚类的粒子数目及百分比。

使用默认的参数设置进行聚类,聚簇个数默认为-1,此时系统将采用 cross validation(交叉验证)用以决定聚簇的个数。系统通过增加聚簇个数来减少相似度，当相似度不再减少时，系统停止增加聚簇个数。

通过实验可以看出，当对参数及变量不进行修改时，系统自动生成的聚簇个数为 8，相似度为－35.87057（相似度的绝对值越小表明聚类效果越好），错误聚类（聚类图中矩形代表错误分类，叉形表示正确分类）占到 72.963%。当事先设定聚簇为 3 时，相似度的绝对值增大为－38.40941，但错误聚类的百分比降到 47.037%。当忽略掉 soil_code、fruit、pestcide 对聚类效果的影响时，系统自动生成 12 个聚簇，同时相似度的绝对值减少至最低（－32.87652），错误聚类百分比却上升至 78.1481%。

16.3 数学模型

标准 EM 算法中，通常是利用最大似然（maximum likelihood）准则对参数进行估计。假设有 N 个数据 $X=\{x_1,\cdots,x_n\}$ 是由对于特定的独立同分布 $p(x|\theta)$ 采样获得，那么似然函数为 $p(x \mid \theta)=\prod_{i=1}^{N} p(x_i \mid \theta)=L(\theta \mid X)$，最大似然准则是寻找满足

$$\theta^* = \arg \quad \max L(\theta|X) \tag{16.1}$$

的模型参数，其中 θ 和 θ^* 分别为候选及最优参数值，L 为计似然函数，X 为样本。通常，为了计算和求解方便，利用对数似然函数 $\log(L(\theta| X))$ 进行求解和优化。假设数据集 Z 包括已观测数据 X 和未观测数据 Y。因此有

$$p(z|\theta)=P(x,y|\theta)=p(y|z,\theta)p(x|\theta) \tag{16.2}$$

定义完全似然函数为

$$L(\theta|Z)=p(X,Y|\theta) \tag{16.3}$$

那么，标准 EM 算法里，E-step 通常计算完全数据对数似然函数在给定已观测数据 X 后对于未观测数据 Y 的数学期望，或者称为 Q 函数

$$\begin{aligned} Q(\theta,\hat{\theta}(t)) &\equiv E[\log p(X,Y \mid \theta) \mid X,\hat{\theta}(t)] \\ &= \int \log p(X,y \mid \theta)\, f(y \mid X,\hat{\theta}(t))\mathrm{d}y \end{aligned} \tag{16.4}$$

这里 $\hat{\theta}(t)$ 为第七次迭代的 θ 估计值，x、y、z 分别为变量 X、Y、Z 的样本值。

M-step 根据如下公式更新模型参数：

$$\hat{\theta}(t+1) = \arg \quad \max Q(\theta,\hat{\theta}(t)) \tag{16.5}$$

标准的 EM 算法通过迭代进行 E-step 和 M-step，直到参数收敛为止。EM 算法在理论上能够收敛到参数空间的局部极值。

第17章 空间运筹

谢菲尔德是英国较大的城市，市内有100多个汽车加油站，各站自行制定售油价格以谋求各自的最大利润，最优价格的制定受到周围其他加油站价格等多种因素影响，互相竞争达到平衡，形成空间价格分布。一个地区的房屋价格与本地区及邻近地区的房屋价格、就业水平和收入水平有关，相互作用，达到均衡，形成房屋价格的空间分布。我国华北是严重缺水地区，南水北调中线自长江中游的丹江口水库挖掘水渠经过河北各地区通往北京，在保证生活和生态用水的前提下，如何向沿线各地区分配调水，以达到工程总的经济利益最大化？

以上案例均涉及空间分布对象的空间相互作用和相互竞争，其中空间邻近关系或区域的资源稀缺性是各对象产生竞争的重要原因，竞争的目的是个体或整体达到利益最大化，这类问题归结为空间运筹。相对于空间数据统计分析和普通运筹学，空间运筹理论远未成型，以下以零售业空间价格运筹、房价空间运筹和资源空间优化配置三个典型案例为例，使读者体会空间运筹问题。最后对空间运筹做一小结。

17.1 零售业空间价格模型

市场空间竞争导致的均衡价格不仅体现了当地的供需水平，而且揭示多个市场间的交通往来情况。市场间的贸易关系往往取决于交通费用的高低、市场间的价格差异，可以将其归纳为空间供需平衡方程。在需求函数中，考虑到消费者对价格变化的敏感性、零售商对竞争价格的关注程度以及消费者具有相当大的流动性。

1. 模型

Haining(1983)建立了一个模型来解释在城市内部空间中相互作用的市场汽油价格空间分布模式：

$$\begin{aligned} D_t &= AY_t + c \\ S_t &= BY_{t-1} + e \end{aligned} \tag{17.1}$$

式中，t 为时间；D 为需求；S 为供给；Y 为价格；A、B 为待求参数；c、e 为残差。

假设供需达到平衡

$$D_{(t)} - S_{(t)} = 0 \tag{17.2}$$

解为

$$Y_t = A^{-1}BY_{t-1} + A^{-1}(e-c) \tag{17.3}$$

平衡价格向量

$$Y_e = (A-B)^{-1}(e-c) \tag{17.4}$$

第 i 个加油站平衡价格

$$Y_{i,e} = \sum_{j=1}^{n} \frac{a_{ij}}{b_{ii}-a_{ii}} Y_{j,e} + \frac{c_i - e_i}{b_{ii}-a_{ii}} \tag{17.5}$$

上式表达的空间价格的形成机制,可用于理论分析。具体应用形式为求解方程组

$$\boldsymbol{Y} = \boldsymbol{\alpha}_1 + \rho \boldsymbol{WY} + \boldsymbol{X}_{site}\boldsymbol{\beta}_S + \boldsymbol{X}_{location}\boldsymbol{\beta}_1 + \boldsymbol{e} \quad \boldsymbol{e} \sim N(0,\sigma^2) \tag{17.6}$$

式中,$\boldsymbol{Y}$ 为 n 个加油站中每个加油站零售价格;$\boldsymbol{X}_{site}$ 为 $n\times k$ 数据矩阵,表示站点效用,例如这个加油站是不是还提供其他汽车服务,该加油站是一个主要还是次要的品牌零售点等;$\boldsymbol{X}_{location}$ 为 $n\times k$ 数据矩阵,表示区位效用,例如此加油站是不是在主干道旁等;$\boldsymbol{W}$ 为用来描述位置间交互作用样式的给定的 $n\times n$ 正加权矩阵;$\boldsymbol{\alpha}_1$,$\boldsymbol{\beta}_S$,$\boldsymbol{\beta}_1$ 为 $k\times 1$ 参数向量;ρ 为交互作用或空间自相关参数;$\boldsymbol{e}$ 为随机误差,N 代表正态分布,σ^2 为离散方差。

2. 案例

搜集了英国谢菲尔德市的 85 个加油站在 1982 年 1~3 月每月中某一天的汽油价格(图 17.1)。每个样本在时间上大致间隔一个月。1 月份在 85 个加油站中四星级(普通级别)汽油每加仑的最低价是 153.9 便士,2 月份最低是 148.7 便士,3 月份是 141.0 便士。结果如下(Haining,1983):

(1) 离散属性。在 3 个月的时间内汽油价格处于下降的趋势。1 月份 47.8%的加油站收费在 153.9~155.9 便士(2 便士之差);2 月份 51.4%收费在 149.5~151.0 便士(1.5 便士之差);3 月份 50%的加油站收费在 141.8~142.0 便士(0.2 便士之差)。

(2) 回归属性。已观测的汽油价格关于表示位置、汽车维修和汽车销售的虚拟变量回归。在三个月中,仅位置变量是显著的(处于 95%水平)。空间回归系数显示位于主干道旁的加油站在这三个月中平均价格分别上涨了 3.7、4.3 和 2.4 便士。1 月份自动销售变量也是显著的——空间回归系数显示向汽车出售汽油的加油站有 1.96 便士的价格增幅。

(3) 自协方差属性。图 17.1 中各加油站点连接图定义了在自回归模型中 W 的非零项。选择一个沿着城市中心主干道的连接系统。因为市区拥挤的特性趋于不鼓励扩大搜索,所以市区范围处于互不连接的状态(除了组团以外)。

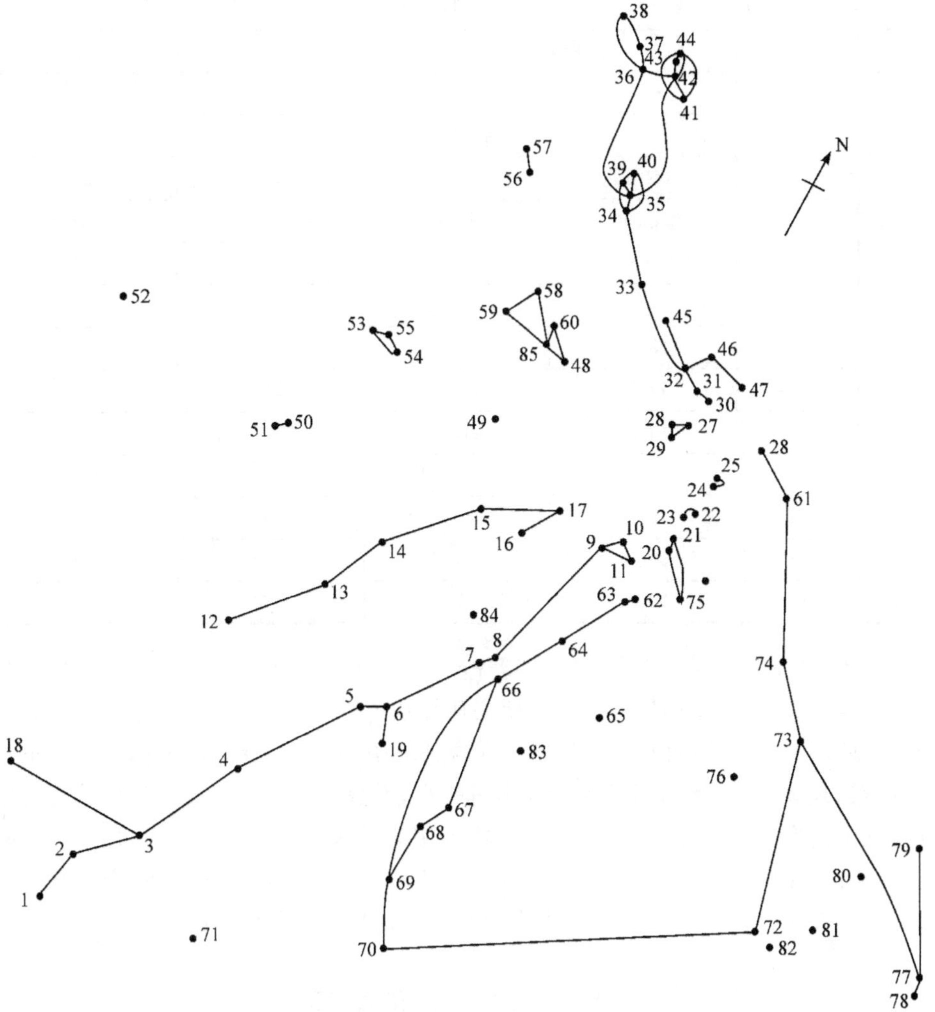

图 17.1　加油站连接地图（Haining,1983）

表 17.1 给出了 3 组答案。第一组关于自回归模型对加油站整个集合的拟合（表 17.1(a)）。这代表一种欲在加油站整个集合中确定一个单一竞争参数的尝试。ρ 的估计值接近于 0 表示没有相互影响效用，而当 ρ 值从大于 0 增加到 1 的一个极大值时，很显然表示有较强的交互作用。但只有在 1 月份才出现了使用 χ^2 拟合优度判别的显著性交互作用。从 2、3 月份的结果显示，大概屈于更为统一价格的压力，价格表面已从自相关变为独立随机。

表 17.1 自回归交互模型的参数估计和似然比率测试(Haining,1990)

月份	ρ	似然函数假设		χ^2	
		$\rho=0$	$\rho\neq0$	值	显著性
(a)所有加油站					
1	0.33	141.15	121.07	9.36	95
2	0.021	212.90	212.79	0.03	NS
3	0.036	338.66	338.09	0.11	NS
(b)子集 A					
1	0.29	23.02	21.41	1.01	NS
2	0.14	13.89	13.64	0.25	NS
3	0.52	32.93	21.56	5.92	95
(c)子集 B					
1	0.43	15.91	13.34	2.46	90
2	0.15	36.08	35.27	0.31	NS
3	0.14	36.84	36.01	0.31	NS

在表 17.1(b)和(c)部分,同一模型被用来估算关于沿着主干道相互连接的加油站子集。在 17.1(b)部分,模型被用来估算从 Infirmary Road 到 Langsett Road(加油站 30～37)的加油站汽油价格。在这部分中,系数的所有符号都为正。虽然大的值出现在 1、2 月份,但是由于样本量较小,系数符号为正仅在 3 月份才具有统计意义上的有效性。在 17.1(c)部分,模型用来估算 City Road-Ring Road-Chesterfield Road 部分(加油站 26,61～64,66～70,72～74,77～79)的加油站汽油价格。只有在 1 月份产生了在统计意义上有效的结果,但所有符号再一次一致。

17.2 房屋空间价格模型

房屋是区域经济的一大部分内容,私人房产占据了国家资产的一半以上。向量自回归(VAR)是获取宏观经济全集相互作用的有效工具。VAR 和结构分析可以用于检查每一个外生变量冲击的动态行为,如房屋价格、抵押率、通胀、就业、人均收入等。房屋价格的 VAR 模型可以写作(Kuethe and Pede,2008)

$$\begin{aligned}
H_t &= \alpha_{10} + \alpha_{11}\boldsymbol{W}E_t + \alpha_{13}\boldsymbol{W}I_t + \alpha_{14}\boldsymbol{W}H_{t-1} + \alpha_{15}\boldsymbol{W}E_{t-1} + \alpha_{16}\boldsymbol{W}I_{t-1} + \varepsilon_{1t} \\
E_t &= \alpha_{20} + \alpha_{21}\boldsymbol{W}H_t + \alpha_{23}\boldsymbol{W}I_t + \alpha_{24}\boldsymbol{W}H_{t-1} + \alpha_{25}\boldsymbol{W}E_{t-1} + \alpha_{26}\boldsymbol{W}I_{t-1} + \varepsilon_{2t} \quad (17.7) \\
I_t &= \alpha_{30} + \alpha_{31}\boldsymbol{W}E_t + \alpha_{33}\boldsymbol{W}I_t + \alpha_{34}\boldsymbol{W}H_{t-1} + \alpha_{35}\boldsymbol{W}E_{t-1} + \alpha_{36}\boldsymbol{W}I_{t-1} + \varepsilon_{3t}
\end{aligned}$$

式中,H_t 为时刻 t 的房屋价格;E_t 为时刻 t 的就业率;I_t 为时刻 t 的收入;$\boldsymbol{W}$ 为空间链接矩阵。

房屋价格可以用房价指数 HPI 度量，即一个家庭的住房花费，该指标在美国由联邦住房企业监督(OFHEO)每月公布。图 17.2～图 17.4 反映了这一指标的时空变化。

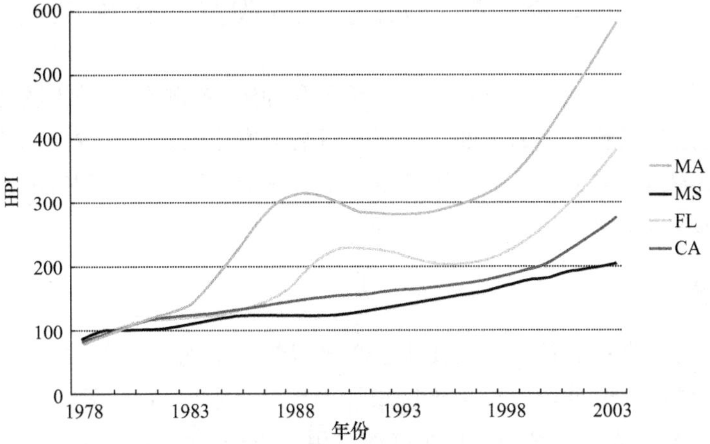

图 17.2　美国 4 个州 HPI 随时间变化

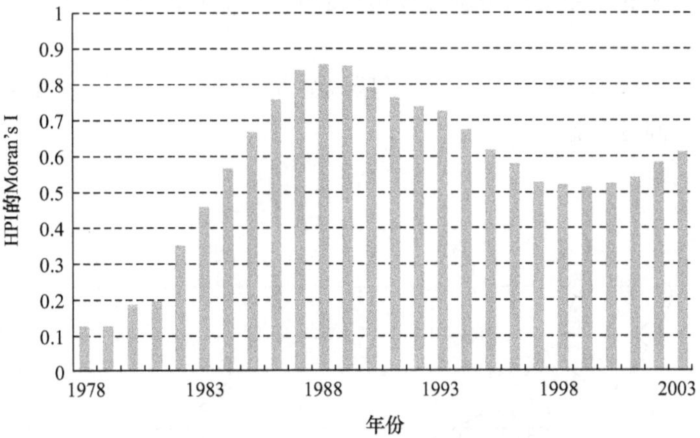

图 17.3　HPI 的 Moran's I 随时间变化

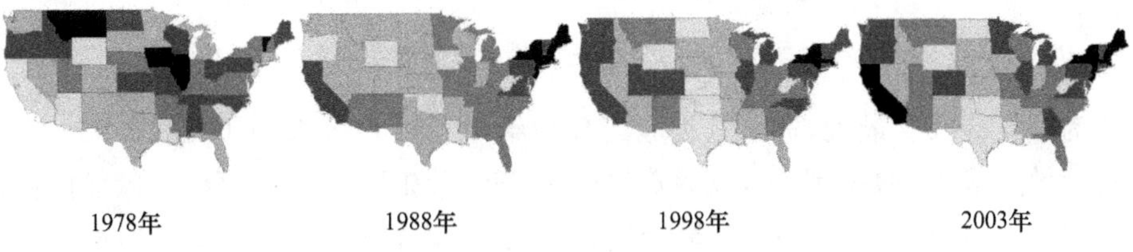

图 17.4　HPI 空间变化

将某个经济冲击输入房屋价格的 VAR 模型可以得到不同地区的不同反应。例如,就业率 E 的变化对房屋价格的冲击。

17.3 资源空间配置边际效益均衡模型

资源稀缺引发区域之间争夺资源的矛盾和冲突,资源在不同区域之间的合理配置有可能达到互利双赢的目的。本节介绍基于边际效益的资源空间优化配置模型(Wang et al.,2002a,2008a)。该模型的优点在于反映了资源配置的经济学机理本质,结构简单,易于使用。

1. 原理

资源利用的边际效益是指在其他生产要素都不变的条件下,在当前资源用量的基础上每增加一个单位资源供给所增加的产值(图 17.5)。图中横坐标表示资源投入量,纵坐标表示单位投入所带来的效用,三条曲线代表三个不同地区的边际效益曲线,之所以不同是因为不同地区的经济规模、产业结构不同。边际效益曲线一般可以用区域若干年的经济统计数据代入 Cobb-Douglas 生产函数回归获得(王智勇等,2000)。

假设全区域由如图 17.5 的三个子区域组成,现有一资源量 Q 投入,如何在这三个子区域之间分配?

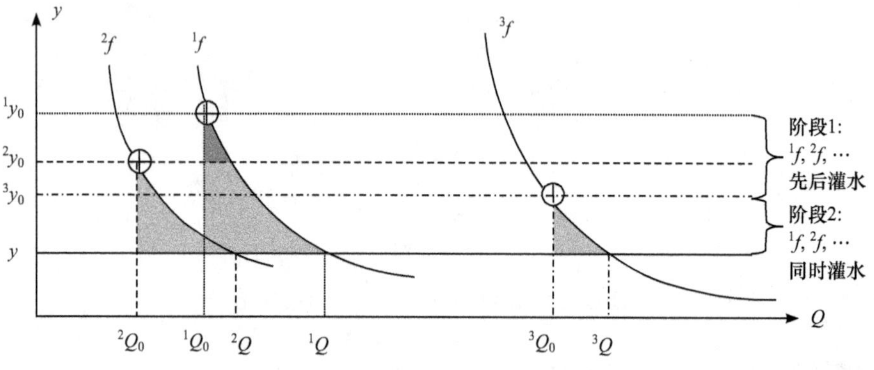

图 17.5 区域资源利用边际效益

为使全区收益最大,资源首先应当分配给边际效益最大的子区,即子区 1,直至边际效益从 ${}^1y_0$ 减少到 ${}^2y_0$,此后资源应在子区 1 和子区 2 同时分配,以保持各自资源用量所对应的边际效益相等,否则,只在其中某个子区(假设子区 1)连续分配资源必将导致该子区所对应的边际效益下降而小于另一个子区(子区 2)的边际效益，这时在另一个子区（子区 2）分配资源必将产生更大的效益。同样道理，在多个子区之间进行资源分配时，只有保证资源利用边际效益均衡，才能使水资源在全受水区产生的经济效益最大（王劲峰等，2001）。

以上原理可写作目标优化数学模型，进行解析求解（Wang et al.，2002a）；也可以遵循以上原理用简单搜索比较的方法进行区域间资源配置。

2. 案例

中国华北地区是严重缺水区，南水北调中线将长江水途经河北调往北京，沿线河北六地区均需要分水（图 17.6）。利用 Cobb-Douglas 生产函数计算获得各地区工农业用水综合边际效益曲线（图 17.7）。图 17.8 是由以上原理计算的在不同来水量情况下的各子区最优分水量，由此产生图 17.9 的各子区受水经济效益，并保证达到全区域经济效益最大。图 17.10 是分水次序，表示首先应当给保定地区分水，当来水达到 0.4 亿 t 时，除继续给保定分水的同时，应当给石家庄分水，来水总量达到 1 亿 t 时，在保证前两个地区分水的同时，应当给衡水分水，来水达到 1.8 亿 t 时，应当开始给邯郸分水，当来水达到 4.7 亿 t 时，应当开始给邢台分水，当来水达到 8 亿 t 时，应当开始给沧州地区分水，这时，河北中南部的所有地区都应该得到分水，具体分水方案见图 17.7。

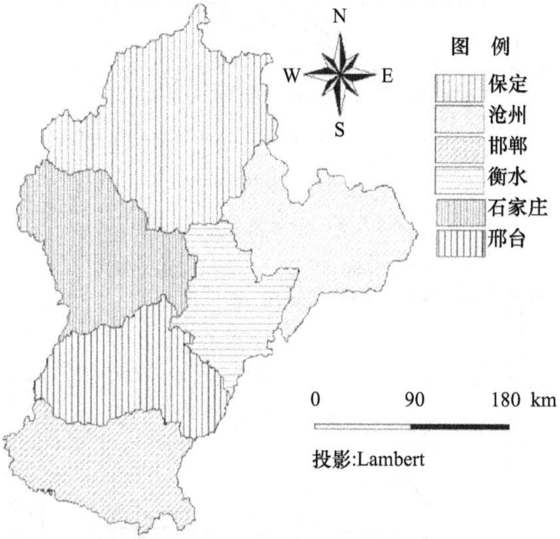

图 17.6　研究区域

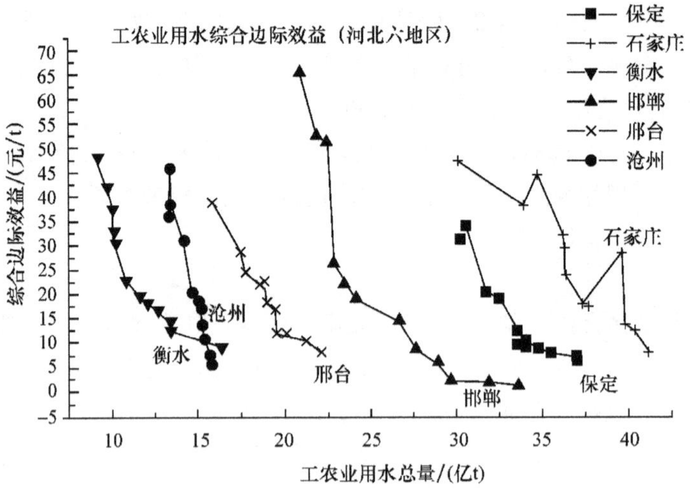

图 17.7　工农业用水综合边际效益

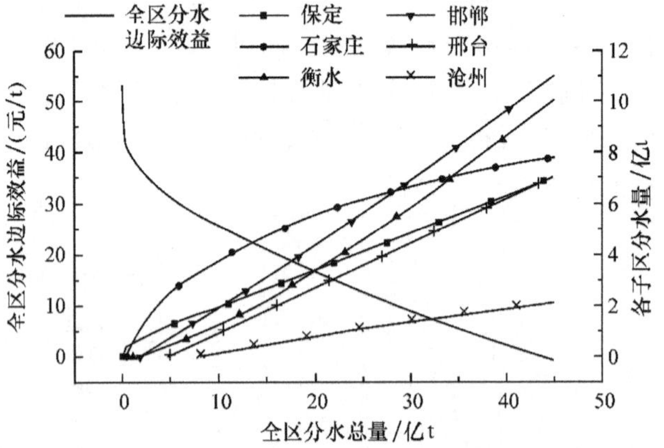

图 17.8　子区最优分水量

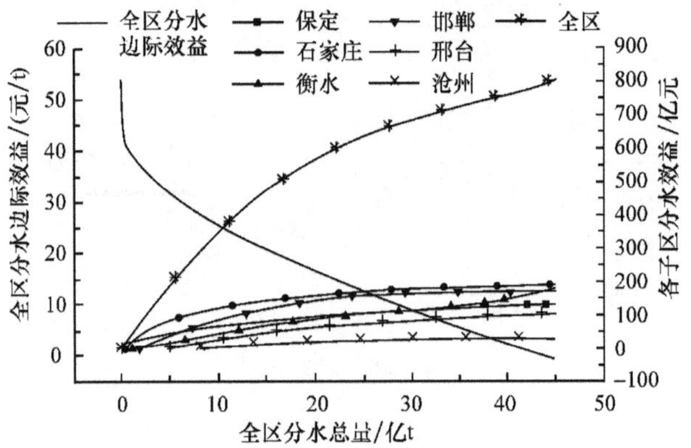

图 17.9　子区分水效益及全区最大分水效益

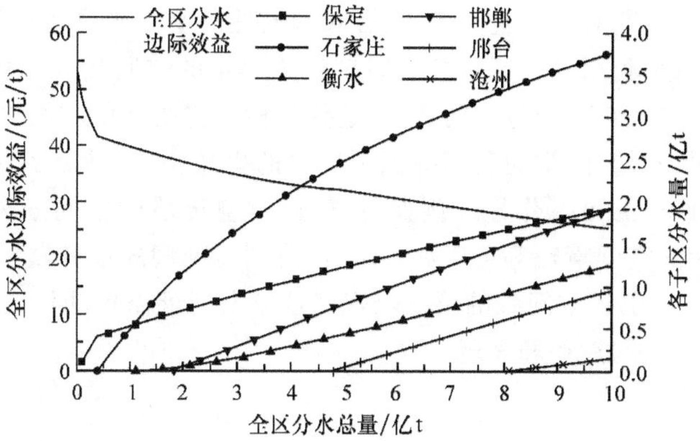

图 17.10　各子区分水启动时序

表 17.2 对一些空间运筹案例进行了总结归纳。

表 17.2　若干空间运筹案例总结归纳

问题	操作量	机制	目标
华北水利用（王劲峰,2001）	各区域输入水量	各待受水区水利用边际效益	最大 GDP
西北水利用（Wang,2008）	各区域输入水量	公平和效益 用水排序：生活公平、生态公平、生产高效	生活、生态用水公平，生产效益最大
污染最优排海（裴相斌,1997）	各排海口排污量	陆海统筹 约束：海洋功能区划；海流与海洋自净能力；生产→污染 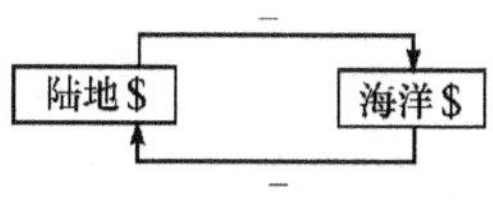	Max GDP
中东分水（Fisher,2002）	各区域水价	需求弹性 分部门、海水淡化成本、输水成本	水厂净利润最大
用地和水质（Yang,2003）	退耕面积	坡垦河污统筹 坡地耕种流失～坡下河流污染 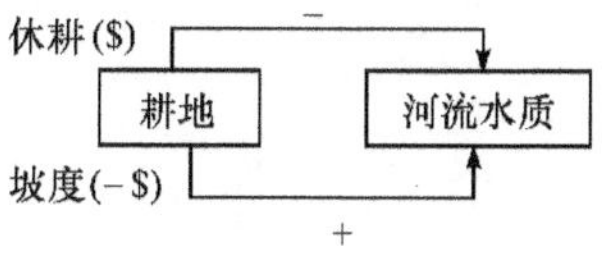	最大净利润＝最大(毛利－成本)
地图误差平插	误差(s)	误差的空间平摊	地图总误差最小
自然灾害空间保险	风险(s)	风险空间平摊 风险从个体向群体转移；从受体向保险公司转移。个体缴费，未来损失的不确定性	个体风险最小、保险公司利润最大
传染病控制（Keeling,2003）	疫苗、扑杀、隔离	成本最小 传染病扩散患病率、病死率与防控成本的比较	最小患病率和病死率，最小经济代价

空间运筹与研究对象的空间位置、分布和属性的空间异质性有关，其一般过程是：确定系统目标，利用与目标直接或间接有关变量的空间相互作用关系，通过调控可控制变量，实现对空间过程的调控，达到目标。空间运筹较经典运筹多出了一个自由度：空间维。空间维为我们提供了更多的操作空间，使目标可以更加优化；并且提高系统调控的可操作性。例如，传染病时空传播中空间隔离、局域旅行警告、扑杀和接种的空间策略等可以灵活组合，达到传染病的最有效控制(Keeling et al.,2003)；运筹中引入空间维的第三个好处是使人们可以更加细致地观察和理解研究对象在空间上的过程和表现。

第18章 BME 模 型

18.1 原 理

Christakos(2000)建立了 BME 理论。BME 是 Bayesian maximum entropy 的缩写,它是信息论中的最大熵原理与数理统计中的贝叶斯理论的结合。这一模型以及相应的软件工具 SEKS-GUI,可以用来对用户的原始时空数据进行建模、预测和产生可视化的图形输出。

熵是信息论中的一个基本概念,用以度量信源不确定性。"最大熵原理"就是在所提供数据有限或概率空间不完备的情况下,在估计随机变量的概率分布时,选出具有熵最大的一种概率分布,作为估计的结果。度量随机变量 x 不确定性的熵是

$$H(x) = -\int_{-\infty}^{+\infty} l(x)\log l(x)\mathrm{d}x \tag{18.1}$$

式中,$l(x)$为 x 的概率密度函数,式中对数如果以 2 为底,则 $H(x)$的单位是比特(bit),如果以 e 为底,则其单位是奈特(nat),从数学运算方便出发,一般取自然对数 e 为底。估计概率分布的最大熵方法,是以熵最大为准则,利用概率密度函数直接求得测量不确定度的值,所以这种方法是主观假设少的评估方法。

根据贝叶斯理论,后验信息的概率分布被理解为在考虑现有信息基础上,得出对随机变量的最后合成"图像",即在确定了先验信息和样本信息的概率密度函数后,可利用贝叶斯方法求解出后验信息分布的概率密度函数

$$f(x)=g(x)l(x) \tag{18.2}$$

式中,$f(x)$为后验信息的概率密度函数;$g(x)$为先验信息的概率密度函数;$l(x)$为样本信息的概率密度函数。后验信息真值的估计、不确定度的评估均可通过式(18.2)进行计算。为了在小样本条件下能获得较好的参数估计,应充分利用参数的历史资料或先验知识,得到一个可靠的计算结果。

接下来,使用拉格朗日算子法来求式(18.1)的最大值,以得到概率密度函数 $l(x)$的最佳估计。此时的约束条件有如下两个:

$$\begin{aligned} &\int_{-\infty}^{+\infty} l(x)\mathrm{d}x = 1 \\ &\int_{-\infty}^{+\infty} x^i l(x)\mathrm{d}x = m_i, \quad i = 1,2,\cdots,k \end{aligned} \tag{18.3}$$

式中,k 为所用矩阵的最大阶数;m_i 为已知的概率密度函数的第 i 阶原点矩。

基于上面BME模型的软件工具SEKS-GUI(Kolovos et al.,2006)的下载地址为http://homepage.ntu.edu.tw/~hlyu/software/SEKSGUI/SEKSHome.html。

它可以对用户输入的原始时空数据建立一个具有最大信息熵的模型,进而对用户确定的需要估计的空间-时间点上的属性值做出预测,最后还可以把各种预测结果以可视化图形的方式输出。

18.2 输　　入

SEKS-GUI软件的输入数据可以由多条统一格式的记录组成,每一个记录应含有4个数据项:x-坐标、y-坐标、t-时序值、d-属性值。每一条记录说明在t时间,(x,y)坐标点,测得的属性值为d。这样,在不同时间不同位置点,对同一种属性的多次取值,就可以得到多条统一格式的记录,构成了可以被SEKS-GUI接受的数据。其数据文件的格式可以为纯文本的txt格式,或者电子表格xls格式。其中每一行代表一个记录,每一个记录的4个数据项分别占用每一行的第1到第4列,每相邻两列数据项用空格来分隔。

除了给出输入的数据,用户还需要预先确定,希望在哪些时间-空间点上对属性值进行预测,这是通过OutGrid.txt文件来确定的。此文件的书写格式如下:

x-down-limit	x-interval	x-up-limit
y-down-limit	y-interval	y-up-limit
t-down-limit	t-interval	t-up-limit

down-limit代表相应坐标轴(x、y、t)上预测点的最小坐标值,up-limit代表最大坐标值,interval代表相应坐标轴上每两个相邻预测点的间距值。

为了方便读者学习使用本软件,我们附有一份具体的输入文件"bird flu case.xls",记录的是中国范围内,2004~2007年的三年间,在不同时间、不同地点所发现的禽流感患病动物的数目。表格的A列与B列记录的是禽流感事件的地理平面直角坐标值(x,y);表格的C列记录的是当前事件的发生时间段t,时间记录单位为季度。例如,$t=1$表示发生在2003年的第一个季度内,$t=6$表示发生在2004年的第二个季度内;表格的D列记录的是当前事件所涉及的患病动物数目,即相应的属性值。具体内容如下:

−270.0	50.0	230.0
180.0	50.0	580.0
1	3	16

表示在x轴坐标的左右端点坐标−270和230之间,每隔50距离设定一个预测点;在y轴坐标的上下端点坐标580和180之间,每隔50距离设定一个预测点。

这样就形成了一个预测点的阵列。第三行表示从第1季度到第16季度,每隔3个季度,设定一个时间预测点。

18.3 输 出

SEKS-GUI软件利用BME模型在每一个时空预测点上做出的预测值是一个随机变量。在软件的可视化模块中,提供了多种视图,来全方面地对每一个预测点上的随机变量的分布特点进行展示。

图18.1为软件的可视化模块窗口,首先点击窗口右上角的"Load SEKS-GUI output file"按钮,指定由BME模型所生成的预测结果文件(此结果文件的生成步骤将会在后面的软件使用部分中详细讲解)。然后,在窗口中部的"Map Displayed"下拉菜单中,用户可以选择不同的视图来进行输出,下面将分别讲解。这里注意,每一幅视图只能展示,在某一个预测时间点上、在全部预测空间上属性值的分布特点。而窗口中部的"t-Instance"输入框,由用户确定,到底输出在哪一个预测时间点上的属性值分布视图。

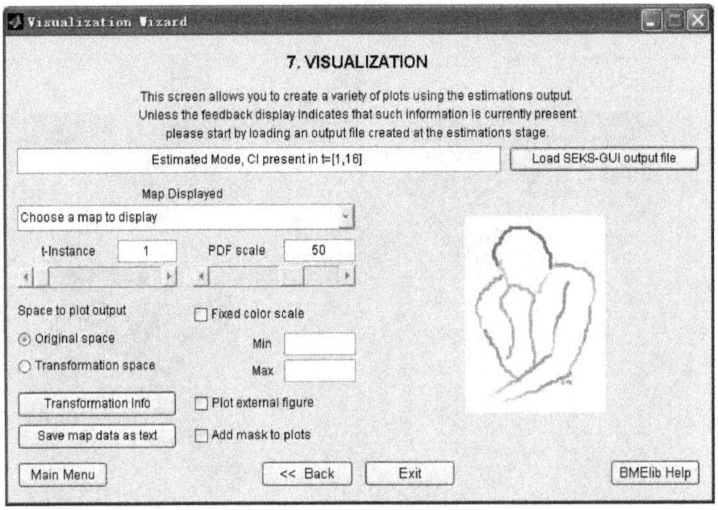

图18.1 可视化模块窗口

如果点击下拉菜单"Map Displayed"中的"Mean of the variable estimation PDF"选项,就会输出如图18.2所示的视图。视图中的x-y轴表示被预测空间的实际x-y坐标轴。视图中用不同的颜色指示相应位置点上预测出的随机变量的期望值。

如果点击下拉菜单"Map Displayed"中的"BME: Size of BME estimation confidence interval"选项,就会输出如图18.3所示的视图。视图中的x-y轴仍然

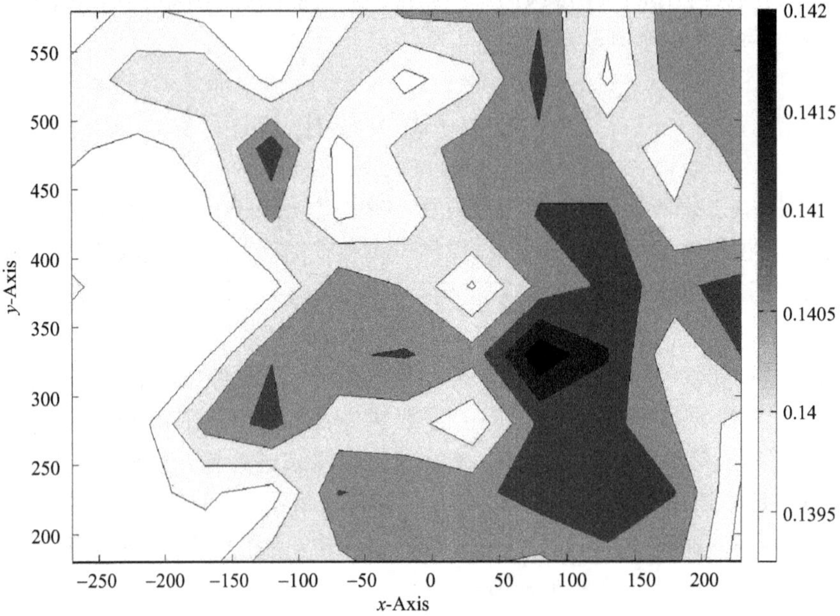

图 18.2　预测期望值视图

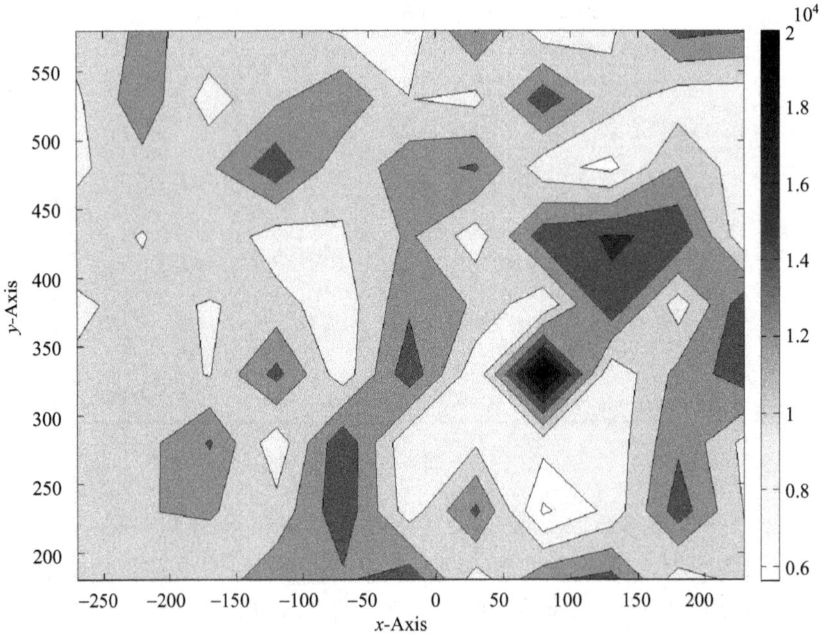

图 18.3　预测置信区间视图

表示被预测空间的实际 x-y 坐标轴。视图中用不同的颜色指示相应位置点上预测出的随机变量在指定的置信水平上、其置信区间的大小值。某位置上的置信区间越大，表示对该位置属性值的预测越不确定，反之亦然。

如果点击下拉菜单“Map Displayed”中的“Estimation error standard deviation”选项，就会输出如图 18.4 所示的视图。视图中的 x-y 轴仍然表示被预测空间的实际 x-y 坐标轴。视图中用不同的颜色指示相应位置点上所预测出的随机变量的标准差。某位置上的标准差越大，表示对该位置属性值的预测越不确定，反之亦然。

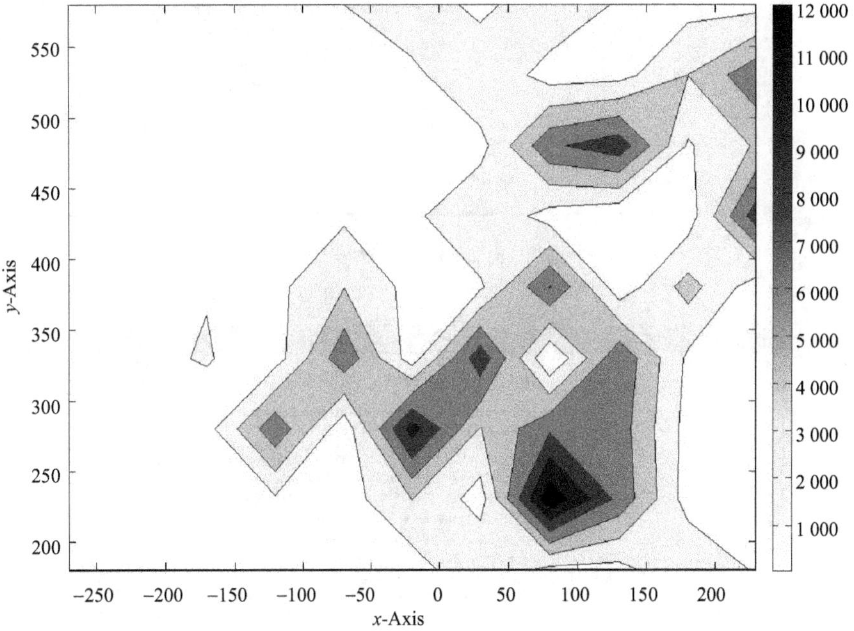

图 18.4 预测标准差视图

18.4 软件使用步骤

SEKS-GUI 软件需要在 MatLab 环境下运行。启动 MatLab 后，首先将 MatLab软件的当前目录设定为 SEKS-GUI 软件所在的子目录，然后，在 MatLab 的命令窗口内，依次运行“startup”和“SEKSGUI” 命令，就可以顺利启动 SEKS-GUI 软件。

SEKS-GUI 启动后会首先出现如图 18.5 的窗口，选择“BME Spatiotemporal Analysis”选项，再点击“Start”按钮，就会出现如图 18.6 所示的“1. IMPORT HARD DATA WIZARD”窗口。

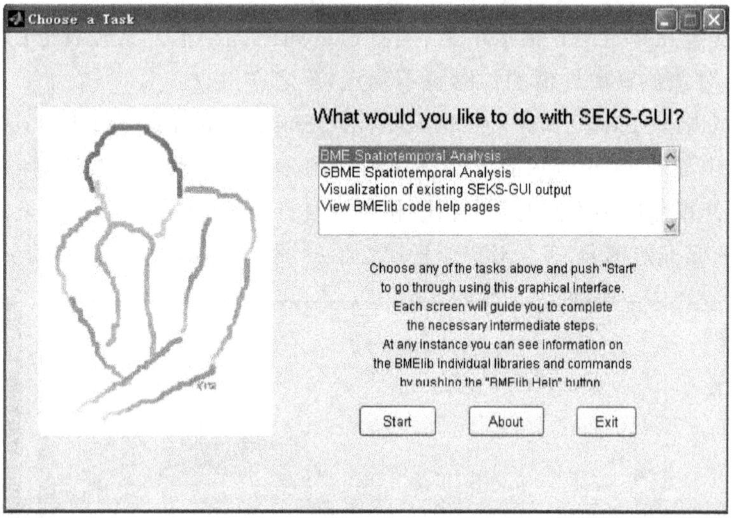

图 18.5　软件启动窗口

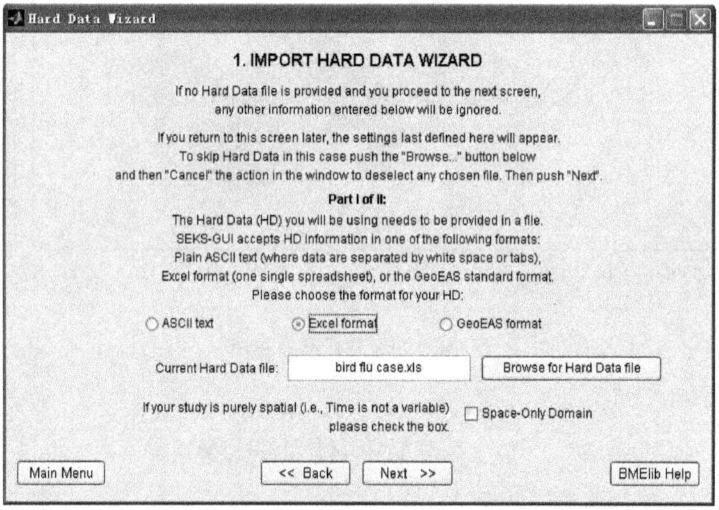

图 18.6　输入数据窗口

在图 18.6 所示的窗口中，用户首先根据已有的数据文件的格式，点击"ASCII text"或者"Excel format"单选按钮，再点击"Browse for Hard Data file"按钮，指定用户数据文件的文件名，SEKS-GUI 软件正确读取用户数据文件后，会在"Current Hard Data file"信息框中显示该数据文件名。接着点击"Next≫"按钮，会出现如图 18.7 所示的窗口。

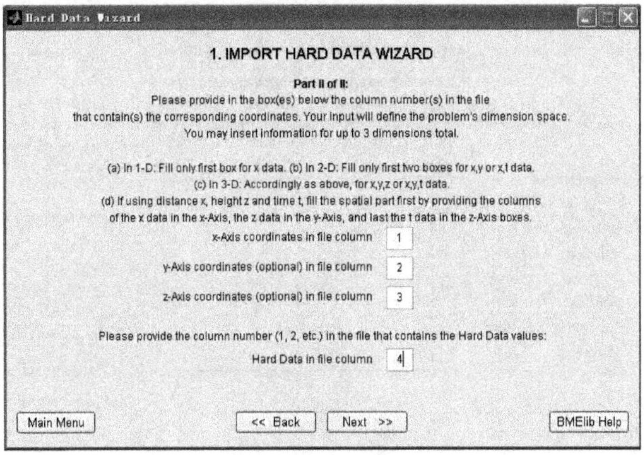

图 18.7　说明输入数据格式窗口

此窗口用来指定用户数据文件中 x-y 坐标、t 时序坐标以及属性值分别对应于每一行记录的第几列。一般情况下，如果按照前面所示的数据文件书写格式，应该在此窗口的 4 个输入框中依次填写 1、2、3、4。接着点击“Next≫”按钮，会出现如图 18.8 所示的窗口。

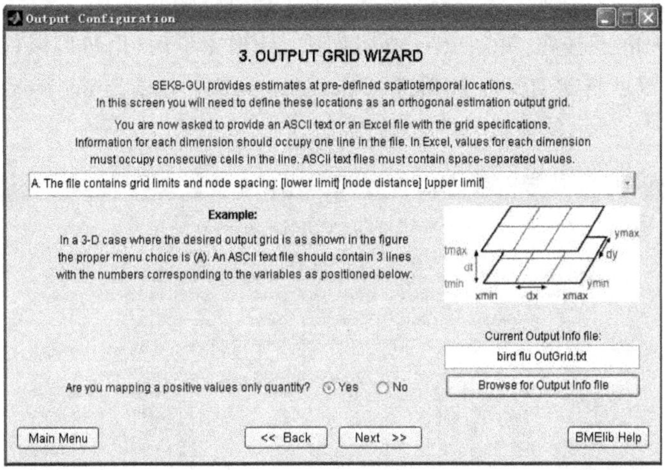

图 18.8　OutGrid 文件输入窗口

在此窗口中，点击窗口上部的下拉菜单，选择其中的 A 选项，使指定时空预测点的方式如前面所示。然后点击“Browse for Output info file”按钮，指定前面所示的包含 OutGrid 信息的文件所在位置。接着点击“Next≫”按钮，会出现图 18.9。

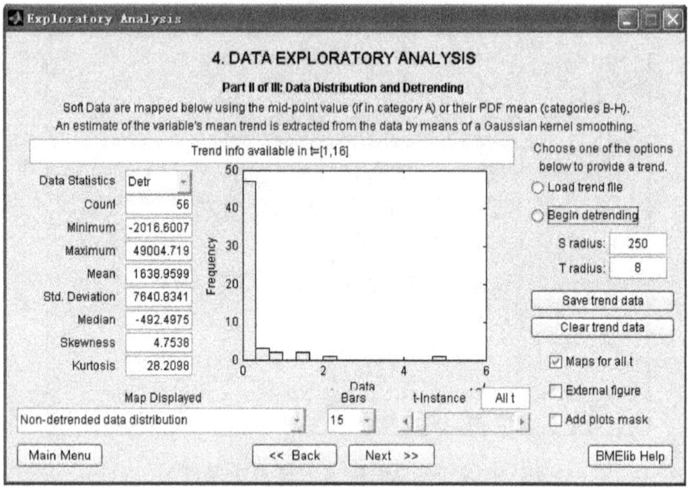

图 18.9　detrend 窗口

此窗口“4. DATA EXPLORATORY ANALYSIS”用于对用户输入的原始数据进行 detrend 操作。用户需要根据数据的特点确定 S radius 和 T radius 两个参数的值,其意义分别为,在进行平滑算法时,在空间轴和时间轴上的最大搜索范围半径。选定的参数值填写到此窗口右部的两个相应输入框中。然后就可以点击“Begin detrending”按钮,开始 detrend 操作。计算完毕后,用户可以保存生成的结果文件,便于以后再次对这批数据进行 detrend 操作。接着点击“Next≫”按钮,会出现如图 18.10 所示的窗口。

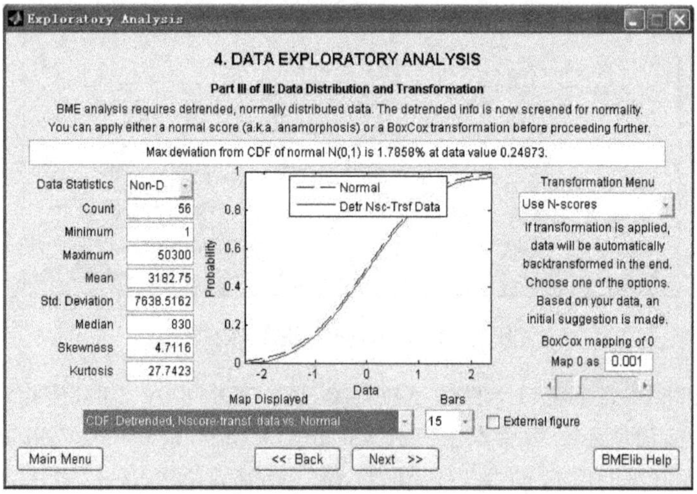

图 18.10　变换方式选择窗口

在此窗口中，用户需要在窗口右部的“Transformation Menu”下拉菜单中提供的 N-score 和 Box 这两种变换方式中选择其中的一种，作用于当前的用户数据。选择的标准是，使变换后的用户数据的概率曲线与正态分布的概率曲线尽可能地接近吻合。一般情况下，被选中的都是 N-score 变换方式。接着点击“Next≫”按钮，会出现如图 18.11 所示的窗口。

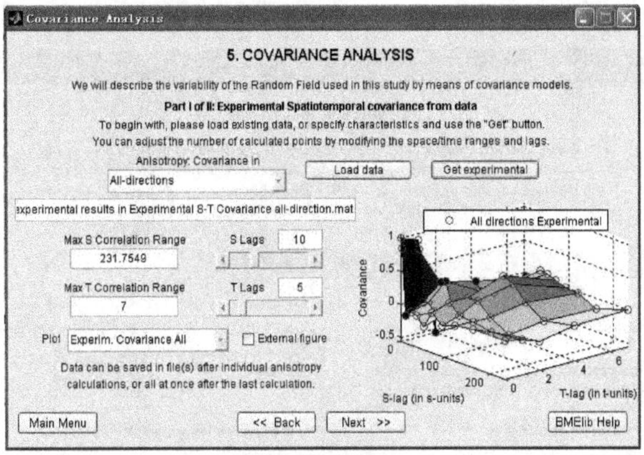

图 18.11　用户数据协方差生成窗口

此窗口是用来生成用户数据的协方差图形。用户首先需要根据数据的特点，指定空间和时间上的最大相关性范围值，分别填入“Max S Correlation Range”和“Max T Correlation Range”输入框；还要指定在空间和时间上需要计算协方差的距离跨度的个数，分别填入“S Lags”和“T Lags”滑动输入框。然后，用户可以点击“Get experimental”按钮，开始计算用户数据的协方差图形，并显示在此窗口的右部。接着点击“Next≫”按钮，会出现如图 18.12 所示的窗口。

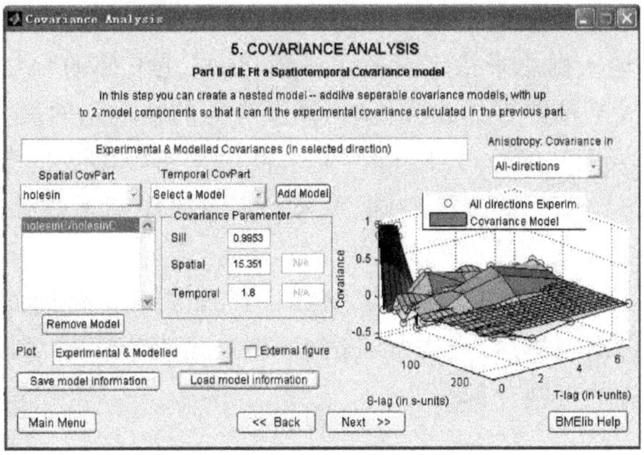

图 18.12　模型协方差调整窗口

在此窗口中,用户将选择参数来生成一个模型协方差图形,和上一窗口生成的用户数据协方差图形进行匹配比较。通过调整模型参数的值,尽量使模型和用户数据的协方差图形相似。可以被调整的模型参数有:分别指定空间和时间模型类型的"Spatial CovPart"和"Temporal CovPart"下拉选择菜单;以及决定当前选定模型特性的"Sill"、"Spatial"和"Temporal"输入框。接着点击"Next≫"按钮,会出现如图 18.13 所示的窗口。

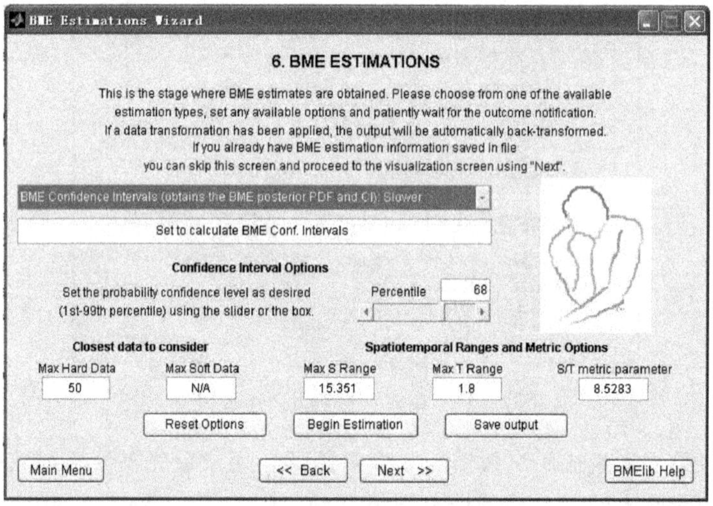

图 18.13　预测文件生成窗口

此窗口最后用来生成 BME estimation 文件,此文件可以用于 SEKS-GUI 软件的可视化部分。首先需要在窗口上部的下拉菜单中选择需要生成的预测文件的类型,一般情况下,是选择预测信息最完备的"BME confidence intervals (obtain the BME posterial PDF and CI)"选项。然后,需设定几个参数的值。窗口中部的"Percentile"滑动输入框用来指定置信水平值;窗口左下部的"Max Hard Data"输入框用来指定生成某位置点的预测值时,需要考虑的临近点的最大数目;窗口中下部的"Max S Range"和"Max T Range"输入框用来指定临近的范围半径;窗口右下部的"S/T metric parameter"输入框用来确定时空距离系数。时空距离的计算公式为:

[时空距离]=[空间距离]+[S/T Metric Parameter] * [时间距离]

上面的参数设定完毕后,点击"Begin Estimation"按钮,就可以生成预测文件,用于前面已经讲过的可视化部分。

第 19 章　演化树预报模型

时空预报现有方法有单变量外推法，如时间序列、Kriging 方法等；多变量回归和数据自适应模型，如多元线性回归、空间回归、神经网络等；以及动力学模型，如经济学的 CGE 模型、大气科学中的 GCM 模型和地理学中的元胞自动机 CA 和自主体 ABM 模型等。数据自适应方法用数据驱动形成模型结构如神经网络、遗传规划等；知识推理挖掘数据中的条件概率生成规则。

19.1　原　　理

一个具有演化过程的对象的未来状态是可以预期的。例如，不同的生物具有不同的由多个片段顺序组成的生命周期。观测数据是这一生命过程的数值表达，这些数据集内部数蕴含了生命演化结构。演化树是一种基于数据重构生命演化过程，反映演化规律的方法。基于演化的树形结构，可以对每个个体的未来态势进行预测预报和模拟。

由于自然和人文禀赋的空间不均匀性，对象的不同类型和不同阶段在空间上同时存在，这为以空间换时间，将横断面数据建立演化树提供了可能性；再以演化树预测空间分布对象的时间演化。以下以城市结构和发展阶段为例介绍演化树构建方法，并将其运用于城市扩张土地占用预测(刘旭华，2005)。

19.2　案　　例

1. 城市演化

由农业经济向工业经济再向服务经济的过渡，是经济发展的一般规律。伴随着工业化进程，社会经济结构表现出一定的阶段性。城市化外表现为三大规律：首先，城市化进程要经历发生、发展、成熟 3 个阶段，初期速度缓慢，中期加快，成熟期又趋缓；其次，大城市超先增长，因为大城市成本大大低于中小城市成本，加之现代化的大城市文明产生的引力；第三，城市化与经济发展双向互促共进：城市化水平与人均 GDP 呈正相关关系。

城市化的一个很重要的表现形式是城市的外延增长，因而城市化以及经济发展与城市土地扩张有很重要的关系。

2. 方法

图 19.1 描述了城市演化树构造和运用于土地占用预测的思路。对全国城市的社会经济人口数据进行层次聚类，得到各城市的类型及其发展阶段，据此构建马尔科夫链和演化树。作为城市演化树的应用案例之一，建立城市类型发展阶段与城市土地占用之间的相关关系，据此对各城市的城市扩张和土地占用作出预测。

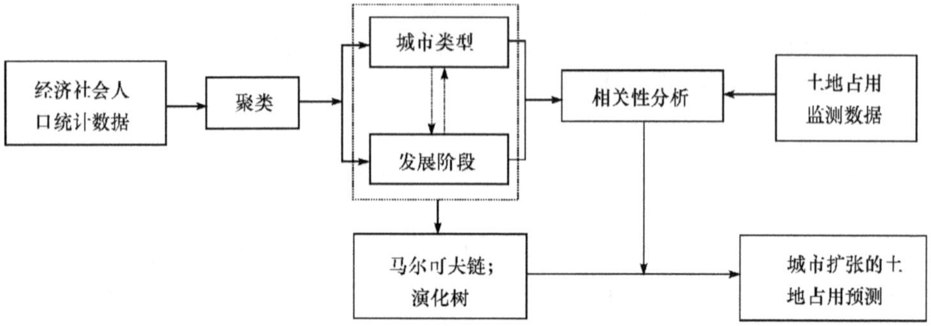

图 19.1　城市演化树构造方法及其应用举例

3. 数据

第五次人口普查数据中分行业人口资料将城市各种经济活动分成 16 个行业，分别是农林牧渔业，采掘业，制造业，电力、煤气及水的生产和供应业，建筑业，地质勘查业、水利管理业，交通运输、仓储及邮电通信业，批发和零售贸易、餐饮业，金融保险业，房地产业，社会服务业，卫生、体育和社会福利业，教育、文化艺术及广播电影电视业，科学研究和综合技术服务业，国家机关、政党机关和社会团体，其他行业。由于多元聚类分析中并非变量越多越好，因此将不重要的、引起共线性的变量剔除。由于农林牧渔业人口比重与其他多个行业人口具有较高的相关性，并且该行业不能反映以非农业为主的城市职能，首先将该行业剔除；其他行业由于比重较小，且不具有稳定内涵，故剔掉；由于批发和零售贸易、餐饮业人口比重与其他具有较小比重的多个第三产业的行业人口具有共线性，借鉴周一星和孙则听(1997)的做法，将金融保险业，房地产业，社会服务业，卫生、体育和社会福利业，教育、文化艺术及广播电影电视业，科学研究和综合技术服务业合并成其他第三产业，继续进行共线性检验，发现其他第三产业仍与批发和零售贸易、餐饮业相关显著产生共线性，故根据重要性将其他第三产业剔掉后通过共线性检验。

此外，借鉴周一星和孙则听(1997)的做法，将具有特殊性的采掘业(包括煤炭采选业、石油和天然气开采业、黑色金属矿采选业、有色金属矿采选业、建筑材料及其他非金属矿采选业、采盐业和木材及竹材采选业)再加入采掘业产值占城市工业产值比重变量,用来判别采掘业城市。旅游业是一项重要的城市职能,采用周一星和孙则听(1997)对旅游城市职能的分类结果,对于作为主导产业职能的旅游业,按其在产业结构中的位置和重要性,依次指定其权重为 0.5、0.3、0.2 和 0.1。

最后用于分类的变量简称分别是采掘业、制造业、水电煤气业、建筑业、地质勘探业、交通邮电业、商业、机关团体、采掘业产值比重和旅游职能指数,首先进行[−1,1]标准化,然后进行多元聚类。

4. 阶段划分

衡量一个国家或地区的工业化水平和发展阶段有多种理论和指标,常用的是 H. Chenery 的“标准工业化结构转换模型”。结构转换,是指传统部门向现代部门转化,最终使国民经济由传统与现代并存的二元结构转变为单一现代部门的一元结构。全过程分为逐步推进的三个阶段:①初级产品阶段,即经济结构转变的起始阶段;②工业化阶段,这是经济结构迅速变化的阶段,此时的经济重心由初级产品生产向制造业生产转移,转移的重要标志是制造业对经济增长的贡献将高于初级产品生产的贡献;③发达经济阶段,此时传统的农业部门完成了现代化改造,整个国民经济转变为一元结构。

为建立城市演化树,选择钱纳里的人均 GDP、产业结构、就业结构标准和有关城市化阶段理论推导得到判断工业化阶段的指标体系(表 19.1)。

表 19.1　城市经济阶段划分标准(刘旭华,2005)

阶段	人均 GDP(1980 年美元)	产业结构/%			就业结构/%			城市化水平/%	经济发展阶段	
		第一产业	第二产业	第三产业	第一产业	第二产业	第三产业			
1	300~600	38	26	36	65	17	18	5	初级产品生产阶段	
2	600~1200	29	32	39	57	20	23	30	初级	工业化阶段
3	1200~2400	20	40	40	50	22	28	40	中级	
4	2400~4500	13.5	46	40.5	36.5	25.5	38	54	高级	
5	4500~7200	9	51	40	20	30	50	70	初级	发达经济阶段
6	7200~10800	3	47	50	8	30	62	80	高级	

资料来源:作者根据以下资料整理推导而得:(钱纳里等,1989)、(姜爱林,2004)、(高佩义,2004)。

(1) 人均 GDP。人均 GDP 是一个国家或地区按人口平均的产出水平,是一国或地区生产率水平的反映,是其生存和发展的基础,也是实现工业化的前提条件。

(2) 产业结构。产业结构反映了一个国家或地区的经济实力、技术进步和竞争力。工业化作为产业结构变动最迅速的时期，其演进阶段也可以通过产业结构的变动反映出来。根据赛尔奎因(M. Syrquin)和钱纳里等的研究成果，产业结构具有一定的规律性：从三次产业 GDP 结构的变动看，在工业化起点，第一产业的比重较高，第二产业的比重较低，随着工业化的推进，第一产业的比重持续下降，第二产业的比重迅速上升，而第三产业的比重只是缓慢提高。具体衡量标准是：当第一产业的比重低到 20%以下、第二产业的比重上升到高于第三产业而在 GDP 结构中占最大比重时，工业化进入中期阶段；当第一产业的比重再降低到 10%左右、第二产业的比重上升到最高水平，工业化则到了结束阶段，即后期阶段；此后第二产业的比重转为相对稳定或有所下降。

(3) 就业结构。就业结构指在国民经济各个组成部分中就业的劳动力之间的数量构成关系。劳动力结构的变化反映工业化过程中劳动力由生产率低的部门向生产率高的部门的转移，和产业结构的变化一样，可以清楚地看到经济增长方式的转变过程。因此，就业结构是反映一个国家或地区经济发展阶段的重要标志。三次就业结构变化的趋势是随着工业化的起步和推进，第一产业劳动力比重不断下降，第二产业和第三产业劳动力比重不断提高；当工业化发展到一定阶段，第二产业劳动力比重的变化不再显著，大量农业劳动力开始向第三产业转移，并导致第一产业劳动力比重的持续下降与第三产业劳动力比重的持续上升。

(4) 城市化水平。城市化水平是城市人口占总人口的比例，本章采用城市非农业人口占总人口比重作为测度。城市化意味着城市人口占总人口的比重相对提高。城市在工业化阶段的国民经济发展过程中发挥着经济、政治、文化、商贸、金融和信息中心等方面的作用。通过城市的优先发展带动区域经济和社会发展是各国在工业化阶段的普遍经验。城市化水平的高低以及城市结构的合理化程度已经成为衡量一个国家或地区现代化程度的重要标志之一。

随着人均 GDP 水平的增长和发展阶段的提升，增加值构成和就业结构等都将发生变化。其特征是：增加值构成在初级产品生产阶段到工业化中级阶段之间变化比较迅速，而在工业化中级阶段到发达经济初级阶段之间变化比较缓慢；就业结构在初级产品生产阶段到工业化中级阶段之间变化较快，在工业化中级阶段到发达经济初级阶段之间变化更快。总的看来，就业结构一直处于快速变动之中；而增加值构成在工业化中级阶段之前变化比较迅速；在工业化中级阶段后变化比较缓慢。

5. 城市类型

顾朝林在 1992 年出版的《中国城市体系》一书提出把职能体系分成政治中心、交通中心、矿工业城镇和旅游中心等四个体系及若干亚体系和若干子集来加以阐述;周一星和孙则听(1997)发表了覆盖 1990 年全国 465 个城市的职能分类体系,他们采用 1990 年城市市区分行业社会劳动者资料和工业产值资料,通过多变量聚类分析的沃德误差法和纳尔逊统计分析原理,得到中国 1990 年城市职能综合分类体系。

采用 K-MEAN 分割分类将 253 个城市分成 8 类。在每一城市职能类型内,将具有相同的初期经济阶段和末期经济阶段的城市划为一类,共分成 60 个子类。根据表 19.2 可得 8 类城市的主要职能特征为(每个类后注明该类中超过平均值加 0.5 个标准差的行业部门及超过平均值以上几个标准差)。

表 19.2　2000 年中国各类型城市各行业职工平均比重和标准差(刘旭华,2005)

类名	城市数	特征值	制造业	水电煤气业	建筑业	地质勘探业	交通邮电业	商业	机关团体	其他第三产业	采掘业	采掘业产值比重	旅游职能指数
Ⅰ	61	平均值(M)	9.03	0.66	2.47	0.16	2.73	6.77	2.60	6.94	0.91	3.99	3.44
		标准差(S.D)	4.04	0.32	1.20	0.11	0.90	2.02	0.81	1.97	1.29	6.09	7.04
Ⅱ	22	平均值(M)	26.94	2.84	7.57	0.42	7.96	15.57	5.18	17.42	2.71	2.31	1.82
		标准差(S.D)	6.17	0.67	1.20	0.30	2.10	2.70	1.03	2.94	2.76	3.35	5.88
Ⅲ	32	平均值(M)	16.20	3.07	4.60	0.48	6.49	11.42	5.06	14.18	13.66	42.23	1.56
		标准差(S.D)	6.20	0.97	1.61	0.47	2.15	2.88	1.68	3.19	6.62	24.39	5.15
Ⅳ	43	平均值(M)	18.24	1.27	4.19	0.33	4.71	11.68	4.31	12.03	0.98	2.22	0.93
		标准差(S.D)	6.81	0.49	1.21	0.25	1.23	1.99	0.94	2.67	1.54	3.54	3.66
Ⅴ	22	平均值(M)	24.63	2.62	4.07	0.44	6.63	14.20	6.99	15.74	1.49	3.61	0.45
		标准差(S.D)	7.02	0.84	1.16	0.22	1.35	2.64	1.44	1.65	2.29	5.95	2.13
Ⅵ	19	平均值(M)	30.65	1.16	6.07	0.18	5.19	16.73	4.13	17.50	0.70	1.50	28.42
		标准差(S.D)	10.60	0.53	1.74	0.11	1.07	3.26	1.20	4.26	1.18	2.72	8.98
Ⅶ	42	平均值(M)	28.93	1.45	5.94	0.26	5.73	17.93	5.01	17.86	0.53	1.25	0.95
		标准差(S.D)	7.49	0.40	1.43	0.14	1.13	2.27	0.98	3.71	0.76	2.61	2.97

续表

类名	城市数	特征值	制造业	水电煤气业	建筑业	地质勘探业	交通邮电业	商业	机关团体	其他第三产业	采掘业	采掘业产值比重	旅游职能指数
Ⅷ	12	平均值(*M*)	48.03	0.76	5.43	0.12	3.28	13.95	2.76	10.71	0.26	0.24	0.83
		标准差(S.D)	12.56	0.34	2.08	0.08	0.86	3.32	1.00	3.62	0.39	0.42	2.89

Ⅰ. 无主导产业的小型综合性城市。

Ⅱ. 交通、建筑业、水电煤气明显的综合城市(交通 1,建筑 1,水电煤气 1,商业 0.5,行政 0.5,地质 0.5,制造 0.5)。

Ⅲ. 矿业城市(采掘 2,水电煤气 1,交通 0.5,地质 0.5)。

Ⅳ. 工商业明显的中等综合性城市。

Ⅴ. 行政明显的综合性城市(行政 1,交通 0.5,水电煤 0.5,地质 0.5)。

Ⅵ. 工商业职能显著的旅游城市(旅游 1,制造 0.5,商业 0.5,建筑 0.5)。

Ⅶ. 工业职能显著的商业城市(商业 1,制造 0.5,建筑 0.5)。

Ⅷ. 制造业城市(制造 2)。

6. 演化树

根据上述指标计算了 1990 年和 2000 年的 253 个地级城市所处的经济阶段,其中城市化水平使用非农业人口比重来计算发展阶段。城市演化树清晰形象地显示出了各城市类型及所处阶段;演化树用马尔可夫链表达方便了计算。

图 19.2(局部放大图 19.3)。通过树的形式画出中国 253 个地级以上城市在 2000 年的职能类型和所处的发展阶段,即城市发展树。其中,每个树叶代表一个城市,城市名后的编码为城市类型子类编码。大致上,树的高度越高,经济发展阶段越高;而每一类型的一个枝干上,城市是按 2000 年人均 GDP 从高到低、在树干上是从主干到末梢排列的,即离主干越近,人均 GDP 越高,城市发展越早,反之,则城市起步晚或发展较慢。从图 19.2 可以看出,城市扩张率较高的类型多处于较高级经济阶段,如前所述,当城市经济进入工业化中后期,城市进入加速发展阶段,同时与之伴随的将是城市建设用地的大量扩张,而Ⅱ、Ⅲ类型(交通建筑业综合城市和矿业城市)尽管处于较高级阶段,但城市发展导致的城市建设用地的增加率并不大,这充分说明城市建设用地的增长与城市类型密切相关,每种类型的城市土地增长具有不同的驱动力,但都受经济发展的左右,是工业化、城市化的一个内生过程。

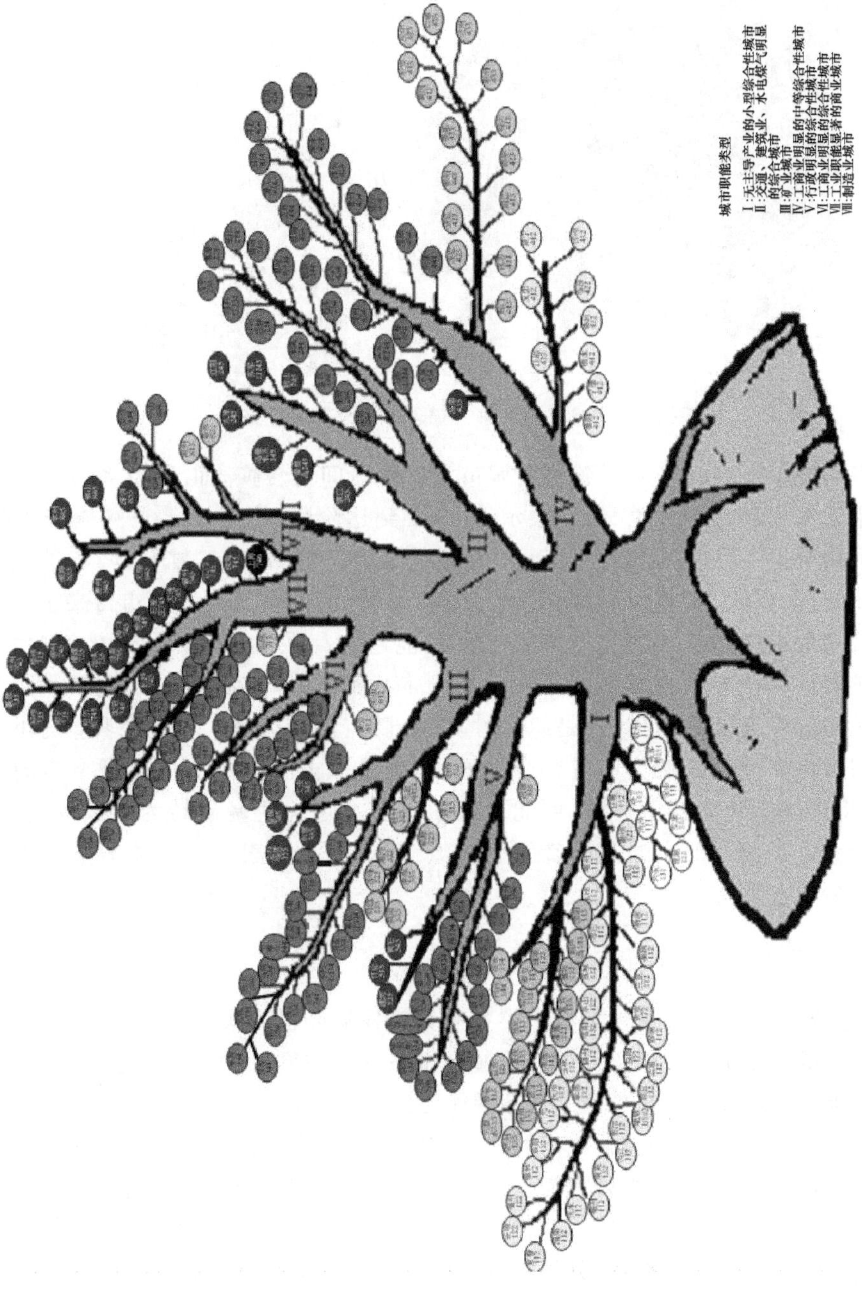

图 19.2　城市发展树(刘旭华,2005)

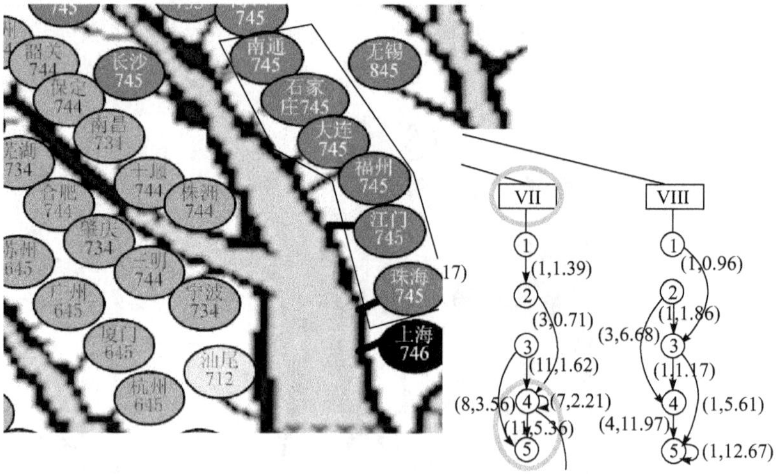

图 19.3　城市发展树(局部放大)及马尔可夫链

借用马尔可夫链来表示各类型城市发展阶段间的转换,如图 19.4 所示。其中每个箭头代表一个子类,箭头表示 2000 年到达阶段,箭尾表示 1990 年所处阶段。箭头上标注数字为(1990～2000 年状态发生改变的城市数目,城市扩张率平均值)。从图 19.4 可以看出,在城市经济的高级阶段,工商业城市带来了显著的城市用地扩张。从长期看,8 种类型间可能还会存在类型转换,即某类型中的城市跳转到其他类型。虚箭头 a 表示类型 I 可能会跳转到类型Ⅳ,由于这两类主要是职能强度上的差别,均是综合性城市,随着城市发展,无主导职能的小型综合城市将会逐渐转变为中等综合性城市;虚箭头 b、c 表示当矿业城市走向老年后,将会寻求转向其他类型,可能会由于原来的化工业基础转为制造业城市,也可能会由于较好的交通基础转为商业城市;虚箭头 d 表示某些旅游业城市可能会转为商业城市。

7. 城市化与土地占用

研究发现城市占用土地与城市类型和城市发展阶段有关。例如,相同发达程度的工业城市比矿业城市具有更高的城市扩张率。在同一种城市类型内,目前处于较低级经济阶段的城市外延增长会遵循已发展到更高阶段的城市的土地增长规律。某些类型城市(如制造业或商业为主)自工业化初期、中期开始,随着工业化发展的加速,城市土地扩张也表现为加速增长,只要政策等外界条件允许,城市核会由于内部压力和(或)外部推力不断打破其平衡状态保持加速扩张,直到发达经济阶段仍保持较高的增长率;而另外一些城市由于职能强度不够,扩张缓慢;其他一些专业化城市(如单一主导职能的旅游城市)土地受经济阶段的提升影响不大,即

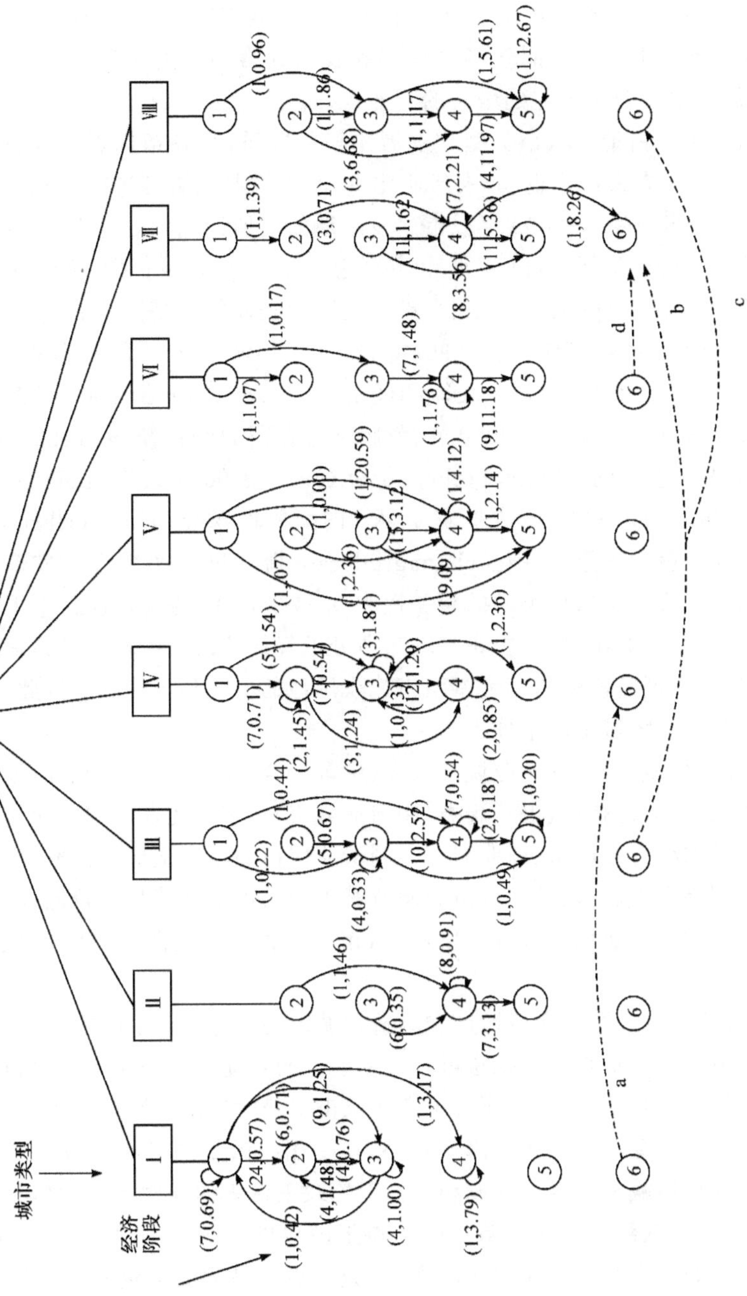

图 19.4　1990～2000 年中国城市演化马尔可夫链(刘旭华,2005)

图中城市类型方框罗马数字和发展阶段椭圆阿拉伯数字分别与表 19.2 中的城市类型罗马数字和表 19.1 中的发展阶段阿拉伯数字对应;虚线表示某类城市达到最高发展阶段后,发生类型转变

使经济发展到发达阶段仍保持较低的城市外延增长率;而一些矿业城市尽管在其经济阶段的变迁中发生的城市土地增长率不大,但由于受自然资源即矿产可采储量的制约,矿业城市等必然要经历"幼年—青中年—老年"这一发展过程,因此矿业城市原有的主导产业开始衰弱时多半会扶持和发展其第二位主导产业,从而跃到其他类型,遵循其他类型城市外延增长的一般规律。

为量化城市扩张占地与城市类型和发展阶段的关系,将各指标表征的发展阶段以及人均 GDP、非农人口比重、非农产业比重、非农就业比重等进行了相关性分析,见表 19.3。p4 指 1987～2000 年城市建设用地的增加量;p4_area 指 p4 与城市行政面积的比值;tpop2k 指 2000 年城市市区总人口;agdp90stg 指 1990 年人均 GDP 表征的经济阶段;gdp90stg 指 1990 年产业结构表征的经济阶段;lbr90stg 指 1990 年就业结构表征的经济阶段;urb90stg 指 1990 年城市化水平表征的经济阶段;agdp2kstg 指 2000 年人均 GDP 表征的经济阶段;gdp2kstg 指 2000 年产业结构表征的经济阶段;lbr2kstg 指 2000 年就业结构表征的经济阶段;urb2kstg 指 2000 年城市化水平表征的经济阶段;chagdp 指 1990～2000 年人均 GDP 的变化;chnagrpoprate 指 1990～2000 年非农业人口比重的变化;chgnagrlbrrate 指 1990～2000年非农就业比重的变化;chgnagrgdprate 指 1990～2000 年非农产业比重的变化。城市扩张率与城市类型的相关性为 0.4,在 0.01 的显著性水平下显著相关。从表 19.3 可以看出,城市扩张与城市所处的经济阶段和阶段提升是显著相关的,表明从经济发展阶段的角度考察城市建设用地的变化是可行的。因此,可以用城市演化树来预测各城市的土地占用。

Ⅰ(小型综合性城市)、Ⅲ(矿业城市)、Ⅳ(中等综合性城市)类型城市所处的经济阶段大多较低;而Ⅶ(商业城市)、Ⅷ类(制造业城市)大多已经发展到工业化高级阶段。行政明显的综合性城市、商业城市和制造业城市的城市土地扩张率较高,无主导产业的小型综合性城市、矿业城市和旅游城市的城市土地扩张率较低;所有类型城市的共性是越向工业化高级阶段发展,城市土地扩张率越高;跨越阶段越大,扩张率越高。

除个别阶段的旅游城市、商业城市和制造业城市的土地扩张率的方差较高外,其他类型和阶段的城市扩张率方差是可以接受的。而变动较大的城市类型和阶段主要是由于其均值本身就比较高,而且工商业城市本身的经济发展规律比较复杂,城市建设和发展除了受经济发展规律左右外,还受国家政策的影响比较大。中国东部地区快速的耕地减少与改革开放和招商引资政策带来的开发区建设热潮具有很大关系,而据分析东部地区的城镇扩张与耕地减少的相关性高达 0.88,同时东部地区具有较好的经济基础(stage90 较高)的城市更容易招商引资进行开发区建设。总而言之,可以认为工商业城市的土地增长率的扰动与经济政策有关。当然,也不排除个别城市发展的特殊性,即某类型中存在异常点,如旅游业城市中苏州的

表 19.3　1987～2000 年中国地级城市扩张与城市发展规模和发展阶段的相关性

	p4	p4_area	tpop2k	agdp90stg	gdp90stg	lbr90stg	urb90stg	agdp2kstg	gdp2kstg	lbr2kstg	urb2kstg	chagdp	chnagrpopr	chnagrlbrr	chnagrgdpr
p4	1														
p4_area	.41**	1													
tpop2k	.69**	.09	1												
agdp90stg	.29**	.33**	.18**	1											
gdp90stg	.14*	.19**	.19**	.66**	1										
lbr90stg	.12	.18**	.14*	.63**	.81**	1									
urb90stg	.14*	.22**	.21**	.60**	.77**	.77**	1								
agdp2kstg	.34**	.39**	.21**	.75**	.52**	.47**	.42**	1							
gdp2kstg	.20**	.22**	.23**	.47**	.67**	.63**	.53**	.56**	1						
lbr2kstg	.13*	−.04	.09	−.34**	−.37**	−.34**	−.3**	−.3**	−.2**	1					
urb2kstg	.07	.28**	.06	.59**	.71**	.69**	.81**	.53**	.64**	−.37**	1				
chagdp	.36**	.32**	.14*	.66**	.32**	.26**	.23**	.79**	.33**	−.15*	.32**	1			
chnagrpopr	−.15*	.08	−.31**	−.21**	−.33**	−.38**	−.45**	.07	.02	−.03	.06	.08	1		
chnagrlbrr	−.14*	−.2**	−.18**	−.61**	−.76**	−.86**	−.84**	−.46**	−.54**	.5**	−.75**	−.25**	.38**	1	
chnagrgdpr	−.08	−.05	−.18**	−.45**	−.69**	−.64**	−.62**	−.13*	−.19**	.2**	−.32**	−.05	.7**	.62**	1

* 表示相关系数通过 0.05 的显著性水平检验；** 表示相关系数通过 0.01 的显著性水平检验。

城市扩张率高达 38.8％，扬州的扩张率为 22.97％。

许多时空数据是时空过程的数字记录，因此不是一堆冰冷机械的数据，而是生命过程的附体。生命过程是有演化规律的。演化树理论提供了基于时空数据集重塑生命系统的方法。在演化树的构架下，对象的未来发展方向和规模变得清晰和可预见。

以城市演化为例，基于城市数据集构建了城市演化树，每个城市都置于这棵树的某个位置，树枝表示不同的发展类型或城市类型，叶记录某个城市，叶在树枝上的位置表示该城市发展的阶段。某个城市的演化将沿着其所在树枝的方向，与它邻近的较早的叶子城市现状，就是其未来近期的可能状态。虽然存在有意无意的变异，即超叶甚至超枝的跨越式发展。作为应用之一，城市化占地与城市类型和发展阶段规模密切联系，可以基于城市演化树对其进行预测和分析。

第 20 章 Meta 建模

统计学的目的是揭示研究对象不同方面的统计特征;而系统模型可以揭示研究对象各组成要素之间的相互关系并进行模拟预报和情景分析。系统模型的建立通常需要对事件物理机理透彻了解,如大气模型、水文模型和传染病模型等,但是,在资源环境领域经常是主导机制不明显,系统建模困难。如何根据观测数据,进行系统建模,"Meta Modeling"系统建模思想(Wang et al.,2008c),为数据驱动的系统建模提供了一个解决方案。

"Meta Modeling"也为数据分析集成创新提供了一个新思路。研究人员只需收集研究对象的前人各种研究成果,运用 Meta Modeling 框架,就可以反演各要素之间相互作用的系统联系,得到新的发现。前人的研究成果越多,Meta Modeling 的系统关系网就越扩展,新发现新推理就越多。

20.1 原　　理

不同统计模型各具有其擅长刻画的方面,揭示事件的某个侧面。将两个统计模型通过可能存在的共同项连接起来,进一步将所有模型两两连接成变量网络;然后,建立严格的数学符号动力学,通过变量网络进行多变量联动推理。

20.2 案　　例

以 2003 年 3 月 4 日至 6 月 20 日北京市 SARS 流行病暴发的 11108 个 SARS 密切接触者空间点位数据和北京市 18 区县病例时间序列数据为例,综合运用空间格局、时间序列、时间动力学模型方法,调查该次传染病暴发的时空关联性及其在防控措施上的意义。

1. 数据

每日 SARS 病例数据来自官方日报告,自 2003 年 4 月 20 日至 2003 年 6 月 24 日传染病结束为止。自 4 月 27 日起,北京市 18 区县病例日数据有报告并制作为 GIS 格式。对 4 月 20 日前后的最终调查获得了 SARS 感染者的 11108 例密切接触者的居住地信息并制作为 GIS 图,其他与传染病有关的数据有:北京市 245 个社会经济统计单元上的人口数据、医院属性及位置信息、城市主要交通线分布,如图 20.1 所示。

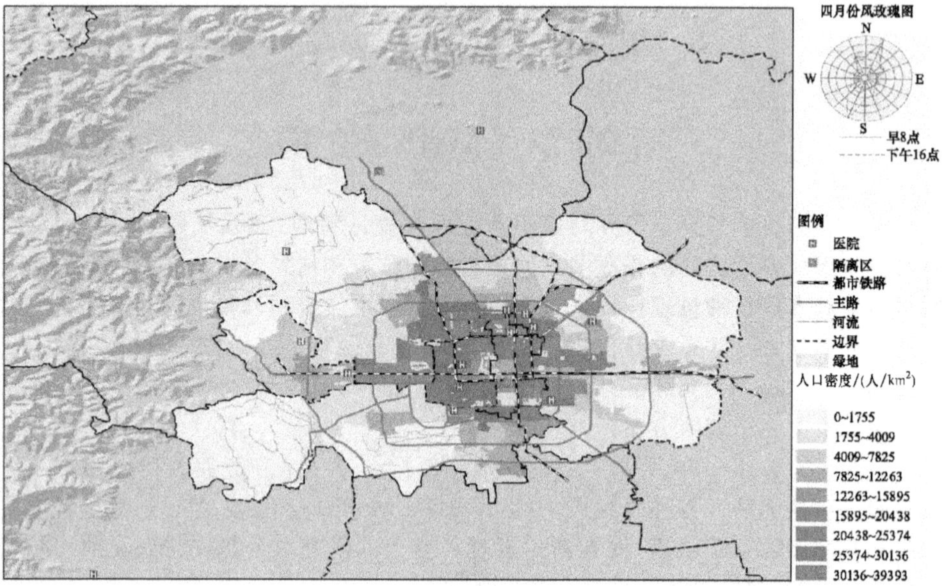

图 20.1　北京传染病环境背景图

2. 时间序列

世界卫生组织 WHO 发出的针对某个地区的旅游警告对控制疫情的扩散和当地旅游经济活动具有巨大的影响力。其发出或撤销旅游警告的依据是该地区发病人数在一段时间内持续存在或持续为零。例如，2003 年 WHO 对香港、北京、多伦多等地区先后发出 SARS 旅游警告。

运用具有时间依赖的传播率的易感-暴露-感染-移出（SEIR）模型，以及 4 月 19 日至 6 月 21 日的感染者数据，估计了由控制措施导致的 SARS 传播减少，获得了此次传染病的总规模。与现场调查或先验概率分布假设相对照，如果数学模型接近于传染病机制，模型拟合可以用小样本和少主观获得传染病参数。

SEIR 模型如下：

$$\boxed{S} \xrightarrow{\lambda(t)} \boxed{E} \xrightarrow{g} \boxed{I} \xrightarrow{a} \boxed{R}$$

$$\frac{\mathrm{d}E(t)}{\mathrm{d}t}=\lambda(t)I(t)-gE(t)$$

$$\frac{\mathrm{d}I(t)}{\mathrm{d}t}=gE(t)-aI(t)$$

$$\text{with}\quad \lambda(t)=b+c/\{1+\exp[d^*(t-e)]\}$$

$$\frac{\mathrm{d}R(t)}{\mathrm{d}t}=aI(t) \tag{20.1}$$

式中，$E(t)$、$I(t)$ 和 $R(t)$ 分别为时刻 t 暴露、感染和移出人数；$\lambda(t)$ 为每个感染人平均接触人数，依赖于时间，因为控制努力随时间变化；g 为暴露（潜在）个体变为被感染者的比率；a 为感染个体被移出的比率（恢复或隔离）；b、c、d、e 为待拟合参数基本再生数 $R_0=\lambda(0)/a\approx(b+c)/a$；经曲线拟合我们获得参数估计值 $a=0.252$，$b=0.008$，$c=0.588$，$d=0.368$，$e=54$ 和 $g=0.200$。最终再生数 $R_0\approx b/a=2.37$；平均潜伏期为 $1/g=5$ days；平均感染期为 $1/a=4$ days。

传染病参数是传染病的本质特征，是干预措施的基本依据。图 20.2 显示了易感-暴露-感染-移出模型（SEIR）对感染人数和时变传染率的拟合情况，显示出传染率在 4 月 20～30 日迅速下降，期末达到其初始值的 1/6。平均潜伏期为 5 天，平均感染期为 4 天，我们估计的北京 SARS 传播基本再生数为 2.37，与其他地区的估计值相似（Anderson et al.，2004；Lipsitch et al.，2003；Riley et al.，2003）。6 月 11 日最终再生数为 0.1，指示出再生数的迅速下降。模型估计的传染病总规模是 2522，与北京官方和世界卫生组织公布值一致。

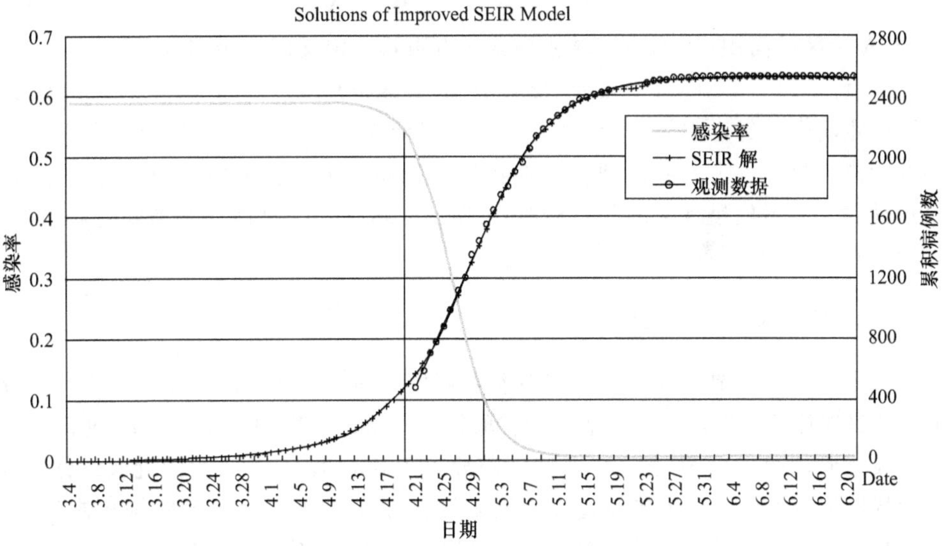

图 20.2　2003 年北京 SARS 时间历程，实测、模型预测及参数

将 11108 名北京 2003 年 SARS 感染者的密切接触者作图，清楚地揭示了疾病的风险暴露，最近邻居层次聚集（Clark and Evans，1954；Levine，2002）被用来识别这些数据的空间结构。图 12.3 小粒度的一阶和大粒度的二阶高风险易感人群，背景层是统计单元人口密度和主要城市交通路线。大多数一阶聚集散布在三环路以内，反映了风险暴露是广泛的，二阶聚集显示出明显的环路格局，向西和西北扩展，该方法揭示出北京东端的一阶和二阶聚集。感染率自 4 月 18 日以后的 10 天之内迅速下降。

3. 空间格局

1849 年,伦敦暴发霍乱,当 John Snow 将霍乱死亡人居住地点标在地图上,怀疑并证实一个水厂应对此次霍乱暴发负责。这一事件后来被流行病学和空间分析分别列为各自学科的第一个经典成功案例。除了可能通过空间格局发现致病因子外,某一时刻的空间格局控制了事件在下一阶段的发展方向和规模。

最近邻居层次聚类被用于确定密切接触者的空间格局。认定的聚集区域对于控制疾病可能是关键的,可能提供目标干预的重要方向(Jacky et al. ,2005)。一阶聚集指示了高风险易感人群的空间聚集,二阶聚集指示了初始聚集的高集中区域。

最近邻居层次聚集算法(参见本书第 6. 2 节)如下:

从密切接触者到其最近距离的平均值及平均值的标准差为

$$\mu(d)=\frac{1}{2}\sqrt{\frac{A}{N}},\quad s(d)=\frac{0.26136\sqrt{A}}{N} \tag{20.2}$$

式中,A 为区域面积;N 为该区域密切接触者数目。定义门栏距离为

$$L=\mu(d)-1.645\times \mathrm{s}(d) \tag{20.3}$$

在这个距离内的邻近点被认定为邻居,并进行聚集。计算每个一阶聚集中心点之间的距离并重复以上判断得到密切接触者的空间分布具有两个空间尺度上的显著聚集性。一阶聚集呈现空间随机分布,二阶聚集呈现与北京市环线高度视觉相关,如第 8 章图 8. 33 所示。

4. 空间聚集的时间变化

接下来一个重要的问题是 SARS 新生病例空间聚集随时间的变化。SARS 新病例按其居住区归组,图 20.3 显示了空间聚集 Moran'I 值(Moran,1950)随时间变化的小波分解,得到低频部分 (a4)和高频部分 (d1,d2,d3,d4)。系数的近似部分(a4)指示局域传播主导了总体传播过程直至 4 月底,并且在 5 月 8 日基本被控制住。5 月 9 日之后,近似部分(a4)和细节部分(d4)均指示出空间聚集迅速消失。

5. 传染扩散因子

我们用 BW 连接-计数检验(Haggett et al. ,1976),该值度量区域网络连接与传染病格局一致性程度,判断环境因子与 SARS 的关联性,推断 SARS 空间传播的影响因子。北京区际传染病传播 7 种可能的连接网络如下(图 20.4):

$N1$. 当地传播:两个区域连接,如果它们共享地理边界;

$N2$. 最近区域:每个区域与其中心距离最近的区域相连;

$N3$. 人口规模:区域按人口规模排序,区域按此顺序连接;

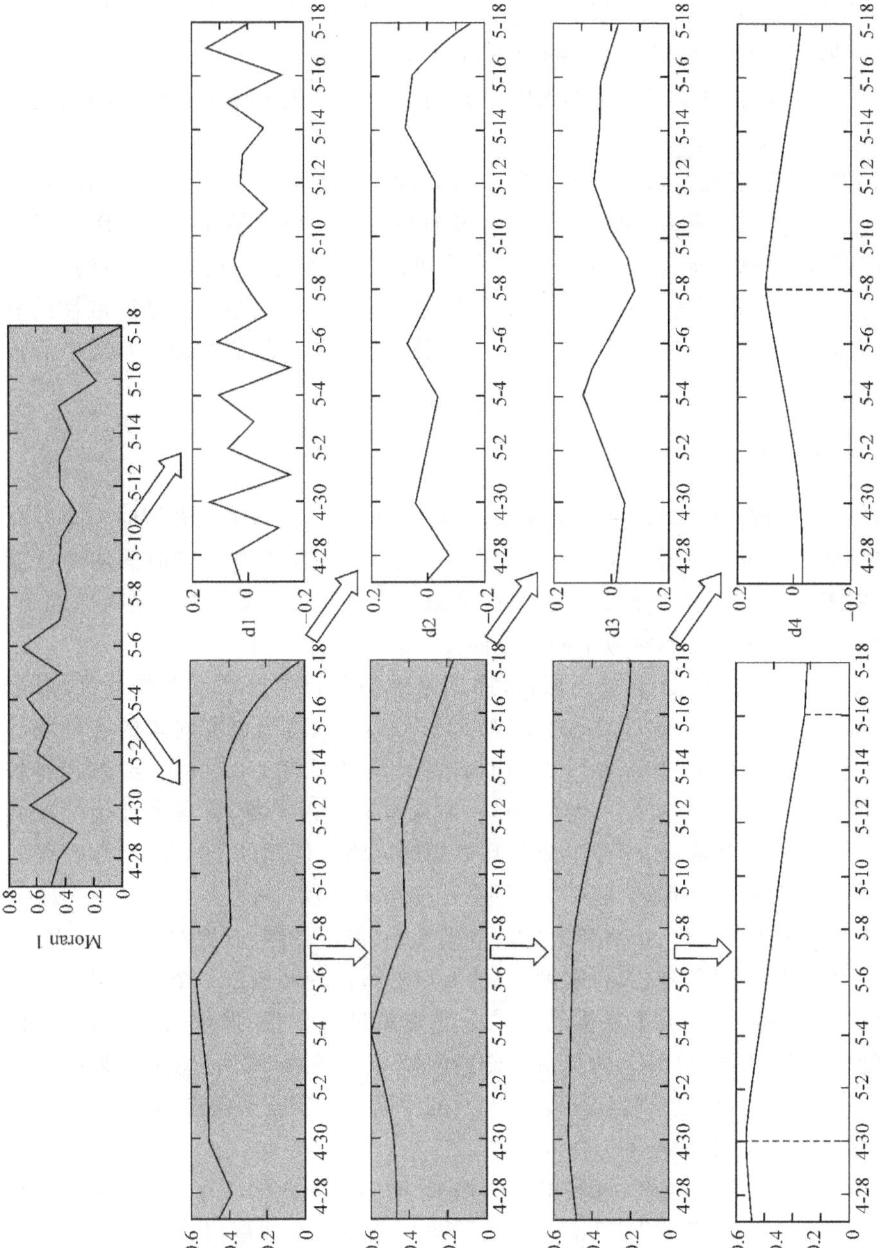

图 20.3　Moran's I 的小波分解

各图横坐标是“月-日”，纵坐标是 Moran's I 的分解值，有底色的图表示将被进一步分解

$N4$. 人口密度:同 $N3$,但按人口密度排序;

$N5$. 医生数目:同 $N3$,但按区域医生数目排序;

$N6$. 医院数目:同 $N3$,但按区域医院数目排序;

$N7$. 城-乡:8 个区域被认定为城区,其余为乡区。

对于每个网络,计算每一天的 BW 连接-计数统计,画出该统计随时间的变化曲线。

基本发现是,邻接区域间的传播非常明显,直至 4 月底。5 月 13～19 日,有一次明显的城乡传播过程,反映出在这一时段通州区的 SARS 暴发。其余因子显示与 SARS 传波间歇性地关联,提示医生数目和人口密度与感染扩散之间的关系。总之,空间邻接是流行病扩散的主要因子,健康护理工作者是空间扩散间歇性的驱动力。空间邻接性控制了传播的主要时期,而医生、医院等因素间歇性地对空间传播起作用。

6. 系统连接

在以上分别充分考察事件的空间、时间特征和因子之后,可以开展时空耦合分析。空间格局与时间序列存在本质上的联系,是一个过程在空间和时间两个维度上的分别表现:某个时刻的感染人数是该时刻每个空间统计单元内感染人数之和;事件的不同发展阶段可能对应不同的空间格局。

图 20.5 显示了 Meta 建模思想:最底层是观测获得的各种来源数据集;运用各种分析工具(如 Morans' I、SEIR、BW、NHC 等)可以得到研究对象的各种统计特征,如空间分布、时间过程、驱动力和影响因子等,形成图 20.5 中间层;利用各种统计可能存在的共同项,如同一时间、同一地点或同一因子等,将各统计指标按共同项进一步两两连接起来,逐步形成相互作用的网络。据此因子网络,运用符号动力学实现系统关系联动推理(图 20.5 顶层)。

时间变量(感染人数、季节和天气)、空间变量(风险暴露、监测网络、旅行警告、隔离等)和因果要素(免疫、人口密度等)的对应性可以使我们从一个更加可操作的域上对一个不易察觉的或不易操纵的域上的现象进行预报、推理、控制和因子识别。例如,一个(空间)区域上的自由迁徙或隔离必将导致(时间)感染人数的增加或降低;季节温度的波动(时间)将影响人们的空间运动密度和病毒的空间异质性,因此改变风险暴露格局(空间)。

图 20.5 将以上独立统计获得的空间格局、时间过程和驱动力之间的对应关系就浮现了出来。空间格局(图 8.33)揭示了两个尺度的空间聚集,图 20.3 显示大的空间聚集(a4)在传染高峰期直至4月30日缓慢发展,其后消散开来,这主要是

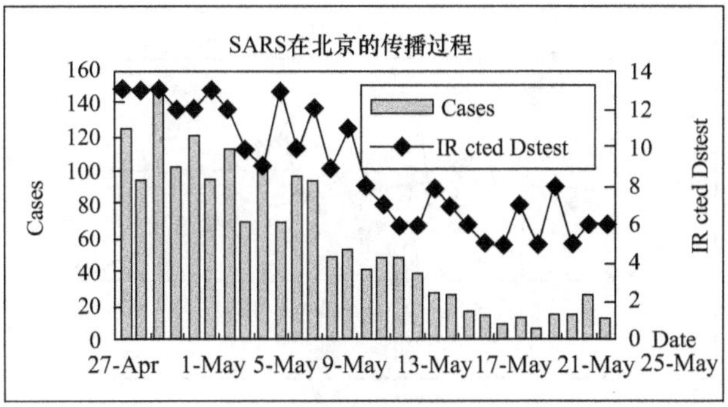

a

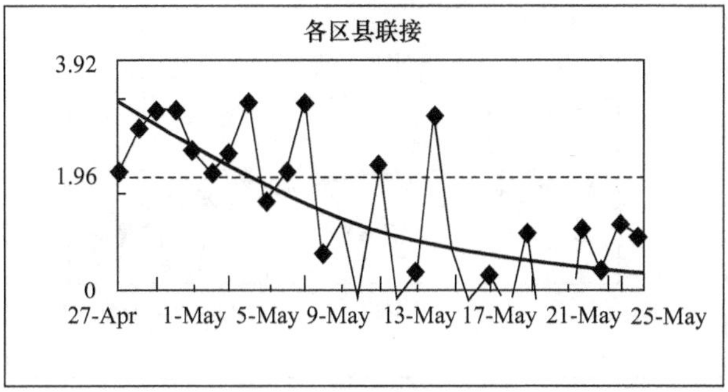

b.$N1$

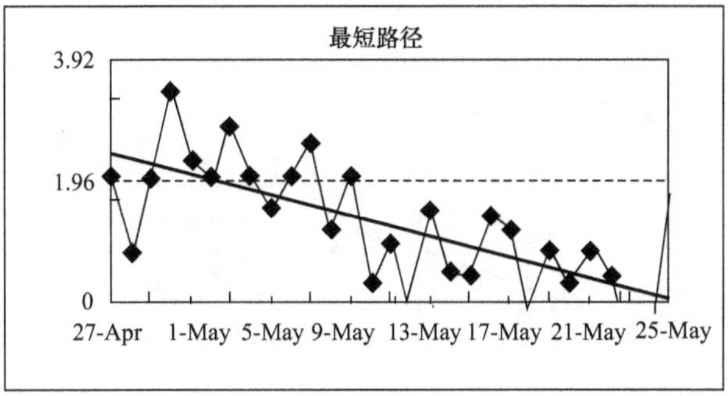

c.$N2$

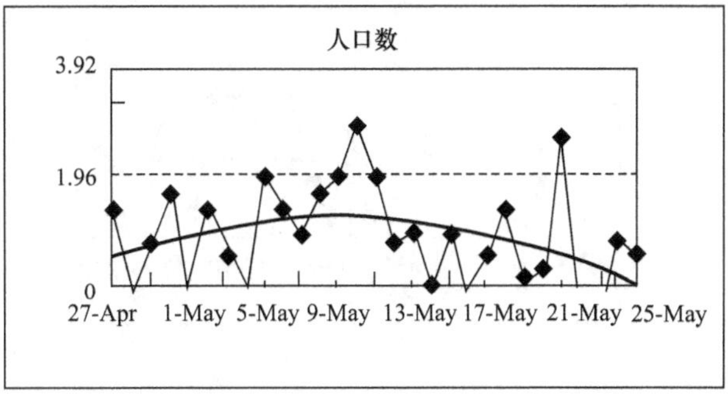

d.$N3$

图 20.4 传播扩散因子 BW 统计识别(Meng and Wang,2005)

图 b 至 c 纵坐标是 BW 统计的 z 值,超过 1.96 以上为统计显著,横坐标是 2003 年 4 月 27 日至 5 月 25 日各天

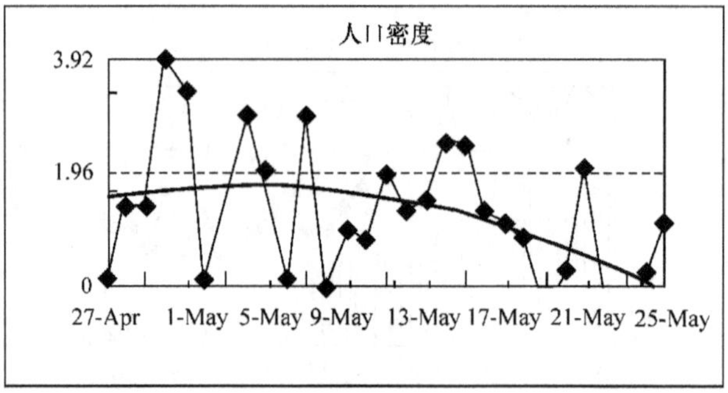

e.$N4$

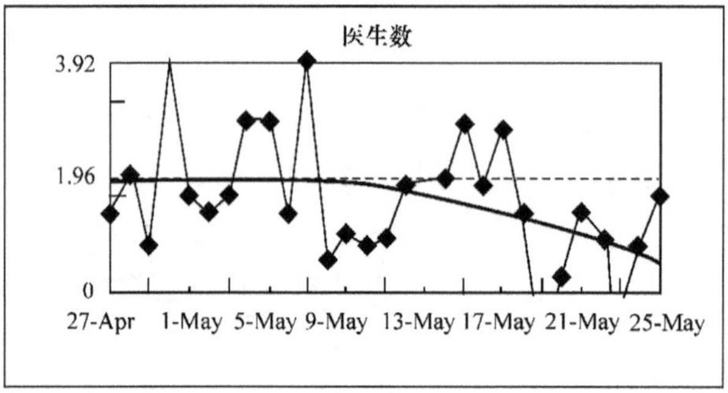

f.$N5$

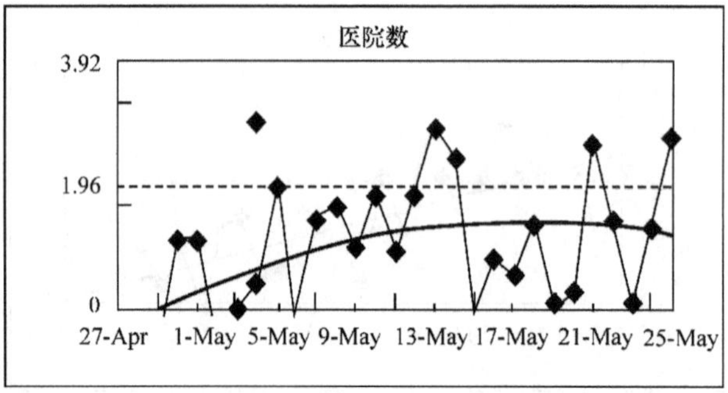

g.$N6$

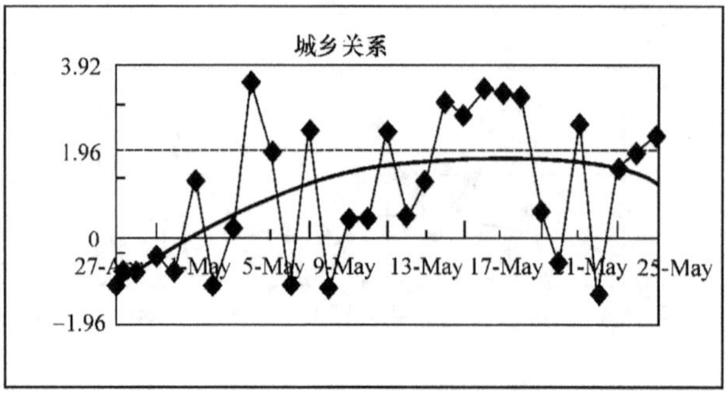

h.$N7$

图 20.4(续)

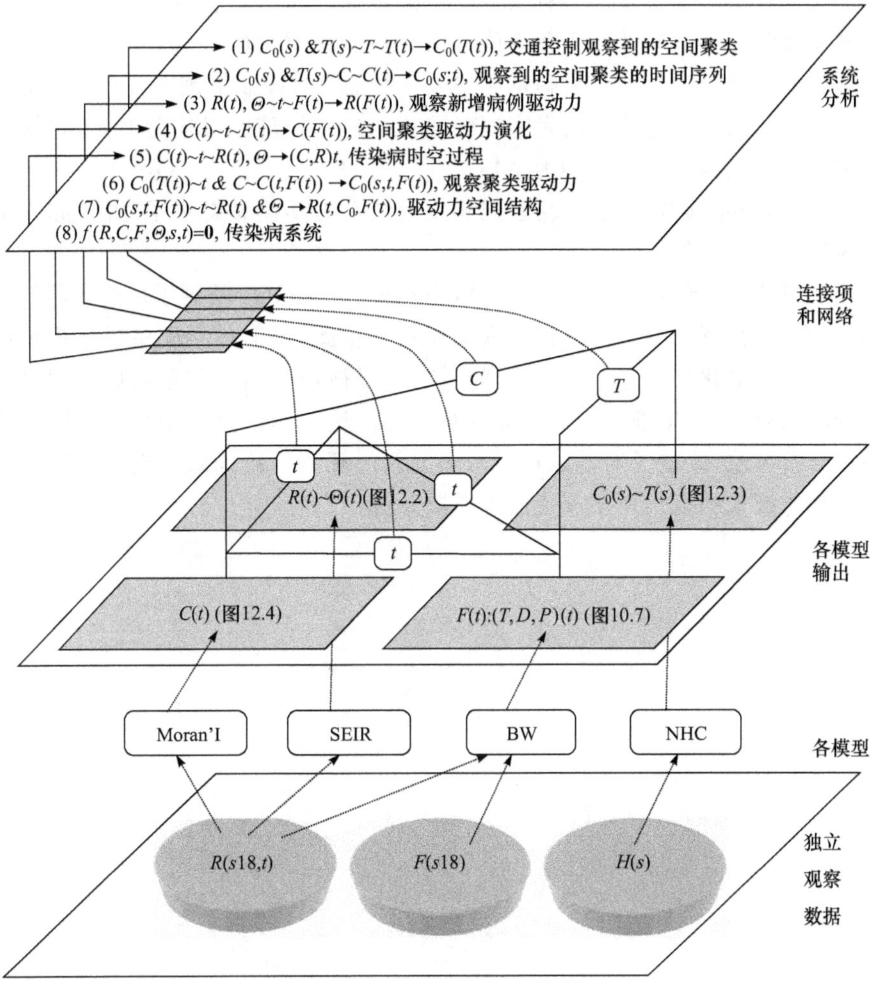

图 20.5　从独立统计到系统分析

由北京城市交通环路的空间邻近性控制的，这个空间邻接性因子在 BW 统计中可以查对出其作用时段(图 20.4)。在 5 月 1～10 日的下降期大的空间聚集引领着趋势，此时驱动力较弱，而小的空间聚集(图 20.3 中的 d4)仍然在构建之中，被这一时段的人口密度和医生数量两个因子所驱动，即大的空间聚集在高峰期主导，而小聚集在下降期活跃。在 5 月 10 日至 6 月中旬的传染病最后阶段，北京东端通州经历了一次 SARS 暴发，与城-乡关系因子在这一时段的显著表现相一致。

系统分析帮助我们做出控制决策。大聚集与城市环路及轻轨的强烈视觉关联提示我们，集中于北京交通路线的干预措施可能对于 SARS 或具有类似流行病特征的疾病控制是有效的。SARS 空间扩散的时间变化通知我们在传染病暴发的不同阶段哪种类型的干预可能是有效的。当流行病通过传染扩散而增长时,隔离病例和减少区际运动是有效的干预措施。而当呈现聚集状时,资源应当直指遏制高感染地点的传播。我们的结果提示在局域水平上改进控制措施在4月底以前是相当有效的。局域干预包括感染者家庭的隔离。这些措施一旦非常有效,传播就将迅速减小并且变为远距离接触为主导。

Meta Modeling为基于观测数据建立系统动力学模型提供了思路,亦为集成创新研究提供了构架。

以北京2003年SARS数据为案例,用Meta Modeling得到了风险暴露的空间格局、动态演变、驱动力之间的相互联动关系。据此,当前的空间格局被用来预报流行病的时间演化趋势,观测到的时间过程曲线被用来估计传染病风险的空间暴露,空间暴露被用来推断传染病传播的驱动力。这一理论显著增强了空间流行病的主流分析方法,改进了对传染病中未知关系的理解。数据结合空间过程的系统建模思想亦被成功地运用于灾害情景模拟分析。

第 21 章　空间统计学软件包

当今流行的统计工具软件包 SPSS、MatLab 等大大地促进了数据分析深加工及其在各领域的应用。其统计部分主要处理独立样本数据。

专门的空间信息分析理论、方法和技术自 20 世纪 60 年代末开始得到认识并研究。空间信息分析理论和技术较为复杂,对于一般科研人员而言掌握难度大、耗费精力多。为此,世界各地的学者和研究机构及一些软件开发商已经研制了众多的空间分析软件包,这些软件包有的关注于某一类型的空间数据的分析,对空间数据分析在特定领域(如犯罪分析、公共卫生研究)的应用起到了极大的推动作用;有些则试图发展尽可能全面的空间分析功能,对空间分析理论和方法的研究和实践具有重要的意义。

空间分析理论来源于地理学和地质学。由于地理学和地质学研究对象不同,所涉及的数据特点和分析方法不同,造成两大流派在软件功能、结构、风格上的不同。源于地质学的空间分析软件包一般均以地统计数据为主要研究对象,其空间分析方法以 Kriging 为代表,相关的软件也比较成熟,如 GISlab 等,在主流 GIS 软件 ArcGIS 中也包含了地统计分析模块。地理学者所关注的空间现象主要包括点数据和多边形数据。由于多边形数据和点数据可以相互转换(如由点生成泰森多边形,由多边形生成中心点),因此,此两者的很多分析方法有相似的地方。积极推动空间分析理论和方法研究的欧美地理学家大多经历了 20 世纪 60 年代地理学计量革命,他们研发的空间信息分析软件包多以空间相关性和空间异质性为其理论核心。而随着计算机技术、对地观测技术的快速发展以及科学研究中人文和自然综合研究趋势的日益加强,空间分析的需求愈来愈多,相关的软件包的开发和应用,对促进地理信息科学的发展具有非常大的推动作用。

本章简介本书空间数据统计各章(第 3～9 章)用到的软件和下载网址,包括 GeoDa、CrimeStat、WinBUGS、SatScan、SSSI 等。各软件的具体使用步骤已在各章中结合具体算例详述。

21.1　GeoDa:空间统计分析软件

GeoDa(图 21.1)是一个专用于格数据探索性空间数据分析(ESDA)的模型工具集成软件,由美国科学院院士的 Luc Anselin 教授开发。它用一个友好的图形界面来描述如自相关性统计、空间回归等空间数据分析。GeoDa 软件基于动态连接窗口技术,利用多张地图和统计图表来实现交互操作。

图 21.1　GeoDa 软件版权界面

GeoDa 主要支持的数据格式是 ArcView 的 shape 文件。当将文件导入软件后,用户可以利用菜单里 9 个菜单项(图 21.2)进行各种分析。GeoDa 软件菜单栏的每项菜单都具有特定功能,其中最重要的菜单项在工具条内都有相应的图标与其对应。在 GeoDa 软件里,这些工具条可以随意被拖动并放置在界面任何位置。菜单栏里的 File 菜单是用来打开或关闭一个工程文件及退出系统的。当工程中没有激活窗口时,File 菜单仅包含两个选项:用来打开 GeoDa 工程设置窗口的

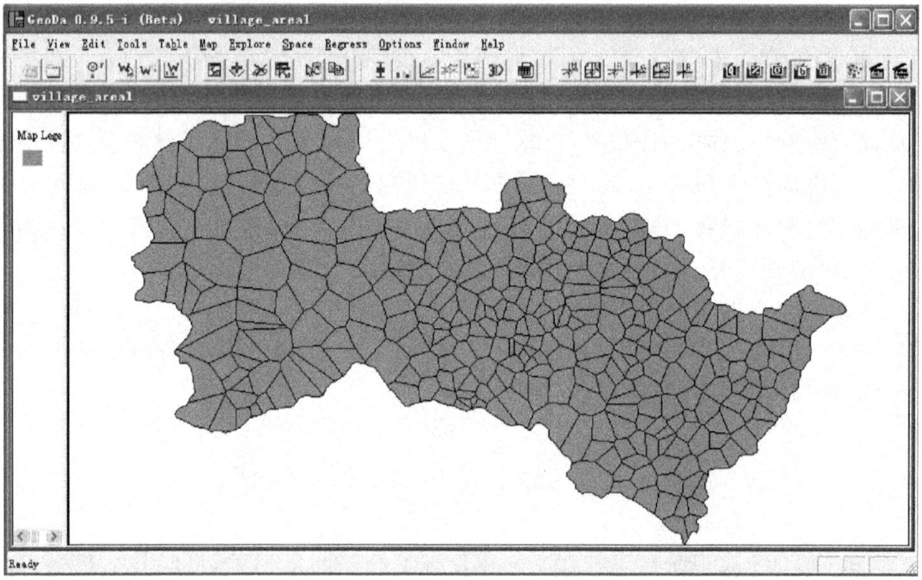

图 21.2　GeoDa 软件功能模块

"Open Project"和退出系统的"Exit"。而 Edit 菜单则具有 3 组功能项:第一项操作地图,第二项选择用来制图和统计分析的变量,最后一项使用 Windows 剪贴板。View 菜单包含两个选项来选择在工程界面和工具条里显示哪些工具项。这些工具项没有相应按钮与之对应。Tools 菜单有 3 个子按钮来建立和分析空间权重,转换和创建点和多边形文件,以及输出数据。Table 菜单可以对图层属性表进行操作;Map 菜单则用于区域制图,这些图既包含分数图、百分位数图、箱式图、标准差图等普通标准图,又涵盖了比率平滑图等专业图。Explore 菜单主要是用来展示探索性数据分析结果统计图(直方图、散点图、排序图、三维散点图等)。Space 菜单用来进行度量数据空间自相关性等探索性空间数据分析,包括 Moran 散点图及 Moran's I 推断、二元散点图及 Moran's I 推断、发生率的 Moran 散点图[通过检贝叶斯(EB)标准化]、局域 Moran's I 显著性地图、局域 Moran's 聚集性地图、二元局域 Moran's I、发生率的局域 Moran's I[通过检贝叶斯(EB)标准化]。Regress菜单可以用来进行经典回归和空间回归等操作。

21.2　CrimeStat:空间聚类软件

CrimeStat 软件(图 21.3)由美国 Ned Levine 博士主持开发,由美国 National

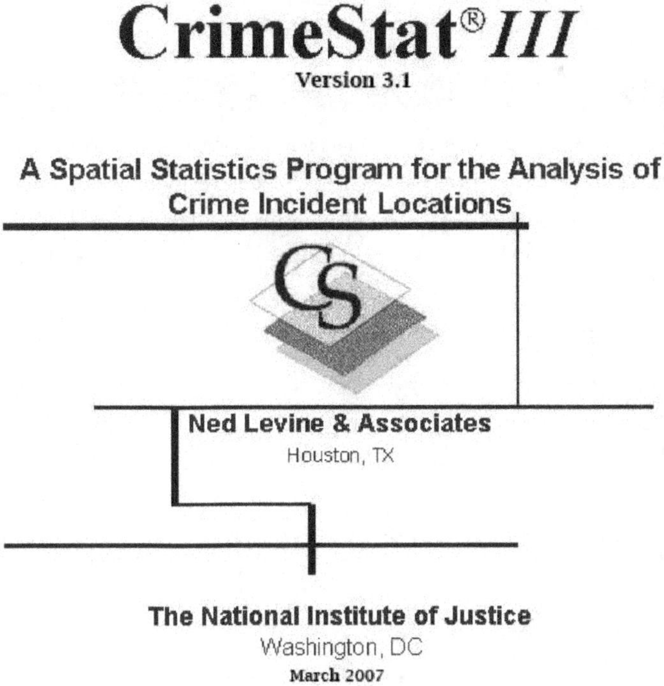

图 21.3　CrimeStat 软件界面

Institute of Justice 等机构资助。从该软件的名称就可以发现,开发其软件的最初目的是对犯罪事件进行空间统计分析,但目前该软件在流行病学等众多领域也都获得广泛应用。

CrimeStat 软件包括 5 个部分(图 21.4):数据设置、空间描述、空间模型、犯罪旅行需求和选项设置。CrimeStat 软件输入项为事件发生的地点(如案发地点),在数据设置中可以指定主要文件、次要文件和参照文件等,支持的文件格式包括 dbf 数据库文件、ArcView 的 shape 文件或者 ASCII 文件,并且可以指定投影类型、距离单位等参数。在 CrimeStat 中,空间分析被细分为以下 7 个主要类别:①空间描述,用于描述点(犯罪事件)的空间分布特征,主要的指标包括平均中心、最近距离中心、标准偏移椭圆、Moran's I、Moran 相关图、平均方向等;②距离统计描述,用于识别点(犯罪事件)空间分布是否具有聚集性,如最邻近分析、线性最邻近分析、Ripley 的 K 函数和距离矩阵演算等;③热点分析,用于寻找点(犯罪事件)集中分布区域,包括层次邻近分析、风险修正的层次邻近分析、STAC、K 均值和局域 Moran's I 统计等统计分析形式;④单变量核密度估计,通常生成密度表面或事件发生频率的等值线;⑤双变量核密度估计,通常为事件发生频率与基准水平的比较;⑥时空分析,分析点(犯罪事件)时空分布规律,包括计算 Knox 系数、Mantel 系数、时空移动平均数和关联旅程分析等;⑦犯罪旅程分析(Journey-to-crime analysis),包括定标、估计和绘制犯罪轨迹图。犯罪旅程分析包括 5 个不同数学函数或一个经验的函数。在这 7 种分析中,用户可以得到不同的空间统计指标,而且

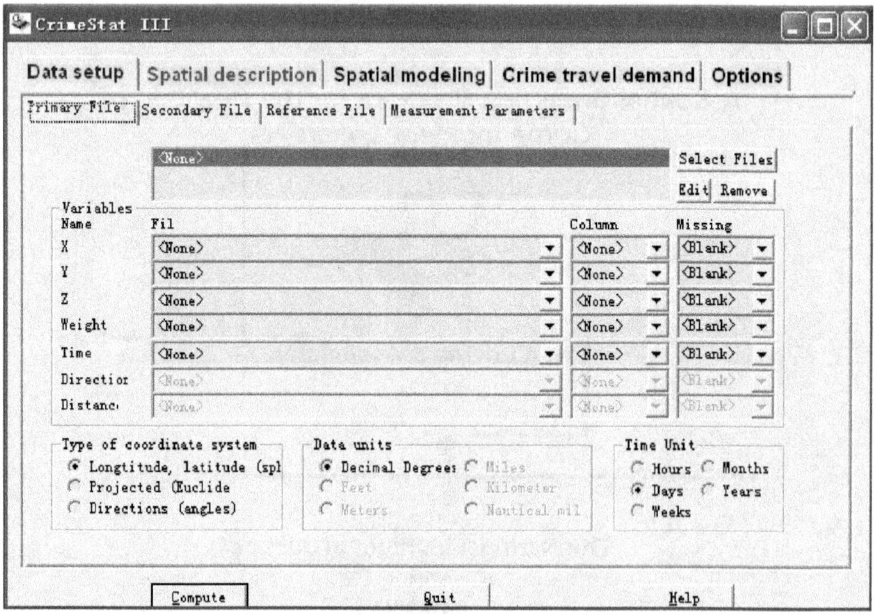

图 21.4 CrimeStat 软件功能模块

可以将图形化的结果存为 ArcView/ArcInfo、MapInfo、Atlas * GIS、Surfer for Windows 等软件支持的格式。犯罪旅行需求是 CrimeStat 软件独有的专业特色功能，其是旅行需求理论在犯罪分析中的应用。这个模型常应用于区域层面，包括以下模块：①旅行发生器，包含独立的旅行发生和旅行吸引力模型；②旅行分布，用于计算观测的旅行分布、模拟旅行分布、比较观测的与预报的旅行距离的分布；③模式划分，根据不同的起源-目的地组合，划分五种不同旅行模式；④网络分配，估计可能的旅行线路，包括各网络段的总容量，这个网络可以使用除距离之外的旅行时间、旅行速度或旅行花费来模拟。

CrimeStat 软件包可以从 http://www.icpsr.umich.edu/CRIMESTAT 免费下载，同时这个网站也提供样本数据和使用指南。除此以外，在联机帮助系统中，还提供了相关统计指标的详细说明。

21.3 WinBUGS 和 GeoBUGS：层次贝叶斯建模软件

WinBUGS(Bayesian inference using gibbs sampling)是英国剑桥公共卫生研究所的 MRC Biostatistics Unit 推出的用马尔可夫链-蒙特卡罗(Markov Chain-Monte Carlo，MCMC)方法进行贝叶斯推断的专用软件包(图 21.5)。它可方便地对许多常用或复杂模型(如分层模型、交叉设计模型、空间和时间作为随机效应的

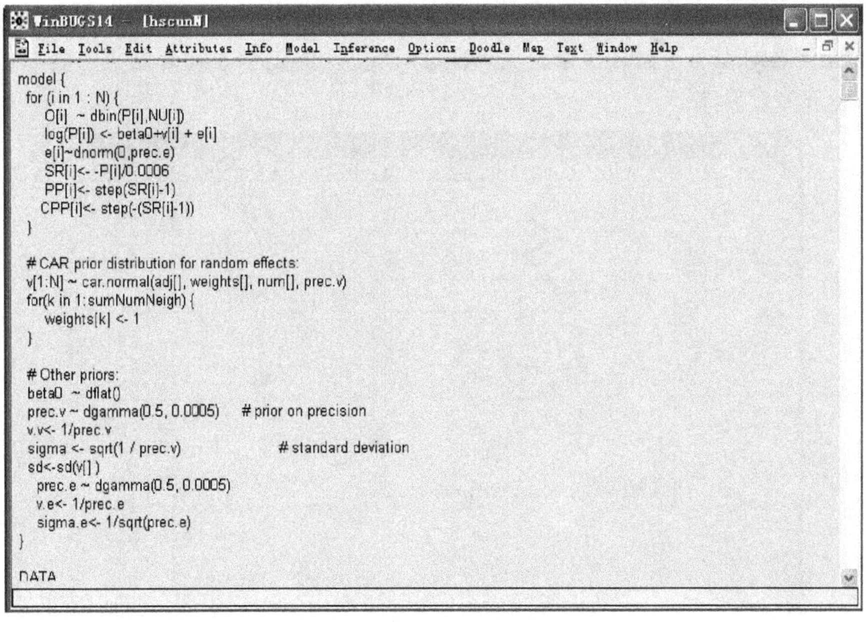

图 21.5　WinBUGS 软件功能模块

一般线性混合模型、潜变量模型、脆弱模型、因变量的测量误差、协变量、截尾数据，限制性估计，缺失值问题）和分布进行 Gibbs 抽样，还可以用简单的有向图模型（directed graphical model）进行直观的描述，并给出参数的 Gibbs 抽样动态图，用平滑方法得到后验分布的核密度估计图，抽样值的自相关图及均数和置信区间的变化图等，使抽样结果更直观、可靠。Gibbs 抽样收敛后，可很方便地得到参数后验分布的均数、标准差、95%置信区间和中位数等信息。

WinBUGS 软件中，构建模型是进行分析的最关键步骤。WinBUGS 软件采用一种混合文档作为其文件格式。在一个混合文档中，可以包括文字、表格、公式、图表、图形等众多信息。模型同样是混合文档的一个部分，通过 model 这一关键字来区分。model 为模型指示语，由{}括起来的语句为模型的具体内容，for 语句表示循环变量及循环次数。每个循环语句同样要用{}括起来才完整。"～"表示随机变量的分布，左边为变量，右边为分布，dnorm 表示服从正态分布，括号内为该分布的两个参数。"＜－"表示变量间的逻辑函数关系，其左右符号含义同"～"。逻辑关系可用逻辑函数如"sqrt"、"sum"等或一般运算符号表示。

另外可以用 Doodle 功能来进行有向图建模（图 21.6）。在有向图模型结构中，每个椭圆形饼状图表示一个结点，有两种类型：随机结点（stochastic node）和逻辑结点（logical node）。结点间以实箭头或空箭头相连，实箭头表示结点间的随机关系，空箭头表示结点间的逻辑关系，箭头指向的结点为父结点，箭头出发的结点为子结点。图中方框形平板表示循环结构，每个平板表示一个循环，并且在其左下角用"for"语句表明了循环变量及循环次数，而板外的表示非循环结点。各板公共部分表示多重循环。

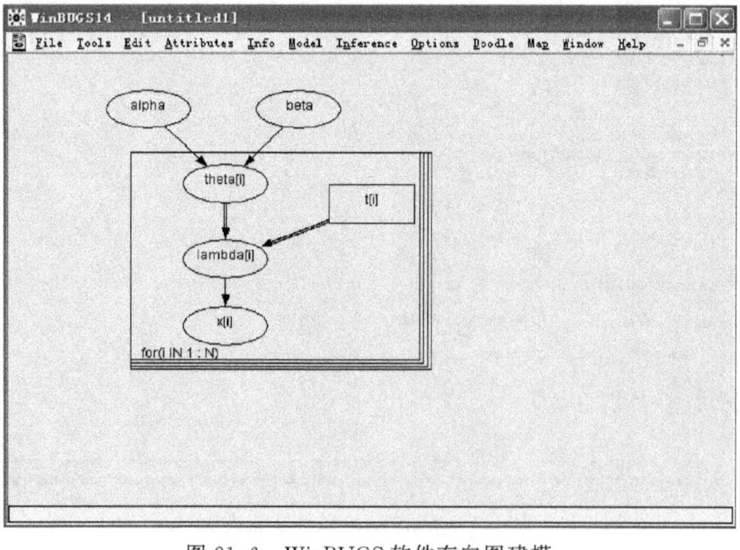

图 21.6　WinBUGS 软件有向图建模

建立模型还需要对数据进行定义和输入。在 WinBUGS 中,一般采用S-PLUS格式定义数据,各类观测值变量被定义成数组(如有缺失数据,用 NA 表示)。构建好一个模型后,需要在 WinBUGS 软件对模型进行检验,这一过程在 WinBUGS 软件中称为“specification”。specification 的第一步为 check model,即检查其语法是否正确,模型中各个变量是否有赋值方式。第二步是输入数据。WinBUGS 软件的数据可以和模型存放于同一混合文档中,其关键字为 list。通过 load data 实现数据的输入和检查。第三步是要指定链的数目,即 MCMC 采样器的数目,然后点击 Compile 完成模型的检验。如果顺利通过,可以继续完成后面的计算,否则需检查其提示的错误信息。编译通过之后,还要指定模型中一些 MCMC 参数的初始值或由系统自动产生。接下来就可以进行模型的运算,可以通过多种图形观察其运算结果。

GeoBUGS 则是 WinBUGS 中一个特别的模块,可以产生和管理空间邻接矩阵(图 21.7)、空间条件自回归(conditional autoregressive models,CAR)模型的计算,并为计算的结果提供图形输出功能。

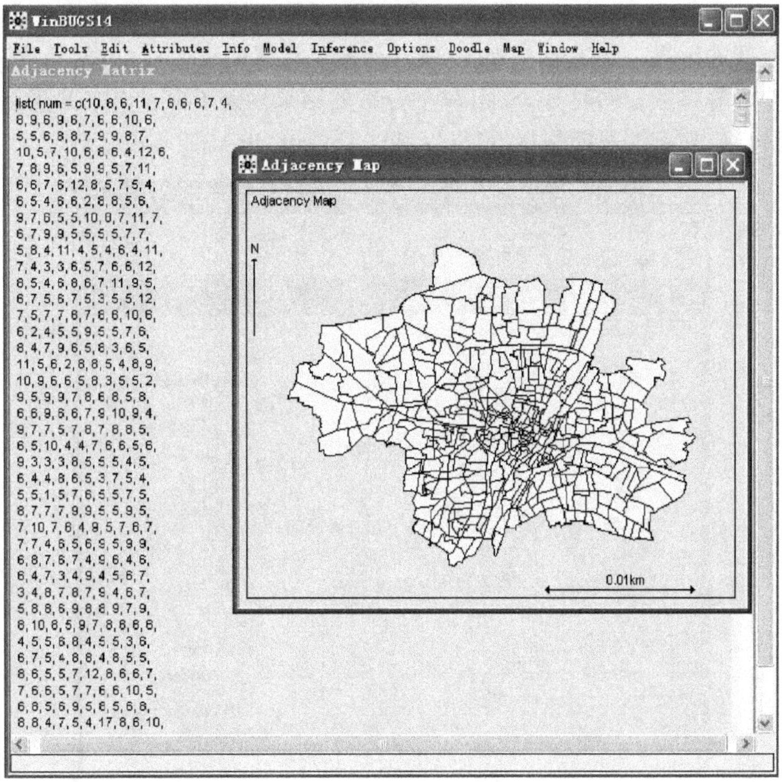

图 21.7　WinBUGS 软件邻接图展示

目前关于 WinBUGS 最权威、资源最丰富的是“The BUGS Project”网站：http://www.mrc-bsu.cam.ac.uk/bugs/winbugs/contents.shtml。

21.4 SatScan:空间扫描软件

SatScan 软件是一款用空间、时间或时空扫描统计量分析空间、时间和时空数据的免费软件，其由哈佛大学公共医学院 Martin Kulldorff 博士开发。该软件主要应用于以下几个方面：①实施疾病地理监测，探查疾病在空间、时空分布上的聚类，并检验它们是否具有统计显著性；②检验某种疾病在时间、空间、时空上是否服从随机分布；③计算某种疾病聚类警报的统计显著性；④为疾病暴发早期探测重复进行定期疾病监测等。该软件还适用于解决生态学、经济学、历史学、动物学等其他学科里类似问题。

在利用 SatScan 软件进行空间分析时，通常需要根据病例数据的空间分布概率模型选择输入以下格式的数据(图 21.8)：病例数据(.cas)、对照人群数据(.ctl)、人口数据(.pop)、坐标数据(.geo)、格网数据(.geo)。这些文件都可以用记事本打开并编辑。除了输入数据以外，还需要设置研究时段、时间精度、坐标类型和协变量等参数。同时 SatScan 软件分析的结果涵盖了探寻出来的热点区域位置、相对风险、病例情况等信息，可以以 ASCII 或者 dBASE 形式输出。

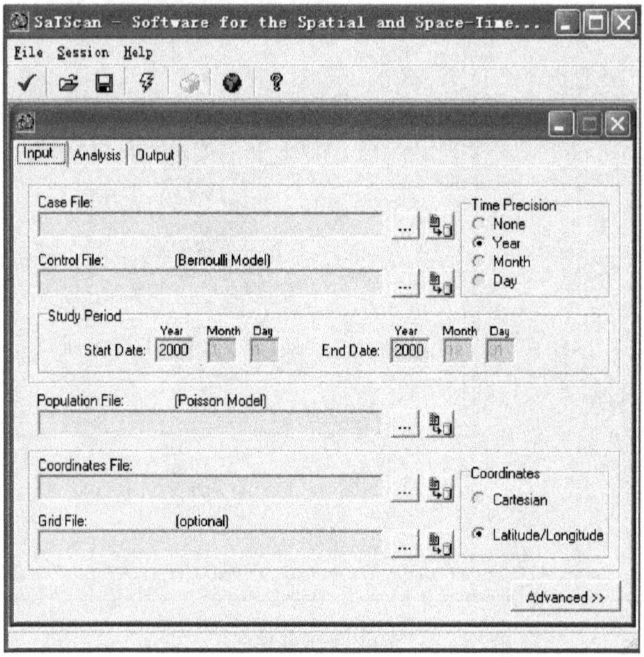

图 21.8 SatScan 软件输入功能模块

SatScan 软件数据分析按照研究目的分为前瞻性分析和回顾性分析(图 21.9)。前瞻性分析的结果具有一定预测性，只涉及时间和时空分析，如时空重排扫描统计量；回顾性分析是对已经发生的疾病数据进行研究，囊括了时间、空间和时空分析方法。如果按照探测热点的特点来分，SatScan 软件数据分析又可以被分为探寻具有高发病率、低发病率或者异于正常发病率的区域的分析。SatScan 软件根据空间、时间或时空扫描统计量原理，通过计算聚类搜索区域内外事件发生率似然比来寻找疾病发生热点。在进行空间分析时，它一共有 5 个似然比计算模型。如果根据某一区域内潜在受疾病威胁的人群情况，得到该区域的病例数在空间上服从泊松分布，那么 SatScan 软件分析必须选择基于泊松分布的似然比计算模型。如果仅有类似于病例数据和对照数据此类的 0/1 事件数据的话，SatScan 分析要选择贝努利模型。序数模型适用于排序类别数据，指数模型则适用于存活时间数据。正态模型很少用到，一般针对其他类型的连续型数据。SatScan 软件能够进行多个数据集同步并行分析来寻找发生其中的聚类。该软件还可以根据背景人群的空间异质性、病例发生的时间趋势或用户提供的协变量等信息相应地进行模型计算数据调整，得到有用的结果。

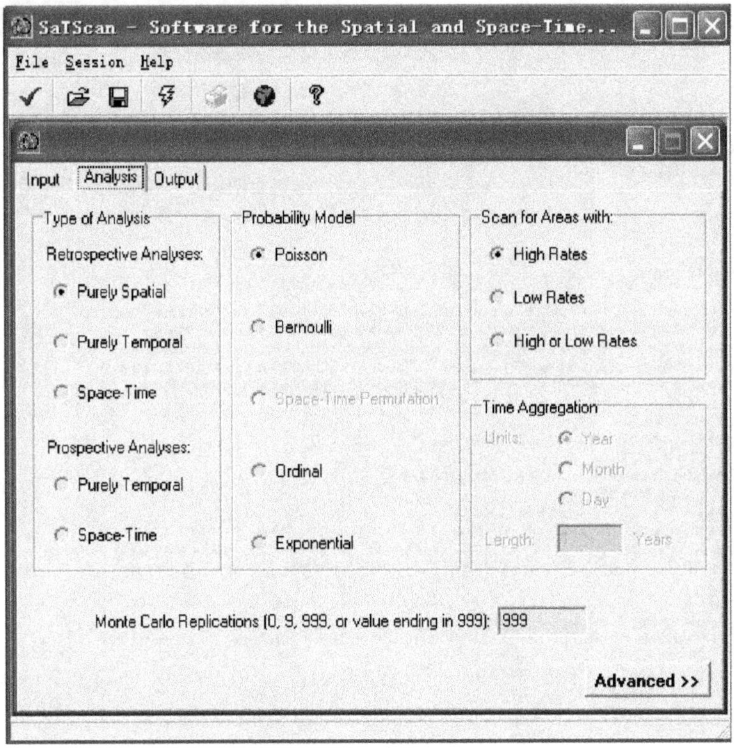

图 21.9　SatScan 软件分析功能模块

SatScan 软件可以从 http://www.satscan.org 上下载。同时该网站还提供了样本数据和相关的文献。

21.5　SSSI:空间抽样与统计推断软件

SSSI 软件(图 21.10)是由中国科学院地理科学与资源研究所王劲峰主持开发的,是一种专业的空间抽样和统计推断软件。该软件是基于空间抽样理论和超图 SuperMapViewer 类库开发的一个桌面软件,主要面向进行抽样调查、统计推断和空间数据分析的用户。

图 21.10　SSSI 软件界面

SSSI 软件可运用于 4 个方面：

(1) 对计划中的监测网络(农业、人口、经济、环境)——计算最佳监测或抽样点分布和密度；

(2) 对已形成的监测网络(气象站)——推荐最佳估值方法和网络改进建议；

(3) 对已形成的估计(区域污染指数、温室气体排放)，评价其精度、可靠性(样点分布、密度、估值方法)；

(4) 基于 Sandwich 空间抽样理论对各报告单元进行高效抽样和并行报告。

与现有的经典统计学软件和空间统计学软件比较，SSSI 不仅考虑了样本值(如经典统计学)和样本空间相对位置(如空间统计学)，还考虑了样本的空间绝对位置，见表 21.1。

表 21.1　SSSI 的特点

	经典统计学(如 SPSS)	空间统计学(如 GeoDA)	空间抽样统计(SSSI)
属性值	*	*	*
空间相对位置		*	*
空间绝对位置			*

* 表示软件考虑的数据属性。

经典统计学假设样本独立，但空间数据普遍存在空间相关性，因此产生了空间统计学，这时样本之间的相对位置是重要的。实际上，空间数据还普遍存在空间异质性。例如，两个样本单元放置的不同的(绝对)空间位置，即使它们之间的距离保持不变，其样本均值也是不同的。

SSSI 软件将抽样过程分为三个阶段：第一阶段是计算样本量或计算估值的先验精度，第二阶段是布设样本并调查样本值，第三阶段是统计推断和结果报告。在现有抽样理论中，计算样本量的方法、布样方法和通过样本值进行统计推断都是采用相同的模型，SSSI 软件则基于空间抽样优化决策三一理论(王劲峰等，2009)，在计算样本量、布样和统计推断的时候可以采用不同的模型，从而可获得更高的抽样效率。此外，SSSI 软件在当前主要经典抽样方法(Cochran，1977)的基础上又新增了两种空间抽样模型和“三明治”抽样模型，是本软件的一大特色。这三种抽样模型均考虑了样本间的相关性，因此具有更高的效率；“三明治”抽样模型在抽样对象空间分层的基础上增加了报告单元层，报告单元就是最后汇报时，用户希望使用的报告单位，如县界、省界、流域、网格等。

抽样系统包含如下具体功能模块(图 21.11)：①数据输入和输出：包括读写工程文件、导入抽样底图或抽样范围、导入分层文件、保存工程文件及创建和保存样本点文件；②抽样区域和参数设置：选择抽样区域、抽样模型(简单随机抽样、系统抽样、分层抽样、空间随机抽样、空间分层抽样、三明治空间抽样)和输入计算样本量函数所需参数；③空间分层：分为专家经验分层和 K-means 分层两种分层形式；④可视化和查询：包括样本点在空间布局显示、样本点属性表显示和属性查询以及空间布局图和属性表的动态联结显示；⑤空间分析与统计：涵盖选择统计推断模型、参数设置和抽样结果显示(表格和散点图)；⑥生成抽样结果报告或统计推断报告。

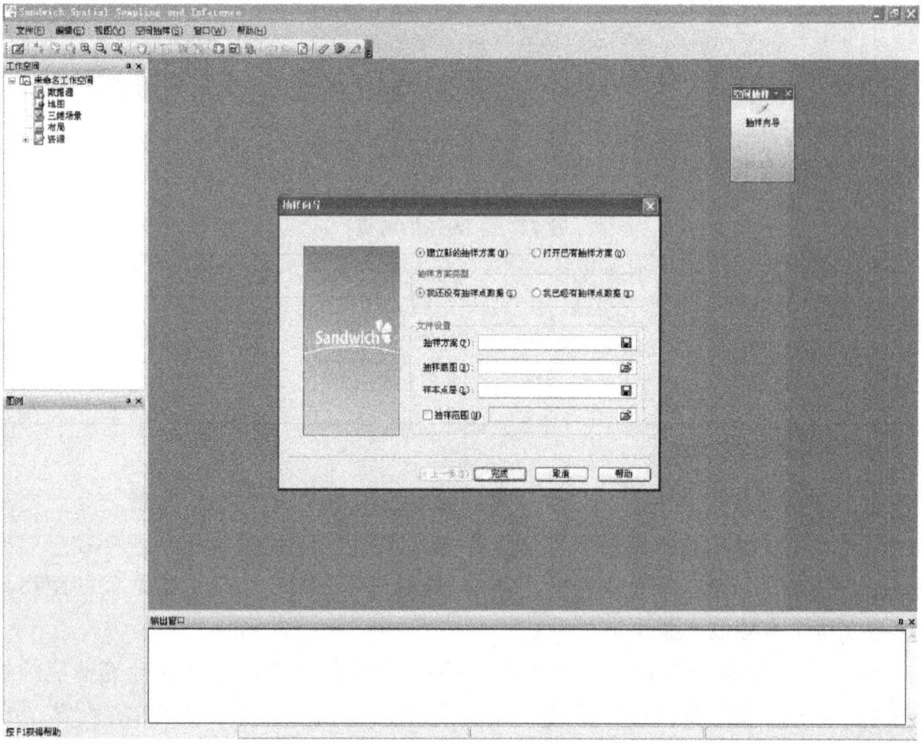

图 21.11　SSSI 软件界面

SSSI 软件的下载、详细说明、具体操作过程、案例，请参照联机帮助系统或登录网站 http://www.sssampling.com；英文版网站 http://www.sssampling.arg。

第 22 章　空间智能计算软件包

本章简介在本书空间智能分析各章(第 10～18 章)用到的软件和下载网址。各软件的具体使用步骤已在各章中结合算例详述。

22.1　Bayesian Belief Network:贝叶斯网络推理软件

Bayesian belief network software 是由加拿大 Ualberta 大学 Jie Cheng 博士开发，主要用于生成贝叶斯网络。下载地址 http://www.cs.ualberta.ca/~jcheng/bnsoft.htm。

该软件共分为以下 3 个部分。

(1) BN PowerConstructor:用于从训练数据生成贝叶斯网络(图 22.1)。

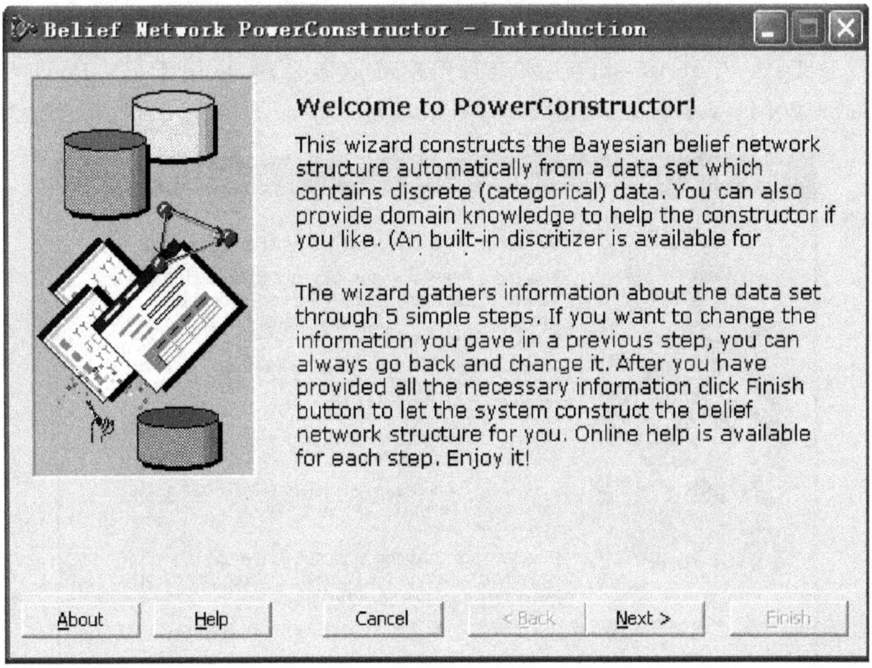

图 22.1　PowerConstructor 界面

(2) BN PowerPredictor:用于数据的建模、分类以及预测(图 22.2)。

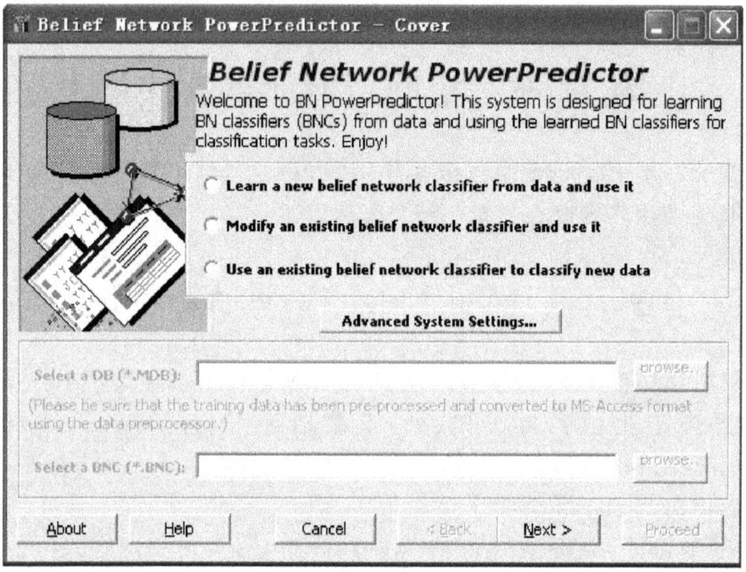

图 22.2　PowerPredictor 界面

(3) Data PreProcessor:主要进行前期的数据处理,以用于 BN PowerConstructor、BN PowerPredictor 两系统(图 22.3)。

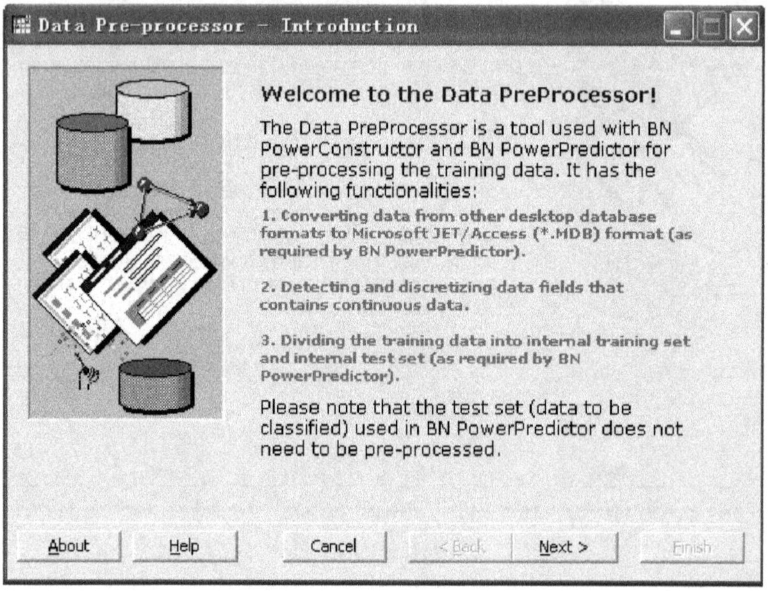

图 22.3　PreProcessor 界面

22.2　Yaahp:层次分析软件

Yaahp 是一个层次分析法可视化建模与计算软件,用于帮助用户使用层次分析法解决某些决策问题,由张建华开发并免费提供(图 22.4),下载地址 http://www.jeffzhang.cn/yaahp。

该软件支持中英文,具有可视化构造层次模型及自动判断矩阵一致性等功能。

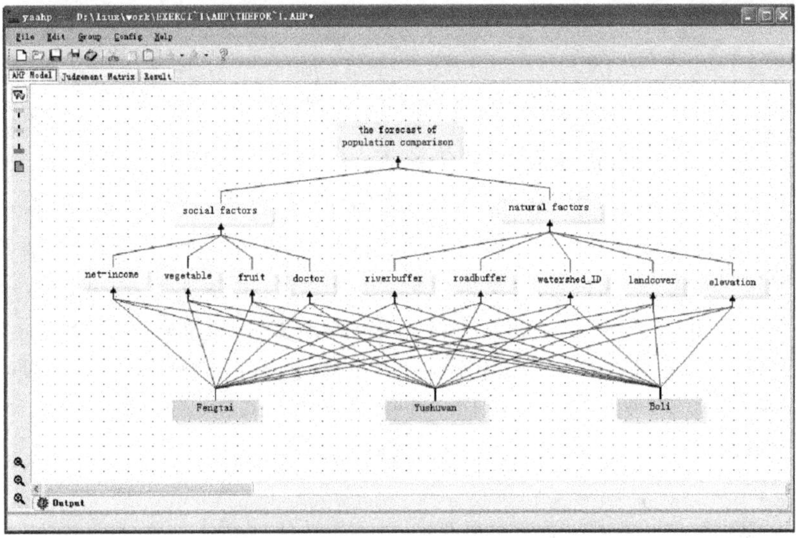

图 22.4　Yaahp 主界面

22.3　SPSS:数据统计软件

SPSS 是软件英文名称的首字母缩写,原意为 statistical package for the social sciences,即"社会科学统计软件包"。但是随着 SPSS 产品服务领域的扩大和服务深度的增加,SPSS 公司于 2000 年将英文全称更改为 statistical product and service solutions,意为"统计产品与服务解决方案"(图 22.5)。软件网址 http://www.spss.com/software/?source=homepage&hpzone=nav_bar。

SPSS 是世界上最早的统计分析软件,由美国斯坦福大学的 3 位研究生于 20 世纪 60 年代末研制,同时成立了 SPSS 公司。迄今 SPSS 软件已有 30 余年的成长历史,其用户分布于通信、医疗、银行、证券、保险、制造、商业、市场研究、科研教育等多个领域和行业。

图 22.5　SPSS16.0 for Windows

SPSS 的特点在于：操作简单、无需编程、功能多样、方便的数据接口、灵活的功能模块组合。SPSS 的基本功能(图 22.6)包括：数据管理、统计分析、图表分析、输出管理等等。SPSS 统计分析过程包括描述性统计、均值比较、一般线性模型、相关分析、回归分析、对数线性模型、聚类分析、数据简化、生存分析、时间序列分析、多重响应等几大类，每类中又分好几个统计过程，比如回归分析中又分线性回归分析、曲线估计、Logistic 回归、Probit 回归、加权估计、两阶段最小二乘法、非线性回归等多个统计过程，而且每个过程中又允许用户选择不同的方法及参数。SPSS 也有专门的绘图系统，可以根据数据绘制各种图形。

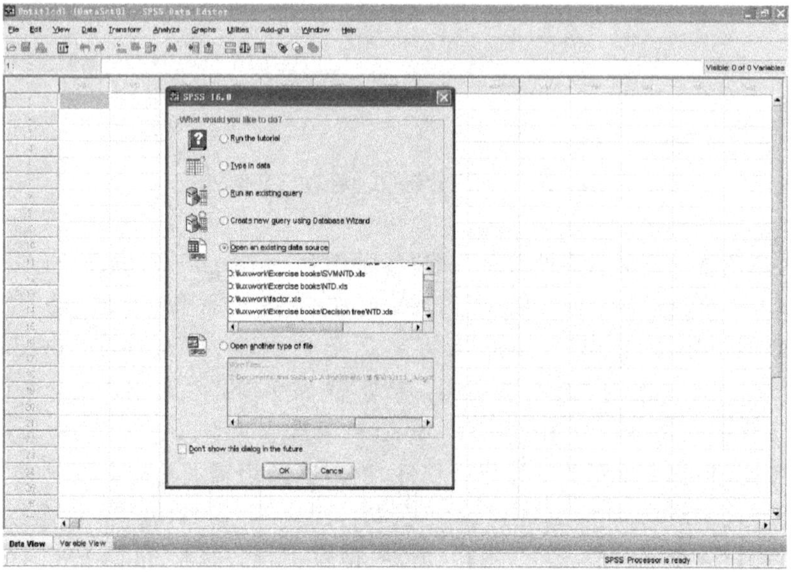

图 22.6　SPSS 操作界面

22.4　Weka:数据挖掘软件

WEKA 的全名是怀卡托智能分析环境(Waikato environment for knowledge analysis),已有十多年的发展历史(图 22.7)。它是一种基于 Java 的开源数据挖掘软件,采用 GPLv2 授权协议。同时 WEKA 也是新西兰独有的一种鸟名,而 WEKA 的主要开发者来自新西兰。软件下载网址 http://www.cs.waikato.ac.nz/ml/weka。

图 22.7　WEKA 操作界面

作为一个公开的数据挖掘工作平台,WEKA 集合了大量能承担数据挖掘任务的机器学习算法,包括对数据进行预处理、分类、回归、聚类、关联规则分析,以及在交互式界面上可视化数据。可以通过查看 WEKA 的源码和 API 文档来实现和改进各种数据挖掘算法,而这都包含在 WEKA 安装包中。在 WEKA 中集成自己的算法甚至借鉴它的方法实现独特的数据挖掘工具也不是件困难的事情。WEKA 系统已获得广泛的认可,被誉为数据挖掘和机器学习历史上的里程碑,是现今最完备的数据挖掘工具之一。

22.5 PSO/ACO2:粒子群算法软件

PSO/ACO2 是由英国 kent 大学 Nicholas Holden 开发(图 22.8),主要用于粒子群方法的分类,其特点在于添加了蚁群算法用以对类别变量进行处理,简化了数据预处理。软件通过对数据的训练,最终形成分类规则。软件下载地址是 http://sourceforge.net/projects/psoaco2。

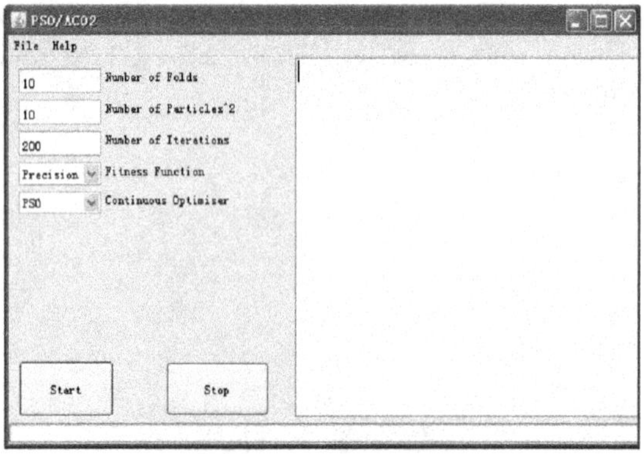

图 22.8 PSO/ACO2 操作界面

22.6 MATLAB:科学计算软件

MATLAB 是一个高性能的科技计算软件(图 22.9),广泛应用于数学计算、算法开发、数学建模、系统仿真、数据分析处理及可视化、科学和工程绘图、应用系统开发。当前它的使用范围涵盖了工业、电子、医疗、建筑等各领域。下载网址是 http://www.mathworks.com。

图 22.9 MATLAB R2008b

MATLAB 是英文 Matrix Laboratory（矩阵实验室）的缩写，最早是由 C. Moler 用 Fortran 语言编写的，用来方便地调用 LINPACK 和 EISPACK 矩阵代数软件包的程序。后来他对 MATLAB 作了大量的改进。现在 MATLAB 提供的工具箱(图 22.10)已覆盖信号处理、系统控制、统计计算、优化计算、神经网络、小波分析、偏微分方程、模糊逻辑、动态系统模拟、系统辨识和符号运算等领域。其特点表现在：语言简洁紧凑、库函数及运算符丰富、兼具结构化与面向对象编程、绘图功能强大、丰富的工具箱、源程序开放等。

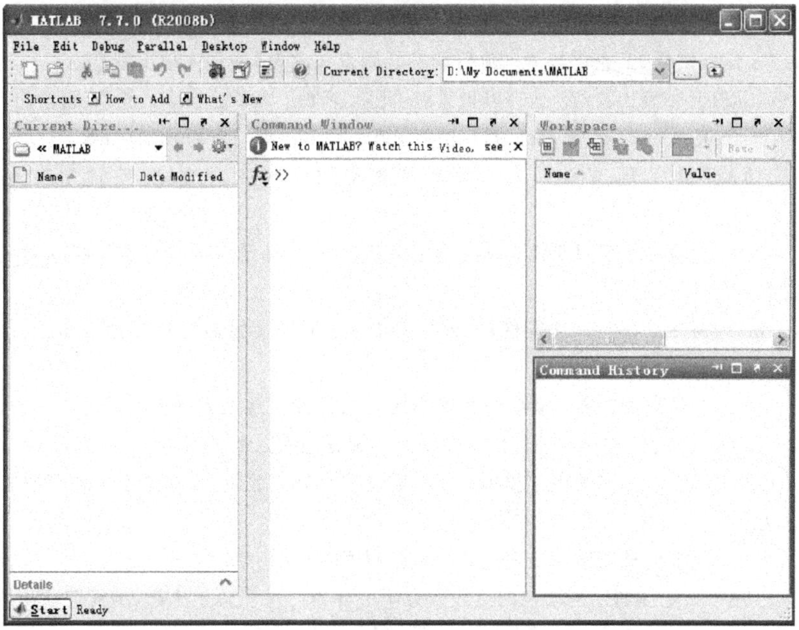

图 22.10　MATLAB 操作界面

22.7　LIBSVM：支持向量机软件

LIBSVM 是台湾大学林智仁(Lin Chih-Jen)副教授等开发设计的一个简单、易于使用且提供免费下载的 SVM(支持向量机) 软件包。其有效地解决了分类问题(C-SVC、n-SVC)、回归问题(e-SVR、n-SVR)以及分布估计(one-class-SVM)等问题并提供多种核函数进行选择。LIBSVM 不仅提供了 C++ 语言的算法源代码，而且还提供了 Python、Java、R、MATLAB 等多种语言的接口，方便了研究人员的使用。软件可通过网络搜索 LIBSVM 下载。

主要参考文献

柏延臣，王劲峰．2003．遥感信息的不确定性研究——分类与尺度效应．北京：地质出版社．

陈述彭．2001．地球信息图谱探索研究．北京：商务印书馆．

陈述彭，鲁学军，周成虎．2003．地理信息系统导论．北京：科学出版社．

高佩义．2004．中外城市化比较研究．天津：南开大学出版社．

葛咏，王劲峰．2003．遥感信息的不确定性研究——误差传递模型．北京：地质出版社．

顾朝林．1992．中国城镇体系：历史·现状·展望．北京：商务印书馆．

姜爱林．2004．城镇化、工业化与信息化协调发展研究．北京：中国大地出版社．

黎夏，叶嘉安，刘小平等．2007．地理模拟系统：元胞自动机与多智能体．北京：科学出版社．

李新，程国栋，卢玲．2000．空间内插方法比较．地理科学进展，15(3)：260-264．

廖一兰，王劲峰，孟斌等．2007．人口统计数据空间化的一种方法．地理学报，62(10)：1110-1119．

刘旭华．2005．中国土地利用变化驱动力模拟分析．中国科学院地理科学与资源研究所博士学位论文．

刘旭华，王劲峰，孟斌．2004．中国区域经济时空动态不平衡发展分析．地理研究．323 (4)：530-540．

卢少华．2006．遗传规划在港口吞吐量预测中的应用．武汉理工大学学报，30(3)：520-523．

陆守一，唐小明，王国胜．2001．地理信息系统实用教程．2版．北京：中国林业出版社．

裴相斌．1999．辽宁海岸带城市化和环境污染的调控研究．北京：中国科学院地理研究所博士学位论文．

齐清文．2004．地学信息图谱的最新进展．测绘科学，29(6)：15-23．

钱纳里等．1989．工业化和经济增长的比较研究·中译本．吴奇译．上海：上海三联出版社．

秦耀辰．1994．区域模型系统及其应用．开封：河南大学出版社．

申思，薛露露，刘瑜．2008．基于手绘草图的北京居民认知地图变形及因素分析．地理学报，63(6)：625-634．

史文中．2005．空间数据与空间分析不稳定性原理．北京：科学出版社．

谭见安．2004．地球环境与健康．北京：化学工业出版社．

王家耀，邓红艳．2005．基于遗传算法的制图综合模型研究．武汉大学学报·信息科学报，30(7)：565-569．

王劲峰．1993a．欧亚新海大陆桥与我国西部开发．遥感信息，(4)：26-30．

王劲峰．1993b．区域社会-经济空间结构与行为分析的重心方法及试验研究．遥感信息，(2)：11-14．

王劲峰等．2006．空间分析．北京：科学出版社．

王劲峰，姜成晟，李连发等．2009．空间抽样与统计推断．北京：科学出版社．

王劲峰，刘昌明，王智勇等．2001．水资源利用的边际效益均衡模型．中国科学(D辑)，31(5)：421-427．

王劲峰,孟斌,李连发．2007. 中国太阳能热发电站选址模型研究．地球信息科学,9(6): 43-49.

王劲峰,孟斌,郑晓瑛等. 2005. SARS多维分布及其影响因素的分析．中华流行病学杂志, 26(3): 164-168.

王智勇,王劲峰,于静洁等．2000. 河北省平原地区水资源利用的边际效益分析．地理学报, 55(3):318-327.

邬伦,刘瑜,张晶等. 2001. 地理信息系统——原理、方法和应用. 北京:科学出版社.

文敦伟. 2001. 面向多智能体和神经网络的智能控制研究. 中南大学博士学位论文.

徐建华．2002. 现代地理学中的数学方法. 2版．北京:高等教育出版社.

薛露露,申思,刘瑜等．2008. 城市居民认知距离透视认知变形——以北京市为例．地理科学进展,27(2): 96-103.

叶大年,赫伟．2001. 中国城市的对称分布．中国科学(D辑),31(7):608-616.

叶庆华,刘高焕,田国良等. 2004. 黄河三角洲土地利用时空复合变化图谱分析．中国科学(D辑),34(5):461-474.

应龙根,宁越敏. 2005. 空间数据:性质、影响和分析方法．地球科学进展,20(1): 49-54.

岳天祥．2003. 资源环境数学模型手册．北京:科学出版社.

杨青生,黎夏. 2007. 贝叶斯概率与元胞自动机的非线性转换规则. 中山大学学报(自然科学版),46(1):105～109.

张百平．2008. 数字山地垂直带谱研究进展．山地学报,26(1): 12-14.

张超．1984. 计量地理学基础．北京:高等教育出版社.

赵永,王劲峰．2008. 经济分析CGE模型与应用．北京:中国经济出版社.

赵作权．2009. 地理空间分布整体统计研究进展．地理科学进展,28(1):1-8.

郑新奇．2004. 城市土地优化配置与集约利用评价．北京:科学出版社.

周成虎,骆剑承等．2009. 高分辨率卫星遥感影像地学计算．北京:科学出版社.

周一星,孙则听．1997. 再论中国城市的职能分类．地理研究,16(1): 11-22.

朱长青．2006. 数值计算方法及其应用. 北京:科学出版社.

Agterberg F P. 1984. Trend surface analysis//Gaile G L. Spatial Statistics and Models. Netherlands: D Reidel Publishing Company.

Anderson R,Fraser C,Ghani A et al. 2004. Epidemiology,transmission dynamics and control of SARS: the 2002-2003 epidemic. Philosophical Transactions of the Royal Society of London Series B-Biological Sciences,359: 1091-1105.

Anselin L. 1988. Spatial Econometrics: Methods and Models. Dordrecht:Kluwer Academic Publishers.

Anselin L. 1995. Local indicators of spatial association-LISA. Geographical Analysis,27:93-115

Anselin L. 2005-11-20. Exploring spatial data with GeoDaTM: a workbook. http://www.csiss.org/clearinghouse/GeoDa.

Atkinson P M 1991. Optimal ground-based sampling for remote sensing investigations: estimating the regional meant. International Journal of Remote Sensing,12(3): 559-567.

Besag J,Newell J. 1991. The detection of clusters in rare diseases. Journal of the Royal Statistical Society,Series A,154: 143-155.

Bilmes J A,Gentle A. 1998. Tutorial of the EM algorithm and its application to parameter estimation for gaussian mixture and hidden markov models. Department of electrical engineering and computer science U C Berkeley. Technical Report,1-13.

Brus D J,de Gruijter J J. 1997. Random sampling or geostatistical modeling? Choosing between design-based and model-based sampling strategies for soil (with discussion). Geoderma,80: 1-59.

Christakos G. 2000. Modern Spatiotemporal Geostatistics. Oxford:Oxford University Press.

Christakos G. 2005. Random Field Models in Earth Sciences. New York: Dover Publications.

Clark P J,Evans F C. 1954. Distance to nearest neighbor as a measure of spatial relationships in populations. Ecology,35(4): 445-453.

Cliff A D,Ord J K. 1973. Spatial Autocorrelation. London: Pion.

Cliff A D,Ord J K. 1981. Spatial Processes: Models and application. London: Pion.

Cochran W G. 1977. Sampling Techniques. 3rd ed. USA: John Wiley & Sons.

Cressie N. 1991. Statistics for spatial data. New York:Wiley.

Dempster A,Laird N,Rubin D. 1977. Maximum likelihood estimation from incomplete data via EM algorithm. J Royal Statistical Society Series B,39(1):1-38.

Diggle P J. 1983. Statistical Analysis of Spatial Point Patterns. London:Academic Press.

Eberhart R C,Shi Y. 1998. Comparison between Genetic Algorithms and Particle Swarm Optimization. Evolutionary Programming Ⅶ. Springer:Lecture Notes in Computer Science 1447. 611-616.

Fischer M M,Yee L. 2001. GeoComputational Modeling: Techniques and Applications. Berlin: Springer.

Fisher F,Arlosoroff S. 2002. Optimal water management and conflict resolution: the middle east water project. Water Resources Research,38(11):12-43.

Foody G M. 2002. Status of land cover classification accuracy assessment. Remote Sensing of Environment,80:185-201.

Fotheringham A S,Charlton M E,Brunsdon A S. 1996. The geography of parameter space: an investigation into spatial non-stationary. International Journal Geographical Information Systems,10: 605-627.

Fotheringham A S,Brunsdon C,Charlton M E. 2000. Quantitative Geography: Perspectives on Spatial Data Analysis. London:SAGE Publications.

Gastner M T, Newman M E J. 2004. Diffusion-based method for producing density equalizing maps Proc. Natl. Acad. Sci. USA 101: 7499-7504.

Geary R C. 1954. The Contiguity Ratio and Statistical Mapping. The Incorporated Statistician, 5:115-145.

Getis A,Ord J K. 1992. The analysis of spatial association by use of distance statistics. Geographical Analysis,24: 189-206.

Griffith D,Haining R,Arbia G. 1994. Heterogeneity of attribute sampling error in spatial data sets. Geographical Analysis,26(4): 300-320.

Gatrell A C,Bailey T C,Diggle P J et al. 1996. Spatial point pattern analysis and its application in geographical epidemiology. Transactions,Institute of British Geographers,21:256～274.

Haggett P. 1976. Hybridizing alternative models of an epidemic diffusion process. Economic Geography,52:136-146.

Haining R. 2004. Advance series seminars on spatial analysis. Chinese Academy of Sciences. http://autolib. homebj. com.

Haining R. 1983. Anatomy of a price war. Nature,304:679-680.

Haining R. 1988. Estimating Spatial means with an application to remote sensing data. Communication Statistics -Theory Meth,17(2): 537.

Haining R. 1990. Spatial Data Analysis in the Social and Environmental Sciences. Cambridge: Cambridge University Press.

Haining R. 2003. Spatial data analysis: Theory and Practice. London: Cambridge University Press.

Hampson R,Simeral J,Deadwyler S. 1999. Distribution of spatial and non-spatial information in dorsal in hippocampus. Nature,402(6762): 610-614.

Hoaglin D C,Mosteller F,Tukey J W. 1998. 探索性数据分析. 陈忠琏,郭德媛译. 北京: 中国统计出版社.

Isaaks E,Srivastava R. 1989. Applied Geostatistics. Oxford:Oxford University Press.

Jacky M J,Curriero F C,Celentano D et al. 2005. Geographic identification of high Gonorrhea transmission areas in Baltimore,Maryland. American Journal of Epidemiology,161: 73-80.

Keeling M M,Woolhouse R,May G et al. 2003. Modeling vaccination strategies against foot-and-mouth disease. Nature,421: 136-142.

Kennedy J,Eberhart R C. 1995. Particle Swarm Optimization//IEEE International Conference on Neural Networks,IV. Piscataway:IEEE Service Center,1942-1948.

Kennedy J,Eberhart R C. 2001. Swarm Intelligence. San Francisco:Morgan Kaufmann division of Academic Press.

Kolovos A,Yu H L,Christakos G. 2006. SEKS-GUI v6. 0 User Manual.

Krishna-Iyer PV. 1950. The theory of probability distributions of points on a lattice. Ann Math Stat,21:198-217.

Krugman P. 1991. Geography and Trade. London:MIT Press.

Kuethe T H,Pede V. 2008. Exploring regional housing prices using spatial vector autoregression: an application of us state level data. Midwest Student Summit on Space,Health and Population Economics Purdue University.

Kulldorff M. 1997. A spatial scan statistic. Communications in Statistics: Theory and Methods, 26: 1481-1496.

Kulldorff M. 1998. Statistical methods for spatial epidemiology: tests for randomness. *In*: Loytonen M., Gatrell A. GIS and Health. London: Taylor & Francis. 49-62.

Lai P C, So F M, Chan K W. 2009. Spatial Epidemiological Approaches in Disease Mapping and Analysis. FL: CRC Press.

Levine N. 2002. CrimeStat: a spatial statistics program for the analysis of crime incident locations (v 2.0). Ned Levine & Associates, Houston, TX, and the National Institute of Justice, Washington, DC.

Li L F, Wang J F, Cao Z D et al. 2008. An information-fusion method to regionalize spatial heterogeneity for improving the accuracy of spatial sampling estimation. Stochastic Environmental Research and Risk Assessment, 22: 689-704.

Lipsitch M T, Cohen B C. 2003. Transmission dynamics and control of severe acute respiratory syndrome. Science, 300: 1966-1970.

Longley P A, Goodchild M F, Maguire D J et al. 1999. Geographical Information Systems: Principles, Techniques, Applications and Management. 2nd ed. New York: John Wiley & Sons, Inc.

Matheron G. 1963. Principles of geostatistics. Economic Geology, 58: 1246-1266

McMichael T. 2001. Human frontiers, Environments and Disease. Cambridge: Cambridge University Press.

Meng B, Wang J F. 2005. Understanding the spatial diffusion process of SARS in Beijing. Public Health, 119: 1080-1087.

Moran P A P. 1950. Notes on continuous stochastic phenomena. Biometrika, 37: 17-23

Openshaw S. 1983. The modifiable areal unit problem. CATMOG 38. Norwich. UK: Geo Books.

Ord JK, Getis A. 1995. Local spatial autocorrelation statistics: distributional issues and an application. Geographical Analysis, 27: 286-306.

Riley S C, Fraser C, Donnelly C et al. 2003. Transmission dynamics of the etiological agent of SARS in Hong Kong: impact of public health interventions. Science, 300: 1961-1966.

Ripley B D. 1977. Modelling spatial patterns. J R Stat Soc B, 39: 172-192.

Ripley B D. 1981. Spatial Statistics. Chichester: John Wiley.

Rodriguez-Iturbe I, Mejia J M, 1974. The design of rainfall networks in time and space. Water Resources Research, 10: 713-728.

Satty T L. 1980. The Analytic Hierarchy Process. New York: McGraw-Hill.

Silverman B W. 1986. Density Estimation of Stochstics and Data Analysis. London: Chapman & Hall.

Stehman S, Sohl T, Loveland T. 2003. Statistical sampling to characterize recent United States land cover change. Remote Sensing of Environment, 86: 517-529.

U. S. Census Bureau. 2001. Centers of Population Computation for 1950, 1960, 1970, 1980, 1990 and 2000. Washington D C.

Vapnik V. 1995. The Nature of Statistical Learning Theory. New York: Springer-Verlag.

Vapnik V, Chervoknenkis A Y. 1971. On the uniform convergence of relative frequencies of events to their probabilities. Theory of Probabilities and its Application, 16(2):263-280

Wang J F, Cheng G D, Gao Y G et al. 2008a. Optimal water allocation in arid and semi-arid areas. Water Resources Management, 22:239-258.

Wang J F, Christakos G, Hu M G. 2009b. Modeling spatial means of surfaces with stratified non-homogeneity. IEEE Transactions on Geoscience and Remote Sensing. Accepted upon revision.

Wang J F, Christakos G., Han W G et al. 2008b. Data-driven exploration of "spatial pattern-time process-driving forces" associations of SARS epidemic in Beijing, China. Journal of Public Health, 30(3): 234-244.

Wang J F, Haining R, Cao Z D. 2009c. Sample surveying to estimate the mean of a heterogeneous surface: reducing the error variance through zoning. International Journal of Geographical Information Science, DOI: 10.1080/13658810902873512. Accepted-in press.

Wang J F, Hu M G, Jiang C S et al. 2009d. Trinity theory of optimal spatial sampling strategy. Environmentrics. In review.

Wang J F, Li L F. 2008c. Improving tsunami warning system with RS & GIS as input. Risk Analysis, 28: 1653-1668.

Wang J F, Li X H, Christakos G et al. 2009a. Geographical detectors-based health risk assessment and its application in the neural tube defects study of the Heshun region, China. International Journal of Geographical Information Science; DOI: 10.1080/13658810802443457. Accepted-in press.

Wang J F, Liu C M, Wang Z Y et al. 2002a. An marginal benefit equilibrium model for spatial water allocation. Sciences in China (Series D), 45(3): 201-210.

Wang J F, Liu J Y, Zhuan D F et al. 2002b. Spatial sampling design for monitoring cultivated land. International Journal of Remote Sensing, 23 (2): 263-284.

Wang J F, McMichael A J, Meng B et al. 2006. Spatial dynamics of an epidemic of severe acute respiratory syndrome in an urban area. Bulletin of World Health Organization, 84: 965-968.

Wang J F, Wise S, Haining R. 1997. An integrated regionalization of earthquake, flood and drought hazards in China. Transactions in GIS, 2 (1): 25-44.

Wang Y et al. 2008. Simultaneous quantification of 11 pivotal metabolites in neural tube defects by HPLC-electrospray tandem mass spectrometry. Journal of Chromatography B, 863: 94-100.

Wu J L, Wang J F, Meng B et al. 2004. Spatial Exploratory Data Analysis of Birth Defect Risk factors' Identification. BMC Public Health 4 (23), doi:10.1186/1471-2458-4-23.

Yang W H, Khanna M, Farnsworth R et al. 2003. Integrating economic environmental and GIS modeling to target cost effective land retirement in multiple watershed. Ecological economics, 46:249-267.

Yue T X, Wang Y A, Chen S P. 2003. Numerical simulation of population distribution in China.

Population and Environment, 25(2): 141-163.

Zhang H Y, Luo G A, Liang Q L et al. 2008. Neural tube defects and disturbed maternal folate- and homocrysteine-mediated one-carbon metabolism. Experimental Neurology, 212(z): 515~521.

概　念

BME(Bayesian Maximum Entropy):

Christakos(2000)提出的基于时空相关性的一种时空数据插值和预报方法。

贝叶斯网络(Bayesian Network,BN):

基于概率推理的图形化网络,将多变量观测数据带入贝叶斯公式逐步构造形成推理网络,网络的每个连接反映两变量之间的推理关系,并附有概率。

边际效益(Marginal Benefit):

新增单位投入所带来的效益。

粗糙集(Rough Set):

通过概念简约,从数据归纳出推理规则的一种方法。根据数据建立决策属性,对条件属性进行约简,根据约简生成规则,使用规则对未知对象进行预测并且进行误差分析。

地理加权回归(Geographically Weighted Regression,GWR):

Fothringham 等(1996)提出的系数是空间坐标函数的空间回归方程。

地理探测器(Geographical Detector):

Wang(2009)提出的对空间数据进行探测的一种方法,包括风险空间定位、风险因子识别、因子解释力度量和多因子交互作用分解四个统计公式。

地统计学:

Matheron(1963)提出的基于空间变异函数(空间自相关的一种形式)的空间连续过程的线性插值方法,也称 Kriging。

Getis G 统计:

Getis 与 Ord(1992)提出的对全局是否存在空间相关性进行检验的一个统计公式。

Getis G,Local 统计:

Ord 和 Getis(1995)提出的对各点与其周围是否存在空间相关性进行检验的一个统计公式。

局域统计(Local Statistics):

提取数据集子集特征的方法。

空间抽样(Spatial Sampling):

考虑空间相关性的抽样模型。

空间抽样三明治模型(Sandwich Spatial Sampling):

由 Wang(2002)提出的样本估值及其误差沿样本层、区划层到报告单元层的传递公式,该模型实现了用较少样本量对多种类型、多个报告单元同时报告的能力。

空间抽样最优决策三一理论(Trinity Theory of Optimal Sampling Choice):

由 Wang 等(2009)提出的针对不同地表类型,选择最佳抽样和统计推断公式的理论。

空间非静态(Spatial Non-Homogeneity):

统计特征随空间绝对位置而变化的空间现象。例如,属性数学期望值随空间位置而变化称为一阶空间非静态;协方差随空间位置而变化,当然也随两点相对距离而变化的空间现象称为二阶空间非静态。一阶空间非静态必然导致二阶空间非静态;二阶空间非静态不一定导致一阶空间非静态。

空间分析(Spatial Analysis):

针对空间分布数据或几何图形的分析方法,考虑空间相关性和异质性。

空间回归(Spatial Regression):

考虑空间相关性的回归方程,如以邻接区域的因变量为本区域的解释变量的回归方程。

空间静态(Spatial Homogeneity):

统计特征不随空间绝对位置而变化的空间现象。例如,属性数学期望值不随空间位置而变化称为一阶空间静态;协方差不随空间位置而变化,只随两点相对距离而变化的空间现象称为二阶空间静态。一阶空间静态不一定导致二阶空间静态;二阶空间静态必然要求一阶空间静态。

空间数据(Spatial Data):

具有空间坐标位置或相对距离的数据。

空间统计(Spatial Statistics):

考虑空间相关性的统计方法。

空间异质性(Spatial Heterogeneity):

单变量属性值存在不同区域之间的差异。

空间运筹(Spatial Operation):

对空间对象的位置、属性进行调制,达到目标值。

空间智能计算(Spatial Intelligent Computation):

将智能计算方法运用于空间数据,具有人脑信息处理过程的某些特点。

空间自相关(Spatial Autocorrelation):

单变量空间相距两点值之间的关联性。

Kriging:

见地统计学。

Kulldorf 时空扫描统计量：

由 Kulldorff(1997)提出的一组时空热点探测公式，将实测数据探测值与假设的随机事件探测值相比较，两者差距超出统计显著阈值则判断实际分布为热点区域。

LISA 统计：

见 Local Moran's I。

Meta Modeling：

Wang(2008)提出的统计集成分析框架，也是一种基于数据的系统分析方法，实现基于数据的空间格局-时间过程-驱动力联动分析框架。

Moran's I 统计：

Moran(1950)提出的对全局是否存在空间相关性进行检验的一个统计公式。

Moran's I，Local 统计：

Anselin(1995)提出的对各点与其周围是否存在空间相关性进行检验的一个统计公式，也称为 LISA，即 Local Indicator of Spatial Association。

全局统计(Global Statistics)：

提取全部数据集特征的统计方法。

人工神经网络(Artificial Neural Network，ANN)：

人工神经网络是一种应用类似于大脑神经突触连接的结构进行信息处理的数学模型，是一种特殊的非线性迭代回归算法，直至输出与期望输出误差小到可接受阈值。

数据挖掘：

基于数据挖掘信息和知识的方法，比统计学假设更少。运用于空间数据时称作空间数据挖掘。

遗传规划(Genetic Program，GP)：

基于观测数据建立非线性模型的一种方法。在一个由多个简单模型集成的模型库中，通过组合、交叉、遗传、变异、重组等计算，形成由几个简单模型组合形成的一个复合模型可以较好地拟合多变量观察数据。

遗传算法 GA(Genetic Algorithm，GA)：

求模型参数的方法。给定模型待求参数组的一组初始解，带入模型输出，与期望输出之偏差，通过遗传、变异等处理，得到一组校正的参数值，重复迭代以上过程，直至误差小到可接受阈值。

支持向量机 SVM(Support Vector Machine)：

支持向量机是由 Vanpik 领导的 AT&TBell 实验室研究小组在 1963 年提出的一种分类技术。将低维空间向量集映射到高维空间，实现最大限度地将多变量数据分开。不同的核函数将导致不同的 SVM 算法。